上海市人民政府发展研究中心系列报告

◀◀◀◀◀◀◀◀◀◀◀ ［周振华 主编　周国平　副主编］

迈向"十二五"：创新驱动　转型发展

上海"十二五"发展战略思路研究

格致出版社　上海人民出版社

本书课题组主要成员

	总负责人	执行负责人	协调人
总报告	周振华	周国平	高骞
专题一	朱金海	高骞	
专题二	朱金海	陈群民	
专题三	孙福庆	郭爱军	
专题四	孙福庆	郭爱军	
专题五	朱金海	陈群民	
专题六	朱金海	陈群民	
专题七	孙福庆	郭爱军	
专题八	孙福庆	钱智	

前　言

——"十二五"时期上海的历史方位:战略新起点

　　按照以往通常的惯例,每一个五年规划都要确定一个阶段性目标。为此,我们首先要对当地发展阶段水平及其特点、面临的发展环境条件等作出科学研判,然后才能提出一个符合实际且具有前瞻性的阶段性目标。上海"十二五"规划的研究与制定,同样也不例外。但我们的研究表明,与以往五年规划研究与制定有所不同,上海"十二五"规划更需要有一个大时间跨度(不限于五年)的历史方位的判断与阐述。这并不是"十二五"规划本身有什么特殊性质和要求,而是上海将以"十二五"为标志进入一个历史性重大转折的发展阶段。这不管是对"十二五"上海发展阶段水平及其特征、环境条件的基本判断,还是经济社会发展目标、总体思路的选择确定,都具有指导性的意义,需要我们在规划中予以特别关注和体现。

　　当我们在研判上海目前发展现状及其面临的各种问题时,需要对这座城市的发展机理及其轨迹有一个透彻的洞察和理性思考:它是怎么一路走过来的,留下了什么样的历史足迹?如今它处于何种历史方位,面临什么样的机遇与挑战?未来它又将走向何处,需要迈出什么样具有历史性意义的步伐?根据我们的研究,自新中国成立以来,上海在过去60多年的发展历程中留下两大历史足迹,而在未来30年中又将留下新的历史足迹。在这90多年的时间序列中,上海这座城市的发展将清晰呈现三个重大历史阶段:新中国成立后30年,上海成为一个典型的工商业城市;改革开放后30年,上海转向经济中心城市;未来30年,上海将走向全球城市。

　　众所周知,在20世纪30年代,上海曾是远东地区最大的金融中心、贸易中心和经济中心。但在新中国成立后30年，上海却走上了工商业城市之路。这种城市发展逻辑断裂性的转折，是由当时特定历史背景条件所塑造的。新中国成立之初，在美国等发达国家对我国实行战略遏制与经济封锁的条件下，中国对外贸易、国际资金融通、先进技术交流等方面都无法广泛展开，上海在近代所形成的对外贸易中心、金融中心、东西文化交流中心的功能都不可能再现。与此同时，国内亟待复兴，在中央提出的"以农业为基础，以工业为主导"的经济发展方针指导下，上海作为当时全国工业基础最好、设备最优、生产能力最强、技术水平最高、产品质量最好的城市，重点发展工业及形成全国制造业生产基地，无疑是当时国家战略的体现和要求，也是发挥传统优势、挖掘潜力、实现"投入最少、速度最快、效益最高"的明智选择。而随后实行的传统计划经济体制，更是强化了上海制造业生产中心的功能，使上海成为一座较典型的单一功能的工商业城市（以工业为主、商业为辅的城市）。其主要特点是：(1)形成了具有门类齐全的产业配套功能的综合性工业基地，工业在经济总量中的比重迅速上升，其中重工业发展又比轻工业更为突出。(2)形成高密度的财富创造，以全国1/1 500的土地、1/100的人口，提供了全国1/6的财政收入。(3)在短缺经济的状态下，提供了大量日用工业品，其中不少是享誉全国的名牌产品，并形成了基于计划渠道的产品批发中心。(4)通过产品调拨，以及提供人员、设备甚至整建制企业的输出方式辐射外地。(5)在城市发展中，城市基础设施、公用设施、居民住宅、绿化环境等方面建设严重滞后。

改革开放后的30年，上海以开放促改革、以改革促发展，不断冲破传统计划经济体制的禁锢与束缚，极大地解放了生产力，实现了城市复兴与再生，拓展了新的城市功能。特别是20世纪90年代以来，以浦东开发开放为契机，实施"以东带西、东西联动"的发展战略，并通过打造两级政府三级管理的新体制和实行土地批租、发展资本市场、吸引外资等制度安排，推动新一轮的城市改造与开发，形成强大的资源集聚与配置能力，成为连接内地与融入世界经济的重要桥梁,在产业结构调整优化过程中实现经济高增长,逐步演化为一座以金融、贸易、航运为支撑的多功能经济中心城市。其主要特点是:(1)通过完整而强大的市场体系,吸引与集聚了国内外大量资源要素,并具有明显的内敛性与沉淀化特征,从而使城市规模迅速扩张,凸显出较强的经济实力与静态配置效率。(2)通过在"调整中发展"与"发展中调整",服务业打破长期滞后局面而快速发展,产业结构迅速高度化,服务业与制造业"双轮"驱动,支撑了连续15年的两位数经济高增速。(3)城市面貌焕然一新,城市设施基本配套,城市形态大为改善,具有较强的经济集聚功能,形成大量的财富创造活动。(4)吸引了大量跨国公司地区总部、金融机构和研发中心入驻,形成了具有鲜明特色的产业集群和一批具有较强实力与竞争力的企业集群。(5)与周边地区的合作与竞争程度增强,依然保持着"中心—外围"的关系,强调中心城市对周边地区的辐射作用。

今天,特别是以2009年全球金融危机和中国2010年上海世博会为契机,上海这座城市的发展又将面临一个历史性的重大转折。一方面,国际金融危机冲击使得上海自身的深层次结构性矛盾更加突出,过多依赖土地财政、大规模投资和出口导向的发展模式已经难以为继,必须转变经济发展方式,实现城市全面转型;另一方面,后危机时代国际经济、金融格局调整以及上海世博会所带来的机遇,又为上海全面提升城市功能、实现新的发展跨越提供了可能。因此站在新的历史起点上,展望未来30年,上海将义不容辞、义无反顾地走向具有强大网络功能的全球城市。

在后危机时代,随着世界经济格局的调整和世界经济秩序发生重大变革,世界经济地理格局正加速重组,全球经济重心不断向亚洲地区转移,中国等新兴国家成为世界经济引擎之一。与此同时,随着世界城市化进程的不断深化,城市在世界经济网络体系中的作用将发生新的变化,国家竞争将日益演化为城市竞争,全球城市体系也将发生重大变化。在未来30年内,中国仍处在经济高速增长期,经济总量将跃入世界前列(据高盛预测,中国将在2027年超过美国成为世界最大的经济体），从而我国融入世界经济的程度及其影响力、人民币的国际地位等将明显上升。当前，随着东盟10＋1自由贸易区的建立、CEPA6的实施以及两岸"三通"机遇的出现，在东亚城市链上已经出现大量的人流、物流、技术流、信息流和资金流，这就迫切要求在中国大地上崛起全球城市。特别像上海正处在东亚沿海地带城市链的枢纽地置，若能发展成为世界经济网络中的主要（基本）节点，通过网络控制力和影响力来参与国际经济秩序的重组，承担起我国参与和影响世界经济事务的重要平台的作用，充当全球经济资源流动与配置的重要空间载体，那将是具有十分重大的战略意义的。因此，中央要求上海实现"四个率先"，建设"四个中心"和现代化国际大都市，实属具有卓识远见的国家战略的重大部署，是我国在全球化进程中崛起、争夺全球战略制高点的必然选择。

与此同时，上海也具备了作为全球城市崛起的潜在基础及条件。无论从经济规模、收入水平、产业结构以及城市功能等方面看，当前上海经济、社会、城市发展已进入新的阶段。上海经济发展水平已达到人均1万美元，具有较大的经济规模和较强的经济实力。更为重要的是，上海已集聚了大量跨国公司地区总部、国际金融机构、国内外的生产者服务公司以及研发中心，在金融、航运、贸易、技术、信息等方面形成巨大规模的经济流量，对外联系和连接程度均较高，与亚洲各国和地区具备了良好的贸易往来与合作。同时，上海城市基础设施已具有相当的规模和完备性，生活环境良好，人力资源丰富，科技基础较雄厚，基于中西交融的海派文化具有较强的吸引力和凝聚力。上海世博会的成功举办，则使上海这张城市名片有了更高的国际知晓度。另外，上海所处的长三角地区，是世界第六大城市群。在改革开放进程中，长三角各类城市都已建立起较广泛的国际性联系，且具有良好的内部联系性，表现出全球城市区域的显著特征，已成为我国参与经济全球化和世界经济竞争的重要平台。与传统的全球城市崛起不同，当今全球城市通常是立足于一个全球城市区域中崛起的。上海在这一全球城市区域中作为首位城市,同时具备了作为全球城市崛起的区域性条件。

当今,随着全球化与信息化两大潮流的交汇发展,作为全球城市网络体系中的主要(基本)节点的全球城市,是全球经济网络的控制与管理中心。与传统的国际经济中心和国际大都市相比,全球城市除了一般经济中心的功能外,还具有四方面的突出功能:一是世界经济组织(机构)高度集中的控制点;二是金融机构和专业服务公司的主要集聚地;三是高新技术产业的生产和研发基地;四是产品及创新活动的市场。因此,全球城市具有更强的辐射力和带动力。

参照目前纽约、伦敦等全球城市的标杆,上海作为全球城市的崛起,必须在经济中心城市功能的基础上进一步发展与提升,努力争取达到:(1)在世界经济网络体系中具有基本(主要)节点的地位,能够促进全球资源要素的流动性与增值化,强调流量经济与动态配置效率。(2)具有完备和强大的城市综合服务功能,产生大量的知识与信息创造。(3)集聚大量全球公司、跨国企业和国际组织机构,形成基于主导性公司(企业)网络的微观基础,具有广泛的对外联系与联结程度。(4)与周边地区形成"核心节点 次节点"的网络关系,强调在全球城市区域中发挥主导作用。尽管这是上海未来30年的发展方向和总体目标,但在"十二五"规划的阶段性目标和发展思路中必须得到充分体现,从而在"十二五"期间迈出实质性的步伐。

上海走向全球城市,是一次重大的蜕变重生,是一个非线性的发展轨迹转换。尽管城市发展有其路径依赖,但上海要走向全球城市,必须摆脱原有的发展轨迹,实现城市全面转型,犹如上海当初从单一功能工商业城市转向多功能经济中心城市那样。如果说"十二五"规划与以往五年规划在内容上有所不同的话,那就在于它要体现一种非线性发展轨迹的转换。也就是,上海要从投资驱动的经济增长转向创新驱动的经济增长,从工业与服务业并重的产业结构转向以服务经济为主的产业结构,从单核的城市空间结构转向多中心的城市空间结构,从经济建设主导的城市发展转向经济、社会、文化、环境相互协调与促进的城市发展,从集聚主导的城市服务功能转向集聚与辐射并重的城市综合服务功能。这是"十二五"的重大突破,也是提炼"十二五"发展主线的基本依据。

当然,上海之前 60 多年发展历程形成的路径依赖,并不是无足轻重的,更不是可以随意否定的,它将影响和决定上海作为全球城市崛起与其他全球城市不同的操作方式与实现途径。因此,上海"十二五"的发展战略及其重大举措,要从现有的发展基础、特定结构和约束条件出发,结合国内外环境的新变化和城市发展新趋势,着力解决城市全面转型中的现实障碍和出现的各种新问题,探索具有时代特征、符合中国国情、适合上海特点的全球城市崛起之路。

周振华

2011 年 6 月

目录

总报告 上海"十二五"总体发展思路研究

"十二五"时期,国内外发展环境的重大调整和变化,给上海加快建设"四个中心"和国际化大都市既带来了复杂性和不确定性,同时也提供了重要历史机遇。上海面临着加快转变经济发展方式、实现"四个率先"和加速建设"四个中心"、参与全球竞争的双重任务,必须以加快转变发展方式为主线,以创新为龙头,全面推进"四个中心"建设,加快城市转型发展。

一、上海"十二五"发展的国内外环境

(一)"十二五"时期的国际环境

"十二五"时期既是全球经济的复苏期,也是全球产业分工格局、贸易格局、经济力量对比和全球治理结构的重大调整期,各国争夺未来全球经济发展主导权的竞争日益激烈。上海肩负着代表中国参与全球竞争、争夺全球经济话语权的历史重任,必须在发展思路和发展模式上全面创新,加快建设"四个中心",进一步提升国际竞争力。

1. 全球经济和政治格局发生重大调整和变化,中国的国际地位快速提升,上海面临着在全球城市网络体系中地位提升的重大机遇和争夺全球经济话语权的历史重任,必须加快建设"四个中心",全面提升城市国际竞争力

"十二五"时期,全球经济力量的对比将发生重大变化,中国将成为全球第二大经济体,综合竞争力和国际地位进一步上升,并从制造大国和贸易大国向资本大国迈进,在全球经济中发挥日益重要的作用。随着世界经济格局和政治力量对比的变化,全球治理结构将出现调整和重构,多极化趋势会进一步加强,中国在国际社会中的话语权相应增大。与此同时,国际社会对我国承担国

际责任和义务的期望也会相应提高。如何从国际规则的被动接受者转变成为国际规则制定的积极参与者，是我国面临的重大问题。在此背景下，作为中国最大的国际经济中心城市，上海肩负着代表国家参与国际规则的制定和争夺全球经济话语权的历史重任，必须加快建设"四个中心"，增强全球资源配置能力。

另一方面，"十二五"时期，随着国际贸易的深化发展，原先全球化的世界贸易格局将转向区域主导的贸易格局。特别是东亚地区仍将保持较快增长速度，世界经济增长重心的东移趋势更加明显，东亚区域经济一体化进程将进一步提速，中国—东盟自由贸易区有望超越北美自由贸易区和欧盟，成为世界上最大的区域经济集团。上海处在北起日本东京和大阪，南至中国香港、新加坡的国际经济中心城市链的枢纽位置。由于各国和世界主要城市在此次全球金融危机中遭受重大冲击，若干城市的中心地位有可能出现削弱，上海依托世博会的品牌效应，面临着在全球城市网络体系中地位快速提升的战略机遇，有可能从国家级经济中心城市跃升为亚洲级经济中心城市。特别是国际货币体系面临着重构，人民币国际地位大幅上升，上海建设国际金融中心面临着前所未有的历史机遇，必须加快提升城市功能，进一步增强国际竞争力。

2. 经济全球化和区域一体化将在新的基础上继续发展，国际产业分工格局和贸易格局有可能发生重大调整，上海经济发展面临着新挑战和新机遇

"十二五"时期，全球经济处于后危机时代。由于受金融危机的影响，全球经济、贸易、投资等将会保持在较低的水平，各种贸易保护主义倾向抬头，经济全球化进程有所放慢，经济复苏将呈现缓慢、曲折的过程。这将对上海长期来形成的高外向度、高增长模式带来严峻挑战。但另一方面，以印度、巴西、南非等为代表的新兴经济体仍会继续保持较高的经济增长速度，发展中国家和新兴经济体的力量将进一步增强，原先由发达国家主导的全球化进程将转向由发达国家和新兴经济体共同主导的全球化进程。因此，从中长期看，全球化不仅不会倒退，还会在新的基础上继续深化。随着全球经济的逐渐复苏，全球贸易和投资仍会继续增长。这将有利于上海进一步利用两个市场和两种资源，释放增长潜力，加快发展进程。

与此同时，随着发达国家消费储蓄结构和国际收支结构的调整，以及新技

术和新产业的发展,全球经济从失衡走向再平衡,各国的比较优势和竞争关系将发生变化,并对全球产业分工及贸易格局产生重大影响。发达国家部分资金相对密集、技术含量较高的制造业,以及某些原来不可转移的服务业,将进一步向发展中国家转移。这不仅有利于上海充分吸收国际资本、国际技术和国际人才,促进产业结构升级,增强竞争优势,也有利于上海扩大对外直接投资,获取重要的国际资源和技术。

3. 全球新一轮科技革命兴起,若干重要领域正在酝酿重大突破。上海以低劳动力成本为基础的发展模式难以持续,迫切需要转变经济发展方式,寻求新的竞争优势

"十二五"时期,为应对全球气候变化和金融危机,发达国家将大幅度增加科技投入,抢占未来竞争的战略制高点,新一轮技术革命处于孕育突破期,原先基于供给主导的创新将转向需求主导的创新,以 IT 技术渗透应用为基础的应用技术革命和新能源革命有可能取得重大突破。一方面,以 IT 技术向各行业渗透为基础的"智慧地球"和 IT 技术与能源系统相结合的"智能电网",将成为继 20 世纪 90 年代信息高速公路后的又一个带动全球经济增长的动力源。另一方面,对全球气候变化的高度关注将带动全球新能源技术和节能减排技术的研发和产业化,使新能源革命成为新一轮科技革命的核心。在此背景下,以美国为代表的欧美发达国家纷纷推进"再工业化",大力发展新技术和新产业,抢占新能源、智能电网等未来经济发展的"制高点",以期摆脱对过度消费和负债的依赖,寻求新的全球经济平衡方式,夺取新一轮产业发展主导权。全球产业分工格局将面临大规模的分化整合,发展中国家制造、发达国家消费的经济格局将发生重大变化,上海长期以来产业发展过度依赖出口和低成本优势,长期处于价值链低端的增长模式正面临着严峻挑战。因此,大力推进自主创新和高新技术产业化,加快产业升级和提升价值链势在必行。建设创新型城市,加快构建以高新技术产业和高端生产性服务业为核心的现代产业体系,逐步向全球价值链分工的高端延伸,已成为上海"十二五"时期产业发展的必由之路。

4. "低碳化"和绿色增长将成为全球经济发展的新趋势,上海作为我国对外开放的窗口和门户,迫切需要加强节能减排,走绿色发展的道路

"十二五"时期,全球将步入"后京都时代",绿色发展和绿色复苏的呼声日

益高涨,发展低碳经济的要求更趋强烈,"低碳化"有可能成为继"信息化"和"全球化"之后的全球经济发展的新趋势。随着全球关注程度的不断提高,气候问题已演变为国际政治博弈和经济竞争的焦点,节能低碳正在成为新的国际贸易壁垒,高耗能的发展中国家有可能成为发达国家推行"碳关税"的打压对象。作为世界上人口最多的发展中国家和最大的碳排放国之一,我国面临的减排压力将不断增大。上海作为我国对外开放的重要窗口和门户,碳排放强度偏高,是发达国家平均水平的3~4倍,在节能和低碳发展上所采取的各种行动和措施将日益受到国际社会的关注。如果能耗和碳排放快速增长的势头不能得到有效遏制,将会对提升城市国际形象和开展国际合作交流带来很大的不利影响。但与此同时,加强节能减排也为上海发展节能低碳技术、装备制造和相关服务产业提供了市场空间和发展机遇,有利于优化上海城市的生态环境,提高城市的绿色竞争力。因此,必须加大节能减排力度,大力发展低碳产业,倡导低碳生活,促使城市产业结构由高消耗、高能耗、高污染向低消耗、低能耗和绿色环保转变。

5. 跨国公司调整投资策略和全球布局,上海面临着产业链优化升级的新机遇,必须进一步扩大对外开放,形成开放型发展的新局面

金融危机后,针对供应链不断延伸和日趋复杂,导致跨国经营管理成本高、风险管理难等问题日益突出的情况,以及对气候变化将增加物流运输成本的担忧,跨国公司纷纷调整国际化战略,加快对全球资源和供应链的整合。贴近目标市场、简化管理程序和区域产业集聚正在成为跨国公司战略布局的新趋势,跨国公司高端制造活动的跨境转移、研发与服务外包的国际化趋势将进一步加强。拥有快速扩张的大市场与配套产业齐全的低成本制造双重优势的中国,对全球高端产业活动的吸引力大幅上升。根据相关调查,危机后跨国公司更加看重中国的综合竞争优势,不仅将继续把中国作为其面向全球市场的制造基地,而且计划将更多的研发活动、区域总部、先进服务业和高端制造业等高附加价值的产业活动向中国转移,加快整合在华投资和经营,开展更多的高附加值活动,积极参与中国经济的快速发展进程。作为对外开放门户和连接国内外市场桥梁的上海,面临着引进高端产业活动、加快建立服务经济为主产业结构的新机遇。必须进一步加大对外开放力度,着力打造和优化具有国

际竞争力的投资环境,大力吸引高端产业活动与生产要素集聚,促进经济发展模式从外向型经济向开放型经济全面转型。

(二)"十二五"时期的国内环境

"十二五"时期既是我国新一轮经济增长期,也是转变经济发展方式的关键阶段。一方面,我国经济保持平稳较快发展的基本条件和长期向好的基本趋势不会发生根本改变,是加快发展的有利时期和重要阶段。另一方面,经济社会发展面临的资源、环境和社会稳定等方面的压力持续加大,各种结构性、深层次矛盾进一步凸显,是挑战巨大和矛盾众多的时期。上海作为我国经济基础最好、发展水平最高的中心城市之一,迫切需要走科学发展的道路,实现"四个率先",充分发挥对全国经济社会转型发展的示范和引领作用。

1. 中国经济进入平稳增长期,工业化和城市化深入推进,居民消费升级速度加快,战略性新兴产业加速发展,为上海加快转变发展方式提供了有利的条件

"十二五"时期,我国经济将进入危机后的新一轮增长期。由于经济增长规律和发展转型的影响,我国经济增长走势将出现小幅下调,进入平稳增长阶段。但从总体上看,我国仍然处于工业化和城镇化加速推进时期和居民消费结构快速升级阶段,巨大的国内需求潜力能够为我国经济的平稳较快发展提供持续的动力。特别是随着收入分配、社会保障、户籍制度、土地制度等方面的改革,抑制城市化健康发展的诸多障碍将逐步得到消除,国内需求将逐步成为拉动经济增长的主要动力。与此同时,促进"中国制造"向"中国创造"转变将成为我国"十二五"期间的一项重大战略任务,创新型国家战略将深入推进,战略性新兴产业将成为新的增长点,这为上海依托内需和创新,加快产业升级转型,实现新一轮增长提供了强有力的支撑。但另一方面,受金融危机时期大规模投资和信贷投放的滞后影响,产能过剩和流动性过剩问题将更加突出,通货膨胀压力和潜在的财政金融风险持续增大,经济增长有可能出现新的波动。上海必须加快结构调整,夯实增长基础,尽快转变发展方式,增强应对风险的能力。

2. 我国经济发展的资源、环境约束日益增强,要素成本上升压力持续增大,迫切要求上海率先转变发展方式,发挥示范作用

"十二五"时期是我国转变经济发展方式的关键阶段。一方面资源环境对经济发展的约束将进一步增强。我国已成为世界第二大能源消费国,石油对外依赖度将超过60%的警戒线,同时,我国已主动承诺到2020年单位GDP碳排放比2005年下降40%~45%,因此,国家对节能减排指标不仅不会放松,还会进一步强化,除了继续实行能耗强度控制外,还将实行能源消费总量控制和碳排放强度控制,并对各地实行差别化的节能指标。作为我国经济发达和人均能耗较高的地区,上海将承担比其他省市更重的节能减排压力。因此,必须加快产业升级,切实转变经济发展方式,在全国率先走出一条能源资源集约利用、生态环境友好的低碳发展道路。另一方面,随着我国工业化、城镇化的快速推进,土地、水资源、矿产资源、劳动力等各类要素成本都在上升,提高社会福利、改善环境的压力不断增大。特别是我国的劳动力供求关系将在"十二五"期间出现趋势性变化,人口老龄化问题开始显现,导致"人口红利"逐步减少甚至消失。能否实现竞争优势从低成本驱动向创新驱动转变将成为我国经济面临的重大挑战。上海作为我国最发达的大城市之一,有着雄厚的经济基础、密集的智力资源和对外开放领先的良好条件,同时又在人口老龄化等方面首先面临挑战,有条件在转变经济发展方式方面走在全国的前面。因此,必须加快转变发展方式,创新发展路径,切实提高经济发展的质量和后劲,在率先转变发展方式上取得实质性突破,充分发挥对全国的示范和引领作用。

3. 区域经济格局发生重大变化,中西部地区加快崛起,长三角一体化加速推进,上海服务全国、实现联动发展面临着新的要求和机遇

"十二五"时期,我国将形成多个核心经济圈,除原有的长三角、珠三角和环渤海三大经济圈外,海西经济区、成渝经济区、北部湾经济区等也将进入新一轮发展期,长三角地区面临着被赶超的潜在危机。特别是区域竞争将更趋激烈,上海制造业向外转移速度将进一步加快,迫切需要加快结构调整和产业升级,再造发展新优势。

另一方面,"十二五"时期,随着高速铁路网、城际铁路网、高速公路网等重大基础设施建设的大规模推进和信息通讯技术的广泛应用,区域经济一体化

进程将进一步加快,形成自 20 世纪 80 年代改革开放初期和 20 世纪 90 年代两次区域整合高潮之后的第三次区域整合高潮,并且区域合作将呈现出大区域化的趋势,中心城市的枢纽功能进一步放大,培育壮大中心城市的服务功能将不再只是中心城市自身发展的需要,更是实现区域共同发展、共同繁荣的需要。尤其是随着国务院《关于进一步推进长江三角洲地区改革开放和经济社会发展的指导意见》和《长江三角洲地区区域规划》的推进实施,长三角"一小时经济圈"将基本形成,同城化效应愈加显现,有可能率先形成具有较强国际竞争力的世界级城市群和全球城市区域。这虽然在一定程度上会弱化上海的区位优势,但有利于人流、物流、资金流、信息流等流量经济发展,有利于上海聚焦高端产业环节,增强在长三角和全国范围内的要素和资源配置能力,强化首位城市的地位。因此,必须转变对外合作方式,促进区域联动和一体化发展。

4. 各种社会矛盾和风险日益突出,维护社会和谐稳定任务艰巨。上海作为国内经济最发达城市之一,担负着率先建成和谐社会的历史重任

"十一五"时期,随着科学发展观的全面贯彻落实,社会发展得到了更多的关注和重视,特别是近年来国家采取了诸多改善民生的重要举措,社会建设步伐加快,社会保障和公共服务水平有所提高,区域差距趋于缩小。但社会发展滞后的问题仍未根本解决,城乡发展和区域发展不平衡、收入和基本保障水平差距大、社会保障体系不完善、利益协调机制不健全等问题依然十分突出,社会冲突呈现出常态化、复杂化的特征,由此引发的群体性事件和公共安全等事件不仅影响社会和谐稳定,也对经济社会的持续发展构成了严峻挑战。"十二五"时期,随着工业化和城市化深入推进,我国各阶层的利益分配格局面临着再调整,社会形势将更为复杂严峻,社会矛盾和社会风险有可能进入高发期。上海作为我国经济社会发展水平最高的城市之一,担负着率先建成和谐社会的历史重任,迫切需要进一步加快社会建设,完善社会管理,在改善社会民生特别是破解城乡"新老二元结构"上发挥示范和带动作用。

5. 改革开放进入攻坚突破阶段,深层体制性矛盾日益突出,深化改革任务迫切,要求上海加快实现"四个率先",在制度创新和改革开放上走在全国的前面

"十二五"时期将是我国建立完善社会主义市场经济体制的突破期,一些

影响全局和长远的改革任务都将集中在这五年完成。特别是在完善财税体制、健全市场配置资源机制、加快调整国民经济收入分配格局、破除城乡"二元"结构、创新公共服务体制等方面将提出重大的改革任务,改革的重点将由经济领域转向社会领域,从传统体制改革走向制度创新。与此同时,我国将实施更加积极主动的开放战略,探索实行包括建立自由贸易园区在内的新的重大开放举措,将对外开放水平推向一个新高度。上海作为我国改革开放的先行区和开放度最高的城市之一,应当在新一轮改革开放中率先突破,发挥示范和引领作用。另一方面,随着改革向纵深推进和开放度日益增大,改革开放的系统性、复杂性和风险性都在上升,要求上海加快改革的顶层设计,在推进更深层次改革和更广领域开放的同时,更加审慎、积极稳妥地处理好改革、发展和稳定的关系。

　　总的来看,"十二五"时期仍然是上海经济社会发展的重要战略机遇期。一方面,危机时代国际经济、金融格局调整为上海提升在全球城市网络体系中的地位提供了难得的历史机遇;另一方面,资源环境、区域竞争、改革风险等外部环境对发展的约束日益增大。如何处理好两者之间的关系,加快建设"四个中心"和转变发展方式,探索走出一条适合上海城市发展特点和要求的科学发展道路,是上海"十二五"发展必须解决的重大课题。

二、上海"十二五"发展阶段、主要矛盾与潜在优势

(一)上海"十二五"发展的阶段特征

　　新中国成立以来,上海城市发展经历了两个重大历史阶段:新中国成立后30年,上海从远东最大的经济中心城市转变为典型的工商业城市,其主要特征是形成了具有门类齐全的产业配套功能的综合性工业基地;改革开放后30年,上海从全国最大的工商业城市转向经济中心城市,其主要特征是通过完整而强大的市场体系,吸引与集聚了国内外大量资源要素,使城市规模迅速扩张。未来30年,上海城市发展将进入第三个重大历史阶段,主要目标是迈向具有强大网络功能的全球城市,实现从国内最大经济中心城市向全球城市的

历史跨越。必须从这一大的时间跨度出发来把握上海"十二五"发展的阶段特征,谋划长远发展。

1. "十二五"时期是上海发展动力的重塑期,经济增长处在从投资驱动向创新驱动转变的关键阶段

初级生产要素和投资驱动是上海改革开放以来经济保持持续高速增长的主要动力。"十二五"时期,随着上海经济迈上新的平台,投资和初级生产要素对经济增长的拉动效应将逐步递减。特别是随着世博后大规模城市基础设施投资高潮的消退,以及土地、资源、环境压力日益加重,上海原有的主要依靠资源消耗和投资拉动的增长方式已难以为继,经济增长的动力源亟待实现重大转换。因此,率先提高自主创新能力,运用前沿技术生产和创新产品与服务,转变经济发展动力,将成为未来上海城市竞争优势的主要来源。必须加快自主创新和科技进步,着力发展智力、技术密集型产业,促成知识、信息和智力要素在经济发展中的生产、扩散与应用,形成推动经济发展的新动力。

2. "十二五"时期是上海经济结构的转换期,经济形态处在从制造经济向服务经济转变的关键阶段

20世纪80年代以来,服务业发展已成为全球经济增长的重要动力和现代化的重要标志,全球服务业比重显著上升,服务业吸收就业的人数不断增加,少数发达国家服务业就业比重已达到80%以上。上海"十一五"期间也已显示出服务经济快速发展的态势,不仅服务业产值和就业比重加速提升,而且制造业服务化和产业融合发展步伐明显加快。"十二五"时期,随着上海人均GDP从1万美元向2万美元跨越,经济增长引擎将加快从"制造产业"向"服务产业"转变。能否推动产业服务化和融合化,强化产业发展的高端环节,将是优化和提升上海经济结构的关键因素。

3. "十二五"时期是上海城市功能的突破期,城市发展处在从传统经济中心城市向全球城市转变的关键阶段

随着信息化和全球化的发展,传统国际经济中心和国际大都市正在向全球城市转变,成为在全球城市网络体系中具有控制功能的节点城市。金融危机后,随着世界经济格局的调整和世界经济秩序发生重大变革,世界经济地理格局正在加速重组,全球经济重心不断向亚洲地区转移,中国等新兴国家成为

世界经济引擎之一。未来 30 年,中国的经济总量将跃入世界前列,国际地位将显著上升。与此同时,随着世界城市化进程不断深化,城市在世界经济网络体系中的作用将更加凸显,国家竞争将日益演化为城市竞争,全球城市体系也将发生重大变化。特别是随着东盟 10＋1 自由贸易区的建立、CEPA6 的实施以及两岸"三通"机遇的出现,在东亚城市链上将出现大量的人流、物流、技术流、信息流和资金流。上海正处在东亚沿海地带城市链的枢纽位置,面临着在全球城市体系中地位跃升的重大机遇,有可能崛起成为新的全球城市。因此,"十二五"时期不仅是上海建设"四个中心"的关键时期,也是上海迈向全球城市的重要阶段。必须进一步吸引各类国际组织、金融机构和跨国企业总部集聚,着力提升和拓展城市功能,实现从重规模向重流量、从重集聚效应向重辐射效应、从重资源和机构集聚向重管理控制能力的提升转变。

4."十二五"时期是上海世博效应的延伸期,对外开放格局处在从外向型向开放型转变的关键阶段

长期以来,上海经济发展主要走了一条外向型的发展道路,即通过大规模引进外商直接投资,扩大产品出口规模,加快城市更新和建设,形成经济的外循环机制,拉动经济快速发展。金融危机后,随着发达国家实行"再工业化",这一外向型发展模式已难以为继。而与此同时,2010 年世博会给上海留下大量的土地、场馆、设施、资产等硬资源和发展理念、科技成果、国际网络、国际人才、城市品牌、运营经验等软资源。这些国际化的专业人才、国际性的商业组织、具有国际竞争力的新科技产品、经历国际重大节事活动检验的城市管理机制以及更强的城市品牌效应,为上海搭建全球性、多元化的资本、技术、信息运营和交流平台提供了必要的资源依托。因此,通过世博资源的后续开发以及有效促进"国际窗口"与"国内腹地"的对接,上海能够参与到国际要素资源的配置中,大幅度提高城市国际化水平,增强国内外经济、文化、科技交流的频度和密度,强化全球城市网络节点和枢纽的功能,实现从外向型经济向开放型经济的全面转型。

5."十二五"时期是上海社会结构的调整期,社会发展处在从建设小康社会向构建和谐社会转变的关键阶段

"十二五"时期,上海人均国民收入将达到中等以上发达经济体的水平,居

民消费能力明显增强,对生活质量的要求日益提高,个性化的产品与服务需求不断增长。同时,公民意识也将进一步强化,城市治理中公众参与的要求更为强烈,多年来"重经济、轻社会"的发展思路将面临严峻挑战。因此,注重社会发展和民生改善,重视社会体系的培育、建设与发展,着力化解社会发展滞后的突出矛盾,推进社会管理向社会治理转变,进一步实现"民主法治、公平正义、诚信友爱、充满活力、安定有序、人与自然和谐相处"的社会发展,将是上海"十二五"社会建设的基本方向。

6. "十二五"时期是上海区域关系的整合期,区域合作处在联动发展和深入推进一体化的关键阶段

"十二五"期间,上海与周边城市之间的交通日益便捷,时空距离不断缩短,"同城效应"更为显现。长三角城市群之间的日常流动性人群流量激增,流速加快,资金流、人才流、信息流、货物流、商务流日益畅通,既对未来上海商业繁华、文化繁荣形成新的推动力,又对大人流集散的交通体系建设构成巨大压力;既不断推动就业市场和房地产市场走向一体化,又进一步冲击劳动就业的行政性政策界限,引发社会保险跨地区接续等问题。因此,"十二五"时期,跨地区的产业布局、居住和就业将成为一种常态,要素广域流动、配置的新格局将逐步形成,区域经济将逐步从单个城市的简单规模扩张,转向形成辐射力、协同力与竞争力日益增强的板块经济。在此背景下,上海已无法脱离其他城市而独立发展,必须主动推进一体化和产业联动,实现错位发展和合作共赢。

以上六大特征表明,"十二五"时期上海城市发展已到了全面转型的关键阶段,必须摆脱对原有发展路径的依赖,创新发展模式,实现经济社会发展的重大转变。

(二)上海"十二五"发展的主要矛盾

受发展阶段和内外部约束条件的影响,"十二五"时期,上海推动城市转型发展主要面临着五大矛盾:

1. 旧的增长动力明显减弱与新的增长动力形成不足、低端传统产业被调整、高端新兴产业尚待培育之间的矛盾

经济增长动力不足是上海"十二五"发展面临的最大难点。一方面,城市

基础设施大规模开发的时代已经过去,投资对经济增长的拉动作用越来越弱,长期以来依靠投资驱动的增长模式已难以为继。而受国际贸易保护主义日益抬头和上海全市居民消费倾向总体递减的影响,出口和内需对经济增长的拉动作用也渐趋下降,投资、消费、出口"三驾马车"有可能同时趋于疲软。另一方面,受资源环境的约束,传统低端制造业必须加大调整力度,一般制造业向市外转移的速度明显加快,而新一轮战略性新兴产业和高端服务业尚待培育,产业发展存在着断档风险。从国际经验看,世博会结束后的2~3年内,举办城市的经济增长率通常会出现滑坡。因此,"十二五"时期上海经济发展的动力和后劲明显不足,有可能导致经济增长速度大幅下滑和产业转型出现真空。

2. 公共服务需求日益增长、产业财政扶持需求上升与经济增长减速、财政收入增速放缓之间的矛盾

"十二五"时期,一方面加强社会与民生建设和促进战略性新兴产业发展需要投入大量资金,对财政支出需求空前高涨;而另一方面,受增长后劲不足和经济增速减缓的影响,财政收入增长速度有可能减缓,部分年份甚至可能出现较大的财政困难。因此,财政需求和供给能力存在着巨大缺口。这将导致财政支持公共服务和产业发展的能力下降,进而影响到社会发展和产业升级。因此,"十二五"时期,财政需求和供给的矛盾十分突出,将成为经济社会发展中最突出的问题。

3. 服务经济发展、城市功能提升与现有制度环境不完善之间的矛盾

"十二五"时期,大力发展服务经济、加快提升城市功能是上海转型发展的重要方向,而服务经济与工业经济所需要的制度环境是不同的。在服务经济时代,交易对象通常表现为一项权利而非实物,交易具有无形性、多样性和信息不对称性的特点,因此,服务经济发展对制度环境有着更高的要求。国内外实证研究成果表明:一国经济制度的法制化水平和制度完善程度与服务业的比重成正比。而长期以来,我国在服务经济发展的制度环境上存在着诸多问题:一是只重视支持性政策的制定,忽视或轻视稳定性制度框架的构建;二是沿用发展工业经济的制度体系来发展服务经济,造成对服务业发展的歧视和阻碍;三是政府职能转变滞后,多头监管和条块分割没有根本改变,造成监管

缺失和监管过度并存;四是制度在制定形成上存在种种不足,如制度规则没有与国际接轨,扶持政策缺乏清晰的界定和细分,政策变动频繁且缺乏有效衔接,政策规定未能及时反映产业发展的趋势和要求等。这些问题具体表现为税收、监管、信用等制度和法律法规体系严重不适应服务经济的发展要求。当前,最突出的是现行税收制度严重抑制了服务经济的发展,主要表现在:双重税制导致服务业税负较重;重复征税限制分工和服务外包;服务产品出口没有退税,制约了服务贸易发展;对服务业缺乏税收优惠政策导向等。因此,制度环境不完善是抑制上海"十二五"服务经济发展的最大因素。

4. 日益增强的引入外来人口调整上海人口结构的迫切要求与城市资源环境和公共服务承载力不足之间的矛盾

与全国相比,上海提前 20 年左右进入了老龄化社会。2008 年上海人口老龄化率高达 21.6%,预计到 2020 年以后,将进一步上升到 30%以上。人口老龄化的快速发展,使上海户籍劳动力供应不断减少,并呈现出日益老化现象,不仅使上海养老金出现巨大缺口,而且还会导致城市活力和创新能力下降。解决上海人口老龄化问题需要引进外来人口,弥补上海年轻劳动力的不足,减轻社保资金的压力。但外来人口大量流入又将使上海城市公共服务资源不足和分布不均衡的矛盾更加凸显,导致严重的"新二元结构"。目前上海外来农民工已达到 420 万人,加上小商小贩和拖老带小人口,与务工相关的外来人口超过 450 万,远远大于郊区 70 万农民的规模。这对城市资源环境、公共服务和社会和谐提出了新的要求和挑战,已成为影响上海城乡一体化发展的最突出问题。处理不好,有可能导致严重的社会生态与安全风险。

5. 城市转型发展对劳动者文化素质和技能提出更高要求与劳动者总体素质仍然较低之间的矛盾

"十二五"时期,上海要加快经济转型升级,不仅要扩大现代服务业规模,还要进一步提升先进制造业能级,通过现代服务业和先进制造业融合发展,增强城市国际竞争力。产业转型与升级必然带来就业结构的转变,先进制造业与生产服务业均为知识密集型行业,对劳动者文化素质和技能要求均较高。而目前上海劳动就业人口的素质和人力资本储备情况与上海未来发展的战略定位相差较大:首先是人口整体文化程度不高,技术人才匮乏。前几年的经济普查数据显示,上海现有从业人员中,具有大学本科学历者只占 9.68%,其中研究生以上学历者只占 1.77%;具有技术职称的人员只占 15.15%,其中具有高级技术职称者只占 1.78%;高级技师更少,只占 0.16%。技术人才的严重缺乏已成为制约上海经济转型的重要因素。其次是高端人才较少,国际金融和航运中心建设受制。根据主要国际金融中心城市的经验,一个城市要成为国际金融中心,其金融从业人员数量占总人口的比重应在 10% 以上。而 2008 年上海金融业从业人数仅占总从业人员的 2.2%,其中具有国际水准的金融人才不到伦敦的 1/4;航运从业人员中,现代航运服务业人才仅为 3.9%,与伦敦 60% 比重差距甚远,与香港、新加坡两城市的差距也较为明显。再次,外来人口的文化素质较低,制约了产业结构转型。目前上海外来人口中,初中及以下人口所占比例高达近 60%,产业结构转型面临劳动力素质不高的巨大压力。因此,人力资本约束是上海转型发展的最根本制约。

上述五大矛盾都是发展中出现的矛盾,必须通过创新和进一步发展来解决。

(三) 上海“十二五”发展的潜在优势

尽管“十二五”时期上海转型发展面临着巨大困难和矛盾,但上海也有着实现转型发展的潜在优势。

1. 上海拥有较强的经济优势

上海有着在国内得天独厚的经济区位条件和交通条件。特别是经过 20 世纪 90 年代以来连续近 20 年的高速增长,上海已经形成了较强的经济实力,人均 GDP 和收入水平在全国名列前茅。2010 年上海 GDP 总量达到 16 872 亿元,比 1990 年增长 21.5 倍;地方财政收入达到 2 873 亿元,比 1990 年增长 17.2 倍;累计利用外资规模达到 1 064 亿美元,在全国排在第三位。这为上海“十二五”推动城市全面转型提供了雄厚的经济基础。

2. 上海拥有较强的智力优势

上海集聚了众多的高校和科研院所,是我国教育和科技资源最密集的城市之一,科研力量雄厚,每年的专利申请数名列全国前茅,很多领域的研发都达到全国甚至世界先进水平。特别是上海城市创业机会众多,生活便利,信息通畅,对国内高端人才和创新型人才具有较强的吸引力,每年都有大量的各类人才流入,已成为国内重要的人才高地。世博会后,随着上海城市综合环境进一步改善,加上金融危机后世界经济复苏缓慢,上海对国际高端人才的吸引力也在不断上升,引进的高端人才不断增多。因此,尽管与伦敦、纽约等国际大都市相比,上海在集聚高端人才上还有相当差距,但相比国内其他省市,上海在推动城市转型发展上有着较为充分的智力支撑。

3. 上海拥有较强的开放优势

从对外开放看,上海是我国对外开放的重要窗口和前沿,是国内对外开放度最大的城市之一,承担着联系国内外两个扇面的重要职能,国内一些重大的对外开放举措都在上海先试先行,在对外开放上拥有国内其他城市难以比拟的优势。从对内开放看,上海与我国综合实力最强的长三角地区有着密切联系,拥有广阔的经济腹地。特别是随着《长三角区域规划》的贯彻落实和交通一体化的发展,长三角地区作为全球先进制造业中心将给上海现代服务业发展带来巨大的市场空间。同时,长三角地区完善和提升各类城市功能,培育区域性综合服务功能,也将推动长三角地区在全国率先形成全球城市区域,有利于上海加快形成全球城市和世界级城市群的核心城市。

4. 上海拥有得天独厚的后世博优势

2010 年世博会为上海转型发展提供了历史性机遇。首先,世博会的建设使上海城市基础设施空前完善,硬件设施达到国际一流水平,城市管理水平大幅提高,投资环境极大地改善。其次,世博会引发的全球关注,大幅度提升了上海城市的国际形象,强化了上海的交通区位、市场体系、商业环境、投资机会、人才科研等优势,拓展了国际合作交流途径,极大地提高了上海城市的国际化水平。第三,世博会展示的先进技术和理念,为上海战略性新兴产业的创新发展提供了巨大的技术支撑和推动力,对上海经济结构调整和产业升级将起到重大的促进作用。第四,世博会的园区建设促进了城市更新,为上海调整产业结构和优化城市空间布局提供了巨大的战略空间,将成为拓展上海城市功能、提升城市能级的重要载体。第五,世博会的联合筹办促进了长三角的交流合作,使长三角经济联系空前紧密,为推动长三角一体化发展奠定了良好基础。

因此,相比国内其他省市,上海实现转型发展有着众多的潜在优势。而要将这些潜在优势发挥出来,关键要靠创新。因此,"十二五"时期,创新是推动上海城市转型发展的根本动力。

三、上海"十二五"发展主线、主要目标和指标体系

(一)上海"十二五"发展的主线

发展主线是为实现预期奋斗目标而必须实践的、始终坚持的任务提炼,它的提出既要立足现实,又要振奋信心,实现现实性和前瞻性的统一。

上海"十五"计划和"十一五"规划分别以"增强城市综合竞争力"和"增强城市国际竞争力"为发展主线,体现了上海把自身放在全球化和国际竞争的坐标上,强调了上海代表国家参与国际竞争的历史使命,符合上海建设"四个中心"和国际大都市的总体目标。但是,在"十二五"的新形势下,面对复杂多变的国际国内环境和上海自身面临的阶段性瓶颈,特别是中央对上海提出了加快转变经济发展方式、实现"四个率先"和科学发展的新要求,继续沿用"增强城市竞争力"作为发展主线,已经不能适应国内外环境变化,无法涵盖上海加快转变发展方式的要求。因此,必须对以往的发展主线进行调整。

当前,由于土地、成本、环境等阶段性发展瓶颈日益凸显,加上金融危机后国际市场需求约束加剧和新一轮科技革命带来的国际产业分工变化,20 世纪90 年代以来上海建立在依靠大量资本投入、低成本劳动力和大规模消耗土地和能源基础上的粗放型发展方式已难以为继。能否摆脱原有发展的路径依赖,不仅关系到上海经济能否继续保持持续较快发展的势头,而且关系到未来上海在全球经济和城市竞争中的地位。因此,转型发展无疑是上海"十二五"发展的主题。而要实现转型发展,必须依靠创新驱动。因此,"转型"与"创新"是上海"十二五"发展的两个关键词。

"十二五"时期是上海重要的历史性转折期,是发展动力大转变、经济结构大转换、城市功能大提升、社会结构大调整、开放格局大转型、区域关系大整合的时期。根据"十二五"上海发展的国内外环境和面临的主要矛盾,结合国家

对上海发展的战略要求,我们认为,上海"十二五"的发展主线应当突出"创新"和"转型"两大主题。具体可以有三种表述:一是"创新驱动、转型发展";二是"创新谋动,转型求和"①;三是"在创新中发展,在发展中转型"。在上述三种表述中,从指向的明确性和简明扼要的角度出发,我们倾向于第一种表述,即以"创新驱动、转型发展"作为上海"十二五"发展主线。

1. 以"创新驱动、转型发展"作为发展主线,不仅体现了国内外环境变化的要求,更体现了上海作为中国最发达城市之一的历史重任,符合国家对上海发展的战略要求

"十二五"时期,整个世界经济处于转型期,全国普遍面临着转变经济发展方式的历史重任。上海由于地缘位置、经济外向度、产业结构和社会结构的差异,在增长动力、资源环境、社会和谐、体制机制等方面面临着更多约束,且这些瓶颈约束在国内具有一定的代表性和超前性。因此,以"创新驱动、转型发展"作为上海"十二五"发展主线,彰显了上海在引领全国转变发展方式上的"率先"和"示范"作用,体现了党中央和国务院对上海未来发展的战略要求,反映了上海作为中国经济最发达的国际大都市所承担的历史重任。

2. 以"创新驱动、转型发展"作为发展主线,具有一定的涵盖性和延续性,体现了上海迈向国际大都市的目标要求和作为经济中心城市的特征

"创新驱动、转型发展"不仅要求转变高投入、高能耗、高污染的粗放型经济增长方式,而且要求推动上海经济形态从工业经济向服务经济转变;不仅要求转变经济和社会发展模式,而且要求上海实现从单核城市向大都市圈城市形态转变。因此,"创新驱动、转型发展"既是上海转变经济发展方式的客观要求和具体体现,也是对转变经济发展方式要求的进一步提升。与"转变经济发展方式"相比,"创新驱动、转型发展"的内涵更为广阔和深刻。它以转变发展方式为突破口,以推进经济形态和城市形态全面转型为目标,体现了上海作为国际经济中心城市的鲜明特色。同时,"创新驱动、转型发展"的根本目的在于提高城市竞争力,是新形势下进一步提升城市综合竞争力和国际竞争力的具体抓手和重要路径,因而是对前两个五年规划发展主线的有机延续,与前两个

---

① 即以创新谋取新的发展动力和动能,以转型求得经济社会的和谐发展。

五年规划"主线"在目标和路径上是一脉相承的。

3. 以"创新驱动、转型发展"作为发展主线，必须以发展为核心，以创新为动力，推动各个领域的突破发展

首先，发展仍然是硬道理和第一要务。"创新驱动、转型发展"，核心是发展。"十二五"时期，发展仍然是上海各项工作的重心。因此，城市转型要围绕着发展来推进，在发展中转型，不能为转型而转型。

其次，进一步推动发展，不是延续原有的发展模式，而是要转型发展。这既是科学发展观在上海"十二五"发展中的具体体现，也是上海贯彻落实"四个率先"要求的具体抓手。"十二五"时期，必须以提升国际竞争力为根本出发点，以构建服务经济的产业体系为核心，以提高自主创新为中心环节，以统筹区域发展为重要途径，努力实现八大领域的转型发展，力争把上海建成全国转变发展方式和落实科学发展观的示范区：一是城市经济形态从制造经济向服务经济转变，全面建立服务经济为主的产业结构。二是城市发展动力由投资驱动向创新驱动转变，构建形成以创新为基础的新竞争优势。三是城市发展模式从粗放高耗向绿色低碳转变，走出一条人、自然、环境协调发展的新路。四是城市产业形态从低端化向高端化转变，逐步建立形成服务化、知识化、高端化的新型产业体系。五是城市布局形态从单核单级向多核多级转变，形成具有集聚辐射效应的国际大都市空间布局。六是城市发展路径从外向型向开放型转变，大幅提高城市国际化水平。七是城市发展理念从注重经济发展向经济社会文化协调发展转变，全面构建和谐社会。八是社会管理方式从政府动员和直接介入向充分调动社会组织和公众广泛参与转变，创新社会管理方式。

再次，推动城市转型发展，不是对原有发展模式进行微调，而是对传统发展模式进行全面转换，是"量变"到"质变"的飞跃，必须依靠创新驱动。在"创新驱动、转型发展"中，"发展"是目的，"转型"是方向，"创新"是动力。这一"创新"不仅仅是科技创新，而且包括经济、科技、社会、文化等各个领域的创新。"十二五"时期，要把创新驱动作为贯彻科学发展观的重要抓手和主要措施，将创新精神贯穿于经济社会发展的各个方面，加快推动科技创新和制度创新，着力激发创新主体活力，营造创新环境，使创新成为经济社会发展的主要

驱动力,努力建设创新型城市,在创新中推动城市全面转型。

4. 以"创新驱动、转型发展"作为发展主线,必须实现"四个结合"

以"创新驱动、转型发展"作为发展主线,要求把上海城市的转型发展放在更大的时空背景中来规划,体现"四个结合"的发展要求:一是把上海城市的转型发展与国家战略有机地结合起来,寓上海发展于国家战略之中,在贯彻落实国家战略的过程中,实现上海转型发展。二是把上海城市的转型发展与长三角乃至更大区域的发展有机地融合起来,突出上海服务长三角、服务长江流域、服务全国的功能,体现错位发展、合作共赢。三是把上海城市的转型发展与拓展产业发展空间、改善发展短腿有机地结合起来,着力推动高端服务业和战略性新兴产业发展,努力培育经济新增长点,为迈向服务经济和全球城市奠定产业发展基础。四是把上海城市的转型发展与提升城市功能、优化空间结构有机结合起来,着力提升和完善"四个中心"的基本功能,不断优化城市空间布局,加快推进城乡一体化和区域一体化,为上海的长远发展打下扎实基础。

(二) 上海"十二五"发展的主要目标

1. 远景目标

根据中央对上海的战略定位和要求,2020 年上海要基本建成"四个中心"和社会主义现代化国际大都市,这是上海未来发展的重大战略目标。但这一战略目标只确定了到 2020 年的发展蓝图。随着 2020 年的逐步到来,上海有必要在上述目标的基础上,确定更为长远的远景目标,以进一步振奋人心、鼓舞士气、引领和指导今后更长一段时间的跨越式发展。

确定上海长远发展的远景目标,必须立足于建设"四个中心"和现代化国际大都市的基础,既要体现国家战略对上海的要求,又要反映上海自身的独特优势;既要契合上海"十二五"的发展重点,又要有助于提升上海的城市形象。根据这些要求,我们认为,上海城市长远发展的远景目标是建设具有中国特色的全球城市。

国际经济中心和国际大都市是涵盖古今的概念。从城市发展历史看,不同时代的国际经济中心城市和国际大都市有着不同的内涵和特征。在当今全球化与信息化时代,国际经济中心城市和国际大都市已经演变为全球城市的新形态。所谓全球城市，是指处在全球城市网络节点上的主要节点城市，它与传统的国际经济中心和国际大都市的主要区别在于：全球城市是世界经济组织高度集中的控制点，是生产高度专业化的服务和金融产品的最高级基地，是全球产业链和价值链的控制中心，具有比传统国际经济中心和国际大都市更强的辐射力和带动力。在全球化和信息化时代，一个城市能否成为全球城市，不仅取决于经济总量规模，更重要的是取决于是否处在全球城市网络的主要节点上，是否拥有高度集中的各类总部、大规模可供配置的经济流量、广泛的对外网络联系和众多的专业化服务，从而具有对全球经济活动的控制和管理能力。上海把建设全球城市作为长远发展的远景目标，可以更好地发挥"四个中心"功能，进一步做大经济流量，提升在全球竞争中的地位。

2. "十二五"奋斗目标

综观上海从"六五"计划到"十一五"规划的各个时期的奋斗目标及其实现程度，可以发现，比较切合实际的奋斗目标通常具有三方面的特点：一是服从和服务于国家发展的战略目标。如在改革开放最初的三个五年计划里，上海围绕着国家工作重心由以阶级斗争为纲向以经济建设为中心转移，始终以振兴经济、改善生活作为城市的奋斗目标，大力恢复生产、积极调整经济结构、努力提高经济效益，取得了积极成效，为20世纪90年代后的经济腾飞和持续发展奠定了坚实的基础。二是顺应国际潮流变化。进入新世纪以来，随着改革开放和经济全球化的深化，上海作为中国最发达的经济中心城市，代表国家参与全球经济竞争的任务凸显。在此背景下，上海提出了到2020年建成"四个中心"和社会主义现代化国际大都市的战略目标，并在随后的三个五年计划和规划中，将这一战略目标进一步分解成奠定基础、形成框架和基本建成三个阶段性奋斗目标，分步实施，成效显著。三是体现上海特点和未来发展趋势。上海历次五年计划或规划所设定的奋斗目标都没有脱离自身的发展实际，始终与上海经济社会发展的阶段性特征相吻合、与上海城市发展趋势相呼应，既保持了历史的延续性，也体现了时代的创新性，具有清晰的发展脉络。

根据上述经验，上海确定"十二五"的奋斗目标应当服从和服务于国家战略、顺应国际潮流、体现上海城市发展的特点和趋势。按照这一要求，我们认为，上海"十二五"发展的奋斗目标是：实现经济、社会、文化和城市功能的全面转型,率先走出一条服务经济比较发达、自主创新能力明显提高、城市综合服务功能充分发挥、能耗排放持续降低、城市空间布局趋于优化、公共服务水平、社会和谐程度和城乡一体化走在全国前列、城市软实力和国际影响力不断增强的科学发展新路,推动发展方式实质性转变,为上海建成"四个中心"和全球城市奠定基础。

具体目标可概括为打造"三个都"和实现"六个基本形成":

(1) 打造"三个都"。

——打造"开放活力之都"。"开放"和"活力"是上海城市的本质特征。打造"开放活力之都"就是要充分发挥作为中国对外开放门户和联系国际国内两个扇面的优势,吸引各类资源和人才自由流动,大力发展多元文化,为各类人才提供充分施展才华的舞台,使上海成为国内开放度最大、最具活力的城市和开放包容、充满机遇、时尚动感、富有生机的现代化国际大都市。

——打造"创新智慧之都"。"创新"和"智慧"是上海城市发展的不竭动力。打造"创新智慧之都"就是要发挥上海智力集聚和信息技术发达的优势,大力建设智慧城市,积极发展各类文化创意产业,不断创新体制机制,努力提高城市的智能化水平和创新精神,使创新和智慧成为推动城市发展的灵魂和不竭动力,把上海建成中国最具智慧、最有创意和最富创新精神的城市。

——打造"和谐魅力之都"。"和谐"和"魅力"是上海城市的优势和重要特点。打造"和谐魅力之都"就是要充分贯彻"城市,让生活更美好"的世博理念,创造优美的生态和生活环境,突出"和谐"和"低碳",凸显城市的生态魅力、生活魅力和文化魅力,吸引各方人才集聚,把上海建成生态宜居、安全舒适、充满和谐的美好家园,成为中国最具吸引力的生态宜居城市之一。

(2) 实现"六个基本形成"。

——基本形成"四个中心"的主要功能。以《国务院关于推进上海加快发展现代服务业和先进制造业建设国际金融中心和国际航运中心的意见》发布和国际贸易中心建设全面破题为契机,全面推进国际经济、金融、贸易和航运中心的协同发展,丰富"四个中心"的基本内涵,提升发展层级,加快"四个中心"功能性平台建设,初步形成以金融市场体系建设为核心的专业金融服务功能、以国际国内两个市场资源配置为核心的贸易管理与贸易服务功能、以全球航运资源配置为核心的国际航运服务功能,成为在亚太地区具有一定资源配置能力和影响力的国际金融、贸易和航运中心。

——基本形成服务经济为主的产业结构。大力推进经济形态向服务经济转变,在优化结构、提高效益和降低消耗的基础上,努力调整产业结构,积极推进产业体系的服务化、知识化和融合化,扩大产业的中间服务投入,积极发展新型产业形态,形成二、三产业融合发展和共同发展的格局,初步形成与服务经济相适应的新型产业体系。

——基本形成创新型城市的发展环境。建立以企业为主体的技术创新体系,推进与国际接轨的服务创新基地建设;加快整合自主研发力量,加强自主创新公共服务平台建设;大力推进高新技术产业化,基本形成产学研和"三区"联动的发展机制,原始创新、集成创新与引进消化吸收再创新协同推进的局面,以及有利于创新的制度环境,为建成"创新型城市"奠定基础。

——基本形成现代化的城市管理体系。充分借鉴世博会中所展示的国际先进理念和技术,切实转变城市建设管理理念和管理方式,以服务引领管理,以管理统帅建设,以建设保障服务;着力加强城乡基础设施营运维护管理,初步建立基础设施安全运行智能化及智能交通信息系统框架;深入推进城市网格化管理,实现城市网格化管理全覆盖;推进城市管理精细化、数理化、法制化发展;加强城市运行安全、防灾减灾应急体系建设,建立健全城市应急管理体制和机制;扩大社会市民参与,推进政府单项管理向社会协同治理转变,完善城市管理的长效机制。

——基本形成较为完善的公共服务体系。以推进基本公共服务均等化为重点,进一步优化完善义务教育、医疗卫生、失业养老、公共文化等公共服务体系;基本形成覆盖全体外来务工人员的公共服务网络和平台;进一步优化城乡教育资源配置,推进城乡医疗卫生事业均衡发展,统筹配置城乡养老服务资源,建立健全面向郊区农民的公共服务网络体系,在基本公共服务均等化上走在全国前列。

——基本形成具有国际影响力的文化大都市框架。加强社会主义核心价值观体系建设,形成全国社会主义核心价值观体系建设典范城市;进一步推进文化要素的培育与集聚,打造具有国际竞争力的文化及创意产业体系,形成公共文化魅力之都;推动海派文化的保护和集成,繁荣文化艺术创作,营造更为开放宽容的文化生态,形成重要的国际文化交流平台。

(三) 上海"十二五"发展的指标体系

制定合理的约束性指标,加大工作力度,是推动科学发展的有效途径。上海在"十一五"规划指标体系中,第一次区分了"预期性指标"和"约束性指标"。尤其是把反映资源环境和人民生活状况的指标设定为约束性指标,作为建设资源节约型和环境友好型社会与和谐社会必须实现的目标。实践表明,设立这些约束性指标对于贯彻落实科学发展观、推动发展方式转变,发挥了重要作用,应当在"十二五"规划中坚持并进一步完善。

另一方面,从"十一五"规划指标的实施情况看,指标值设定的科学性和合理性还需要进一步提高。反映在规划指标的实现进度上参差不齐,有的指标设定比较乐观,有的指标设定比较保守,说明由于认识水平、信息条件制约和对客观规律、国情市情等把握不准,有些指标的设定还难以反映科学发展的要求。因此,"十二五"规划指标体系的设定应当更加重视客观规律,准确认识我国和上海所处的发展阶段,全面、充分而准确地体现科学发展的各项要求。

上海"十一五"规划指标体系总共设定了 38 个指标,分成经济发展、生态城市建设、科教兴市、城市综合服务功能、人民生活质量和体制环境六大方面。综合考虑,"十二五"指标体系可以继续沿用上述指标构成的定量指标基本框架,并继续把指标分成"预期性"和"约束性"两类。但在内容上可以将上述六个方面调整为结构效益、资源环境、创新能力、城市功能、社会民生五个方面,以更好地反映转型发展的成效。各个方面内部的一些指标可以进行适当调整。具体是:

1. 结构调整方面

除了原有的"GDP 年均增长率"、"第三产业增加值占全市生产总值比重"、"地方财政收入增长率"、"非公经济增加值占全市生产总值比重"等指标继续沿用外,建议新增三个指标:一是"服务业就业比重"指标,一方面可以更加稳定、真实地反映服务经济发展状况;另一方面,有助于进行国际大城市比较。二是"居民消费率"指标。该指标是按支出法计算的国内生产总值中居民家庭消费所占的比例。增设该指标的目的是反映内需增长。三是"战略性新兴产业占工业增加值比重"指标。该指标主要用来反映战略性新兴产业的发展情况。与此同时,建议取消"中心城区第三产业增加值占中心城区生产总值比重"指标,主要是对于推动中心城区服务业进一步发展而言,该指标所能反映的意义不大,并且中心城区扩大后,该指标缺乏历史可比性。

2. 资源环境方面

原有的"单位生产总值综合能耗下降率"、"节能环保投入相当于全市生产总值比例"、"工业园区单位用地产值"等指标继续沿用,同时建议新增两个指标:一是"单位生产总值碳排放降低率"指标,以与国家实施温室气体减排要求相适应,并引导全市能源结构优化,促进相关技术进步。"单位生产总值碳排放降低率"的定义是:当年全口径的碳排放总量(包括第一、第二和第三产业的生产活动以及居民消费、土地利用变化等形成的碳排放,也考虑森林蓄积量净增加形成的碳汇等),除以用规划基年的不变价格计算的当年生产总值。二是"人均生活垃圾处理量减少率"指标,以延伸世博效应,促进资源节约和环境保护。

3. 创新能力方面

除了原有的"全社会研究和开发经费支出相当于全市生产总值比例"、"每百万人口发明专利授权数"、"政府财政性教育投入相当于全市生产总值比例"等指标继续沿用外,建议将"新增劳动力平均受教育年限"指标调整为"主要劳动年龄人口受过高等教育的比例"指标,以反映"人才强市"战略的实施成效。同时,出于统计上的原因,建议取消"科技进步贡献率"指标。

4. 城市功能方面

建议取消"口岸进出口总额"、"国际标准集装箱吞吐量"和"机场旅客吞吐量"指标,以弱化规模要求,强化功能要求。同时,增加"新增跨国公司地区总部数量"、"船舶注册登记数"和"服务贸易进出口额占全市进出口总额比重"三个指标,以突出"两个中心"功能建设的成效。

5. 社会民生方面

建议在原有的"市区成片两级旧里以下房屋改造面积"、"居民平均期望寿命"、"城镇登记失业率"等指标的基础上,新增两个指标:一是"各类保障性住房新增供应量"指标,以推动保障性住房建设;二是"中心城区公共交通出行比例"指标,其定义是在中心城区范围内,剔除步行方式后,公共交通出行人次占使用交通方式出行总人次的比重。增设该指标旨在引导居民增加公共交通出行方式,缓减交通拥挤状况。同时,建议调整两个指标:一是将"城镇居民家庭人均可支配收入"指标调整为"城镇居民家庭人均可支配收入实际增长率"指标。二是将"农村居民家庭人均可支配收入"指标调整为"农村居民家庭人均可支配收入实际增长率"指标。调整这两个指标主要是考虑到单看居民收入的绝对水平,不能反映通货膨胀的影响,也难以反映居民收入与整体经济增长的关系。

根据上述调整后的指标体系,我们对"十二五"期末部分主要指标进行了测算。测算的结果如下:国内生产总值年均增长率8%左右;服务业比重达到65%左右;居民消费率达到42%左右;居民消费价格指数每年控制在4%左右;研发经费占国内生产总值的比重达到3.3%左右;碳排放强度比2005年降低20%左右;能源消耗强度比2010年下降18%左右;中心城区公共交通出行比例达到50%左右;城镇登记失业率控制在4.5%以内;城镇居民可支配收入年均实际增长8.5%左右,农村居民人均可支配收入年均实际增长8.7%左右。上述测算结果可以为设定"十二五"的各项经济指标提供参考。

四、上海"十二五"发展战略与主要方针

战略与方针是引导经济、社会事业前进的目标方向和统领性、全局性的举措。制定正确的发展战略和方针可以有针对性地指导和推动经济、社会发展。20世纪90年代以来,与城市综合实力快速提升相伴随,上海形成了一套行之有效的发展战略与方针。这些战略方针的贯彻实施对于上海实现跨越式发展起到了巨大作用。但是,随着国内外环境和上海本身发展需求的改变,原来的战略方针已经不再适合未来上海经济社会进一步发展的需要。"十二五"时期是上海城市全面转型发展的重要转折期,经济社会发展的战略方针也需要跳出传统思维的束缚,进行重大的调整。

根据上海"十二五"发展主线和奋斗目标,我们认为,"十二五"时期上海应

当实施"两大战略"和"五大方针",推动城市发展全面转型。

(一)实施两大战略

1. 创新兴市战略

自主创新是推动是上海城市转型发展的根本动力,也是衡量全球城市核心竞争能力的重要标志。为了迎接全球竞争日益加剧和科技创新日新月异的挑战,伦敦、纽约、东京等全球城市纷纷制定和实施了创新计划,如纽约提出打造"世界新媒体中心",伦敦制定了"创新战略与行动计划",东京提出建设"研究型学院城市"。上海城市要实现"创新驱动、转型发展",必须大力实施"创新兴市"战略,增强城市的创新能力。

"创新兴市"战略中的创新,不是单纯的科技创新,而是包括科技创新、金融创新、服务创新、文化创新、管理创新在内的具有广泛内涵的城市创新。从世界上看,各个国际大都市发展都有自身的创新特点,如伦敦的发展主要靠金融创新,巴黎的发展主要靠文化创新,纽约的发展主要靠服务创新。上海实施"创新兴市"战略,重点应在五个方面进行创新突破:一是科技创新,力争成为中国信息、生物、新能源和环保四大高新技术的创新中心。二是金融创新,力争成为中国乃至亚太地区重要的金融产品创新基地。三是文化创新,力争成为"中国时尚和创意文化之都"。四是城市形态创新,力争形成与全球城市发展相匹配的城市形态;五是城市管理创新,力争形成既与国际惯例接轨、又适合中国国情的发展中国家全球城市的管理模式。

在创新路径上,要调整教育和科技的发展路径,使教育的重点转到培育创新型人才上,科技创新的重点转到二次创新和集成创新上;加快引进和培育创新产业,一方面抓住跨国公司打造全球产业联合服务外包的机遇,积极吸引各种研发设计中心落户上海。另一方面抓住世界新科技革命的机遇,大力发展新能源产业和以微电子、纳米、生物医药为基础的超微产业,建立综合性、交叉性研究机构,培育形成具有自主知识产权的核心技术;推进产学研结合,以创办"产业大学"和推进"三区联动"为突破口,提高自主创新能力;培育创新文化,形成"敢为天下先"的开拓创业精神和鼓励创新、宽容失败的社会氛围,使创新成为上海城市精神的重要内涵。通过全面构建城市创新体系,使上海城市发展逐步从实现主要依靠物质要素，向主要依靠科技进步和管理创新转变。

2. 实施人才强市战略

上海建成"四个中心"和国际大都市，关键是人才。从世界上看，各国际大都市都把培养和集聚人才作为竞争战略的核心举措。上海"十二五"加快建设"四个中心"，推动城市转型发展，必须始终坚持人才是第一资源的指导思想，大力实施"人才强市"战略。

一是以"人才全球化"为核心构建人才高地。所谓"人才全球化"，就是在人才管理和开发过程中，以培养跨国工作能力的国际型人才为基础、以吸引和使用国外人才为重点、以开放性思维和全球化观念为导向的人才开发战略。"十二五"时期，要从建设"四个中心"和全球城市的战略高度出发，借鉴发达国家全球城市人才管理的经验和模式，充分利用自身的优势，进行人才战略谋划，重点引进创新型人才、高端服务人才、领军型经营人才和技术工艺大师，实现人才构成的全球化、人才素质的全球化和人才流动的全球化。

二是以建设"全球人才港"为目标，进一步完善"三大体系"和"三大机制"，推进"四个中心"建设。一是专业化、国际化、网络化的人才服务体系。通过加快形成与国际惯例靠拢的人才运行环境，实现服务内容国际化、服务标准国际化和服务理念国际化，创造吸引高端人才的环境。二是市场化、协调化的人才结构体系。通过合理的政策导向，促使最优秀人才集中在最优秀企业和产业，保证高端人才和紧缺人才的规模总量和合理流量。三是多层次、全方位的人才市场体系。通过建立健全人才市场准入制度和支持、鼓励民资与外资投资人才市场，强化人才市场在吸引优秀人才中的作用。四是海外人才集聚长效机制。要用最好的工作条件和最具挑战性的工作，来吸引最优秀人才。不仅要积极引进发达国家的优秀人才，而且要大力引进发展中国家的优秀人才。特别是要突破政策限制，大力吸引现代服务业的高端人才。五是创新人才和领军人才营造机制。通过完善人才培养体系和完善社会环境，促使各类创新人才和领军人才脱颖而出。六是柔性人才流动管理机制。运用法律手段和市场规则，促进人才合理流动。

(二) 实行"五大方针"

1. "知识化、高端化、服务化"的产业发展方针

20世纪80年代中期以来,上海一直高度重视产业发展方针对经济发展的战略导向作用,始终坚持"三二一产业发展"方针不动摇,"八五"计划首次提出"三二一"发展方针,确立了第三产业的战略先导地位,上海产业结构开始由适应性调整阶段迈入到战略性调整阶段。"九五"时期,上海继续坚持"三二一"的产业方针,初步完成阶段性产业结构的战略性调整。"十五"时期,上海进一步深化"三二一"方针,逐步形成二、三产业共同发展的格局。"十一五"时期,上海在继续坚持"三二一"产业方针的基础上,进一步提出了"两个优先"的产业发展方针,即优先发展现代服务业和先进制造业,实行"双轮驱动"。可见,历次五年计划或规划中有关产业发展方针的表述,虽经历了"继续坚持"、"深化"再到"继续坚持"的用词更迭,但"三二一"产业发展方针始终未曾改变。但是,无论是"三二一"产业发展方针,还是"两个优先"方针,都是将二三产业分离开来,强调顺位发展和实现产业高度化,没有从产业链的角度出发,着眼于提升上海产业的价值链水平。因此,不能适应未来上海产业全面提升的需要,也不能适应服务经济条件下产业融合化发展的要求。

"十二五"时期,产业的服务化和融合化发展将成为上海产业发展的主要方向,也是产业优化升级的重点。同时,从服务业看,加快发展高端服务业是提升城市功能的重中之重。从制造业看,上海迫切需要解决两大矛盾:一是节能减排与保持一定发展速度的矛盾;二是"高新"与"高效"的矛盾。解决上述矛盾的唯一出路是走知识化、高端化、服务化道路,促使产业发展转型。因此,"十二五"时期上海必须对原来的"三二一"产业发展方针进行调整,实施"知识化、高端化、服务化"的产业发展新方针,即构建以知识为基础的新型产业体系,促进产业发展向价值链高端延伸,形成以服务经济为主的产业结构。

为此,一是要大力发展高端服务业,促进服务业升级提升。特别是要重点发展提供全球性服务和区域性服务的生产性服务业,建立起面向长三角、亚太地区和全球的现代服务业中心和高级服务业生产基地。二是聚焦发展先进制造业的高端领域和高端产品,鼓励企业形成高端制造、制造服务、资本控制的

能力,将工业投资的重点从扩大产能转向产业链和软实力投资,使产业升级的重点从产品升级和技术升级转向产业链升级。推动制造业由实体制造向虚拟制造、由完全制造向总装制造、由单纯制造向服务制造、由粗放制造向绿色制造转变,坚决淘汰"两高一低"的劣势产业,加快调整比较效益弱的均势产业,做强优势产业,提升产业技术含量和附加值率。三是要大力推进产业融合发展,充分发挥上海信息化水平较高、市场容量较大、运行比较规范的综合优势,使上海成为新兴融合型产业集聚度最高、发展最快的地区。

2."郊区为主、聚焦新城"的城市建设方针

当前,上海跨入工业化后期阶段,总体上已进入以工促农、以城带乡的发展阶段,只有加快郊区建设步伐,统筹城乡发展,才能在新起点上实现新飞跃。而且,上海作为国内经济最发达的城市之一,农民不多,农业比重很低,有条件在实现城乡一体化上走在全国前列。因此,"十二五"期间应将推进城乡一体化作为重大任务,在破解城乡传统的"二元结构"上取得实质性突破。

大力推进城乡一体化必须要调整城市建设方针。2001 年全市农村工作会议曾提出,今后上海城市建设的重点要由市中心区向郊区转移。2002 年上海郊区工作会议也提出,上海郊区进入了"城乡 体化发展的新阶段"。但 2003 年后,由于筹办世博会,城市建设重心客观上仍然集中在中心城区。"十二五"时期,随着世博会的结束,中心城区的重大基础设施建设将基本告一段落。有鉴于此,我们认为,"十二五"时期城市建设的重心应由中心城区转向郊区,特别是应将郊区新城建设作为推动城乡一体化发展的重要抓手。因此,必须实施"以郊区为主"的城市建设方针,促进城市建设重心从中心城区向郊区转移。

"十二五"时期,实施"以郊区为主"的城市建设方针,必须重点推进四项工作:一是加快郊区轨道交通建设。要将全市轨道交通建设的重心从市区转向郊区,构建形成郊区轨道交通的网络框架,争取到"十二五"期末,除崇明新城外,实现郊区新城轨道交通全覆盖。同时,要适时考虑郊区轨道交通的提速问题,提高上海郊区在高铁和同城化时代的竞争力。二是加快郊区新城和新市镇建设。重点是探索形成"以区为主、市区联手"的新城开发新模式和交通、人口、产业联动发展的机制。三是进一步完善郊区的道路交通网络。按照节点

城镇的对外辐射要求,构建以新城为中心的次级道路网络体系,并在条件成熟时,取消市域范围内的公路收费,降低新城与新城、新城与中心城区之间的要素流动成本。四是加大农村基础设施建设力度。基本完成农村道路危桥改造,全面实现供水集约化。适当放宽容积率标准,加快"城中村"的拔点改造步伐,使城郊结合部的"脏乱差"局面有实质性改观。

同时,"十二五"时期要把解决中心城区"二元结构"问题提上议事日程,着力解决苏州河南北地区发展的不协调问题。黄浦江和苏州河是上海城市的标志和象征,也是未来上海中心城区发展的重要轴线。浦东开发开放以来,通过实行东西联动战略,黄浦江两岸发展迅速,但苏州河以北地区发展相对迟缓。历史上,由于一河之隔,苏州河南北地区经济社会发展水平差距悬殊,分别成为繁华的"上只角"和破旧落后的"下只角"。新中国成立以后,特别是改革开放以来,历届市委、市政府都倾注了大量心血,采取了包括财政转移支付在内的一系列重大政策,着力改变苏州河以北地区的落后面貌,并取得了显著成绩,但苏州河作为上海经济社会发展南北分界线的局面并未有根本性改变。从人均财力看,苏州河以北的普陀、闸北、虹口、杨浦等区仅为苏州河以南的黄浦、卢湾、静安、长宁等区的1/3,而需要改造的二级以下旧里总量却是后者的3倍。尤其是进入新世纪后,苏州河南北地区的发展差距有进一步拉大的趋势,已成为制约上海建设国际大都市和率先建成和谐社会的重要瓶颈。因此,改变苏州河以北地区的落后面貌、实现南北协调发展已成为上海"十二五"时期促进区域协调发展的迫切任务。必须进一步加大区域统筹力度,加强政策倾斜和财政转移支付,着力改善苏州河跨河交通,增强"苏南"经济对"苏北"地区的带动辐射效应,鼓励和引导南北联动,争取用五到十年的时间,使苏州河南北地区的发展差距明显缩小。

3."以改善民生为重点"的社会建设方针

20世纪80年代以来,社会领域的发展一直是历次五年计划或规划的重要内容,但在表述和侧重点上不断有所变化。20世纪80、90年代的表述是"社会发展",重点主要集中在"发展社会事业、提高人民生活水平"上。党的十六大以后,历次五年计划或规划中的表述都转变为"社会建设",重点集中在社会事业、社会管理和社会保障三个方面。"社会建设"与"社会发展"的主要区别在于：“社会发展”主要注重社会事业、社会保障等方面“量”的增长，而“社会建设”更加强调社会发展的基础建设和制度改善。根据当前上海经济社会发展面临的阶段特征和主要矛盾，我们认为，“十二五”时期应当将“社会建设”作为推进社会领域发展的重点。

鉴于当前社会建设中民生问题日益突出，已成为影响经济社会发展的重大因素，“十二五”时期，上海在社会建设上应当实施“以改善民生为重点”的方针，突出“富民、惠民、安民”的导向，不断提高人民群众生活质量和满意度，推动社会和谐发展。

“十二五”时期，实施“以改善民生为重点”的社会建设方针，必须着力实现“两大转变”：一是社会事业受益对象从“户籍人口”向“实有人口”转变。要大力推进基本公共服务和社会文化资源的均等化配置，完善“保基本、广覆盖、多层次”的社会保障体系和主体多元、灵活高效的社会管理体系，努力缩小郊区与中心城区、外来人口与本地居民享受公共服务的差距，减轻和逐步消除新老“二元结构”。二是社会管理方式从政府“自上而下”单独推动和管理向“自下而上”社会共同参与和治理转变。按照“主体多元、自治驱动、重心下沉”的原则，进一步完善党委领导、政府负责、社会协同、公众参与的社会管理格局，加强社区市场组织、社会组织和自治组织的培育建设，建立和完善网格化的社区治理结构，实现管理全覆盖，加强民意表达、沟通、协商的制度化建设，强化社会风险预防、化解，为经济社会发展创造和谐稳定的社会环境。

4. “以拓展能级为重点”的总部经济发展方针

总部经济是在全球经济一体化和信息革命的推动下，跨国企业及全国性企业结合地区的资源禀赋差异和企业的内在价值链在全球范围进行生产布局，贯彻和维持全球生产过程，以实现国际支配能力的生产的经济形态。总部经济的形成过程就是技术和产业向高端发展、城市从世界城市体系的外围向核心跃进的过程。在全球化、信息化、网络化条件下，衡量国际大都市的最重要标准就是总部经济城市通过贸易和管理实现对世界城市网络的支配力。上海“四个中心”建设所要实现的最终目的，就是要把上海建成国际总部经济基地。

根据总部经济城市辐射和支配能力的大小，可将其分为国家级总部经济、洲级总部经济和世界级总部经济三个阶段。从国际上看,一个城市向国际大都市迈进的过程,就是总部经济从国家级总部经济向世界级总部经济跃进的过程。上海目前还仅是一个国家级国际总部经济基地。突出的表现为跨国公司在上海设立的总部几乎均是处理在华事务的中国区总部,转口贸易占比低下,而中国香港、新加坡等亚洲级总部经济城市的转口贸易占比都达到了70%以上。因此,"十二五"时期,上海必须把"向亚洲级总部经济转型"作为建设国际大都市的重要目标,推动上海从国家级国际大都市向亚洲级国际大都市转型。这不仅是上海建设国际大都市的阶段性内在要求,更是我国在新的国内外环境下进一步在全球竞争中获取主动权的客观需要,也是新的世界经济金融秩序形成的需要。建成亚洲级总部经济城市是最终成为世界级国际大都市的重要步骤,而国家级总部经济只是国际大都市发展的初级阶段和形式。只有全力向亚洲级总部经济城市的目标转型,上海才有可能最终建成世界级国际大都市。

国际总部经济基地按其职能可分为高端制造中心、创新研发中心、营运总部中心和对外投资中心四个方面。"十二五"时期,上海要基本形成"四个中心"的主要功能,必须更多地倾力于推动城市功能向集高端制造、金融、航运、贸易以及创新职能为一体的国际总部经济基地转型。为此,必须依托"后世博效应",努力实现"五大转型":一是从国家级国际金融中心向亚洲级国际金融中心转型,着力夯实更完善的金融市场体系、人民币国际化结算和国际投资中心三大基础,形成面向国际和国内两个市场的真正意义上的国际金融中心。二是从国际海运航空集散中心向亚洲国际海运中心和亚太国际航空枢纽中心转型,大幅度提高航运中转比重,增强对国际航运航空市场的影响力。三是从国际加工贸易中心向国际综合贸易中心转型,大力发展现代服务贸易,促进贸易方式向一般贸易为主转型,增强国际贸易的竞争力。四是从国际加工制造中心向国际高端制造中心转型,以发展自主设计和自主品牌为核心,推动制造企业向自主设计制造商和自主品牌制造商转型,促进自主设计制造商和自主品牌制造商向上海集聚。五是从国际引进型创新中心向国际综合型创新中心转型,大力推进技术创新、服务创新和知识创新,同步推动工业型创新、服务型创新和文化型创新,形成包含知识的生产、流通和使用的综合性国际创新基地。通过向亚洲级总部经济城市转型,推动城市产业链和价值链向高端延伸,使城市持续保持创新优势,增强城市对其他区域的支配能力。

5. 实行"提升国际化水平"的对外开放方针

20世纪80年代以来,上海经济发展主要走了一条外向型增长模式,其特点是通过土地批租,大规模引进外资进行城市建设;通过国企与外资企业的合资合作,实现企业的更新改造和制造业的战略升级。这种外向型增长模式对前30年上海经济发展起到了至关重要的作用:一是解决了建设初期资金短缺的问题;二是解决了生产技术落后的问题;三是解决了产品市场单一问题;四是解决了国企效益低下问题;五是解决了产业布局不合理问题。但近年来,随着国际国内经济环境发生重大变化和外商投资重心向中西部地区转移,原来高度依赖引进外资和产品出口的外向型发展模式已难以为继,迫切需要创新发展模式。

上海地处国际国内两个扇面的结点上,是我国改革开放的前沿阵地,又是国家确定要建成国际经济、金融、贸易和航运中心的国际大都市。这一战略定位决定了上海经济发展模式必然是"外向"的。因此,上海调整外向型增长模式不是简单地"由外转内",而是要调整与国际经济接轨的方式,从简单的产品与资金外循环,转向全面加强对外网络联系,扩大对外经济流量。因此,"十二五"时期,上海必须大幅提升城市的国际化水平,进一步集聚各种要素资源,形成开放型经济发展的新模式。

根据上述思路,"十二五"时期要进一步深化对外开放,努力消除各种市场准入壁垒,加快各种规则制度与国际接轨,大幅提高对外开放的质量和水平:以扩大城市经济流量规模为核心,大力搭建全球性的资金、技术、信息、人才等要素交流配置平台,增强对全球经济活动的影响力和控制力,提高经济运行的国际化水平;加大对包括民间资本与央企资本在内的"广义外资"的吸引和利用,搭建完善资本运营平台,实现从简单吸引外商投资向吸引外资在上海运作转变。特别是要大力推进宜居城市建设,更多地引进国际性教育、医疗机构,改善信息化条件和生态环境,进一步改善信息化条件和生态环境,提高居住国际化水平,形成宜商宜居的城市发展环境。

五、上海"十二五"发展的主要任务

(一) 全面提升"四个中心"核心功能、加快推进服务经济发展

上海"四个中心"建设是国家战略,分成四个阶段稳步推进,即"十五"时期确定目标、"十一五"时期构建框架、"十二五"时期提升功能、"十三五"时期(2020年)基本建成。经过前十年的努力,上海"四个中心"的市场体系不断完善,规模能级显著提升,国际化程度逐步提高,功能布局更加优化,发展环境持续改善,服务功能初步实现,基本完成了"十一五"时期提出的"构建框架"阶段性目标。但在发展过程中也暴露出了硬实力提升快、软实力相对不足的矛盾。在国际金融中心方面,金融市场能级不高,特别是对外辐射力不强,影响力不高,国际化步伐需要进一步加快;市场环境方面软约束更加突出。在国际航运中心方面,仍处于以量为核心的快速增长阶段,服务水平和综合竞争力与先进的航运中心仍存在较大差距,集中表现为资源配置能力不强,现代航运服务体系尚未完全建立。在国际贸易中心方面,内外贸一体化程度有待提升,贸易主体竞争力有待增强,服务贸易受到体制约束等。"十二五"时期是上海"四个中心"核心功能的全面提升期。随着世界经济逐渐复苏,以多货币竞逐为特征的国际金融体系改革将导致全球金融市场多元化调整,全球将掀起新一轮国际金融、航运中心竞争浪潮,并促使竞争重心逐渐由硬实力向软实力转换,上海必须深刻意识到"增强硬实力易,提升软实力难",在"十二五"期间充分借鉴国际经验,加快服务经济转型发展和增强全球资源配置能力,着力推进"四个中心"软实力建设,全面提升"四个中心"核心功能。

1. "十二五"上海建设"四个中心"的主要目标

一是基本形成"四个中心"的核心功能。以《国务院关于推进上海加快发展现代服务业和先进制造业建设国际金融中心和国际航运中心的意见》发布和国际贸易中心建设的全面破题为契机,全面推进国际经济、金融、贸易和航运中心协同发展,丰富"四个中心"基本内涵,提升发展层级,加快"四个中心"功能性平台建设,初步形成以金融市场体系建设为核心的专业金融服务功能、

以国际国内两个市场资源配置为核心的贸易管理与贸易服务功能、以全球航运资源配置为核心的国际航运服务功能,构筑节点网络,扩大经济流量。

二是基本形成以"四个中心"为核心的新型服务经济产业体系。大力推进经济形态向服务经济转变,在优化结构、提高效益和降低消耗的基础上,围绕建设"四个中心",努力调整产业结构,积极推进产业体系服务化、知识化和融合化,扩大产业的中间服务投入,积极发展新型产业形态,形成二、三产业融合发展和共同发展的格局,初步形成与服务经济相适应的新型产业体系。为建设成"四个中心"奠定产业基础。

三是初步实现"四个中心"的能级提升。即从国家级国际金融中心向亚洲级国际金融中心升级;从国际海运航空集散中心向亚洲国际海运中心和亚太国际航空枢纽中心升级;从国际加工贸易中心向国际综合贸易中心升级;从国际加工制造中心向国际高端制造中心转型;从国际引进型创新中心向国际综合型创新中心升级。

2."十二五"上海建设"四个中心"的主要任务

(1) 以"十二五"期间人民币国际化进程加快为重要背景,以建设人民币国际结算中心和人民币产品中心为核心,完善多层次金融市场体系,加强金融机构体系建设,深入推进国际金融中心建设。

一是立足国家战略,进一步贯彻落实《国务院关于推进上海加快发展现代服务业和先进制造业建设国际金融中心和国际航运中心的意见》精神。将上海国际金融中心规划实施的重点内容与国家"十二五"总体规划和"一行三会"专项规划相衔接,并做好代表国家参与国际金融中心竞争的各项工作。

二是突破四大约束,加快打造引领全球的人民币国际结算和人民币产品中心。发展中国家建设国际金融中心没有先例可循,尤其是在资本账户管制、汇率与利率均未实现市场化的国家,如何建设国际金融中心更是没有国际经验可以借鉴。因此,上海应当勇于探索,先行先试,力争在以下四个方面实现突破:其一,突破资本管制约束,将上海建设成为人民币金融资产研发、生产、交易、结算中心。要向国家争取政策支持,在浦东或更小区域采取国际化规则或直接复制香港"自由港"经济规则,发展人民币产品国际市场,使上海真正成为人民币资产的集聚地。其二,突破金融服务供给不足约束,提升上海国际金融服务供给能力。要积极争取国家支持,将国内主要金融机构的业务总部向上海迁移,尤其是人民币产品研发中心、交易中心和清算中心等向上海集聚,增强上海金融服务供给能力。其三,突破国际人民币紧缺约束,加快人民币回流机制建设。要积极发展股票、债券等国际板,允许境外优秀企业在上海国际板发行以人民币定价的股票、债券等金融产品,通过金融渠道增加人民币国际供给。同时,在出口环节鼓励以人民币为结算币种、FDI以人民币为投资币种等,建立顺畅的人民币回流机制。其四,突破法律税收约束,营造良好的法律税收软环境。要遵循"市场选择在先,政府引导在后"原则,在法律、税收等方面要有新思维和新切入点,积极营造具有国际吸引力的法律税收软环境,提升上海金融环境国际竞争力。

三是稳步发展金融衍生产品。支持推出国债期货、外汇期货、股指期权、外汇期权、黄金 ETF 等金融衍生产品,积极培育以上海银行间同业拆借利率为定价基准的各类衍生产品,加快开发航运运价指数衍生品,逐步建立金融衍生工具的估值与评估中心和信息披露规制。

四是做大做强多层次的金融市场体系。促进金融期货市场发展,有序推出原油、汽柴油、沥青等能源化工期货品种和铜、铝等期权类产品,开发铅、白银等金属类期货以及商品指数期货,大力发展债券市场和票据市场,力争建成全国票据集中交换的中心。

五是试点发展离岸金融市场。推进洋山保税港区率先开展离岸银行、期货保税交割、离岸保险等业务的试点突破。

(2)大力发展高端航运服务,实现由"生产型"国际航运中心向"服务型"和"知识型"国际航运中心转型,深入推进国际航运中心建设。

一是以建设航运知识集聚地、航运组织和决策制定所在地、航运创新能力所在地为核心,加快上海国际航运中心从生产型向服务型和知识型转变,建成具有较强经济服务功能和辐射能力的亚太地区重要的国际航运中心。

二是进一步明确全球资源配置能力的内涵。加快形成全球航运运力及相关资源配置能力、全球航运交易市场资源配置能力、航运软实力核心资源配置能力和全球航运物流资源配置能力,形成全球范围内航线等资源的直接支配权、航运信息发布权、航运标准制定权、航运组织话语权。

三是加快形成现代航运服务体系。加快发展航运保险、船舶融资、船舶交易、船舶管理、航运经纪、航运咨询、船舶技术等各类航运服务机构,延伸发展现代物流等关联产业,不断完善航运服务功能。

四是积极完善国际航运发展综合实验区的配套支持政策。研究制定具有国际竞争力的航运税费政策,加快落实口岸退税政策,积极探索股权投资基金等多种航运融资方式,营造便利、高效的现代国际航运服务环境,增强国际航运资源整合能力,提高综合竞争力和服务能力。

五是形成若干突破重点。包括:以船舶登记注册制度为突破口,加快第二船籍港政策实施,吸引挂方便旗的中国船只来沪登记注册。积极发展船东保赔市场。积极引进国际知名的船东保赔协会,壮大我国和上海自己的船东保赔协会,增强在国际航运保险市场上的话语权和资源配置权。大力发展邮轮产业,打造邮轮母港。允许境外国际邮轮公司在上海注册设立经营性机构,开展经批准的国际航线邮轮服务业务,鼓励境外大型邮轮公司挂靠上海及其他有条件的沿海港口,简化通关,完善船供,试点进行多点挂靠,逐步形成邮轮母港和邮轮经济雏形。切实提高上海港服务信息化水平。充分发挥上海港航EDI中心及上海电子口岸平台整合优势,加快建立上海国际航运中心综合信息共享平台,推动长三角航运市场联动发展。

(3)以内外贸一体化为核心,增强贸易营运和控制力,构建沟通全球的交易网络,加快向开放式的现代国际贸易中心转型。

一是进一步扩大对内对外开放,重塑现代商务管理体系,大力优化内外贸产品结构,打造内外贸自主品牌。在人民币国际化、贸易便利化、产业流通、服务贸易等方面争取更多政策先行先试,不断优化国际贸易中心建设的综合环境。

二是争取在浦东新区建设中国第一个自由贸易园区,全面实施自由贸易区政策体系和管理运作体制。

三是加快发展离岸贸易。积极推进外高桥国际贸易示范区建设,拓展分拨、采购、配送等保税增值服务功能,探索与贸易相结合的维修和供应链管理功能,积极培育以保税交易为核心的专业化市场,着力发展与国际著名贸易中心接轨,以分拨、采购、转口和中转为基本方式的离岸贸易。

四是建设多功能、强辐射的市场交易体系。着力发展以贵金属、能源、化工等商品为主的期货市场,大力发展电子商务交易,做大做强"华交会"、"工博会"、"跨国采购大会"等贸易平台,促进贸易营销网络从实体向虚拟发展,从市域向区域乃至全球延伸,形成辐射全国和世界的商品运转中心。

五是加强国际购物天堂建设。以提高流通能力和建设国际化商圈为抓手,推进商业结构调整,加快都市地标商圈、特色商街轨道交通商业和郊区新城商业中心建设,发展高端商业和特色服务,促进旅游节、服装节、电影节等重大节事活动与商业、旅游的结合,引导时尚消费,鼓励绿色消费,推进郊区综合消费。

(4)实施"总部经济提升"战略,进一步提升"四个中心"的核心功能。

在全球化、信息化、网络化条件下,衡量国际大都市的最重要标准就是总部经济城市通过贸易和管理实现对全球城市网络的支配力。因此,"十二五"时期上海要把"向亚洲级总部经济转型"作为建设国际大都市的重要目标,结合世博园区的开发,加大对总部经济的吸引力度,提升"四个中心"的核心功能。

3."十二五"时期上海发展服务经济的主要措施

"十二五"是上海服务经济主导战略的全面推进期,要以发展服务经济为龙头,以世博会创造的软硬条件为基础,加快调整优化服务业结构,推动产业优化升级和结构调整,引导产业实现新的跨越式发展,全面建立服务经济的产业体系。

(1)加快上海服务业高端化发展。

一是重点发展中介服务业,扶持会计、审计、法律等中介机构发展,提高中介服务的品质和国际化水平,努力建立一批具有国际竞争力的中介服务品牌。二是大力发展会展业,培育一批规模化、国际化会展品牌,力争把上海建成综合会展功能完备、国际高端会展优势突出、专业会展高度发展的国际会展之都。三是着力提升旅游业,丰富上海旅游文化内涵,努力打造世博园、迪士尼、崇明生态岛、邮轮等一批新的旅游品牌。四是积极培育教育培训和医疗服务业,大力发展各种技能型、兴趣型教育产品,积极引入各种国际通行的职业资格认证和培训项目;鼓励民营资本、海外资本进入医疗服务市场,推动公立医院企业化管理。五是做大做强软件和信息服务业,积极推动服务外包发展。要积极发展面向商业、消费和娱乐的信息服务业,支持工业软件、业务流程外包等重点领域发展。大力发展综合性服务外包示范区和专业园区,重点加强电子商务、金融后台、航运服务、医药研发、离岸服务外包等服务贸易专业园区建设,建成全球服务外包的重要基地之一。

(2) 大力推动上海以"产业融合"为特征的制造业服务化发展。

一是积极推动制造业的服务性分工细化,鼓励制造企业加快发展设计、研发、销售、售后服务等高附加值环节,大力支持工业设计、科技研发、广告营销等为生产服务的企业发展。二是打造新型都市工业体系,大力发展以时尚消费品发布、展示、设计和制造为内涵的时尚创意产业集群。三是大力推进工业化与信息化融合发展,加快上海二、三产业融合。形成先进制造业信息化的点、线、区、面联动。要重点扶持中小型先进制造企业的信息化建设;引导"政、产、学、研"协调合作,攻克核心技术,提高创新能力;实现资金来源多元化;推动政府组织领导作用的发挥、市场规范化和企业 CIO 制度建设;推动制造业信息化人才培育和保障工作,以及信息化示范工程的分类指导、信息交流和宣传推广。

(3) 着力构建有利于服务经济发展的制度环境。

一是率先建立有利于发展服务经济和提高自主创新能力的体制机制,积极争取实行服务经济综合配套改革,形成与国际惯例相衔接的规则体系。二是加快服务业税收制度改革。以营业税差额征收改革为契机,进一步加快在其他服务领域推进营业税差额征收,争取营业税政策自主调整权;配合国家在上海增值税扩围测试,加快制定上海税制改革方案,争取增值税扩围改革在上海先行先试。三是改善市场准入环境。加大行政审批制度改革力度,树立"非禁即入"的原则;按照"先鼓励发展,再规范管理"原则,对有发展潜力的企业,降低准入标准;进一步提高金融、航运和专业服务业等领域市场开放水平,允许外资独资证券公司参与 A 股承销和经纪,允许外国船公司在上海试点海河联运,允许设立中外合作的律师事务所。四是完善信用制度,在信用信息共享上率先突破。整合金融信息,以上海资信公司为平台建立公共征信系统;逐渐向企业信息系统转移,促进私营征信系统繁荣和发展;鼓励银行共同持股形式和行业协议主导形式的新型征信的形成和发展。五是推动服务业监管制度改革。在金融监管方面,探索建立以上海为中心的长三角区域内风险控制系统;积极争取将金融监管机构业务操作部门移至上海,实施近距离监管;加强地方各金融监管机构之间的信息共享,促进不同监管部门之间的合作;积极争取在上海率先推动形成综合监管模式。在航运监管方面,推进"单一窗口"口岸管理模式,进一步完善"授权经营者制度(AEO)";针对不同类别的自然人设计具体可行的旅客通关的便利化措施和程序。六是健全服务经济法律体系。有针对性地制定服务业地方配套法规和规章,加快补充完善缺失的法律法规,大力发展专业调解、仲裁等多元化纠纷解决机制。七是探索建立服务经济统计制度。率先尝试使用服务业新指标体系,对重点行业开展专项分类统计,调整和建设数据采集的渠道和网络。

(二) 提高自主创新能力,培育创新型经济体系

"十二五"时期,面对土地、资源、环境约束日益加大的状况,上海必须确立以创新支撑和引领未来经济社会发展的战略定位,把握世博科技创新应用带来的契机,汲取为我所用的新理念和新技术,按照"制造和服务并重、技术与应用并重、自主创新与全球集成创新相结合、引导产业链和聚焦优势环节相结合、国有资本和社会资本共同发展"的基本思路,统筹创新要素资源,全面加强创新体系建设,积极提升自主创新和消化吸收再创新的能力,注重掌控关键技术,促进科技及产业的跨越发展,逐步实现由创新制造能力到创新服务能力的提升,努力建成具有自主设计、自主品牌、自主研发的国际综合型创新中心城市,成为亚太地区重要的创新策源地和全球创新资源的集成服务基地,走出一条具有上海特点的创新型城市建设之路。

1. 统筹创新体系建设

(1)优化科技投入布局。

遏制基础研究投入增长比例下降的趋势,通过制定鼓励企业集团增加投入、组建中央研究院和建立核心技术研究开发基金等渠道扩大基础研究投入比例。同时,切实改变目前上海技术引进和消化吸收比重失调的局面,通过专项扶持、发布技术目录等办法,加强消化吸收再创新。

(2)聚焦核心技术和前沿技术的创新开发。

根据市场导向和产业发展需要,围绕国家、市重大科技专项的实施,以战略性产业、新兴产业和高科技产业为重点,以重大技术创新专项为抓手,加强科技原始性创新,积极实施自主知识产权战略,加快具有战略意义的相关前沿技术领域的基础研究、高技术研究和应用研究,力求取得具有国际先进水平的原创性核心技术优势。

（3）深化科技金融改革。

以市场机制为基础，充分发挥政府引导作用，采用多方合作的方式，构建和优化局部投融资环境，促使优质资源和要素向有竞争力的优势创新企业集中。一是建立科技型企业融资联合担保平台。利用政府科技专项提供的政策性担保资金，通过政、银、保合作联动和市、区（县）联合担保，以及引入再担保机构和科技保险服务，在政府、担保公司和银行之间实现风险的合理分摊比例。二是积极引导金融机构创新科技金融服务。建立适应科技型中小企业特点的融资体系，进一步扩大信用贷款和知识产权质押贷款试点，增加科技保险险种，发展科技再保险，加大科技金融支持力度，继续促进高新技术企业发行集合债、短期融资券、中期票据，加强对研发和技术创新的投入。三是加快建立面向本地和长三角的OTC市场。逐步建立和完善上市融资、市场交易和多层次资本市场之间的转板制度，积极健全风险资本的退出机制设计，吸引大量中小企业进行融资和股权转让，有效整合长三角各省市的产权市场平台，争取成为全国性的OTC市场运营总部。四是建立适应新形势要求的创业风险投资机制。健全国有创投决策机制和激励机制，规范政府引导基金的政策定位和运作模式，积极培育天使投资、产业投资基金、股权投资基金，通过金融合作机构、产业投资基金、产业债券、风险投资基金、政府再担保机构等形式，增强为技术风险大的高技术企业提供风险创业投资的能力。

2. 努力推进重大创新设施建设

（1）组建产业研究院。

借鉴国际经验，组建非营利性、公益性和社会性的战略性新兴产业技术研究院，制定新兴产业技术路线图，持续监测和跟踪全球新兴产业技术路线、主导设计与应用动态，及时调整关键技术和主导设计的突破方向，积极通过政府"有形之手"整合各种创新资源，形成创新合力。其主要功能：一是搭建科技创新专业信息库。掌握全球发展动态，把握产业发展方向，组织新兴产业发展战略研究。二是摸清上海战略性新兴产业的技术储备家底。研判科技创新和产业化培育能力，规划和管理创新系统的运作，整合各种创新资源，形成创新合力。三是攻克新兴产业发展的共性技术和关键技术。通过与国内外高校、科研院所合作对前期的研究成果进行应用研究和二次开发，着力攻克战略性新兴产业重点领域的共性技术、核心技术、关键技术与产业化瓶颈,带动新兴产业的发展。四是加强政府与市场的有机结合。发挥技术引进、人才培育、资讯提供、公司衍生、创业孵化、技术服务与技术转移等作用,协助政府有关部门制订更具针对性的新兴产业培育策略。五是推动科技创新合作交流,以合作研究、虚拟实验室、定期交流等形式,鼓励外资与国内科研院所开展共同研究、合作开发,实现技术资源共享。六是组织产学研合作对接。扶持重点企业建立产学研示范基地,构建针对高新技术产业化承担主体企业共管需求的合作平台。

(2)加大孵化器建设力度。

增加孵化器数量,扩大孵化规模,提高孵化器设备质量。围绕新一代信息产业、新材料产业和氢能源产业等领域,按照"政府引导、市场化运作"的原则和"集约发展、创新服务"的理念,以促进产业集群形成和壮大为方向,以高成长企业为主要服务对象,通过服务模式创新,满足高成长企业对于空间、管理、服务等多方面的个性化需求,使产业孵化服务更加专业化、特色化,大力培育拥有自主知识产权的小巨人企业和领先企业。从而形成由初创企业、成长型企业和成熟企业联合构成的具有内在良性循环机制的产业生态系统,形成"企业孵化器——企业加速器——创新基地"的"三级跳"创新创业服务体系。

(3)加强共性技术平台建设。

一是瞄准重点产业发展领域,抓好行业共性技术平台和企业集团关键技术平台的建设;通过财政、金融、税收等手段建立共性技术研究、应用和服务的激励政策,以共建技术中心、产学研联盟、企业技术联盟、风险投资基金等形式,加强公共开发、数据共享、网络服务、共享应用等产业共性技术支撑平台建设,逐步实现共性技术的示范、扩散和推广。二是构建面向全国的开放型创新平台。完善科研基地和科研基础设施开放共享机制,打破创新资源条块分割、相互封闭、重复分散的格局,面向长三角和全国,建立研究实验基地、科技文献资源、大型仪器设备、科学数据和标准、技术市场和科技成果转化、知识产权公共服务等共享平台,设立对社会开放的大型科技仪器、设备和公共实验室,使上海成为全国自主创新的孵化平台和服务平台。

(4)抓好创新应用工程和关键技术示范项目。

按照技术领先、示范先行、节能环保、安全可靠的原则,细化方案,组织实施好重点产业应用的示范工程,积极有效地扩大应用。在关系国计民生的重点科技或者世博科技应用推广领域,布局一批技术水平领先、服务能力突出、具备推广价值的示范工程,打造一批工程技术创新基地,支持新型产业组织和民营科技企业参与国家科技重大专项的实施、科技基础设施建设。

3. 增强创新主体自主创新能力

(1) 积极实施自主知识产权战略,避免"技术黑洞",突破跨国公司战略性专利形成的进入壁垒效应。

一是构建多种类型产业联盟。进一步强化龙头企业的标准竞争意识。通过区域企业的战略合作,以合作开发联盟、技术转让联盟等形式,形成核心层稳固的开放式战略联盟,逐步形成自主的体系结构和产业标准,进而掌握战略性新兴产业发展的核心技术、关键技术和标准的制订权、主导权。二是加大战略性新兴产业自主知识产权、标准研究与推广的资金支持力度。增强对战略性新兴产业中涉及的关键技术、装备和系统等重要领域自主知识产权、标准化研制、推广和宣传的资金支持力度。

(2) 持续提升企业的知识吸收能力和自主研发能力。

积极实施全球创新资源配置和产业链整合战略,加强分类指导,积极推动各类企业知识吸收能力和自主研发能力的建设。一是支持行业龙头企业建立高水平技术研究院,其研发目标是开展前瞻性、原创性研究和重大战略产品的系统设计。二是围绕新兴产业培育和优势产业需求,以产学研合作方式,推进大中型骨干企业普遍建立工程技术研发中心。三是在新兴产业和高科技企业集中的高新技术园区、特色产业基地等重点区域,面向中小企业建设公共技术服务平台。

(3) 积极推进针对龙头企业的"一企一策"扶持措施。

围绕龙头企业,通过政府重点扶持潜力企业和股权控制、知识控制、标准控制、产业联盟等途径,制订实施个性化的支持措施,为企业做强做大提供更具针对性、更具特色的服务,大力引导支持大公司资产重组和优势互补,实现资源优化整合。加强区域内部和区域之间的合作,打通战略产业价值链,实现产业资源的有效整合。在政府采购、重大专项、电子信息产业发展基金、科技经费、对外合作项目、双软认证、投融资政策、基地(园区)建设、产业化示范工程、重大产业化项目等方面重点向大公司倾斜,特别是对产业发展具有明显带动作用的大公司要给予优先扶持；支持具备条件的大公司通过跨国合作和跨国经营，提升企业在国际分工合作中的地位和水平。

（4）进一步实施"聚焦张江"战略。

根据"十二五"时期"创新驱动、转型发展"的战略要求，针对张江高新区发展中面临的重大问题，以争创国家自主创新示范区建设为核心，进一步解放思想，转变观念，创新体制与政策，充分发挥张江高新区在引领全市创新发展中的龙头作用。一是扩大张江高新区范围，尽快把上海的大学科技园、中科院和国家其他在沪科研院所创新创业力量以及各区县创新产业园区纳入张江高新区范围，明确各园区创业链，实现张江高新区内政策全覆盖，加大政策支持创新的力度，做大园区和创新产业规模。二是进一步完善张江高新区创新支持政策，积极探索建立张江高新区企业股权和分红激励机制，进一步完善促进科技创新与成果转化的科技金融政策、财政税收政策、创新创业人才政策和用地政策，特别是要探索解决吸引高端人才的住房政策，规划建设针对高端人才的经济适用房和廉租房，降低人才流入的台阶，加强创新人才集聚。三是由张江高新区管委会牵头，在高新区内建立若干企业创新联盟，邀请相关高等院校和研究院所参加，推进产学研结合，促进同一产业链上的企业合作、协调和共同发展。四是进一步完善张江国家自主创新示范区管理体制，建立和完善"一区多园"联动发展的机制，合理界定政府、市场、企业角色定位，形成各园区既有分工协作又有适度竞争的发展模式。五是着力建设好张江高新区核心区，发挥示范中的示范作用。要理顺管委会、集团公司和上市公司的关系，优化开发模式；加快中外合作和部市合作，积极创建和引进新型大学和开放型研究院，弥补张江高科技园区高校缺乏的不足，增强自主创新的能力和活力。

4. 大力推进高新技术成果产业化

（1）加强新技术的推广。

推动在若干工科大学和研究机构内成立"新技术工程化研究中心"，形成"产业导向研究开发一体化"的合作体制。在少数与上海支柱和新兴产业有关的极为重大产业导向基础研究项目上，提倡"政府主导、产学研参与"的合作体制，重点"打造"几个产业导向基础研究项目；提倡国有大型企业在大学内办研究所（室）；提倡中小企业到大学委托（外包）基础研究。在各支柱和新兴产业内,充分发挥与该产业相关的科技学会的作用,创建新技术推广中心。

（2）完善专利技术产业化机制。

提高专利费用标准,加强专利审核,激励高质量的创新成果申请专利;提高企业利用失效专利的效率,引导企业免费实施某些失效专利,促进专利技术的渗透幅度;构建以企业为主体的标准制定流程,鼓励具有专利技术的企业组成标准技术联盟,大力引导企业成为新产业标准或产业新标准的推动者;采取专利技术产业化基地或者科技园区的方式,系统构建专利技术产业化基地,集聚一批具备相关专利技术的企业群或基地群,促进相关企业通过合作研发、专利联盟、交叉许可等方式,深化专利技术的二次开发和应用;在政府财政投入的市政建设等领域,探索实施本土生产、自主知识产权、自主品牌高新技术产品优先使用原则,利用技术标准、政府采购等政策,放宽创新产品市场准入条件,加大对产学研联合创新产品首购、订购的支持力度。

（3）大力发展各类创新技术服务业。

基于高技术产业服务化和服务业高技术化并重的产业发展趋势,以网络技术、信息技术和生物技术为支撑,重点发展信息服务、研发服务、专业技术服务、科技推广、技术预测、技术发展规划、知识产权检索、技术检测、创新成果投资评估、知识产权评估、专利代理中介、科技企业信用评估等新型科技服务产业,从而有力地促进上海的产业结构升级、自主创新能力提升和高素质人才就业,支撑和带动社会经济的发展。

（4）加快研发专利中心和标准化运营推广机构建设。

逐步形成"就地转化"和"成果输出"并举的创新成果转化格局,使上海逐步从"制造加工基地",向"研发专利中心"转化,最终成为我国乃至全球的新兴产业的创新中心和标准化运营中心,掌握相关产业标准的制定权。

（5）打造高新区的市外飞地,拓展高新技术产果产业化的发展空间。

创新高新园区管理体制,鼓励园区跨区域联动开发,推动园区向综合服务功能转变,鼓励政企联手、区区联手、区企联手在长三角和非洲、东盟、中亚、南美打造产业延伸区,形成"区外扩区、市外设区、海外建区"的产业发展模式,通过资本要素流动、产业集群打造、品牌管理辐射,逐步在市外建立与上海城市功能相适应、成本敏感性强、生态环境要求高、土地占用空间大的产业基地,突破土地资源约束的瓶颈,促进产业有序转移,实现飞地型扩容,打造若干个上海在市外的经济飞地和创新成果转化扩散基地,扩大战略性新兴产业发展的新空间。

(6)探索建立新技术创意的"发现、评价和转化"机制。

加强对年度世界科技发展创意的前瞻性跟踪分析,研究有利于产业战略发展的上海科技发展理念,进一步繁荣"院士圆桌会议"和"上海科技论坛"活动,充分发挥其科技创新发现的功能。鼓励大学、科研院所和产业系统成立"跨学科研究中心",配合支柱产业和新兴产业发展,形成学科人才梯队。同时,积极完善新技术的评价机制,加大新技术评价"与支柱产业的相关性"、"与解决产业关键性技术或核心技术问题的相关性"指标的权重,努力减少非共识评价。

5.积极培育和发展战略新兴产业

(1)建立战略性新兴产业的认定标准。

区分战略性新兴产业与高技术产业、高新技术产业的概念,结合上海战略性新兴产业的内涵和特点,制定产业认定标准,从而有利于政策制定实施和评估,有利于产业发展的导向和引领。同时,落实上海战略性新兴产业技术标准化工作,积极推进信息服务业、清洁能源、新能源汽车、智能电网、物联网、新材料、生物医药、民用航空等新兴产业领域的标准体系建设。

(2)调整布局,提升战略性新兴产业的规模和能级。

以新能源、新能源汽车、新型显示和照明、物联网、绿色节能材料为重点,进一步聚焦细分发展方向。新能源产业聚焦核电、风电和太阳能产业。核电突破关键技术瓶颈,实现成套能力;风电要实现大型海上风机产业化,太阳能重点发展薄膜电池等;新能源汽车产业以油电混合动力汽车和纯电动汽车为主攻方向;新材料产业中重点发展特种钢、高分子材料、电子材料、新能源材料和稀土永磁材料;新型显示和照明要集中力量解决灰度控制、视频信号校正、瞬间刷新、材料发光效率、全彩化等重大技术难关,重点解决降低成本、减少光污染、延长使用寿命等问题;物联网关键在于强化 RFID、传感器、嵌入式智能、纳米和信息通信等关键技术,实现技术标准的统一。

(3)加强新兴产业的应用示范。

结合上海城市低碳化、智慧化的发展方向,进一步在全社会推广新能源、新材料、物联网相关技术的示范应用。组织各部门资源,集聚人力、财力、物力的支撑,形成大量关键技术攻关项目,争取具有自主知识产权的新兴科技成果,培育新兴产业本土领军企业,鼓励产业化、商业化运作,全面带动行业发展。

（4）大力推进工业化与信息化融合发展。

以钢铁、石化、汽车、装备、航空、船舶、生产性服务业等重点行业为主体,以骨干企业为依托,全面推进信息技术自主创新以及在先进制造业重点行业和关键环节的应用渗透,分类推进企业信息化建设,提高企业在设计、生产、管理和流通等环节的信息技术应用水平,提升先进制造业的技术能力和管理能力,不断增强工业产品信息化含量,促进制造业向高端发展,促进信息技术在节能减排领域的深入应用,加快推进金融保险、航运服务、现代物流等服务行业的信息化,实现信息化对工业生产的全方位渗透。

上海培育战略性新兴产业的战略目标与重点任务见表1.1。

表1.1　上海培育战略性新兴产业的战略目标与重点任务

	2010—2015 年	2016—2020 年	2021—2030 年
战略定位	全国科技创新资源的整合者与引领者	国际重要综合型创新城市	全球核心创新型城市
发展方式	体制机制创新,发挥上海的引领带动作用和扩散效应	加强国际技术转移与合作交流,整合全球创新资源	全方位打造世界级的核心创新型城市
目标愿景	加强创新基地建设,鼓励企业自主创新,促进产学研合作,建设高端创新体系和技术经济范式	关注前沿、战略、高端技术、知识产权、技术标准,形成国际知名的创新体系	全面创新,经济高度发达,社会人文指数达到世界发达水平,建设国际顶级的创新体系
重点与方向	优先发展新一代信息产业,特别是物联网、智能电网、云计算产业,鼓励发展生态环保产业、航空航天产业,谨慎发展生物技术与医药、氢能源产业;鼓励优势骨干企业、大专院校及科研院所开展联合攻关,加强产业链关键和共性技术、关键产品和缺失环节研发,力争攻克一批关键技术,破解一批制约瓶颈,掌握一批自主知识产权,形成一批行业技术标准	物联网、智能电网、云计算等新一代信息产业逐步成熟,到2020年,上海争取成为第六次技术革命的前瞻性研究和实验室技术、专利的业太重镇之一;涌现出一批具有国际市场竞争力的品牌产品和一批跨国经营能力强的龙头企业	成为第六次技术革命创新成果商业化的先行城市,拥有大量产业核心技术和专利,掌握国际产业标准的制订权,具备足够的话语权和主导权;位居新兴产业链高端,成为战略性新兴产业的系统设计中心、高端生产性服务中心、专利与标准联盟运营中心、全球资源整合中心,是全球创新资源和生产要素的核心城市之一

6. 加强创新人才培养

（1）积极推进创新团队建设。

有效开发国际、国内两种人才资源，面向全球延揽高端核心领军人才，促进国际人才的汇聚和使用，努力造就一批世界级水平的科学家、科技领军人才、工程师和高水平的创新团队。

（2）建立以项目为导向、全球"融智"的人才创新机制。

一是建立持久的全球范围的"融智"机制。建立国际创新智力精英人力的资源储备库，鼓励和协助战略性新兴产业的企业与境内外高水平大学和研发机构建立联合研发平台，要及时追踪、了解、掌握产业技术发展的最新动态。二是建立以项目为导向的柔性化人才动态管理机制。三是充分发挥市场调节作用，建立健全适应创新型人才需要的培养机制和配置体系。创造有利于人才成长和不断创新的政策环境，培养、引进高水平研究开发人才、高技能生产人才和高层次管理人才。借鉴国内外经验，通过建立"基础科学特别研究员"、"科技特别研究员"等制度，加大创新型人才的培养力度。

（三）积极建设低碳城市，全面推进节能减排

节能减排、低碳发展是"十二五"时期中国面临的重大战略任务，更是上海城市转型、率先转变发展方式的重要抓手和突破口。环顾当今世界，节能低碳发展已成为当前及未来相当长时间各国的主流发展方向。上海的 GDP 碳排放强度偏高，日益受到国际关注，为保持城市良好的国际形象和提高产业竞争力，"十二五"时期需要进一步强化节能减排和低碳发展。从国内看，"十二五"时期国家将进一步加大节能减排指标的约束强度，上海将承担更大的节能降碳指标压力。从上海自身看，"十二五"时期能源资源保障难度加大，环境容量已接近极限，对能源消费和碳排放控制也提出了更高的要求。

目前上海尚处于低碳经济发展的起步阶段，"十二五"期间应以建设低碳城市为核心，推进全市的节能减排工作，力争实现碳排放强度和能耗强度明显下降，继续保持在全国的领先地位；主要用能行业的能源利用效率接近或达到国际先进水平；在全国率先形成低碳消费和生活的模式；基本形成比较完善的节能降耗、低碳发展的体制机制。同时，把发展低碳经济作为抢抓战略性新兴

产业发展机遇、培育新增长点和率先转变发展方式的有机结合点,聚焦重点,突破关键领域,推动全市实现绿色低碳发展。

1. 制定各行业能耗标准,形成节能减排机制

节能减排既是宏观调控的对象,更是利益机制问题。能否把节能减排的宏观措施和微观监管措施落到实处,制定能耗标准和问责、利益机制是关键。"十二五"时期上海应建立全面的节能减排问责和利益机制,推动调整和淘汰落后产能。一是制定行业能耗排放标准,实施能源消费总量控制。应借鉴日本将行业能耗最低的前三位企业平均能耗水平作为该行业全国能耗标准的经验,根据上海各行业能耗的实际情况,并参考国内外相关行业的能耗水平,制定上海各行业的能耗标准,在此基础上核定每个行业和企业的能耗总量和能耗强度,并将其作为行业结构调整的主要依据和对企业考核的约束性指标。二是全面开展能耗审计考核,运用问责制度,每年根据相关行业能耗标准和指数对各行业企业进行考核,对考核结果定期发布单位增加值能耗公报。对能源专项审计中暴露的企业违规行为进行曝光,并依据相关规定责令限期整改,或实施行政处罚。通过各种手段处罚能耗高于行业平均指数的企业,直至其符合行业能耗标准,一定期限内不达标的企业责令停产、关门。对能耗水平好于行业平均标准的,给予奖励。三是进一步健全、完善法规和配套政策,对超总量控制行为采取行政处罚、行为或区域限批、能源加价和节能量交易等多种行政、法律、市场措施,控制能耗总量不合理增长。

2. 运用市场机制,积极推进节能量交易试点

一是开展节能量交易试点。建立全市统一的企业能耗数据库,对于实际用能量超过或低于总量控制指标的用能单位,允许通过市场交易手段,实现能耗总量和节能目标的市场化配置。二是推进自愿碳减排交易。依据国家将要出台的自愿碳减排相关政策规定,积极探索开展碳排放交易,并积极与国际自愿碳减排交易体系接轨,以刺激企业不断提升能源利用效率,形成节能减排的动力和机制。

3. 加大节能改造的创新力度,进一步提高能源利用效率

一是加快推广高效节能技术和设备,重点发展变频调速控制、无功补偿等电机节电技术和洁净煤燃烧、高效燃烧、阀门保温、冷凝水回收等锅炉节能技

术,深入推进燃煤锅炉燃气替代和工业锅炉节能改造工作,继续推进余热余压、蓄冷蓄热、电机节电和老旧变压器替代等节能工程。二是支持乳化柴油、油电混合等项目,推动实施一批交通节能技改项目。三是实施专项节能技改工程,积极鼓励节能减排方面的技术创新,在石油、化工、冶金、电力等行业实施重大工艺改造和能源系统优化工程,持续提升能源利用效率。

4. 强化重点耗能单位节能管理,加大重大产业结构调整的力度

一是加大调整和淘汰高能耗、高污染和低产出落后产能的力度,尤其是加大对危险化学品生产、零星化工、纺织、印染和制革等9大行业的调整力度,对这些行业的企业实施全部淘汰,大幅度压缩电镀、热处理、锻造和铸造等行业的工艺总量。二是继续推进电力工业上大压小,持续推动小机组关停。三是加快钢铁、化工等高能耗产业的结构调整,严格限制钢铁、重化工等高能耗产业的发展。钢铁行业生产能力和能耗总量要从"保持稳定"向"削减总量"转变,年用能总量应控制在1 500万吨标准煤以内;石化行业生产能力和能耗总量要从"持续增长"向"趋于稳定"转变,年用能总量应控制在2 800万吨标准煤左右。对宝钢、石化等能耗水平达到国际先进标准但能耗总量大的企业,根据实际情况推动其结构调整和布局调整。化工产业新建项目和扩大产能项目以高新技术产业化项目为主,新上用能项目必须与老项目的存量结构调整相结合。

5. 坚持腾笼换鸟,坚决控制高能耗的新项目上马

一是加大工业集中的力度。对仍处在园区外的能耗较低、效益较好的企业,加快向园区集中,并在园区中积极推广集中供能。其余不符合向园区集中标准的企业,原则上全部淘汰。二是建立引进和投资新的项目的能耗管理机制。凡是要上新项目,不仅行业内部的能耗要进行相应调整,相关园区内也必须进行能耗综合平衡,在能耗上将引进新项目与存量项目结构调整相结合,进一步实施腾笼换鸟,以求达到能源消耗的平衡。每年要制定和下达各区县、工业园区调整和淘汰落后产能任务,明确调整和淘汰落后产能企业名单。

6. 继续强化建筑节能,加快推进交通节能

一是提高新建建筑节能标准。在全面执行65%节能标准的基础上,根据上海的气候特点,进一步制定各类公共建筑节能新标准和新的能耗定额,并在设计、施工、验收、运营等环节加强节能监管。二是加大老建筑节能改造力度。

结合公共建筑的改建、扩建、装修和抗震加固,按照节能50%的标准,对老建筑实施节能门窗、外遮阳等改造,争取改造面达到全市老建筑的1/4。三是推广应用分布式可再生能源和分布式供能系统,6层以下建筑推广应用太阳能光热系统;宾馆、医院等建筑应推广应用分布式供能系统。四是要加大交通节能力度,继续推进公交优先战略,提升公交出行比重,采取道路拥挤收费措施,控制和管理小客车的使用,提高道路畅通率,降低车辆平均油耗。五是加强对外交通节能管理,进一步优化航空、航运的航线和航班安排,减少航油消耗,并争取按照国际惯例,将国际航空和远洋运输的能源消耗单列,不列入全市的能耗指标;完善铁路发车班次及编组,提高载运率、客座率和运输能力。完善"水水联运"、"水铁联运"等机制,提高综合交通运输体系能效。六是推进交通运输工具淘汰和改造工程,进一步提高汽车尾气排放标准,加快淘汰高耗能的老旧汽车;争取在全市出租车行业全面推广使用混合动力的新能源汽车。

7. 加大智能电网建设力度,推动能源节约

一是加强电网智能化改造的力度,将智能电网产业的超高压、特高压电缆和超导电缆、智能化高压、超高压开关电器及变压器、高效储能系统、智能电表及电力自动化系统制造等项目作为龙头型、高端化项目进行推进。二是进一步加大对需求侧的政策引导力度,增加峰谷电价的级差和幅度,平衡电网峰谷差的负荷,有效降低电网供电的峰谷差。三是推动智能电网与新能源汽车发展相结合,目前上海新能源电动汽车除了世博园区"点"上示范外,还在部分市内公交线路上进行"线"的示范。"十二五"时期应在示范的基础上,坚持"两条腿走路",既要继续发展智能电网与乘用车整合,又要继续发展商用车与智能电网整合,逐步推进示范工程由"点"、"线"结合向"面"上拓展。建议将在崇明建设城市级别的智能电网与电动汽车集成示范区作为上海智能电网发展的重要任务,促进两大产业整合发展由"点"和"线"上向"面"上拓展。

8. 大力发展低碳经济,加大减少碳排放的力度

第一,要构建低碳能源体系。加强传统化石能源的低碳化利用,积极发展碳捕获、封存和利用技术,实现能源高效、清洁利用;积极发展分布式储能,全方位推广能源智能化应用,提高能源使用效率。第二,要打造低碳产业体系。聚焦新能源、节能环保等新兴产业,逐渐培育成新的经济增长点;高度重视原

材料工业技术进步,大力发展材料工业循环利用,全面推进全社会产品低碳化。第三,要建设"低碳经济实验区"。以世博园、大虹桥、临港新城、崇明生态岛为载体,积极推进清洁能源、节能材料、减排技术的广泛应用,从供能结构优化、雨水收集和中水回用、环保建筑和节能建筑、绿色照明、减少碳源和发展碳汇、低碳交通组织等多个途径入手,引导低碳办公和生活方式,有效破解"热岛效应"、建筑用能居高不下等"城市病"。今后原则上新拓展的开发区都要建成低碳开发区。第四,要提升生态碳汇保障。把加强植树造林、加强生态湿地保护作为发展低碳经济的重要组成部分,增加绿地面积;进一步加强水系污染整治,进一步加强生态湿地、生态岸线保护和修复,打造强大的自然生态碳汇保障。第五,要倡导低碳生活模式。上海应在全国率先推广低碳生活方式和低碳消费模式,建设低碳文明都市。要充分发挥媒体作用,向社会公众普及节能减排、气候变化、绿色经济和低碳经济等理念,引导市民逐步形成低碳生活习惯。争取到"十二五"期末,形成低碳经济示范城市的雏形。第六,要依托上海科技人才优势,聚焦突破未来低碳关键技术。技术创新是低碳经济转型的动力,上海科技人才资源丰富、科技综合实力较强,技术创新优势明显,必须通过强化公共研发机构和试验平台建设、引进设立开放式的国家新能源研究机构、进一步完善鼓励技术创新的制度环境等举措,加强低碳关键技术研发和攻关,推动低碳技术和研发成果的产业化与市场化应用。

9. 发展循环经济,推进资源节约和综合利用

一是进一步抓好资源综合利用工作,继续开展粉煤灰等工业废弃物处置,推进污泥、汽车废旧发动机、废旧轮胎等废弃物的无害化处理和循环利用。推进清洁生产,深化循环经济试点和生态园区创建,提升资源综合利用能力和水平。加大限制商品过度包装的监督检查力度,继续推进适度包装。围绕生态农业建设,推进化肥和农药减量化、秸秆综合利用以及畜禽粪便无害化处理。二是借鉴世博会台北案例馆垃圾不落地、零掩埋理念,继续提高生活废弃物分类收集和源头减量覆盖面,加大有机垃圾循环利用,加强住宅有机垃圾深化处理的配套政策,扩大垃圾回收和资源利用的成效。三是建设节水型城市,加强行业用水定额管理,试点推广农业灌溉、绿化养护、道路保洁等高耗水领域节约集约用水。加强节水型社区、节水型校区、节水型单位示范点建设;积极推

广应用节水型器具,在公共机构和大型公共建筑内推广智能型沐浴计量器具。开展城市雨水资源综合利用技术集成、示范工程及配套政策研究,重点研究大型公共绿地、现代农业园区、大型住宅小区等雨水利用技术及管理政策。借鉴土耳其伊兹密尔等城市经验,加快再生水利用,积极推进工业排水、污水处理厂出水的循环利用。

10. 进一步调整土地资源环境,努力提高土地使用效率

一是调整土地利用空间格局和政策。按照"控制总量、保持流量、减少增量、用活存量"的基本思路,大力提高存量土地的利用效率,促进土地循环利用。加强用地规划与产业发展规划的衔接和协调,强化土地循环利用的制度设计,保证土地使用的合理性和灵活性。在旧区改造等项目中,灵活采取置换、减持、增容和退出等多种方式,归并整理市内现有各类建设用地,实现中心城区土地容积率的综合平衡。鼓励郊区存量建设用地的拆旧复垦,优化农业用地形态,强化综合功能。运用城乡用地增减挂钩的方式,积极盘活存量土地资源。积极引导使用未利用地和废弃地,挖掘土地利用潜力,扩展城市建设空间。二是促进土地复合利用。结合地面绿地和高层建筑等项目,积极推进地下市政设施(线、管、网、场、站)的综合建设,进一步提高土地资源综合利用效率。以交通功能为主导,大力推动集商业、休闲、民防等功能于一体的地下综合公共活动空间的开发建设,地上、地下密切衔接,实现城市土地的集约立体综合开发,加强多维空间利用。三是提高土地利用效率和产出效益。进一步强化农村集体用地管理,加快农业用地规模化经营,提高"三高"农田的质量和集约化利用水平,稳步推进农民宅基地置换,控制农民超用地标准建房,逐步清理一户多宅问题,提高集体建设用地的使用效率。调整、完善开发区土地政策,建立存量用地集约利用和增量用地"挂钩"机制,鼓励土地二次开发和节约、集约利用,提高开发区地均产出水平。

(四)优化城市空间布局,促进区域联动发展

"十二五"时期,上海正处于"转变发展方式,推动城市全面转型"的重要时期,需要通过城市空间布局的优化调整,统筹中心城区、郊区以及重大功能片区和产业带,带动全市产业结构升级和区域功能重塑,为上海城市发展提供新

的动力。

1. 大力推进黄浦江沿线开发，构建形成"十字轴"商务带

随着"世博后"城市大规模建设高潮的结束，上海中心城区将普遍面临投资缺乏方向和发展后劲不足的问题。因此，要把黄浦江岸线开发提上重要议事日程，将其作为"十二五"时期中心城区发展的重要抓手。要以黄浦江两岸商务功能开发为重点，充分发挥沿江岸线极为宝贵的土地、滨水、文化等综合优势，带动中心城区的商务功能深化开发，构建和完善以大虹桥商务区—延安路—世纪大道—张江功能区为"横"、以黄浦江为"纵"的"十字轴"商务带，大力发展包括金融、航运、高端商贸商务、高端会展等全市层面的专业性和高能级商务功能，使之成为上海建设"四个中心"和展现现代化国际大都市形象的核心平台，引导中心城区新一轮发展（参见图1.1）。

图1.1　上海中心城区"十字轴"线商务区布局

目前，黄浦江两岸经过多年的建设，沿江生态环境、滨水景观、基础设施等有了较大改善。但上一轮开发缺乏对整个黄浦江体系的商务定位，没有将其纳入整个中心城区商务区体系规划中。"十二五"时期，加快黄浦江沿线开发，重点要抓好以下四方面工作。一是加快制定总体开发规划。通过开发以高端化和专业化为特色的商务、商业楼宇以及特色文化设施，打造形成以金融、贸

易、航运、会展、文化、创意、医药、航天等为主题,产业能级强大,分段特色突出,生态景观优美,贯彻"低碳"理念的"连绵、组团"式高端商务带,形成与东西发展轴线并驾齐驱、互动发展的南北向高端商务发展轴线。二是明确沿线开发重点。外滩—陆家嘴地区重点要提升核心CBD功能,通过功能完善和提升,增强其对国际要素资源的指挥、控制、协调和辐射功能,并沿世纪大道向张江现代服务业集聚区延伸,为功能拓展提供纵深和腹地,形成与上海全球城市建设相适应、具有国际经济要素资源配置能力的洲级CBD中心。世博园区要开发国际文化交流、高端会展、公共活动和高端商务功能,弥补上海国际化大都市的功能不足。三是完善沿江功能空间布局,打破原有空间结构的单一性、片段化和不协调,以黄浦江为轴线串联各功能节点,打造形成以陆家嘴—外滩为"核"、以沿江专业化商务区为"组团"的"一核、多组团"的功能骨架,构建形成错位互补的"串珠型"高端商务带发展格局(参见图1.2)。四是创新整体开发思路,实行沿江商务带分段式开发,充分挖掘各功能区域的文化内涵,打造"乐章式"景观生态天际线,充分利用各功能组团的地下空间,通过继承、调整和再生相结合,彰显"海纳百川"的海派文化内涵,实现人文、建筑和空间发展的结构平衡,滨水景观、城市建筑、交通组织与公共空间的有机连接和协调一致,更好地体现土地、空间等资源的集约利用,凸显商务与交通、商业、文化等配套功能的集聚效应,实现产业发展和城市建设的和谐统一。

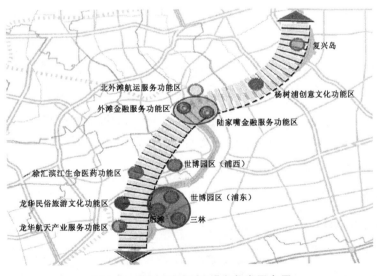

图1.2 黄浦江"串珠型"商务发展布局

2．高起点规划和开发世博园区

世博园区占地 5.28 平方公里,加上周边协调区组成的规划区域,面积超过以往任何一届世博会,后续开发还涉及周边地区,将形成 10 平方公里的钻石级开发空间,这是上海未来中心城区发展中不可多得的发展空间。要充分继承和延续世博会"经济、科技和文化的奥林匹克"的内涵,高起点规划,将世博园区及周边地区打造成类似伦敦中央活动区的具有引领性、标志性、全球性的中央活动区(CAZ),成为以顶级国际交流功能为核心,兼具公共活动、总部集聚、文化博览、高端会展等功能的国际化城市公共活动中心。

一是打造国际文化交流中心和国际化公共活动中心。结合区域内历史保护建筑和世博会留下的大型场馆设施,形成大型文化和会展设施,建设标志性的公共文化和会展活动区域,形成文化设施集成优势,既是市民活动中心——市民可以在这里进行休闲游憩、社交聚会、娱乐观光、观看演出、购物餐饮、参观展览等活动,同时又是国际文化、会展和体育交流中心——通过吸引国际教育、传媒机构和全球顶级创意公司入驻,形成文化和体育的交流和融合。

二是打造世界级的 CBD、企业(商务)活动中心,构成推动上海从国家级总部城市向洲级总部城市功能提升的战略空间,伴随中国崛起的本土型跨国公司和国际跨国公司在这里实施决策和管理等经济管理职能,企业或企业家在这里参加展览会、展销会,进行商务洽谈、采购、交易等商务活动,进而成为上海未来全球城市的经济、金融、贸易、投资等活动的管理与控制中枢。

三是打造政府(国际组织)的活动中心。通过集聚国际会议,政府间论坛,国际性组织机构,以及国家级的历史文化展览、文艺展演、艺术品巡展等,成为我国展示综合经济实力、参与全球竞争和扩大国际话语权的核心承载平台。

通过高起点规划和开发世博园区,一方面,弥补上海城市功能的软肋,创新和提升上海城市功能;另一方面,搭建互动交流活动平台,突出以人为本的世博理念,彰显上海城市活力,为上海未来发展提供新增长极。

3．加快郊区新城建设,优化调整城镇体系

目前,上海郊区城镇体系建设基本是按照"1966"城镇规划体系要求在推进。但总体建设效果并不理想:九大新城的功能定位模糊,尚未成为"反磁力中心";约 60 个新市镇的选址和布局不甚合理,中心村规划设置存在诸多争议。随着长三角交通一体化格局的形成和国家《长江三角洲地区区域规划》的出台,以及大浦东区划调整和大虹桥交通枢纽的建设,迫切需要对全市的城镇体系进行优化调整。"十二五"时期,要以"三个立足"(即立足长三角城市群,立足上海市域城市群,立足城乡一体化)为基本原则,突出沿城市发展轴线布局的导向,进一步优化调整城市布局,形成以中心城为核心、以新城为主要节点的"中心城—新城—新市镇"三级城镇体系,打造形成上海"多极、多核"的国际大都市空间格局。

首先,在郊区新城建设上,应沿城市发展轴线进行重新筛选:一是将宝山和闵行两区纳入中心城区范围,拓展中心城区的地域空间。二是将川沙新城纳入郊区新城的规划范围。川沙新城地处浦东空港、规划中的迪士尼乐园、张江高科技园区、南汇工业区和临港产业园区的中心地带,又临近规划中的浦东火车站,有条件发展成为60～80万人口的新城。三是按照沿六大发展轴线布局的原则,明确建设八大新城,打造"反磁力中心"。主要是沪宁发展轴上的嘉定新城、沪苏发展轴上的青浦新城、沪杭发展轴上的松江新城、杭浦发展轴上的南桥新城、沪通发展轴上的陈桥新城、沿海发展轴上的临港新城、川沙新城和金山新城。这八大新城又分为两个层次:其一是综合性节点新城,包括松江新城、嘉定新城、南桥新城和临港新城,功能复合化程度高,今后将发展成为区域性中心城市和上海国际大都市的副都心;其二是一般性节点新城,包括金山新城、陈桥新城、青浦新城和川沙新城,今后主要发展成为专业性新城。"十二五"时期的应重点建设四个综合性节点新城。四是要创新市级统筹的新城开发的体制,明确市级层面是新城开发的顶层设计和指导主体,区级层面是新城开发的建设主体,并制定有利于新城人口和产业集聚的优惠政策,完善交通体系和社会事业,促进新城建设与交通、人口、产业密切结合,推进新城加快开发。

其次,在新市镇建设上,淡化数量概念,强调交通链接导向。重点是沿交通轴向地带筛选出一批重点新市镇,作为 TOD(公共交通导向发展模式)新镇进行培育,发挥其在次区域级的居住、产业、交通枢纽等功能。根据各市镇的现有基础,结合全国小城镇发展试点改革,"十二五"时期应重点打造小昆山、金泽、六灶、浦江、廊下、陈家、青村、罗店、罗泾、外冈、朱家角、徐泾、新桥、朱泾、庄行、漕泾、惠南、庙镇等18个新市镇,平均每个区2～3个,进一步完善公共服务体系和社会保障体系,形成全市新市镇的发展体系。

4. 实施"面向海洋"战略,规划发展临海经济带

近年来,由于多方面原因,上海原先通过黄浦江和长江口面向东海和太平洋的"坐西向东"的城市空间布局结构逐渐弱化,城市发展表现出越来越强的内敛倾向,上海作为海滨城市的优势正在逐步丧失。随着杭州湾跨海大桥和长江口隧桥工程的建成,长江三角洲城市群东部沿海发展轴的雏形已基本形成。在此背景下,江苏和浙江分别提出了沿海发展战略和沿杭州湾发展战略,各地争夺临海发展主导权的竞争日益激烈。从上海自身看,未来发展现代服务业、先进制造业和高新技术产业化也需要更大的发展空间,原浦东新区和南汇区合并后的各种产业和要素资源需要整合,也必然会对城市的空间布局结构提出新的要求。因此,"十二五"时期,上海必须实施"面向海洋"的发展战略,规划发展临海经济带,将城市空间布局由"坐西向东"调整为"坐东向西",为城市功能转型和产业结构调整开辟新的空间,促进上海经济从"黄浦江时代"走向"海洋时代"。

一是明确临海经济带的战略目标。要根据"集群整合、区域联动、双向开放、可持续发展"的原则,以推进新型工业化和新型城镇化为动力,通过对内、对外双向开放,整合临海优势资源,带动产业集聚和功能提升,形成若干个具有国际竞争力的产业集群和大港口、大交通、大产业、大物流的发展格局,逐步建成"四区两基地"的发展格局,即以外高桥和洋山保税区为基础的自由贸易先行试验区,以洋山港和浦东空港为主体的现代交通枢纽区,以临港新城、川沙新城和陈桥新城为核心的现代化滨海新城区,以碧海金沙、城市沙滩、横沙岛为核心的休闲旅游度假区,以金桥、外高桥、临港开发区为核心的国家先进装备制造基地,以张江高新技术园区为核心的国际综合创新基地,实现港口、产业、城市"三位一体"联动开发,成为上海"四个中心"功能的重要承载区和体现上海产业水平与实力的示范区。

二是构建和完善临海产业体系。要根据临海区域产业发展基础以及未来发展机遇,着力打造海洋高新技术产业、船舶产业、先进装备产业、钢铁产业、石化产业、现代物流产业以及滨海旅游产业七大产业集群。依照"存量整合、

增量集中"的产业布局思路,着力打造"三港、一圈、十片"的空间架构,完善沿海产业带的生产力布局。其中,"三港"为浦东空港、洋山深水港和外高桥保税港区,"一圈"为崇明生态旅游圈,"十片"为长兴岛船舶产业集聚区、宝山钢铁产业集聚区、外高桥临港产业集聚区、临海生态功能区、临空产业集聚区、华夏民间文化创意集聚区、临港装备及海洋产业集聚区、奉贤海湾旅游集聚区和上海石化产业集聚区、金山城市海滩旅游休闲区。

三是规划发展临海城镇带,重点规划建设空港新城、临港新城、奉贤新城和陈桥新城四个新城,形成东部沿海城市组合群,推动上海大都市"多中心、多引擎"的城市发展格局;规划建设包括陈家镇、惠南镇、漕泾镇等新市镇。同时,优化东部沿海交通体系,加强沿海地带与中心城区的交通连接,推进浦东铁路建设和沿海地区的轻轨建设,联通北起沪崇苏沿海通道、南迄杭州湾北岸地区的东部沿海大通道,成为长三角乃至中国面向世界的重要门户之一。

5. 调整功能片区方案,明确区县功能定位

明确功能片区划分,有助于打破行政区划的分割,避免城市化快速推进所带来的无序扩张、空洞化、重复建设等弊端。"十二五"时期,根据上海城市的性质和发展目标及上海城市空间布局的发展趋势,按照传承延续、体现变量、强化功能和协调整合的原则,可以将全市划分为"四个中心"核心功能区、服务经济优化发展区、长三角联动发展区和绿色低碳发展区四大片区,实行分类指导。

一是"四个中心"核心功能区。主要是浦东新区。它是贯彻"四个中心"国家战略的主战场和重要空间载体,是上海经济发展的重要增长级,也是我国参与国际竞争的战略性设施、战略性产业、战略性功能最主要的载体之一,具有面向全球的战略性地位。应依托洋山和外高桥保税区、陆家嘴金融贸易区、张江高科技园区、金桥出口加工区和临港先进装备园区,以推进浦东综合配套改革为抓手,大力培育国际金融、贸易、航运和科技创新的核心功能,以浦东为龙头,依托漫长的岸线资源,重点布局海洋产业功能,向南北延伸,带动周边的宝山、长兴岛、金山、奉贤等区联动发展,形成国际金融和国际贸易集聚区、自主创新示范区、国际航运物流枢纽、现代装备产业集群、海洋经济文化展示、和谐人居休闲旅游等战略功能。

二是服务经济优化发展区,包括静安、徐汇、杨浦、闸北、虹口、黄浦、长宁、普陀八个中心城区以及宝山区和闵行区。该片区是上海服务经济发展和综合服务功能的主要载体之一,是体现国际大都市水平和上海特色的高品位商业商务区与高品质生活居住区的现代化中心城区。"十二五"时期,中心城区要以"十字轴"商务带为功能骨架,以楼宇经济为载体,着力打造各具特色、功能各异的现代服务业集聚区,重点发展以金融服务业、专业服务业为重点的现代服务业,以时尚、体验消费为特色的休闲服务业,以国际精品为代表的现代批零商业和以写字楼租赁、物业管理、房产交易为标志的房地产业。

三是长三角联动发展区。该片区包括嘉定、松江、青浦、奉贤、金山五个区,是上海直接服务和辐射长三角及全国的空间载体和重点发展区。应充分利用虹桥综合枢纽对上海西部和对长三角及全国的带动辐射作用,服务长三角城市群、高铁沿线和航线覆盖城市,构建起上海城市的沿边发展带。在产业上,该片区应以生产性服务业以及国内外贸易、商业、高端商务为重点,打造现代服务产业链,构筑起辐射长三角及长江流域、与长三角跨区衔接的先进制造业产业带和高新技术产业集聚区,形成现代服务业与先进制造业相互支撑、相互带动、融合发展的格局,同时建设面向长三角的社会服务产业化改革发展先行区,全面提升上海服务经济水平。除了上述功能外,该片区还是上海中心城区产业转移和外来人口进入上海市区的缓冲地带和上海的生态缓冲屏障。

四是绿色低碳发展区。包括崇明三岛,是绿色生态涵养区,主要突出生态功能,高起点地发展现代农业、休闲旅游、生态涵养林等绿色生态产业,为上海城市发展提供天然的生态屏障,同时为上海未来城市发展预留空间。

(五)加快文化大都市建设,大力提升城市文化软实力

城市之魂,文以化之;城市之神,文以铸之。文化不仅涵养着城市的软实力,也是经济社会发展的硬支撑。"十一五"期间,上海的文化建设取得了不俗成绩,覆盖城乡的公共文化服务体系基本建成,公共文化事业发展水平稳步提升,文化及创意产业持续较快发展。但尽管如此,上海文化发展滞后于经济、社会发展的整体局面没有根本改变。文化对上海城市综合功能、地位和形象的贡献度还不够高,文化发展对城市创新的驱动力还不足,文化供给能力距离

市民日益增长的巨大文化需求还存在较大差距。

"十二五"时期,上海进入了全面转型的关键时期,更加迫切需要加快文化建设。从城市外在发展角度看,上海将加快推进"四个率先"和"四个中心"建设,在全球城市网络体系中努力谋取"重大节点城市"的地位与功能,客观需要通过加强文化建设,大力提升城市文化软实力,大力提升城市的综合竞争力、影响力与辐射力,大力提升上海国际大都市的能级与形象。从城市内在发展角度看,上海将率先转变发展方式与结构调整,成为全国"科学发展"的示范城市,迫切需要以文化建设为突破口和重要途径,通过大力发展文化及创意产业,优化产业、消费等经济结构,推动城市创新,积极扩大就业与创业。从城市自身文化需求角度看,伴随着经济社会持续快速发展和人民生活水平的不断提高,上海市民的文化需求越来越丰富多元,精神文化消费进入快速增长期,强烈需要上海进一步加快公益性文化事业和经营性文化产业发展,最大限度地满足人民群众日益增长的精神文化需求。

因此,不管是上海城市自身发展需要还是国内外各大城市的文化发展趋势都充分表明,"十二五"期间,上海要从中国特色社会主义事业"四位一体"的总体布局出发,切实把文化建设放在与经济、社会、政治建设同等重要的位置,确立"文化立市"的战略理念,全面深入推进"文化大都市"建设,兴起上海文化建设的新一轮高潮,推动上海文化大发展大繁荣。

1. 上海"十二五"文化建设的主要内容

对上海来说,文化建设的根本目的在于两个方面,一方面是满足人民群众日益增长的精神文化需求,而精神文化需求又分为"体现人民群众文化权益的基本文化需求"和"多样化、多层次、多方面的文化需求"两个基本维度。另一方面是提升人民群众的综合精神素养,打造城市的灵魂和品格,为城市的发展提供思想保障、精神动力与智力支持。

根据文化建设的根本目的,文化建设的主要内容可以概括为建设"三大体系"。

(1) 社会主义核心价值体系。指坚持马克思主义指导思想、中国特色社会主义共同理想、以爱国主义为核心的民族精神和以改革创新为核心的时代精神、社会主义荣辱观,以政府为主导,从城市宏观整体层面全面深入开展思想道德建设,培育城市精神,开展精神文明创建活动,进行马克思主义理论研究和理论创新,繁荣发展哲学社会科学。社会主义核心价值体系的功能在于提高市民的精神素养,形成良好社会精神和风尚,使社会主义核心价值观念内化为社会个体的自觉追求。

（2）公共文化服务体系。指以政府为主导,以公共财政为支撑,以公益性文化事业单位为骨干,为全民提供基本公共文化产品和服务的一系列制度安排,具有公益性、均等性、基本性、便民性等特征属性。主要内容包括:公共文化设施网络、公共文化资源供给体系、公共文化活动、文化遗产传承和保护等。公共文化服务体系的功能在于满足人民群众的基本文化需求,保障人民群众的基本文化权益。

（3）文化及创意产业体系。指以市场为主体,通过市场配置资源机制,发挥文化经济效益的产业组织形态。文化及创意产业体系包括经营性文化产业和文化市场两大部分。经营性文化产业涵盖文化创意、影视制作、出版发行、印刷复制、广告、演艺、娱乐、文化会展、数字内容和动漫等九大产业;文化市场则包括文化产品和文化要素两大市场形态。文化及创意产业体系的功能在于发挥文化的经济作用,通过市场机制满足人民群众多样化、多层次、多方面的文化需求。

2. 上海"十二五"文化建设的总体目标

根据上海文化发展的现实,顺应城市未来发展的客观需要,借助"四个中心"加速建设的历史契机,"十二五"期间,上海应当以"文化立市"的战略高度,以"全球视野"和"海纳百川的胸襟",以"大力弘扬社会主义核心价值观、充分满足市民多元文化需求"为导向,全面深入推进"社会主义核心价值体系、公共文化服务体系和文化及创意产业体系"建设,扎实奠定上海立足长三角、辐射全国、面向世界的"文化中心城市"地位,精心打造文化魅力十足、文化特色突出、文化设施一流、文化及创意产业发达、文化精品纷呈、文化氛围浓厚的"国际文化大都市",大幅提升上海城市发展的文化软实力,为上海"四个中心"和全球城市建设提供强劲动力支撑。

围绕"国际文化大都市"这一总目标,"十二五"期间上海文化发展的"分目标"是:

（1）打造形成"全国社会主义核心价值体系建设的典范城市"。

根据上海经济社会发展的现实基础,在较为发达市场经济条件下率先开拓出一条建设社会主义先进文化、发展社会主义核心价值体系的中国特色道路,在大幅提高全体市民精神文化素养的同时,为全国各省市的文化建设提供发展样本。

(2)打造形成"文化氛围浓郁的公共文化魅力之都"。

继续大力加强公共文化建设,在完善"硬件"的基础上大幅提升"软件"水平,在有效满足人民群众基本文化需求的同时,充分发挥公共文化的"孵化器"作用,营造良好文化氛围基础,促进文化要素集聚,带动文化全局繁荣发展。

(3)打造形成"全国乃至亚太地区的文化及创意产业中心和资源配置中心"。

充分利用上海打造国际经济、金融、航运和贸易中心的机遇与优势,加快文化及创意产业要素集聚,积极促进文化及创意产业交融创新与做大做强,努力加强上海文化市场配置资源能力建设,将上海打造为"全国第一、在亚太地区有重要影响力"的文化及创意产业中心和资源配置中心。

(4)打造形成"全球城市体系中重要的文化交流国际平台"。

积极凭借上海国际化大都市的地位与资源优势,通过加强环境氛围打造和体制机制建设,为全球各种文化形式和资源提供充分展示、融合与创新平台,将上海建成具有世界影响力的国际文化交流中心。

(5)打造形成"具有全国影响力与辐射力的文化艺术创作中心"。

充分认识文化艺术创作的"源头性"作用,鼓励社会各界的各种文化艺术创作活动,促进文艺原创作品数量、品质不断提升。在文学、影视剧、戏剧、音乐、舞蹈、美术等文艺创作重点板块打造出一大批具有国家水准和国际影响力的艺术精品。

3. 上海"十二五"文化建设的重点任务

(1)进一步加强社会主义核心价值观体系建设,为提高城市文明水平、构建和谐社会奠定坚实基础。

社会主义核心价值体系是文化大都市建设之"魂","十二五"期间上海建设社会主义核心价值观体系的方针是"坚持与时俱进,弘扬城市精神,提高全社会文明素养"。

一是加强社会主义思想道德建设。以坚持和普及社会主义核心价值体系为目标,加强社会公德、职业道德、家庭美德和个人品德建设,在价值导向上实现新闻舆论导向、社会政策导向、文化产品导向、公众人物导向、社会环境氛围影响的协同呼应,全面提高思想道德建设水平。

二是进一步弘扬城市精神和世博精神。培育和弘扬"海纳百川、追求卓越、开明睿智、大气谦和"的上海城市精神,尤其要广泛宣传包括新上海人、外来务工人员在内的上海市民在世博会筹办、举办过程中形成的敢于担当、乐于奉献、顾全大局、精益求精的世博精神,促进上海城市精神融入城市生活,转化为不同群体的文化认同。

三是推动精神文明创建活动再上新台阶。以进一步完善精神文明创建标准体系为契机,继续推进精神文明创建活动,逐步建立城市文明指数考评体系,掀起新一轮上海精神文明创建高潮。

(2)进一步提高公共文化服务水平,着力改善"文化民生"。

在当前上海覆盖城乡公共文化服务体系基本建成的基础上,"十二五"时期上海发展公共文化服务的方针是"进一步完善硬件,大力提升软件水平,突出文化惠民"。

一是建设一批代表国际文化大都市水准的公共文化设施。加快建设一批重大的公共文化设施,如新建上海历史博物馆、上海图书馆(二期)、上海少年儿童图书馆、大艺术宫、上海当代艺术馆、上海文学博物馆等。

二是努力促进公共文化服务的城乡均等化。进一步加大公共文化设施、产品和服务在郊区的供给,重点推动区级公共文化机构发展,继续推进社区公共文化设施的布局与规范运营,确保基层文化设施网络的充分覆盖,促进全市公益性文化事业的均等化发展。

三是不断提升公共文化服务内容的质量与水平。进一步提高基本公共文化服务内容的界定标准,注重不同层次、不同类型人群的基本公共文化服务内容建设,更加强调服务内容的针对性和有效性。加强文化内容配送,积极整合社会文化资源,不断丰富公共文化服务和产品的供给。

四是加强公共文化在基层的落地生根,促进人民群众的文化参与和共享。进一步提升公共文化的覆盖范围,通过各种途径和形式积极开拓公共文化发展空间。积极推动百姓对公共文化的主动参与,保证人民群众基本文化需求的满足。

（3）加强要素培育与集聚，打造具有国际竞争力的文化及创意产业体系。

上海的经营性文化产业发展已具备较好基础，部分文化及创意产业甚至在全国名列前茅。"十二五"期间，上海文化及创意产业发展的方针是"选好重点发展产业、搭好市场要素平台、扶好龙头大品牌企业、拓好海外文化市场"。

一是精心进行重点文化及创意产业的发展布局。当今世界科技和创新日新月异，催生了一系列代表未来文化发展方向的新兴文化业态。上海要在"积极立足现有优势，准确把握未来发展趋势"的基础上，努力进行重点文化及创意产业的布局与培育，抢占未来发展的主动权。

二是培育更多的龙头文化企业。企业是产业发展的主体，上海应该出台更为有力的政策措施，促进文化企业的充分发育、转型和成长，争取在"十二五"期间上海出现更多的大品牌文化龙头企业，以此带动相关行业的繁荣发展。

三是努力构建文化及创意产业繁荣发展所必需的各种市场要素平台。上海要充分利用建设国际经济、金融、航运和贸易中心的优势，积极打造多层级、多形式、多功能的文化展示贸易市场、文化产权交易市场和文化资本市场等全要素平台，大力提升文化及创意产业基础设施的能级和水平。

四是积极推动发展文化贸易。着力打造一批具有国际竞争力的外向型文化企业，打造具有重要影响力和辐射力的国际文化交易平台，如上海文化产权交易所和外高桥文化贸易平台等。建立上海文广影视产品和服务出口项目扶持指导目录，对展现中华民族优秀文化的重点文广影视作品给予支持。

（4）努力繁荣文化艺术创作，进一步促进社科理论创新。

文化艺术创作和社科理论创新是国际文化大都市建设的重要支撑。"十二五"期间，上海发展文化艺术创作和社科理论创新的方针是"以激发创新为突破，以'上海原创'为重点，充分鼓励各种文化艺术创作活动，不断加强社会科学学科和智库建设"。

首先，大力实施文化精品战略。着力培育一批体现上海特色、上海风格、上海气派、深受群众喜爱的优秀文学艺术作品。一是完善文艺精品创作生产规划。研究制定涵盖各文艺门类的中长期创作生产规划和年度创作生产计划，围绕重大题材建立重点文艺作品项目库。二是大力推进文艺精品创作生产。以"五个一工程"等国家级大奖为主要抓手,抓好影视剧、舞台剧等精品生产。同时,高度重视网络文艺作品创作。

其次,进一步加强社会科学学科和智库建设。一是着力建设有中国特色、上海特点的社会科学学科和流派。积极培育以前沿性、战略性问题及其基础理论为研究方向的新兴学科,支持和鼓励上海社会科学工作者获得国内和国际重大理论问题上的"发言权"和"首倡权",积极培育上海特色的学科流派。二是培育和支持各类型智库快速发展。重点扶持一批社会科学研究机构赶超世界一流水平,鼓励不同机构研究人员,围绕重大理论和现实问题,组成精干研究团队协调攻关。

(5)积极推动展示中外文化交融、体现多元共存的海派文化的保护和传承。

文化遗产对于彰显城市优秀历史文化传统、展示和传播城市文化形象具有重要作用。"十二五"期间,上海加强文化遗产保护传承和开发利用的方针是"保护为主,抢救第一,科学开发,合理利用"。

首先,加大地面不可移动文物保护力度。一是全面完成上海市第三次全国文物普查,在此基础上,复核、调整原市级文物保护单位、纪念地点及保护地点名单,重新公布新增市级文物保护单位。二是加快开展调研和规划编制。全面开展全国级和市级重要文物保护单位和国家级、市级历史文化名镇的现状调查和规划编制工作。

其次,落实考古文物研究工作。一是大力开展考古调查工作。以青龙镇唐代遗址为重点,通过调查和试掘的方式,摸清地下文物分布情况。同时,加快对部分遗址进行重点发掘。二是有计划地逐步开展水下考古调查和发掘工作。在调查廓清上海市内陆水域和临海海域历史文化遗产的保存情况及其分布规律的基础上,加大跨学科合作,积极开展水下考古发掘及水下文化遗产保护。三是积极展示考古成果。加快建设志丹苑遗址博物馆和崧泽遗址博物馆,积极展现考古成果和上海城市发展历史。

(6)营造更为开放宽容的文化生态,建设国际文化交流中心。

要通过文化交流扩大上海和海派文化在中国、亚太及世界的文化影响力。"十二五"期间,上海发展文化交流的方针是"促进多元融合,扩大文化影响,提升城市魅力"。

一是改进文化"走出去"实施策略。加强对于既有文化"走出去"项目的梳理、整合与"二次开发",促进这些项目的系列化、周期化、品牌化。加强对于已被市场证实为优势文化项目的商业化运作引导,鼓励这些文化项目进行海外周期巡演以强化其在海外细分市场中的地位。实施面向"文化草根"的"走出去"扶持战略,对于体现上海乃至中国文化特征、具有一定商业潜力的民间文化社团和文化人进行支援,协助其以非官方的身份打开国际市场。

二是壮大文化交流活动影响。完善大型文化交流活动组织模式,以国际性、专业性眼光,确立文化交流活动的定位、发展方向和市场化运作机制。建立大型外国文化交流平台,利用后世博效应,建立常设机构和组织,积极鼓励和引导世界各国政府和文化机构来沪举办大型文化交流活动。

4.上海"十二五"文化建设的保障措施

(1)加快政府职能转变。

"十二五"期间,为了推动上海文化的大发展大繁荣,政府部门必须要加强职能转变。一是强化政府的公共服务职能。各级政府切实承担起保障人民基本文化权益的职责,把建设公共文化服务体系纳入国民经济和社会发展总体规划,确保充足、稳定的财政投入。二是加快文化管理体制改革。按照官办分离原则加快国有经营性文化单位转企改制,同时进一步理顺管理关系,改进文化管理方式,创新管理手段,提高政府管理效率。三是加强政府监管。政府部门要积极依法进行文化市场监管,保证文化市场运行的公正性和有效性,为市场主体提供规范有序的市场环境。

(2)加强文化人才队伍建设。

文化发展的关键在于人才,上海要大力实施和推动文化人才发展战略,努力营造灵活宽松的人才发展环境。一是着力加强文化人才的培养。充分利用上海人才高地优势,创新人才培养模式,拓展人才培养领域,努力造就一批文化创新人才、经营管理人才和复合型人才。二是加大高端文化人才的引进力度。通过设立高端文化人才引进专项基金、文化名人短期驻沪制度等多种方式,吸引全国乃至世界的优秀文化人才来沪发展。三是进一步推动文化人才机制改革。健全以业绩为依据,由品德、知识、能力等要素构成的人才评价、选拔和激励保障机制,探索建立专业技术人员职业资格证书制度,稳步推进职称制度改革。

（3）打造更加开放的文化发展氛围。

一是放宽文化市场准入条件。减少社会资本进入文化领域的审批环节和行政性收费,加快由行政审批制向备案制的转变。二是建立健全社会力量捐赠公益性文化事业的政策措施。引导和鼓励社会各方面通过捐助、捐赠、自办等方式,投资兴办公共文化服务实体,建设公共文化设施,开展公益性文化活动。三是积极培养民间文化成长空间。政府部门要切实转变文化发展思路,充分尊重文化发展规律,充分尊重文化的丰富性与多样性,有效保障文化主体的自由创作空间。四是加大对文化发展的政策推动力度。政府每年财政预算中应增加文化发展的专项资金,用于反哺文化发展。同时,适当调整扶持文化发展的方式,全市文化发展基金可从扶持具体项目向扶持专业团队转变,从单一资金扶持向多手段扶持转变。

（4）充分发挥和延续"世博效应"。

作为全球科技与文化的盛会,上海世博会的筹办有力促进了上海文化的深入发展。"十二五"期间,上海要继续利用和巩固"世博效应",充分借鉴世博会展示的国际先进文化发展经验,充分利用世博期间集聚的文化要素和资源,充分发挥在世博期间形成的良好机制,推动上海文化又好又快发展。

（六）全面深入推进社会建设,确保社会持续和谐稳定

根据经合组织（OECD）标准,上海已经进入了后工业化时期。"十二五"期间,上海的国民收入将达到中等以上发达经济体水平。这一时期,社会大众对于生活质量的要求将逐步提高,公共服务的个性化与高层次需求将出现"跳跃式"增长,广大居民的公民意识将逐渐觉醒和强化,城市治理中民主参与的要求将更为突出,社会利益诉求将呈现复杂多变的格局。

为应对上述新环境、新趋势,近年来,上海根据中央关于建设社会主义和谐社会的总体方略,有意识地大力加强社会领域建设,社会发展水平正稳步提升。但必须看到,面对人民群众日益增长的多样化、多层次的公共服务需求,政府公共服务供给依然相对不足,城乡之间社会发展水平差距还较大,民生需求

缺口亟待进一步填补。同时,社会管理中的弊病和系统性问题依然存在,一些长期积累的社会矛盾日益显化。因此,上海已到了从"重经济轻社会"、"强经济弱社会"演进到"经济社会并重协调"、"经济发展服务于社会建设"的新阶段。

鉴于上述背景,"十二五"期间,上海要旗帜鲜明地树立"经济发展是硬道理,社会发展也是硬道理"的执政理念,确立"转变经济发展方式是硬任务,大力推进社会建设也是硬任务"的发展思路,实施"发展经济与改善民生互济,经济政策与社会政策共促"的战略部署,率先在统筹经济、社会协调发展上实现重大突破。

1. 上海"十二五"社会建设的主要内容

社会建设是一项复杂的系统工程,涉及政府、企业、社会组织、公民等多方主体方方面面的活动。当前,从社会建设的最终受益对象角度而言,上海应当大力推进公共服务体系、社会保障体系、社会管理体系"三位一体"的社会建设。此三者在目标对象上直指社会公众,在功能作用上互有侧重、互相支撑,在具体内容上相对互斥、独立,构成了社会建设的"铁三角"。社会建设的其他内容或是可以最终归结到这三大体系中去,或是间接为三大体系提供支撑和保障。上述三大体系的具体含义为:

(1)公共服务体系。

指以政府为主导、提供面向全体城乡居民的基本公共产品和服务的一系列制度安排,其目的是为了满足居民多层次、多样化、发展型的公共服务需求,其主要内容包括教育、卫生、就业、养老等公共事业性服务。

(2)社会保障体系。

指由不同的保障机制相互联系、相互衔接构成的网络,它以社会保险、社会救助、社会福利为基础,以基本社会保险、最低生活保障、住房福利保障等为重点,以慈善事业、商业保险为补充。社会保障体系是为了保护居民基本的生存权益而构建的社会"安全网"。

(3)社会管理体系。

指在党委领导、政府负责、社会协同、公众参与的条件下,健全城市社会治理格局,化解社会矛盾,维护社会公正、社会秩序和社会稳定的各项工作、制度的集成,其主要内容包括基层社区治理、公众民主参与、社会风险化解等。社会管理体系以促进人与人、人与组织、人与社会的和谐有序为根本目的。

2. 上海"十二五"社会建设的总体目标

根据上海城市未来发展的客观需求,"十二五"期间,上海社会建设应坚持城乡一体、统筹兼顾的原则,突出安民、惠民、富民导向,强调"三个促进"、"三个完善",即以促进民生持续改善、促进基本公共服务均等化、促进社会和谐稳定为着眼点,大力完善多层次、均等化的公共服务体系,大力完善保基本、广覆盖、多层次的社会保障体系,大力完善主体多元、灵活高效的社会管理体系。力争到"十二五"期末,城乡居民最基本、最关切的民生问题得到根本改善,城乡之间、本地居民与外来居民之间的双重二元结构得到基本破解,社会上广泛、突出、系统性的社会矛盾得到有序治理。在此基础上,不断提高人民群众的生活质量,推动社会全面进步发展,为上海加快建设"四个中心"和塑造全球城市地位提供重要的社会基础支撑。

(1)城乡居民最基本、最关切的民生问题得到根本改善。

围绕教育、医疗、养老、就业等居民当前最为关注的民生重点问题,进一步强化政府公共服务和社会管理职能,创新公共服务供给和社会管理方式,切实保障和改善民生。

(2)城乡之间、本地居民与外来居民之间的双重二元结构得到基本破解。

根据常住人口的总量、结构特征规划布局社会资源,提供面向城乡全体居民的公共服务。完善二级政府管理体制,研究制定基本公共服务标准,促进基本公共服务均等化。加快建立以居住证为核心、以分级分类服务供给为基础的外来居民公共服务新模式,逐步缩小城乡之间、本地居民与外来居民之间的公共服务和社会保障差距。

(3)社会上广泛、突出、系统性的社会矛盾得到有序治理。

坚持问政于民、问需于民、问计于民,强调各方利益主体的沟通、协商、互动,形成利益诉求多渠道表达、社会风险预警、矛盾多元化解的有效机制。改进和加强政府自身建设,支持社会组织发育,营造安定、有序、和谐的社会氛围。

3. 上海"十二五"社会建设的重点任务

(1)优化公共服务体系,促进基本公共服务均等化。

"十二五"期间,要围绕广大市民多样化、多层次的公共服务需求,以促进基本公共服务均等化为目标,树立城乡一体的公共服务资源配置导向,逐步推进市区(县)两级政府财权与事权体制改革,减少郊区与中心城区之间、外来人口与本地人口之间公共服务能力的差距,力促基本公共服务"增量、提质、均衡"发展。重点包括四个方面:

第一,深化教育综合改革,提升教育服务综合水平。以教育中长期发展规划纲要实施为契机,充分利用部市共建国家教育综合改革试验区的机遇,逐步满足市民群众终身发展和多样化的教育需求。一是优化义务教育资源配置。以促进公平和提高质量为核心,优化调整学校布局,加大优质学校在郊区和人口导入区直接布点办学的力度,扩容优质基础教育资源。加强义务教育市级统筹,将教育经费划拨与学生流动有机结合起来,进一步加大对困难地区的义务教育经费转移支付。二是构建广覆盖、高水平的国民教育体系。加快义务教育教学内容和教学方式改革,全面推进素质教育。实施高等教育内涵建设工程,增强学生实践能力和创新精神。启动高等职业教育综合改革试验,逐步实行中等职业教育全免费。加大学前教育资源投入,形成学前教育和早教事业的新优势。实施医教结合,提高特殊教育水平。增加老年教育资源,确保"老有所学"。三是打造公共教育平台。搭建市、区、街道三级学习平台,构建市民终身学习网、网络资源库等公共学习设施。有效整合各类学习资源,推动学校教育资源和社会教育资源的双向开放。加强教育信息化基础设施建设,探索共享共建教育资源的新机制。四是深化学校管理体制改革。进一步落实学校办学主体地位,扩大学校办学自主权。推进高校内部改革和招生模式改革,引导高校建立现代大学制度。健全教育对外开放和多元化办学制度,鼓励发展高质量、特色化民办教育,拓展多层次社会教育培训服务。

第二,坚持医药卫生事业公益性质,建立健全基本医疗卫生制度。根据国家新一轮医改有关精神,加快推进上海地方医药卫生体制改革,促进居民健康素质进一步提高。一是加强公共卫生总体建设。以上海第三轮公共卫生体系建设三年行动计划实施为契机,全面加强疾病预防、卫生监督、院前急救、职业病防治等各领域建设。强化市级疾病预防控制机构功能建设,完善公共卫生服务三级网络架构。整合各类健康教育、健康促进资源,进一步提高健康知识普及率。二是优化完善医疗资源配置。加快制定上海医疗机构设置规划,着重在人口导入区、郊区新城及医疗资源缺乏区域引进优质医疗机构,逐步缩小城郊服务水平差距。深化完善医疗资源纵向整合,提高不同层次医疗机构的资源使用效率。大力发展康复医疗、康复服务和老年护理服务,加强妇产科、儿科、精神卫生等短缺医疗资源的配置。三是强化社区卫生服务。继续做实社区卫生服务机构"六位一体"功能,形成以维护和促进居民健康为中心的健康管理导向。转变社区卫生服务模式,探索建立家庭医生制度,加快推进居民电子健康档案建设,使社区成为居民健康的"守门人"。四是推进公立医院改革试点。在政府投入逐步到位、医疗服务价格合理调整、全面实施医保总额预付制基础上,加强成本核算,完善补偿机制,扭转公立医院趋利行为。完善公立医院运行机制,构建以战略管理、全面预算、绩效考核、资产监管为重点的专业化管理制度。

第三,适应城市老龄化进程,扩大养老服务供给。一是建立多层次养老服务体系建设。坚持"居家养老为主、机构养老为辅",进一步加强社区养老服务平台建设,扩容社区照料服务内容。积极开展人员培训,建立专业化的养老服务队伍。继续推进养老机构及床位建设,支持民办养老机构发展,积极探索上海养老机构"飞地"扩张、异地养老等新模式。二是完善老年护理服务体系。加大公共财政对老年护理服务的投入,充分利用现有的社区卫生服务中心床位、养老机构床位、家庭病床以及部分业务量不足的二级医院病床等提供老年护理服务。探索建立老年护理保险制度,并在支付政策上出台鼓励居家护理、住院护理分级分段支付等措施。三是积极发展老年社会服务。引入市场机制,支持社会力量发展老年家庭服务业、老年旅游业、老年消费品等老龄产业,提供老年人家政、护理、安养等服务,满足不同层次的需求,努力提高老年人生活品质。

第四,完善公共就业服务,积极拓展就业渠道。一是进一步扩充就业岗位。充分发挥服务业和非公经济对就业的带动作用,把培育新的经济增长点与培育新的就业增长点相结合。利用社会建设大发展的有利契机,加大政府购买社会服务力度,扩充养老服务、社会福利、社区管理等社会工作岗位。二是积极鼓励创业。优化完善创业小额贷款、大学生创业"零首付"等相关政策,健全鼓励创业和扶持小企业、非正规就业组织发展的体制机制,形成以劳动者自主就业、积极创业为导向的促进就业新模式。三是加强职业规划引导和技能培训。加大对紧缺型高级技能人才培养力度，重点加强高端人才引进和中低端实用技术人才培养，增强高校毕业生就业能力，帮助特殊就业困难群体实现就业。四是加快公共就业服务网络建设。根据需要，进一步扩大公共就业事务受理服务机构、就业培训机构、公共实训基地的服务规模。在外来务工人员集中的区县，设立专门的外来务工人员服务机构和窗口。加强公共就业服务机构和队伍建设，逐步推进就业服务社会化改革，改进工作机制，提高服务效率。

（2）健全社会保障体系，牢固构筑社会安全网。

"十二五"期间，要以全市全体常住人口为对象，按照"保基本、全覆盖、多层次、可持续"的要求，以促进社会保障"碎片整合"为指向，逐步推进社会保障基本制度"并轨"改革，构建框架统一、制度衔接、内容完整、水平适宜的社会保障体系。重点包括三个方面：

首先，完善基本社会保险制度。一是扩大基本社会保险覆盖面。贯彻落实国家出台的一系列社会保障政策，打破户籍界限，降低参保门槛，允许各类在沪非农就业人员参加基本养老、基本医疗等上海各类基本社会保险，实现基本社会保险向常住人口延伸。二是调整社会保险制度结构。适时进行城保、镇保、综保和农保的制度衔接与整合，探索简化社会保险结构层次，逐步改变目前社会保障多轨运行的模式。推进镇保向城保、居保并轨，综保与国家农民工社会保险接轨，"老农保"向"新农保"转轨。三是促进社会保险制度多层次、可持续发展。建立将国资充实到社保基金，探索建立社保战略储备基金，完善社保基金多元筹资机制，加快改进社保基金运作与管理模式，促进企业年金和职业年金发展。

其次，创新完善社会救助制度。一是夯实社会救助制度体系基础。以困难群众的生活需要为依据，结合最低生活保障制度、社区综合帮扶、医疗救助等多方面的专项救助制度，抓好制度间的衔接，实现救助制度的有机整合。二是切实提高社会救助水平。根据经济发展和物价指数及财政承受能力，适时调整最低生活保障标准，健全完善与经济发展水平相适应的动态调整机制。积极发挥各类社会组织和慈善机构作用，充实社会帮困救助力量。三是改进社会救助方式。在直接提供物质援助的基础上,更多地通过提供教育基金、教育贷款、就业援助等形式,着眼于提高困难人群的"造血自救"和长远发展能力。强调"分类施保"、"就业联动"原则,进一步完善调整低保政策,形成有利于促进就业的政策效果。

再次,健全多层次住房保障体系。全面推进保障性住房、大型居住区建设和旧区改造,有重点、分层次、多渠道解决市民住房困难。一是扩大保障性住房建设规模。重点发展公共租赁住房,综合运用税收、财政、金融、土地等政策工具,扩大公共租赁住房建设和供应规模。继续扩大廉租房受益面,提高实物配租比重,完善房源有效循环利用机制,配合大型保障性住房基地建设、经济适用房"租售并举"等举措,逐步构建由廉租房、经济适用房、公共租赁住房三者共同构成的多层次住房保障体系。二是持续推进旧区改造。坚持旧区改造"两次征询"、"阳光动迁"等行之有效、受居民认可的工作办法,加大旧区改造政策扶持力度。在积极推进已启动旧改项目改造的同时,加大力度推进中心城区成片、成规模和群众改造意愿强烈的二级旧里以下房屋改造。加快推进旧住房综合改建工程,逐步启动全市 20 世纪 70 年代以前建造的老公房修葺、改造工程。三是稳步推进大型居住区建设,加强大型居住区周边产业、社会事业配套功能建设。

(3) 完善社会管理体系,确保社会和谐有序运行。

"十二五"期间,要进一步加强政府社会管理职能,按照"主体多元"、"自治驱动"、"重心下沉"原则,稳步推进社会管理长效机制建设和改革创新,完善党委领导、政府负责、社会协同、公众参与的社会管理格局,为经济社会发展创造和谐稳定的社会环境。重点有三个方面:

第一,加强基层社区建设,建设社区生活共同体。进一步规范和完善社区治理模式,建设管理有序、服务完善、民主自治、文明祥和的社会生活共同体,不断夯实社会建设基础。一是完善社区治理结构。理顺和规范居民区党组织、居委会、业委会等社区内各类主体之间的关系,推动形成以社区党组织为核心、以社区自治组织为基础、以社区服务站为依托、以社区社会组织为补充、驻社区单位密切配合、社区居民广泛参与的现代社区治理结构。二是大力推进社区民主自治。加强和完善居(村)委会民主选举和管理措施,明确居(村)

委会作为社区自治主体的地位。积极推进社区自治工作的制度化、规范化,健全社区居民会议、社区议事协商会议和社区事务听证会制度,规范社区民主决策程序。切实减轻居委会工作负担,属于政府部门和单位承担的行政性职能和工作,原则上不得以行政命令方式向社区居委会直接分派任务和下达指标。三是增强社区公共服务能力,在既有的社区事务受理服务中心、社区卫生服务中心、社区文化活动中心等平台基础上,建立社区生活服务中心,并探索延伸服务站点。加大政策支持力度,确保各类社区服务平台按专业化、社会化方向发展,为居民提供优质服务。四是推进社区资源整合。建立健全社区资源共享机制。按照资源共享、互惠互利的原则,积极引导社区内或周边机关、团体、企事业单位向社区居民开放内部生活服务设施和文化设施,完善社区功能。加强社区组织与社会单位的横向联系,共商社区事务,共享社区资源,增强社区工作的整体合力。

第二,完善民意表达机制,回应居民合理诉求。坚持以人为本,拓宽渠道,健全科学、畅通、有效、透明、简便的民意沟通表达机制,不断加强与人民群众之间的沟通联系。一是拓展制度化的民意表达渠道,充分发挥人大、政协、人民团体、社会组织采集民意、反映群众诉求的积极作用,畅通基层民意表达渠道。健全社会舆情分析机制,推行民情信箱、民情热线、民情日记、民情联络员、民情恳谈会等工作方法,进一步畅通民意诉求渠道,引导居民群众以理性、合法的形式表达个人意愿。二是完善公共政策协商沟通机制。完善市民参与公共政策制定、实施、监督以及评估的常态化制度、办法,健全协商求同对话机制,确保涉及群众利益的重大事项得到充分的社会认同。进一步推进政务公开,及时准确发布信息,搞好舆论引导和舆论监督,营造良好的舆论氛围。

第三,强化社会风险预防化解,着力维护社会和谐稳定。一是强化社会风险源头防控。要从注重社会矛盾的事后干预、调解向注重事前风险评估和预警、前期疏导转变,建立科学标准的社会风险评估、预警工作程序及配套制度,重点加强重大建设工程、重大公共政策等出台和审批前的风险评估及应对预案制定,及时做好群体性矛盾的防控和化解工作。充分发挥媒体积极作用,合理引导社会公众心理预期。二是完善社会矛盾协同调处和信访化解工作机制。完善初次信访办理机制,提高初次信访一次解决率。整合多方调解资源,更多依靠群众力量,努力将矛盾纠纷化解在基层。完善责任考核标准和激励措施,加强信访督查和责任追究。三是强化社会安全综合治理。完善公安、司法、信访、街镇联动工作机制,构建治安防控网络。进一步提高基层防控能力,加强人防,巩固物防,大力推进技防体系建设。落实实有人口管理服务措施,建立滚动更新的实有人口服务和管理信息系统。加强食品、交通、生产等安全建设,全面提高社会安全水平。

(4)大力加强社会组织培育建设。

"十二五"期间,要进一步推进政府职能转变,加快相关制度改革创新,坚持培育扶持与依法管理并重,积极为社会组织发育让渡空间、创造条件,充分发挥社会组织在提供公共服务、反映利益诉求、扩大公众参与、协助社会管理、增强社会活力等方面的积极作用,推动社会组织健康发展。重点有三个方面:

首先,完善社会组织管理体制。一是加快政社分开步伐。全市各类社会组织要按照社会化、专业化的要求,逐步与主管行政部门在机构、人员、资产、财务等方面彻底分开,加快实现自我管理、自主发展。二是构建"枢纽型"社会组织服务管理模式。以工会、共青团、妇联、科协、社联、残联等人民团体和群众组织为骨干,认定一批"枢纽型"社会组织。在现有人民团体业务覆盖不到的领域,通过改造、提升、新建等形式,构建一些新的"枢纽型"社会组织。根据有关法律、法规,授权"枢纽型"社会组织承担业务主管单位的日常管理和服务职能。三是健全社会组织监管机制。在依法监管的基础上,建立社会组织考核评价体系,制定考核评价标准和办法,充分发挥评价的导向、激励和约束作用。建立健全激励机制、退出机制、社会监督机制,加强社会组织管理的规范化、制度化、法制化建设。

其次,完善社会组织结构和布局。从广大人民群众迫切需求和社会发展客观需要出发,大力发展有利于改善民生、提高公共服务水平和有助于缓解社会矛盾、促进社会和谐的社会组织。一是大力培育公益性服务组织。积极发展教育、科技、文化、体育、医疗卫生、福利慈善、生态环保等领域的公益性服务组织,形成民办社会事业和公办社会事业相互促进、互为补充的格局。二是有序发展基金会组织。引导、支持基金会加强自身建设,增强资金、项目运作能力,促进其在安老扶弱、助残养孤、扶危济困、救急赈灾等方面进一步发挥积极作用。三是积极孵化社区社会组织。进一步培育社区志愿服务类、慈善公益类、生活服务类、社区事务类、文体活动类等社会组织和群众活动团队。对不具备法人条件的社区社会组织,可以实行备案制。四是改革发展行业协会和学术团体组织。以市场为导向,规范有偿服务类市场中介组织,增强其服务企业、行业自律、标准服务、促进产业发展的功能。按照内部治理规范、学术质量优良、服务社会突出、社会信誉良好的发展方向,加强学会、研究会等学术性社团的建设。

再次,完善社会组织扶持政策。一是加快推进政府向社会组织购买服务。政府有关部门应当对各自承担的公共服务项目进行分析和梳理,逐步将事务性、服务性和部分社会管理工作委托相关社会组织承担。健全以项目为导向的政府购买服务机制,在财政专项经费中逐步扩大购买服务比例。二是研究制定公益性社会组织的相关优惠政策。结合社会组织的特点,研究、探索关于公益性捐赠、非营利性社会组织减免税等方面的税收优惠政策。三是建立健全为社会组织服务的机制。建立全市社会组织服务平台,为社会组织提供公共服务产品推介、信息发布、政策咨询、培训交流等服务,促进社会组织与政府部门、社会组织与社会各界以及社会组织之间的广泛交流与合作。四是加大引进专业人才和培训力度。积极创造条件,促进社会组织引进各类专业人才。推进社会组织专职工作人员培训和资格认证计划,加快建设一支高素质、职业化的社会工作者队伍。

(5)加快形成有利于社会建设的保障体系。

"十二五"期间,要进一步完善公共财政投入体制机制,改革创新社会政策和项目的评价和评估制度,完备社会领域相关法制建设,为社会建设提供可靠保障。重点有三个方面:

第一,进一步加大社会建设投入力度。一是加入公共财政投入力度。参照浙江有关做法,将新增财力的三分之二用于社会建设,确保社会建设财力持续增长。健全公共财政体制,增加公共服务、社会保障、社会管理以及社会组织培育等方面支出。完善市级财政转移支付制度,对于涉及全市的、均等化要求较高的政府职能,原则上可逐步上移事权,提高市与区县财权、事权的匹配度。进一步推进公益性项目招投标制度,发挥财政杠杆作用,提高财政资金使用效益。二是探索社会建设多元投入机制。坚持政府主导、市场运作、社会参与,鼓励社会资本承接公共服务项目。研究制定贷款贴息、税收优惠、劳动人事等激励政策,鼓励社会资本参与社会建设各项事业,增加服务供给。完善社会捐赠政策,鼓励企业、个人和社会团体参与公益和慈善事业。

第二,健全社会建设指标体系和政策评估制度。一是建立适应社会建设新形势的评价指标体系,切实淡化 GDP 导向,引导政府将工作重心更多转移到公共服务、社会保障和社会管理上来。参照江苏的相关做法和经验,研究制定适合上海作为国际都市的人民幸福指数,为衡量社会建设的水平提供具有可测量性和可比性的标准,同时亦为社会风险预警提供帮助。二是健全重大民生政策和项目的后评估制度。原则上,政府每年应当对本年度或上一年度出台的重大民生政策及项目进行后评估,评估内容包括政策或项目的成本、影响、产出效果、满意程度,以便总结经验,评价得失,为下一年度政策或项目的延续、调整或终止提供依据。

第三,加快推进社会建设立法进程。制定社会建设领域立法建设三年行动计划,按照法定程序,及时梳理、修订现行地方性法规中不适应社会建设要求的内容,增补、完善劳动就业、社会保障、民政、卫生、教育等方面的地方性法规和部门规章。拓展公众有序参与立法的渠道,提高立法过程中的社会参与度,促进社会建设立法的科学化、民主化。通过上述举措,提高社会建设立法质量和水平,构建系统化、整体化的社会建设法律体系,努力将社会建设纳入法制化轨道。

(七) 推进长三角一体化,促进区域联动发展

"十一五"以来,长三角地区交通运输网络等方面的建设都取得了重大进展。同时,各种要素市场发展也很迅速,已形成了包括证券、期货、资金拆借、产权交易、人力资源等在内的多类型市场框架体系。长三角区域发展指导意见和区域规划两个重要文件的出台,更首次从国家层面为长三角区域的统筹协调发展打下了制度基础。因此,"十二五"时期,上海应自觉服务于国家区域发展总体战略,站在全局和战略的高度,把加强区域产业合作作为参与国家战略、落实中央要求的载体。加快建立上海与其他省市之间的区域合作交流机

制,特别是在长三角形成统一的市场运作制度和更紧密的区域合作制度,这既是促进全国区域合作联动发展的要求,更是上海又好又快发展的有力保障。

1. "十二五"促进区域联动发展的新任务

(1)促进产业价值链分工,推动长三角大中小城市共同发展。

产业一体化是长三角区域经济一体化的核心环节。"十二五"期间,区域内的产业应改变过去按行业定位分工、按企业分工的局面,而按照各自的比较优势和产业价值链高低进行分工。在这一分工过程中,长三角区域内的大城市具有较好的商务、资金、人才、科技优势,应聚焦发展产业链上的高端环节,走产业高端化发展的道路,实现产业体系的"高端化"、"服务化"和"知识化"。中小城市具有要素成本优势,应主要从事产业价值链的中低端环节,如加工、制造等部分。上海作为长三角的龙头城市,应通过实施"走出去"战略,积极推动产业配套协作项目落户中小城市。同时,充分发挥自身服务能力上的比较优势,为其提供更好的技术支持和专业服务,努力促进分工合理、各具特色的产业发展格局的形成。

(2)推进建立区域社会保障和环境保护的共建共治机制。

区域社会保障和环境保护一体化是长三角经济一体化的重要基础。过去长三角的合作大多集中在经济领域,造成了经济社会发展不均衡的局面,社会、民生和生态环境建设等领域长期存在"短腿",这也制约了长三角地区服务经济的发展。"十二五"时期,社会民生、环境等问题与经济发展的关系将越来越紧密。一是随着人口流动性的增强,统一民生保障体系的建立已成为经济持续、稳定发展的必需。随着长三角产业结构调整的加快,大城市与中小城市间人员的双向流动加剧,医保、社保、公共治安等方面的对接将为产业升级提供人员保障。二是随着产业合作的日趋紧密,一个共防共治的环保体制亟待建立。长三角各城市间的水域、空气、土壤相连,必须在环境治理上加强合作,以保障整个区域的可持续发展。

(3)发挥好政府作用,积极推进制度环境建设。

制度环境建设对长三角区域内进一步优化资源配置具有重要作用。只有逐步完善这一区域内的市场运作机制和区域合作管理机制,才能真正实现人员、商品、服务和资本的自由流通,从而达到最优配置。目前来看,长三角的市场机制还不够完善,各类市场性、行政性壁垒仍然存在,极大地影响了一体化进程。这就要求加快政府职能转变,从一些传统的经济领域退出,避免直接干预市场,同时更多地体现监督、协调、服务和引导职能。一是要打破行政区域限制和垄断,使区域内的各类市场主体能够平等地进入市场并获取各类资源要素。如打破金融机构地区分割、门户独立的限制,实现跨行政区域提供金融服务等。二是要建立起跨地区的各类市场规则体系,消除行政壁垒,促进区域内政策的统一和开放,促进区域内法规、政策的一体化,实现各种要素在区域内的无差别流动。

(4) 加快推进区域产业园区共建,为上海未来城市发展拓展战略空间。

园区共建是上海产业"走出去"的重要途径,更是上海经济可持续发展和服务化发展的根本战略。"十二五"期间,上海应对产业转移进行有利、有序和有节的引导,通过政府层面建立异地合作产业园,实现产业合理"走出去"。目前上海的土地资源越来越稀缺,特别是保持经济高速平稳增长,保持上海产业品牌和产业优势的工业用地越来越紧张。低附加值、低地均产出率的原有传统产业逐渐向外转移已经成为必然趋势。此外,高新技术产业、战略性新兴产业仍将是上海新一轮产业发展的重要内容,但其占地规模大、产出水平相对较低,难以在市域范围内获得发展空间。因此,加快推进长三角园区共建,一方面可以为上海传统制造业转移提供重要载体,为上海城市可持续发展提供要素支撑;另一方面可以充分利用全国其他地区的优势资源,形成以上海为中心的区域城市网络,拓展上海未来发展的经济腹地。

"十二五"时期,要特别重视发挥上海市外产业园区的作用,将其作为应对上海节能减排压力和产业梯度转移、加强服务长三角和全国的重大战略举措。在统计上要参照中国香港、新加坡等国际大都市的做法,实行 GDP 与 GNP 的双重统计①,鼓励和支持上海企业走向全国。

(5) 促进资源战略投资,推动上海企业走向全国。

资源缺乏是未来上海发展的基础性制约,而资源性战略投资是破解这一

---

① GDP 是按地域范围统计的,有助于吸引投资;而 GNP 是按企业的国籍(市籍)属性统计的,有助于扩大对外投资。

难题的根本方法。在今后资源仍将逐步趋紧的形势下,上海应未雨绸缪,着眼未来,采取政府引导、政策扶持与市场机制相结合的方式,大力推动上海企业特别是国有大企业集团果断地走出去,到资源地进行战略投资,重点投资能源、粮食、木材、矿产等领域,加快资源战略基地建设。同时,探索新的合作方式和利益补偿方式,加强与重点地区、资源地区的战略合作和工业园区共建,增强上海产业发展辐射力。上海对口支援的西藏、新疆、云南、四川和三峡库区,都是资源丰富的地区,上海应用好对口地区资源,一方面继续加大无偿援助的力度,帮助对口地区尽快脱贫;另一方面应采取市场运作方式,引导鼓励上海企业到当地投资,把上海的资金、科技管理、信息、人才优势与当地的特色资源和人力优势结合起来,增强当地自我发展能力,获取上海发展所需资源,实现双赢目标。

2. "十二五"推动区域联动发展的新举措

(1) 以"共建上海四个中心"作为区域协同共赢的突破口,深化推进区域经济发展方式整体转型。

国际金融中心建设方面:一是推动区域金融创新联动和金融市场一体化,共同促进上海国际金融中心建设。二是密切长三角区域内各家金融监管机构的区域合作,以建设区域化的货币市场为突破口,加强上海、南京、杭州三大中心城市的金融合作,共同建设"长三角中心城市金融合作圈"。三是完善区域金融基础建设,形成统一的长三角社会诚信(征信)体系;建立长三角同业公会联席会议制度;建立统一高效的长三角人才流动市场以及银行家市场。四是推动长三角金融体制创新。争取长三角区域内国有商业银行率先开展综合改革试点,建立国有商业银行长三角管理总部,建立区域性金融控股集团。整合城市商业银行金融资源,建立城市商业银行系统战略联盟。五是发挥资本市场功能,加大长三角在上海证券交易所的融资力度,支持区域内企业发行企业债券;推动产权交易所区域联合,鼓励企业跨地区购并。

国际航运中心建设方面:一是深化区域港口合作,构建优化整合的集疏运体系。鼓励各港相互投资、参股、合资建设码头和物流服务体系,以资本为纽带加强长三角地区港口群在经济、岸线、布局、功能、航线、集疏运、航道、市场等方面的内在联系,推动建立统一的管理方式、技术标准、发展政策、市场规范、信息平台、人才就业等机制。积极推进长江内河船舶船型标准化,加强内河高等级航道网的建设,提高通航标准及航道等级,实现长三角内河航道的有效衔接。二是以航运金融为突破口,加快现代国际航运服务体系建设。推动长三角地区的资本运营与产权合作,加快资本流动重组。明确航运价值链分工,科学构建长三角航运服务体系。

国际贸易中心建设方面:一是推动长三角对外经济贸易制度层面合作。建立长三角推动服务贸易发展的联动机制,共同制定服务贸易发展政策,逐步放宽金融、保险、电信等服务贸易市场的准入条件。二是以全国领先的长三角电子口岸为依托,推动各电子口岸互联互通,探索建立长三角口岸查验单位和企业信息共享机制,推进长三角统一的物流信息平台建设,实现贸易与深水港、航空港、信息港联动发展,提高贸易便利化程度。

国际经济中心建设方面:一是协调产业布局与规划,做好产业集群的整合提升工作。充分利用上海作为区域核心城市的功能以及已有的行业优势,建立和完善具有国际水平研发与设计平台以及多层次的资金保障机制,力求形成长三角区域制造业集群式发展的局面。二是进一步加快区域内企业的兼并、重组、联合步伐,共同组建区域内企业的“联合舰队”,突出互补关系,共同做强做大。三是搭建区域经济一体化的平台,如公共服务平台、技术信息一体化平台,争取国家支持建设长三角宽带网。

(2)积极实施“走出去”战略,更好地服务长三角、服务长江流域、服务全国。

首先,以“黄金水道”为战略轴线,促进沿江地区经济发展。推动长江“黄金水道”建设,发挥长江承“东”启“西”作用,促进东、中、西优势互补,共同发展。一是大力开展港口合作。上海应会同国家及地方相关部门,加强航运设施和服务标准化建设,构建长江“黄金水道”综合航运服务平台,推动东西部联动发展。二是充分发挥上海资产运作、港机设备、人才管理等方面的优势,引导和鼓励相关优势企业与沿江港口合作,形成集团化规模经济。在洋山港建设的推动下,加快国际物流和第三方物流等相关服务业和衍生产业的发展,带动沿江地区经济发展。

其次,完善推进机制,加快区域产业园区共建。一是加快建立和完善上海与相关兄弟省市政府间的领导层推进机制。充分发挥"长三角主要领导峰会"、"两省一市省市长联席会议"等合作平台的作用,并进一步搭建区域产业园区共建推进平台,负责沟通协商产业基地建设中的重大事项。二是借鉴苏州工业园区拓展模式,与相关省市签署具有法律意义的全面战略合作框架协议,明确相关合作机制,确定合作模式、协调机制、开发范围、规划设计、政策措施、财税分享、经济统计、责任主体、建设时序等事项,重点是从法律意义上正式明确统计归属、用地指标和税收分成等问题。三是创新开发模式,输出品牌开发区。创新工业区管理体制,鼓励品牌开发区跨区域联动开发,推动工业园区向综合服务功能转变,鼓励政企联手、区区联手、区企联手在长三角和非洲、东盟、中亚、南美打造产业延伸区,形成"区外扩区、市外设区、海外建区"的产业发展模式,通过资本要素流动、产业集群打造、品牌管理辐射,逐步在市外建立与上海城市功能相适应、成本敏感性强、生态环境要求高、土地占用空间大的产业基地,突破土地资源约束的瓶颈,促进产业有序转移,实现飞地型扩容,打造大丰、盐城等若干个上海市外经济园区和创新成果转化扩散基地,扩大先进制造业发展的新空间。

再次,立足共赢,促进上海企业进一步跨区域投资。对上海企业主动跨区域投资发展应给予政策性利益机制安排,以鼓励相关产业有序外移,共享相关利益。一是总部在上海,加工制造生产环节在市外产业园区的企业视同上海本地企业,享受上海所有财政专项资金扶持、产业服务等相关政策。二是参与实施主动产业转移的开发企业、产业集团、产业投资集团可以分享产业外移后的上海本地厂房、土地、品牌等资源。三是对于参与实施主动产业转移的有关企业在厂房搬迁、人员安置、交通物流等方面的成本增加,给予一定的补贴。四是对于跨区域投资的企业给予一定的融资支持,上海有关部门应帮助相关企业及时了解国家、上海市各类融资政策动向,帮助企业获得各类资金。

(3)完善制度环境,加速长三角一体化进程。

第一,继续推进市场运作和制度一体化建设。一是借鉴国际经验,如欧盟一体化中的法制协调等,以制定统一的市场规则、制度为抓手,推动长三角统一市场形成。二是建立健全规则的执行机制。可借鉴欧盟经验,设立由三地政府支持,但不属于政府系列的专门机构,负责区域内统一规则的制定和监督,形成推动合力,构筑起良好的发展环境。三是加强长三角工商、质检、知识产权等相关部门联动,加大联合执法力度。

第二,加大社会民生与环保领域联动。一是加强劳动就业领域合作。推动三地职业资格和技能证书互认;互相开放公共实训基地;互相授予对方对本地企业的劳动监督权限;适当放宽江浙高校毕业生在上海的就业落户准入门槛。二是加强社会及养老保障领域合作。探索建立省际可转移接续的社会保障体系;逐步实现一市两省社会保障统筹区域层次的对接;加强异地医保经办服务合作;鼓励异地养老。三是加强生态建设和环保领域合作。完善区域环境监管和重点地区环境污染综合整治的跨区域合作机制;搭建环太湖统一的政府财政性环保支持平台;充分调动市场、企业的环保积极性,探索建立共同规划、共同检测、共同处罚、共同建设、共同出资、共同补偿的环境共防共治机制。

(八) 深入推进制度改革,全面扩大对外开放

全面深化改革和扩大对外开放是破除制约上海经济社会全面发展深层次瓶颈的重要举措,也是进一步激发上海城市发展活力,促进城市全面转型的重要力量。"十二五"期间上海仍然需要进一步解放思想,开拓进取,以"二次创业"的精神和魄力,全面深化改革和扩大对外开放,确保"十二五"各项任务圆满完成。

1. 深化政府行政体制改革

(1) 完善"两级政府、三级管理"的行政管理体制。

以财政体制改革为突破口,形成以公共服务为导向的、事权和财权相匹配的财税制度,完善"两级政府、三级管理"的行政管理体制。"十二五"时期应着重探索对不同区县实行差别化的财政分权制度:中心城区应实行"市强区弱"相对集权的财政体制,增强中心城区的市级统筹协调能力,弱化区级政府的经济管理职能,使其更多地承担社会建设与公共服务职能。具体在公共财政收支划分上,市与区财政收入可按 6∶4 的比例分成,支出可按 5∶5 的比例分成;郊区应实行"市强区强"相对分权的财政体制,通过分权来激发郊区发展活力。今后郊区政府除了承担行政管理、市政建设和社会服务职能以外,还将承

担更多的经济建设和管理职能。具体在公共财政收支划分上，市与区（县）财政收入可按 5：5 的比例分成，支出可按 6：4 的比例分成；浦东新区应实行"市弱区强"相对独立的财政体制，通过制度创新使其具有不同于其他区域的独特管理体制和模式，赋予浦东新区更大的自主发展权力。具体在公共财政收支划分上，市与区可按 3：7 的比例分成，支出可按 4：6 的比例分成。通过差别化分类管理，合理界定市区两级政府在经济建设、行政管理、社会秩序、市政建设、科教文卫、社会保障等方面的事权范围。同时加强市财政转移支付力度，加大对郊区生态建设基地、重化工业建设基地、公用事业建设和远郊落后地区的财政补偿和转移支付的政策力度。

（2）进一步推进行政审批改革。

进一步精简行政审批项目，按照"凡是市场手段可以调节的、凡是属于企业自主权范围的、凡是社会中介组织可以承担、凡是能用政策、法规调节的事项，政府不再审批"的原则，积极与国家相关部门沟通，清理和调整现有的行政审批事项和行政收费项目，从源头上消除不合理的行政审批行为；积极推进行政登记备案制度，对一些事项采取"只需登记备案，不用行政审批"的方式，加强事后监管，提高行政效率；以网上审批、并行审批和"一门式"受理为突破口，优化审批流程，提高审批效率，完善"一门式"受理服务机制，对涉及多部门的审批环节，建立项目并联审批机制，实行同步审批、限时办结。对一些互为前置、交叉审批的事项，在科学合理界定部门间权责关系的基础上，进一步理清部门间审批的先后顺序；增强区县的行政审批权限，将一些事项放权到区县政府进行审批，市相关部门只需登记备案，以发挥区县发展的自主性。

（3）优化政府绩效考核体系。

一是优化政府绩效考核指标体系。进一步弱化对 GDP 指标的考核，增加对经济结构调整、自主创新、节能减排、绿色低碳、人民生活水平改善等指标考核，切实把绩效考核重点转变到经济结构调整、生态环境保护和人民生活水平改善上来，为转变经济发展方式和调整经济结构创造充分空间。二是完善政府绩效考核制度，试点建立由独立第三方承担日常考核数据采集、汇总和测评的独立考核制度，改变单独由上级政府进行考核的模式；增强对民意的测评，建立由基层群众参与的绩效考核体系。

2. 完善服务经济发展体制

（1）进一步放宽市场准入标准。

一是全面放宽服务业市场准入标准。鼓励民营资本和外资进入法律、法规和规章未禁止进入的服务业领域，大幅降低商务、通信、建筑、分销、金融、物流等领域的市场准入限制，鼓励非公资本进入文艺演出、艺术教育与培训、旅游服务、文化娱乐、艺术品经营、动漫和网络游戏、影视剧制作发行、体育经纪等领域。二是适度降低服务业企业登记注册门槛。进一步降低对一般性服务企业投资规模、经营场所、经营范围等要求，制定适应产业融合发展要求的新的工商登记目录，为服务企业营造宽松发展空间。三是进一步放开公共服务领域。鼓励更多社会资源规范参与教育、医疗、文化、体育、就业促进、基础设施建设维护等公共服务供给。

（2）突破限制服务业发展的税收瓶颈。

"十二五"期间要努力营造更加有利于服务业发展的税制环境。一是积极争取增值税扩围试点。可先在交通运输业进行试点，取得经验后，再逐步向其他服务行业推广。二是积极探索实行服务贸易出口退税，借鉴货物出口退税政策，积极探索开展服务贸易出口退税，减少服务贸易出口企业的直接税，为服务贸易出口企业提供间接税优惠；对服务贸易企业在境外取得的境外收入不征营业税。同时，允许服务贸易出口企业在集团项下"合并纳税"，以鼓励大型服务贸易企业"走出去"。三是在个人所得税改革上，进一步体现尊重知识、尊重人才，降低高端人才的所得税负担，吸引人才集聚。

（3）加强上海诚信体系建设。

充分发挥政府的推动和引导作用，进一步推进完善全市诚信档案建设，加快建立社会信用体系，积极推动建立商业信用、诚信服务体系和公共服务体系。完善信用评级制度，逐步建立与完善行业信用体系和企业诚信体系，建立健全金融市场信用评级体系，探索开展商业承兑汇票贴现、转贴现和再贴现的信用评级，推动担保机构信用评级。整合和依法披露企业信用信息数据，加强对不诚信企业和个人的信息公开，倡导诚信服务，改善社会信用环境，营造良好的诚信社会氛围。

（4）完善服务业相关法律体系。

重点是加强政策配套,解决服务业发展与法律法规滞后、政策不配套的矛盾。首先,进一步修改完善与服务业相关的法律法规,清理、调整和修改相关的法律法规,弥补法律的缺陷,使法律条款本身更加严谨,使每一个市场竞争主体都能遵循同样的法律规则。其次,加快补充完善知识产权制度、市场交易制度、公平竞争制度、信用制度等相关缺失的法律,以加强对服务业和服务对象以及相关主体和权利的立法保护,从战略的高度为服务业发展提供法律保障。再次,大力发展专业调解、仲裁等多元化纠纷解决机制,为服务业发展营造良好宽松的解决机制,促进服务业健康发展。

3. 促进多种所有制共同发展

(1) 深化国资国企改革。

一是全面提高国资的资产证券化比例,促进优质企业上市,力争 90% 以上的产业集团实现整体上市或核心资产上市,努力形成一批核心业务突出、核心技术领先、核心竞争力强劲的龙头企业。通过增强国资的社会化持股比例,有序推进国有股减持。二是推进国资布局调整。市属国资系统 95% 以上的国有资产集中到前 20 位的大企业集团中,国资的行业布局从 70 个缩减到 50 个,努力提高国有经济的活力、影响力和贡献度。三是完善国资的监管体系,实现从资产管理向股权管理转变,结合资产证券化和资本运作平台建设,有效履行出资人职责,深化委托监管内涵,实现国资监管全覆盖。

(2) 促进民营经济发展。

一是全面落实《国务院关于促进民营经济发展的新 36 条意见》,消除民营资本进入航空、电信、金融、基础设施建设等重大领域的制度障碍,探索民营资本通过直接投资和资产重组进入这些领域的基本路径,鼓励民营资本参与国资国企的市场化、开放性重组,鼓励民营资本进入公共服务领域。二是完善中小企业管理和服务的体制。探索成立政府中小企业管理服务机构,提供发展规划、组织协调和帮助解决实际问题的协调服务,推进中小企业的国内外合作交流,增强对中小企业服务的政策、组织和制度保障。三是完善鼓励民营资本的政策体系,努力突破中小企业融资问题,改革不合理的金融制度安排,突破民营资本融资瓶颈,发展壮大中小企业贷款担保公司,形成有利于中小企业发展的金融倾斜政策,提升民营资本在重大领域的竞争能力。

4. 深化浦东综合配套改革

（1）增强浦东新区改革开放自主权。

一是对浦东新区进一步放权。按照"二级市"的权限，推进落实有关事权下放的工作，增强浦东新区自我发展能力。二是争取赋予浦东新区与深圳特区对等的独立立法权，将多年来浦东新区在体制创新、职能转变方面的成果用法律、法规的形式固定下来，以法制来保障下一步"先行先试"工作的继续进行。

（2）率先建立与国际通行规则接轨的新型管理体制。

借鉴国际经验，根据"小政府、大社会"理念，全面推进浦东新区政府管理体制改革，率先建立与国际通行规则接轨的新型管理体制。一是深化浦东新区政府"大部制"改革。结合南汇区并入后的部门调整，进一步合并精简政府管理部门，率先推进文化、交通、城市管理等领域的大部制工作，探索推进"党政合署"。二是简化管理层级，实现扁平化管理。探索适合大型城市化地区的管理模式，调整功能区管委会模式，理顺开发区、街镇等各类管理主体的关系，形成简洁、高效的扁平管理。三是完善科学决策机制。探索建立重大决策的协商协调、专家咨询、评估论证、公示听证制度，进一步构建符合经济全球化、竞争国际化要求的社会主义市场经济体制。

（3）试点推进社区自治。

依托浦东新区成熟的国际化社区，率先试点推进社区自治，以居委会为核心，完善社区自治组织，加强与业主委员会协调沟通，建立社区居民（代表）会议制度，讨论决定本社区重大事务。提高社会管理的公众参与度，完善社区治理结构，强化社区公共服务与自我管理能力，率先开展诸如环境卫生、社区保安、社区公益等项目的社区自治，促进社区事务公开。同时，强化社区工作者队伍建设，积极倡导志愿者服务。完善社区工作者选聘机制、创新培训方式和内容，健全社区工作者考核体系，提高社区工作者保障水平，不断加强社区工作者队伍建设，吸纳一批年富力强的高素质的法律援助、医疗卫生、居家护理、环境保护、心理慰藉等专业社会人才充实到社区工作者队伍中，提升专业化服务水平，使社区工作者的素质得到整体提升。

（4）完善城乡一体化发展体制机制。

完善浦东新区城乡一体化发展机制，重点是加强原南汇区与原浦东新区基础设施、公共服务、社会保障等领域的对接,实现城乡一体化发展机制。一是建立城乡一体化的土地管理制度,严格规范农村土地流转和管理,建设城乡统一的土地市场,使城乡土地资源、资产、资本有序流动,推行占补平衡和跨区域土地指标有偿转让,切实保护农民的基本权益。二是试点推进城乡户籍改革。在浦东新区率先实行城乡一体化的户籍制度,逐步取消农业户口。三是推进城乡基本公共服务一体化。加大城乡在教育、医疗、文化、就业、社会保障等方面的统筹,建立城乡统一的公共服务标准,促进城乡公共服务均衡发展。

5. 进一步扩大对外开放

(1)进一步提高外资的质量和水平。

一是进一步吸引外资总部,重点集聚研发中心、服务中心、采购中心等不同类型中心落户上海,进一步提高跨国公司地区总部和世界 500 强企业机构在上海的集聚度。二是创新利用外资方式,以产业链微笑曲线两端为重点,采取合资、技术入股、品牌合作等方式,增强与外资企业合作,吸引外资企业在上海上市。三是强化外资的溢出效应,围绕支柱产业升级、新兴产业培育、传统产业改造所需要的关键技术、共性技术和最佳实用技术,以合作研究、虚拟实验室、定期交流等形式,增强与外资企业的技术交流、共同研究、合作开发,实现技术资源共享。

(2)进一步吸引国际组织集聚。

扩大对各类国际组织的开放程度,积极利用世博会契机,吸引与上海国际大都市发展目标相适应的各种政府组织、非政府组织(NGO)、非营利组织(NPO)总部或分支机构,重点引进世界银行、亚洲开发银行、国际货币基金组织、亚太经合组织、国际行业协会总部、国际海事机构总部、国际展览局亚太总部、世界城市和地方政府联合组织、世界旅游组织、国际绿色产业合作组织、国际绿色和平组织等国际组织入驻或开设分支机构;吸引世博后新兴国际组织总部落地,并在上海发起、成立一些国际组织,形成国际组织的增量总部集聚区,提高上海城市的国际影响力。

(3)进一步扩大对外开放领域。

积极应对发达国家金融危机后的"再工业化"战略,扩大现代服务业、基础设施建设、环境治理与保护等领域的对外开放程度,放宽对外资进入领域的限制;借助国际市场,加快上海国际金融、贸易、航运中心建设,吸引优秀的外国企业到上海 A 股市场上市和发行人民币债券;促进国际采购中心在上海集聚;吸引国际航运机构落户上海,开放航运经纪市场,建立符合国际惯例的金融、贸易、航运市场规则体系。同时,扩大公共服务领域的对外开放,吸引外资为在上海工作、生活的外籍居民提供符合其生活习惯的优质医疗、教育、文化等社会服务。

(4)继续加强与港澳台等地区的经贸科技合作。

进一步加强与港澳台地区的合作,加强证券期货资本市场与港澳台资本市场的合作互动,形成相互促进、互惠互利和共同发展的良好局面。推进与港澳地区经常贸易项下使用人民币计价、结算的试点。引进港澳台资本参与上海地方金融机构和大型产业集团的重组改制,促进与港澳台的股份制合作机制。加强与港澳台地区的产学研合作,促进科技创新人员交流来往,鼓励沪港、沪澳、沪台大学相互招生,促进学校间交流,相互承认学历、学分。支持联合开展科技攻关和共建创新平台,建立共有知识产权和品牌的产品与技术,共同开拓国际市场。

(主要执笔人:周国平　高　骞　徐　诤

郭爱军　钱　智　陈群民　向明勋)

专题一 浦东新区"十二五"发展规划思路研究

"十二五"时期,上海处于制造经济向服务经济转型的关键阶段,浦东肩负着率先实现新型工业化、城市化,全面建成"四个中心",加快推进现代化、国际化新城区建设的历史重任。特别是浦东、南汇两区合并,使得浦东新区迈入江、海联动发展的新时期。

面对后危机时代复杂多变的国内外环境,浦东新区必须把握全球经济大变局、中国经济大调整、上海经济大转型的挑战与机遇,进一步明确总体发展思路,突破产业和功能升级的资源瓶颈,充分发挥沿海大通道和长江黄金水道交汇点的区位优势,在更大程度、更广领域上积极参与国际竞争,拓展金融中心和航运中心的辐射功能,增强服务长三角、服务长江流域、服务全国的能力,积极开创"大浦东、大开放、大开发、大发展"的新局面。

一、浦东新区"十二五"发展阶段与主要矛盾

(一) 浦东"十一五"发展回顾

"十一五"时期,浦东新区继续保持经济平稳发展、社会和谐稳定的良好局面,经济、社会、文化、城市各方面建设取得明显成效,"十一五"规划各项任务有序推进,总体经济发展水平跨上了新台阶,初步建设成为一个拥有 1 210.4平方公里、504.44 万人口、4 707.52 亿元地区生产总值的国际化、生态化新城区和上海国际大都市的核心城区。具体表现为五个"加快":

1. 地区经济保持加快增长态势

经济总量依然保持两位数增速,GDP 增长率连续多年高于全市平均增速,经济运行质量得到明显改善,实现了又好又快发展,综合实力显著增强,自

我发展能力和综合竞争能力进一步提高,是上海经济发展速度最快、发展潜力最大、发展势头最强劲的地区之一(见表2.1)。

表 2.1　两区合并前后浦东新区经济发展数据在全市的比重变化

指　　标	原浦东(2008 年)	新浦东(2010 年)	占全市比重变化
国内生产总值	3 151 亿元	4 707.52 亿元	23%→28%
工业生产总值	5 649 亿元	8 466.26 亿元	22%→27.3%
财政收入	1 042.4 亿元	1 700.32 亿元	13.8%→22.5%
地方财政收入	302.6 亿元	425.40 亿元	12.7%→14.8%
社会消费品零售总额	526.9 亿元	1 036.88 亿元	11.6%→17.2%
外商直接投资实际金额	34.4 亿美元	38.56 亿美元	34%→34.7%
固定资产投资	875.3 亿元	1 432.30 亿元	18.1%→26.9%
外贸进出口总额	1 449.6 亿美元	1 865.62 亿美元	45%→50.6%
集装箱吞吐量	1 538.7 万标箱	2 509.50 万标箱	54.9%→86.3%
三次产业结构的比例	0.2%∶45.4%∶54.4%	0.6%∶43.3%∶56.1%	

2. 金融、贸易、航运中心框架加快形成

金融、贸易、航运服务产业功能逐渐增强,功能性机构集聚数量不断增多,市场建设、服务设施、产品创新等方面继续推进,海港、空港的吞吐能力跃升国际著名大港,金融、贸易、航运中心建设成效显著,服务能级显著提升,现代枢纽城市的综合服务功能开始释放。

3. 产业结构加快得到优化

以服务业为导向的产业政策措施逐步落实,第三产业占比达到历史最高水平,电子信息、装备制造、汽车和生物医药等先进制造业竞争能力较强,信息制造、生物医药、软件服务等产业是国家和全市的重要战略产业基地,以金融、信息、物流等现代服务为主体的服务经济雏形基本形成。

4. 和谐社会建设加快推进

民生问题得到高度关注,各类社会事业稳步发展,社会组织获得充分发展,教育、文化等公共服务能力得到加强,居民生活水平和质量持续提高,"农保"镇级统筹逐步提升为区级统筹,社会保障体系日益完善,养老保障水平不断提高,全面建立城乡最低生活保障制度,基本实现"应保尽保"。

5. 资源集约型生态城市加快建立

围绕世博场馆建设和周边环境改造,积极推进滨江地段的城市更新,道路、重大工程配套等城区基础设施建设力度加大,顺利完成"环保三年行动计划"第三年任务,深入开展节能减排和循环经济工作,重点实施高耗能、高污染产业的"腾笼换鸟",试行电子废弃物回收工作,建立了新区再生资源公共服务平台,城市生态文明程度明显提升。

(二) 浦东"十二五"发展阶段判断

2009 年 5 月,原南汇区划入浦东新区,是浦东开发开放进程中一个重要的里程碑,浦东承担的改革示范意义更加深远:新浦东不仅涵盖了快速增加的经济总量和不断提升的内涵质量,更凸显了浦东在全国经济中的战略地位。"十二五"时期,面对世博综合效应、高新技术产业化、城市发展都市化、国家级重大项目启动等诸多因素的综合作用,浦东正处于从基础形态开发到功能开发、从资源的国际化集聚到服务辐射全国的转型阶段,将进入后工业化发展的关键机遇期,有可能迎来新一轮的高速增长。其阶段性发展特征反映在四个方面:

1. 多种发展动力叠加释放期

"十二五"期间,浦东新区拥有支撑经济快速发展的众多新增动力和产业亮点,多种重要发展机遇的叠加、强化与释放,使得浦东新一轮发展的增长动力充沛:一是"两个中心"建设的放大效应。从陆家嘴到外高桥,再到浦东国际空港、洋山深水港,以及临港新城等,新浦东几乎囊括了上海金融、航运、贸易等各个领域的众多主题,使其成为上海承载国家战略目标的核心区域。二是两区合并的协同效应。城市化空间极大拓展,工业化用地压力有效缓解,现代服务业、高新技术产业和先进制造业拥有重要的延伸地,从而将吸纳大规模的社会投资。三是后世博发展的提升效应。世博会留下的完善基础设施及公共配套设施,将带动浦东城市化发展水平的提升,世博园区的功能调整,进一步促进浦东城市空间结构的优化,推动第三产业的国际化、规模化和市场化。四是重大项目的拉动效应。迪士尼、民用大型飞机、国家数字高新产业、新能源产业、上汽荣威等一系列重大产业项目溢出效应日渐显现,将成为推动浦东新一轮发展的新引擎。

2. 区域经济功能辐射拓展期

"十二五"时期,作为上海国际金融中心、航运中心的主要载体,依托国际空港、深水港、沿海铁路、高速公路和内河航运网构筑的全球连通性,浦东将由原来单纯上海行政区经济体向中国沿海经济发展轴的门户支点转变,从东部沿海区域末梢转向区域枢纽节点。这一重大转变使得浦东的区域服务功能得到巨大拓展,城市影响力开始加快释放,从而通过高度一体化的要素市场,在实体网络与虚拟网络两个层面上对周边区域形成双向辐射态势,并逐步向全球延伸,使浦东成为"连接全球、辐射国内"的重要枢纽,以及中国连接全球的最大门户之一,真正发挥长三角经济发展龙头的作用。

3. 城市功能布局完善优化期

"十二五"期间,在两区合并后经济总量、产业重点和人口结构等因素变化的驱动下,浦东新区面临着区域空间结构从"单中心"到"多中心"调整的最佳机遇期。城区空间的迅速放大,有助于突破长期来围绕陆家嘴 CBD 过于向心集聚的格局,促进区域功能布局协调发展,缓解公共服务城乡空间的不均衡布局,通过人口和产业从中心城区加速向临海、临港和临空区域的扩散,促进中心城区向"绿型"、"轻型"转变,逐步实现城郊一体化的协调发展,构筑多个城市组团中心,从而真正打开浦东新区的城市发展框架。

4. 经济运行机制改革攻坚期

"十二五"时期,上海加快推进国际金融中心、国际航运中心建设的一个重要突破就是把"先行先试"聚焦于新一轮的浦东综合配套改革试点。为此,浦东新区必须进一步转变政府职能,积极营造良好环境,实现管理创新,加快构建适应经济社会转型要求的公共服务型政府,成为全国行政效能最高和行政收费最少、中介服务最发达、经济运行环境最完善的地区。同时,以服务全国为目标,建立更广泛的国内产业合作机制,增强服务全国的能力。由于体制改革的内容从经济领域进一步拓展政治社会领域,深层次体制、机制障碍面临创新攻坚,改革的综合性、配套性和阻力明显增强。

(三) 浦东"十二五"面临的主要矛盾

伴随浦东开发开放 20 年所累积矛盾的逐步凸显,浦东新区转变发展方式的压力日益增大,亟待突破人口社会、资源环境、开放变量和制度约束下的再发展问题,实现速度、结构、质量、效益和功能的协调推进。为此,"十二五"期间,浦东新区经济、社会、城市发展必须克服六大瓶颈:

1. 城市功能引领示范的瓶颈

"十一五"期间,浦东在推进金融中心、航运中心建设方面取得一定进展,但浦东的发展不是按照一般标准的城区发展。对照国际化大都市的要求,浦东新区的城市综合功能仍然有待进一步完善,尤其体现为三个"不适应":一是功能等级与区域经济规模的不适应。原南汇区并入浦东新区后,浦东的发展空间扩大,已成为上海保持后世博平稳发展的核心功能区域,城市功能亟须进一步放大。二是功能布局与空间结构的不适应。少数核心区域经济、社会和基础设施资源过于集聚,"西重东轻、北重南轻"的发展格局长期存在,区域协调发展与布局优化问题日益突出,浦东沿江、沿海和中部的功能定位亟待统筹。三是功能内容与城市定位不适应。商业商务、公共服务、文化娱乐等配套设施难以满足需求,城市综合服务和生活宜居功能明显滞后。

2. 区域产业融合发展的瓶颈

从产业结构角度看,未来现代服务业发展的高度和深度决定着新一轮国际大都市之间竞争的兴衰成败。"十二五"期间,浦东新区要实现二、三产业融合,促进区域产业持续发展的难度不断加大。一方面,浦东在提升功能的过程中,符合国际惯例的经济运行机制尚不健全,亟待在税收、信用、监管、市场准入等方面,构建一系列支撑服务经济发展的运营环境;另一方面,区域经济稳定和持续增长,又要求在新一轮的工业化能够实现制造业结构的不断升级,第二产业的发展路径一定程度上影响到浦东未来的发展走向。

3. 创新经济体系建设的瓶颈

创新能力是全球城市崛起的灵魂。目前,总体上看,浦东的自主创新能力并不强:一方面,浦东对国外的技术依存度依然很高,引进技术的消化吸收投入力度不足,自主创新能力未实现同步提升;另一方面,浦东的科技、教育资源相对分散,科研、教育和产业三方未能在市场机制的作用下实现产业化的互动,区域经济增长还主要依赖投资拉动和资源推动,创新尚未成为推动经济增长的主导因素,从而显著制约浦东新区新一轮发展的后劲。因此,浦东迫切需要深化改革,加快完善激发全社会创新活力的体制机制,释放城市自主创新潜力,紧紧抓住新一轮科技革命的机遇,着力提升自主创新能力,带动上海整体科技水平的提升。

4. 城乡产城互动发展的瓶颈

长期以来,浦东的工业化和城市化"二元分割"现象比较突出,开发区与城市化的融合发展比较突兀,产业基地和新市镇建设脱节,城市化进程与服务业发展分离,生活、居住、社会与产业功能的配套尚需进一步完善。随着浦东城市发展空间的扩大,为城乡互动和产城融合发展提供了回旋余地,有条件通过中心城区再城市化、郊区城市化和工业化升级的方式,协调工业化和城市化的发展布局。

5. 社会环境综合配套的瓶颈

突出表现在三个方面:一是社会服务资源总量不足。片面追求经济发展,社会、文化、民生和生态环境建设等领域"短腿"现象长期存在,特别是教育、医疗、文化等领域的公共服务发展严重滞后于经济发展,公共服务供需矛盾日益突出,有可能成为影响社会稳定发展的重要因素。二是社会文化资源空间分布不均。大量优质资源集中在老城区,教育、文化、卫生等社会资源配置的城乡差距不断扩大。三是人口老龄化进一步加剧社会资源配置的失衡。劳动力供给不足的矛盾逐步显露,社会保障资金平衡的压力不断增大,养老服务、医疗服务、社区服务等资源将无法满足需要。

6. 体制机制活力释放的瓶颈

体制机制推动经济、社会发展的潜力和活力有待进一步释放,城市公共治理模式改革步伐有待加快,"强势政府"对市场的替代仍然较为严重,国有经济比重依旧较高,决策、执行、监督的效率和透明度仍然较低,政企、政事、政社不分,专业服务和知识产权保护等关键领域法律缺失,影响城市整体发展进程。尤其是投融资与开发区管理体制创新压力较大,原有开发管理体制面临诸多问题,资产运营管理的专业化、市场化程度不高,严重压抑了高新技术成果的产业化和现代服务业的发展步伐。

二、浦东新区"十二五"发展总体思路定位

（一）发展主线选择

浦东"十二五"发展的 SWOT 分析见表 2.2。

表 2.2　浦东"十二五"发展的 SWOT 分析

优势分析	沿江、沿海经济带交汇点的区位条件； 现代服务业与先进制造业并举的经济形态； 各类要素市场汇聚的先发效应	后危机时代全球资源重新布局； 国家对两个中心建设的政策支持； 长三角交通一体化凸显浦东的枢纽地位； 世博会和一系列重大项目落地； 南汇划入带来的发展空间拓展	机遇分析
劣势分析	缺乏具有强大辐射力的网络核心优势； 产业和社会事业布局不均衡； 城市服务功能和生活氛围不足	投资出口拉动型增长模式亟待转型； 两区合并后多元利益主体和经济形态混杂； 亚太主要城市乃至国内周边地区竞争日益激烈	威胁分析

在上海步入后危机、后世博和后工业化阶段的过程中,浦东新区作为我国对接世界的重要平台和上海"四个中心"建设的主要载体,将被赋予更为重要的历史使命、国家期望和城市责任,在上海新一轮转型发展中发挥重要作用。面对错综复杂、严峻多变的外部环境,浦东新区应当找准发展坐标,厘清优势,把握机遇,以"整合创新,科学发展,功能提升"为总体思路和发展主线,探寻合理的科学、高效、和谐的发展路径。

1. 该主线体现了浦东贯彻国家战略的内在要求

在发展资源约束日益加剧、我国加快转变发展方式的大背景下,浦东新区的工业化进程领先于国内其他地区,正从工业化阶段迈向后工业化的关键阶段,不能再走依靠高投入、高能耗、高排放的发展模式,需要率先实现发展方式的转变,走科学发展之路。同时,浦东地处江苏东部和杭州湾沿海开发带的交汇点,在临港产业发展、港口资源互动、要素资源互补等方面与江浙沿海的联系将更加紧密。作为长三角地区唯一集国际航运、航空枢纽港的地区,浦东在带动腹地发展、推进长三角区域一体化、激发长三角地区经济活力方面具有不可推卸的引领责任。需要辐射和带动南北两翼沿海地区的开发,引领长三

角一体化发展,促进形成长三角地区的发展合力。

2. 该主线体现了浦东进一步接轨国际的内在要求

浦东新区作为我国改革开放的前沿阵地,是我国社会主义市场经济建设成效的重要缩影。在 20 年的改革开放过程中,浦东新区通过政策试点、制度创新、模式突破,有力地激活了市场活力,挖掘了市场潜力,成为外资、外企、外商登陆我国的重要选择。党的十四大、十五大、十六大、十七大都强调了浦东在开发开放中的引领、示范、带动的目标或要求。随着经济全球化和国际合作的日益深化,以及我国综合国力的不断提升,世界与中国的联系更加紧密,世界对接中国,中国融入世界的步伐进一步加快。为此,浦东必须发挥在前一轮改革开放中所积累的制度优势、政策优势、品牌优势和要素优势,在新一轮改革开放中继续发挥改革领头雁的引领功能,通过改革、创新、提升、走出去等方式,实现经济发展方式、行政管理体制、市场运行规则等方面与国际通则接轨。

3. 该主线体现了浦东强化上海城市竞争力的内在要求

依托港口、机场等硬件条件,以及金融、贸易等各类功能的打造,浦东是上海“四个中心”建设的重要载体和核心区域。因此,需要有效整合“四个中心”建设的政策和要素资源,探索和创新推进“四个中心”建设和互动发展的有效途径。同时,在上海构建以服务经济为主的产业结构的过程中,浦东也需要率先转变经济发展方式,通过产业结构的优化与调整,利用已有的工业或技术基础,强化服务业、特别是航运、金融、科技研发等生产性服务业的发展,走低碳化发展模式,提升浦东乃至上海的服务水平和竞争力。

4. 该主线体现了新浦东促进区域协调发展的内在要求

南汇并入浦东,实现了浦东的空间拓展、规模放大、要素资源扩充、基础设施联动,给区域发展增添了新的动力。但由于原南汇区与浦东新区发展阶段的差异性、微观机制的竞争性、城乡结构的分割性以及产业重点的雷同性,两区合并后,新浦东面临着发展阶段不平衡、城乡二元化矛盾加剧等困境,亟须通过创新和资源整合,探索区域联动发展模式,实现政策的延伸与辐射,促进区域协调发展。

(二) 战略内涵

以"整合创新,科学发展,功能提升"作为浦东新区"十二五"规划主线,其核心要义是"围绕科学发展的总体要求,以整合和创新为手段,促进区域功能的提升"。其中,科学发展是目标,整合创新是手段,功能提升是方向,三者结合将浦东新区构建成为我国沿海经济带的重要增长极,打造我国深化改革开放、转变发展方式的示范引领区。具体而言,要通过"四类整合","四重创新",实现"四大发展",从而提升"五大功能"。

1. 四类整合

一是空间整合。对于存量空间进行有效优化,提高重点区域、重点空间的地均产出水平。同时,推动两区合并后的增量空间优化,实现联动发展,形成具有整体性的空间结构。二是载体整合。推进园区、功能区等空间载体和产业载体的整合,通过体制机制突破、政策延伸等方式,实现联动发展。三是要素整合。加强区域内外要素流动,增强外部要素吸引力,根据整体规划和统筹安排,合理布局和使用各类要素。四是资源整合。加强两区合并后的港口、道路、隧桥等设施资源的联系与畅通,促进社会公共服务、文化等资源的融合发展,凸现综合效益。

2. 四重创新

一是科技创新。强化科教兴区理念,建立科技创新体系,培育企业"引进技术再创新"和自主创新能力。二是政府管理创新。创新政府管理体系,建立服务型政府,强化社区管理,创新政府治理模式。三是制度创新。推进与国际接轨的制度软环境建设,通过理念的创新与突破,完善建设开放型社会主义市场经济所需要的制度环境。四是金融创新。推进金融市场建设,加快金融品种、金融规则、金融服务等方面的创新。

3. 四大发展

一是低碳化发展。转变经济发展方式,推进节能减排技术改造,通过循环经济、新能源经济、服务经济的发展,实现低能耗、低排放和低污染,谋求经济建设、人口增长与资源利用、环境保护之间的均衡。二是高端化发展。加快产业升级和转移,实现企业向产业链高端延伸,提升发展的质量和效益,强调发展的高附加值。三是均衡化发展。促进区域内部的协调,实现城乡互动和协调,带动沿海开发带和长三角区域的发展。四是人性化发展。实现公共设施、社会保障、社会管理更贴近市民生活,使设施布局与社会结构相协调,建设宜居城区。

4. 五大功能

一是产业功能。找准全球趋势、国家战略和浦东自身优势的结合点,着力推动高新技术产业化与先进制造业发展,加大国家重点高科技制造项目和战略性产业引进力度,全面提升重点产业、重点领域的创新能力与总体规模,为浦东"二次创业"和综合实力新一轮的提升提供稳定产业支撑。二是服务功能。依托现代服务业集聚区,充分发挥世博后续效应,着力构建以金融、航运、贸易三大服务为核心,以会展、旅游、文化、创意为新增长点和咨询、中介、信息等专业服务为配套支撑的现代服务功能体系,成为区域辐射带动效应明显,服务长三角、长江流域和全中国的"龙头"区域。三是城市功能。通过城市化的深度发展,凸现多样化的城市综合服务体系建设,满足居民和企业对城市服务的各类需求,不断优化人居和生活环境,形成生态、宜居、开放、和谐的现代化城区,推动浦东新区实现城市功能的重塑。四是社会功能。依托综合配套改革试点先行先试,充分调动社会各方参与社会发展的积极性,通过运作机制和模式的创新推动教育、卫生、文化等实现长足发展,在城乡统筹、公共服务业均等化、社会公共设施载体建设等领域获得质的飞跃,强化浦东社会功能的标杆地位。五是示范功能。发挥制度创新、模式创新等方面的先行优势,在跨区域合作或品牌输出中,通过本区经济的发展带动和产业关联,对长三角和全国产生示范效应,激发周边地区的发展活力。

(三) 总体目标

浦东新区的"十二五"规划正处于上海发展战略转型阶段,是上海贯彻党中央国务院加强区域一体化发展,深化改革开放的攻坚期,是上海打造世界城市,提升城市功能,全面建设国际经济、金融、贸易、航运中心的关键时期。综合考虑浦东新区在"十二五"发展过程中的基础条件、环境变化,在顺应国际潮流、围绕国家战略、体现上海特点和发展阶段的基础上,浦东新区"十二五"时期的经济社会发展的总体发展目标是:

坚持"统筹发展、高端提升、创新领先、辐射带动、人文和谐"的发展原则，以"整合创新，科学发展，功能提升"为发展主线，充分借力"两个中心"建设国家战略与世博后续效应，进一步扩大开放和提高开放水平，大力发展创新型经济和服务经济，加快推进智慧城区、创新城区与和谐城区的建设，着力形成"四个中心"的主体功能，不断促进产业高端化发展，推动城市化和工业化互动，社会发展和城乡一体化发展水平显著提高，在率先转变经济、社会和城市发展方式上取得突破性进展，基本形成一条科学发展的新路径，进一步奠定"科学发展引领区、四个中心核心区、综合创新示范区、综合改革试验区、开放和谐生态区"的功能地位，全面建成核心地位突出、创新优势明显、辐射效应强劲、综合功能完善的开放型、多功能、现代化的新城区。

（四）主要任务

围绕总体发展目标，浦东新区"十二五"时期要实现"六个加快"：

1. 推动以金融、航运、贸易为代表的现代服务业发展，打造总部经济群，加快形成以服务经济为主的产业结构

依托物流园区、保税区，加快建设外高桥和空港贸易基地，优化贸易结构，加大服务贸易的发展力度，增加流量经济规模；进一步整合港口资源、完善集疏运网络，加快"三港三区"联动，积极推动国际航运发展综合试验区建设；完善金融市场建设和制度，积极推进三板市场、国际板的争取工作；推进总部经济和生产性服务业的发展，合理引导和优化商务区的发展布局，形成"带、圈、点"互动发展格局，率先建设服务经济为主的产业结构。

2. 加快资源整合，实现要素的集约发展，提升资源利用效率

以"组合、优化、提升、突破"为中心环节，通过"园区、基地、组团"等形式，对园区、基地、产业进行有效整合，实现资源、要素、优势的空间集聚和系统集成，优化产业发展的空间结构，实现产业链的互动发展，促进产业体系、产业能级的逐步高端化，进而提高土地的单位产出效益。

3. 加快推动产业创新，实现制造业发展的高端化

促进工业化、信息化融合发展，大力发展创新经济、创意经济，努力培育战略性新兴产业，推动先进制造业向高端领域发展，形成二、三产业融合发展和

共同发展的现代产业体系。鼓励自主创新和自主品牌的发展,形成我国最重要的自主设计、自主品牌高端基地。通过技术改造降低浦东工业的能耗水平,减少污染排放。

4. 加快城市化步伐,完善道路、信息等公共设施网络建设

创新城市发展形态,完善陆家嘴核心 CBD 区域建设,加快综合型城市节点和轨道交通干线走廊节点的新市镇建设,实现城乡并重的发展方针,努力消除城乡二元结构。完善辖区内交通网络、信息网络建设,加强新区与其他区县和长三角地区的联系。

5. 加快提高社会管理、社会保障和公共服务的水平

着力保障民生,实施积极就业政策,不断完善社会保障体系,提高社会保障能力;统筹城乡社会事业一体化发展,加快推动优质教育资源、医疗资源向郊区的农村的延伸,进一步促进基本公共服务的均等化;妥善处理社会矛盾,加强社会建设,创新社会管理手段,实现社会秩序稳定良好、社会更加和谐。

6. 加快低碳城市建设,打造绿色生态城区

积极发展新能源经济、循环经济和低碳经济,建设生态文明的宜居环境,促进产业结构向低消耗、低能耗和绿色环保转变。着力推进清洁能源、节能材料、减排技术的广泛应用,资源节约型和环境友好型城市建设取得新进展,城市生态文明建设水平进一步提升,探索出一条经济、社会、自然协调发展的新型城市化道路。

三、浦东新区"十二五"发展的重点

(一)"两个中心"建设

面对"十二五"时期复杂多变的国内外环境,作为"两个中心"的核心功能区和主战场,立足国家战略,进一步贯彻落实《国务院关于推进上海加快发展现代服务业和先进制造业建设国际金融中心和国际航运中心的意见》精神,充分把握后危机和后世博时代全球格局重新调整的战略性机遇,浦东新区作为先试先行地区,加快推进"两个中心"建设,全面完善金融、航运产业体系、功能

布局与配套环境,增强上海和我国对核心资源全球配置的话语权,将是"十二五"发展的重中之重。

1. 推进国际金融中心核心功能区建设

认真做好代表上海、国家建设国际金融中心和参与全球竞争的各项工作,按照"以金融市场体系建设为核心,以金融创新先行先试和营造金融发展环境为重点"的总体思路,重点围绕人民币国际结算中心和人民币产品中心建设,进一步完善陆家嘴金融城的空间布局、产业布局与配套环境,加快市场化、国际化、法治化进程,到2015年,基本形成金融支持经济社会转型发展和产业结构优化升级的良性发展模式,基本建成具有显著支柱产业核心地位和全球资源配置能力的国际金融中心核心功能区。

一是先试先行加快打造引领全球的人民币国际结算中心和人民币产品中心。依托综合改革配套试点与全市支持,积极向国家争取政策支持,使浦东或浦东局部区域可采取国际化规则或直接复制中国香港"自由港"经济规则,营造良好的法律税收软环境,发展人民币产品国际市场,积极发展股票、债券等国际板,使浦东成为人民币资产的集聚地;进一步争取国家将国内主要金融机构的业务总部向上海迁移,尤其是人民币产品研发中心、交易中心和清算中心等向浦东集聚,增强浦东作为国际金融中心核心功能区的金融服务供给能力。

二是稳步发展金融衍生产品,做大做强多层次的金融市场体系。支持推出国债期货、外汇期货、股指期权、外汇期权、黄金ETF等金融衍生产品,积极培育以上海银行间同业拆放利率为定价基准的各类衍生产品,加快开发航运运价指数衍生品,逐步建立金融衍生工具的估值与评估中心和信息披露规制;促进金融期货市场发展,有序推出原油、汽柴油、沥青等能源化工期货品种和铜、铝等期权类产品,开发铅、白银等金属类期货以及商品指数期货,大力发展债券市场和票据市场,力争建成全国票据集中交换的中心。

三是推动金融、航运、贸易联动,试点发展离岸金融市场。大力发展航运金融业务和产品,对浦东新区符合条件金融机构开展的航运金融服务提供扶持,支持金融机构拓展船舶融资、海上保险、资金结算等航运金融服务,研究推出运费远期、运费期货、运费期权等航运金融衍生产品,积极探索洋山保税港区率先开展离岸银行、期货保税交割、离岸保险等业务试点突破的有效途径。

2. 推进国际航运中心核心功能区建设

浦东新区推进国际航运中心建设，按照"承担核心功能区的重任，发挥核心功能作用，能够代表国家参与全球航运资源配置"的总体目标，积极推进集疏运体系和现代航运服务体系"两大体系"建设，完善洋山临港航运综合服务发展区、陆家嘴航运服务发展区、外高桥航运物流发展区、临空航运服务发展区"四大区域"的发展格局，力争到"十二五"期末，在浦东新区形成船公司、航运物流企业、国际航运中介组织和机构等组成基本完善，航运服务门类比较齐全，航运服务功能区规模集聚并在国际上具有一定影响力的现代航运产业和服务体系。

一是加快基础设施与航运物流信息服务体系建设。积极推进沪通铁路、大芦线航道、两港大道以及轨道交通、高速公路网络等基础设施建设，建设集合海关、边检、检验检疫局、海事局等行政管理部门以及港口企业、船公司、货运代理等商业实体的航运物流信息共享平台，促进长三角货物报关、检验检疫、单证流转等信息与服务共享系统的建设发展，以浦东为核心全面整合长三角航运资源，打造以浦东为"龙头"联动长三角的快捷高效、结构优化的多式联运集疏运体系，成为提高上海国际航运中心资源配置能力的重要内容。

二是加快推进现代航运服务体系建设。大力发展航运物流、航运金融、航运信息等航运产业，加快形成航运产业链和产业集群。加快发展航运保险、船舶融资、船舶交易、船舶管理、航运经纪、航运咨询、船舶技术等各类航运服务机构，延伸发展现代物流等关联产业，不断完善航运服务功能，力争浦东新区建设成为亚太地区具有较强服务功能和辐射能力的航运知识集聚地、航运组织和决策制定所在地、航运创新能力所在地，推动整个上海国际航运中心从生产型向服务型和知识型转变。

三是不断创新和完善国际航运发展综合试验区的内涵及其配套政策体系。重点试验保税港区海关特殊监管、航运金融与保险等政策创新，研究建立适用于航运试验区的船舶登记制度，建立便捷高效的保税货物移动办法。研究制定具有国际竞争力的航运税费政策，加强口岸退税政策研究落实，积极探索股权投资基金等多种航运融资方式，营造便利、高效的现代国际航运服务环境，增强国际航运资源整合能力，提高综合竞争力和服务能力。

（二）产业发展重点

立足"四个联动"的基本原则,即先进制造业与现代服务业充分联动、城市产业发展与人口集聚充分联动、现有产业基础的巩固与战略性产业的培育充分联动、大浦东创新发展与全上海科学发展充分联动的基本原则,依托重点区域和重大项目建设,以产业创新为导向,以园区和基地为载体,强化核心功能开发,推动产业集群、集聚发展,构建以提高原有优势产业、加快发展基础产业、逐步培育新兴产业为内涵的新型现代产业体系,打造若干个支撑"四个中心"功能的产业组团,使其成为代表我国争夺全球产业分工体系高端定位的重要区域。力争到 2015 年,基本形成"产业链条有效衔接、产业集群初步成型、产业空间布局合理、产业结构优化升级、产业能级有效提升"的发展新格局,推动产业结构从投资驱动型向创新驱动型、从园区集中型向产业链集聚型的转变,提高产业国际竞争力和对全市经济社会发展的支撑力。

1. 集中发展体现城市功能的高端现代服务业

一是创新发展金融服务业。抓住《跨境贸易人民币结算试点管理办法》出台的契机,加快打造人民币国际清算中心、人民币产品市场中心,分批次、有步骤地推动更多符合条件的企业和商业银行加入试点,逐步扩大人民币跨境结算的地域范围和结算规模,推动人民币离岸市场的建设,增强上海的金融资源支配能力。同时,进一步丰富金融工具和服务手段,加快 OTC 等方案的实施,继续向文化、航运、教育等领域渗透,为先进制造业实体提供更全面的金融服务,努力保持金融服务行业持续、稳定发展,成为与"四个中心"核心功能建设相匹配的支柱产业。

二是培育壮大航运服务业。研究制定具有国际竞争力的航运税费政策,加强口岸退税政策的研究落实,集聚国际资源,大力拓展航运保险、船舶融资、船舶交易、船舶管理、航运经纪、航运咨询、海事仲裁、船舶技术等高端航运服务,积极发展船东保赔市场,加快探索股权投资基金等多种航运融资方式,延伸发展现代物流等关联产业,不断完善航运服务功能。

三是加快发展现代商贸服务业。以"三港三区"联动发展为契机,争取全面实施自由贸易区政策体系与管理运作体制,扩大服务贸易、金融、要素流动等领域开放,加快培育口岸贸易、离岸贸易、贸易营运、跨国采购和供应链管理等新型贸易功能。依托口岸和产业优势,加快市场体系建设,合理规划商贸布局,集聚和塑造多元商贸主体,大力发展要素市场、高端商贸和特色市场,构建以高端市场为主、虚拟和实体相结合的多层次市场体系。在大宗产品交易和定价功能上形成若干个价格指数、景气指数、风险指数,谋求在国际市场上的话语权和影响力。进一步做大生活性服务业,要在合理布局的基础上,加强各类商贸副中心和社区商业中心的建设,为浦东进一步集聚人气创造条件。

四是做强时尚创意产业。结合世博园区的后续开发,打造一批特色鲜明、功能突出、带动效应明显的文化创意产业载体,集聚工业设计、时尚传媒、广告包装、建筑设计、管理咨询等功能机构,鼓励企业设立设计中心,扶持设计类企业,引进国内外知名的研发设计机构入驻上海,集聚海内外优秀设计人才,加快促进商、旅、文、创产业融合发展。

五是延伸发展信息服务业。积极推动服务外包园区建设,重点发展电子商务、金融后台、航运服务、医药研发、离岸服务外包等新兴信息服务领域。充分利用3G的研发和技术领先优势,加快电信技术的移动化、宽带化、IP化,积极推进网络电视的商用服务。把握信息化、工业化融合的机遇,大力发展以"套装软件支持"和"应用软件维护管理"为主的软件外包服务,强化咨询、设计、开发、再造、维护、系统集成、封装评估与部署等软件服务上游服务能力。大力拓展具有良好市场前景的以手机和宽带为主的网络游戏、网络音乐和即时通讯,努力开发移动电子商务。

六是提升会展旅游服务业。整合旅游会展资源,加大相关基础设施的投入与配套建设,大幅增加国际性、专业性、常设性会展的数量与质量;推动会展经营品牌化,会展企业的强强联合和资本运作,为利用好两种资源、开拓两个市场、获取资源的优化配置奠定基础。同时以迪士尼项目落地为契机,推动休闲康体产业和相关配套产业的形成与发展。

2. 优化先进制造业发展结构和布局

一是继续提升电子信息、汽车、成套设备、生物医药等优势产业能级和集中度。依托国家级开发区,加快高新技术和自主创新成果的产业化步伐,加快光电子、照明节能、程控交换机、微型计算机等产业的规模化发展能力,自主品牌汽车和新能源汽车研发生产实现突破,核电、轨道交通、海洋工程关键设备等产业化程度和集群化水平大幅提升,推进电子信息制造业中的微电子产业、光电子产业和新型显示产业全线突破;提升生物医药属地产业化能力,力争通过优势产业的能级提升和高端化发展,推动浦东新区先进制造业进入新一轮高速发展周期。

二是加快推进先进制造业重大项目建设与区域布局的优化。以重大项目为抓手,推进浦东新区产业规模持续做大,产业功能稳步提升。积极争取一批新的医疗、航空、电信、装备等国家重大功能性项目落户浦东,高新技术产业集群中,力争电子信息制造、海洋工程装备、汽车制造、软件和信息服务业分别达到千亿级规模,新能源、生物医药、新材料、民用航空等分别达到数百亿级规模;积极推进产业梯度转移与高新技术属地产业化,依托金桥出口加工区、南汇工业园区与空港工业园区,大力发展具有轻(重量)、小(体积)、高(附加值)特征的临空产业和精(精密)、大(大型)、高(科技)特征的临港经济,形成新的先进制造业组团。

三是以科技企业为主体,全力推进高新技术产业化。充分发挥企业在创新中的主体作用,跟踪世界先进水平,不断加入对创新型企业的扶持和培育,以生物医药、新能源、新材料、海洋工程为先导,加大研发投入力度,切实研究和掌握企业成长的内在规律,通过企业成长带动产业快速发展。支持科技企业承担国家重大专项,通过加大配套力度,支持和帮助科技企业参与国家重大科技项目。

3. 加快培育和扶持战略性新兴产业发展

积极贯彻《国务院关于加快培育和发展战略性新兴产业的决定》,浦东必须发挥自身优势,进一步加快对战略性新兴产业的布局和培育,在国家划定的节能环保、新一代信息技术、生物、高端装备制造、新能源、新材料和新能源汽车七大产业中选择具有较好发展前景、良好经济技术效益和带动性强的生物医药、新能源、高端装备制造等重点领域,率先形成浦东新区新的产业增长点。

一是生物医药产业。整合张江高科技园区、康桥工业区和上海国际医学园区,依托两区合并之后的腹地优势,加快建设生物医药产业化基地,推进浦东生物医药产业研发优势向产业实力转化,实现产业规模及综合竞争力的快速提升；重点聚焦重组蛋白质药物、生物技术疫苗、高端医疗器械、中药及天然提取物等具有广阔前景且浦东又有相当基础的产业领域，依托龙头企业快速形成产业集聚效应；加大对研发创新，尤其是新药研发的支持力度，高度关注细胞治疗与干细胞及等前沿技术领域，加快孵化创新公共服务平台建设，培育新的生物医药产业化领域。

二是新能源产业。着眼于产业链的高端环节，优先发展装备制造、集成应用系统、关键产品等重点领域，聚焦薄膜太阳能电池及关键设备、太阳能光热系统设备、高效晶体硅太阳能电池、核岛和常规岛主设备等核电关键设备、大型海上风机和陆上风机等风电关键设备的研发与制造；加快建设新能源产业化基地，尽快落实南汇工业园区新能源产业化基地的相关规划及建设方案，争取成为国家级的产业化基地，形成品牌效应；加快引进一批新能源龙头企业的同时，加大创新企业扶持力度，支持一批本地企业快速做大做强。

三是高端装备制造业。重点依托临港产业区，立足"高端制造、极端制造"，积极引导大型飞机、核电、高档数控机床等国家重大项目在浦东的落地实施，填补国家在事关民生与核心利益领域中关键技术、关键装备上的空白；依托浦东现有产业基础与海洋岸线资源优势，积极引进高附加值的整机型项目，拓展装备制造上游产业链，力争在新能源装备、海洋工程装备制造等重大技术装备领域实现重大突破。

（三）区域发展重点

立足"四个结合"的原则，即任务导向与变量体现相结合、强化功能与传承延续相结合、整体优化与聚焦重点相结合、融入上海与辐射区域相结合的原则，"十二五"期间，浦东新区应以工业化和城镇化并进为重点，推动功能集聚，实现重点区域的组团化发展，构筑滨江服务、临海、中部城区"三位一体"，点、线、面联动开发的新格局，实现"组团发展、轴线联动、梯度推进"的空间战略。

1. 形成滨江、临海、中部"三位一体"发展格局

一是滨江服务经济带。黄浦江沿岸区位条件优越、自然环境优美，是上海城市复兴的中轴，是发展现代服务业的理想空间。以小陆家嘴地区为中心，强化高端服务业发展和核心功能向两侧延伸，在世博园区和杨浦大桥之间的黄

浦江沿岸,形成一条以金融、贸易、总部经济、商务、中介、会议、展览、高端房地产、都市旅游为主的滨江现代服务产业带,使之成为综合化、现代化的新型中央商务区。其中,塘桥南区沿江码头仓库及老旧民居可改造成中介咨询、商务办公、酒店式公寓和高端房地产;上海船厂地块可建设以航运大楼为标志性建筑的航运金融和航运商务集聚区,与以航运市场为主的虹口航交所隔江相望;在民生路码头与粮食仓库区块,可考虑建造一个集会议、食宿、休闲、旅游于一体的大型、高雅、多功能国际会议中心。

二是临海经济开发带。从外高桥到临港新城的浦东滨海地区,已建有外高桥港区、外高桥保税区、浦东国际机场、洋山深水港、洋山保税港区等具有世界意义的门户经济设施,是浦东新一轮发展的产业延伸区域。随着大飞机项目的落地,以外高桥港区、空港新城、临港新城为三大引擎,以"一江三桥"高科技产业带为依托,加快临海区域规划,充分发挥浦东临海地区连接多区域的重要通道、交流桥梁和合作平台作用,强势推进新型工业化和新型城镇化,促进城市空间东向拓展,重点发挥高科技制造、现代物流、休闲旅游娱乐、居住、生态等功能,形成若干个具有国际竞争力的产业集群和大港口、大交通、大产业、大物流的发展格局,逐步建成我国东部沿海地区海空交通枢纽区、充满活力的现代化滨海新城区、具有海洋文化生态特色的休闲旅游度假区、国家装备产业基地、国际综合创新基地。其中,曹路镇处于上海通往崇明、苏北的越江桥隧通道的入口处,可成为面向苏中、苏北的区域性门户,建设物流分拨和中转枢纽、物流商务、民营企业总部、旅游集散和长途快运,以及货物外运、通关、联检、拆装等门户经济。

三是中部现代综合城市带。以张江、金桥、临港综合经济开发区为核心区域,形成科技创新和产业化、现代制造集群和生产服务综合配套为主导的功能区域。通过产业结构和能源结构的优化调整,重点发展占地少、增值高、生态型的现代服务业和先进制造业,完善城市基础设施建设,加快实现高水平城市化,建立高品质的生活社区,打造自然环境优良的国际休闲度假区。

2. 聚焦重点核心功能组团

一是陆家嘴金融城。依托历史沉淀和现代建筑群,集约开发和整合空间资源,从历史传承和现代文明建设的视角,硬件改造和软环境建设并举,进一步鼓励和引导楼层置换,加强地下空间开发利用,着力推进陆家嘴地区的功能改造,形成多层级的功能空间。要在集聚金融、保险、专业服务等高端服务业的同时,同步集聚能体现 CBD 人文功能、创新功能、休闲功能,以及高端居住功能的产业,强化产业平衡体系的建设,逐步以高端智力密集型服务业为导向,建成要素资源集聚、基础设施完善、信息高度透明、公共服务卓越、辐射功能强大,与全球城市地位相适应、具有国际区域经济要素资源配置能力的洲级 CBD 中心。

二是世博园及周边区域。该区域包括上海世博园区浦东部分、后滩、原环球地块等区域在内的后世博板块(见图 2.1),地处上海城市中轴线上,位于南浦大桥和卢浦大桥之间,并处于浦东、虹桥两个国际机场连线的中点,也是全市五条地铁线汇集,综合交通配套设施最完善、最便捷的区域之一。区域北邻陆家嘴的国际金融中心核心区,东靠张江和金桥的高新技术产业核心区,无疑将是浦东"十二五"发展的关键性节点。独一无二的区位优势、交通优势、景观优势、载体优势和品牌优势,将使其成为上海新的国际会展中心、国际文化交

图 2.1　世博地区规划示意图

流中心、商务中心、公共活动中心和旅游休闲中心。应延续世博效应，着力打造上海的公共活动中心和文化创意之源，培育新的城市中心区域。

三是临港新城。"十一五"期间，临港新城的基础设施建设已全面启动，初步形成产业和居住的集聚。今后五年，要把临港新城建设纳入全市郊区新城建设体系，以市场化运作为准则，继续支持市级重大产业项目重点向临港集聚，鼓励国家级开发区的部分新增项目和后续投资按照优势互补、战略联盟的方式向临港产业园区集聚。通过项目和主体的集聚，进一步发展临港产业和重大装备制造产业，完善社会配套体系，推动产业植入和人口导入，初步建成功能完整的综合性城市。

四是积极推进一批特色功能组团。依据都市区发展布局，缩减中心镇、中心村层级，在高铁、城铁、轨道交通和高速公路等快速交通设施沿线，配合重大项目建设，重点打造张江创新城、川沙空港新城、外高桥商贸城、祝桥航空城、迪士尼旅游城、曹路综合物流城等一批 TOD 导向的节点新市镇，使其为地方性公共中心，充分发挥其在次区域级的居住、产业、交通枢纽等功能，形成各具特色的专业性功能组团，避免均质化发展。并结合规划交通条件，大幅提高 TOD 交通节点附近的土地利用率，以转移周边土地的开发压力，保全更多的绿地。

四、浦东新区"十二五"发展的重大战略举措

浦东新区要在新形势下实现"科学发展、功能提升"，完成"十二五"时期的发展目标和各项战略任务，关键是要大胆探索，攻坚克难，努力破解制约浦东发展的结构性和布局性矛盾，率先探索走出一条转型发展的新路子。具体来说，"十二五"时期，浦东新区应当在八个方面进行突破：

(一)以延续世博效应为抓手，加快推动区域发展模式转型

2010 年世博会为浦东转变发展方式提供了千载难逢的历史机遇，创造了上海集聚新型成长要素的重大题材。世博资源的国际化、稀缺性、高端性的特征，与浦东"十二五"发展转型的要求高度契合，有利于浦东加快形成与城市转

型相适应的产业结构、经济功能、形态布局和管理机制。因此,深入挖掘世博后效应,有效推进世博园区和场馆的后续利用,充分发挥其对浦东经济发展方式转变和区域发展转型的推动作用,无疑是浦东"十二五"发展的重要内容。

1. 发挥世博品牌优势,加快服务经济发展

充分发挥世博会的结构优化后续效应,培育会展、旅游、文化创意等产业,形成浦东服务业新的增长点,积极推进国际贸易中心功能承载区建设,推动浦东现代服务业实现新一轮的跨越式发展。

一是重点发展会展、旅游等具有较快成长性的新兴服务业。世博会保留的永久性保留场馆和公共活动设施为浦东发展会展业提供了良好的载体补充。积极引导世博会相关会展人才的培养和合理化使用,全面提升浦东国际化展览专业化、规模化的运营组织能力和配套服务水平,引进和培育一定数量具有代表性的大型国际级展会并形成若干个有影响力的品牌;充分利用世博会的国际化传播加强上海旅游形象的宣传推广,积极围绕世博园区(国际文化交流)、迪士尼(旅游度假)等新增旅游品牌,不断创新和丰富具有浦东特色的旅游产品,拓展旅游业发展空间。

二是利用世博网络平台,推动国际贸易中心建设。将世博园区打造成为上海国际贸易中心功能的重要承载区,联动外高桥国际贸易示范区等功能区块,推动浦东形成布局合理、凸显特色、错位发展的国际贸易中心承载体总体框架。

三是大力发展凸显浦东软实力的创意产业。充分发挥世博会在理念、市场、人才等方面的支撑作用,规划建设"世博创意产业集聚区",促进世博后续效应的创意成果产业化,通过加快发展文化创意产业提升浦东自身的软实力和城市品牌。

2. 加强世博科技成果的应用和推广

世博会不但是最新科技成果的展示平台,也是科技创新发展的风向标。充分利用世博会科技创新效应,加大基础研究投入和核心技术开发力度,加快构建企业主体、政府引导、市场调节的科技成果转化机制,有利于推动浦东加快形成具有良好创新激励的国际化、多元化区域创新体系。

一是聚焦关键领域,加大基础研究投入和核心技术开发力度。各国围绕

世博主题展示的科学技术形成了一幅全球未来主流科技发展的全景图,依托世博创新理念转变科技发展思路,结合浦东现有自身基础,积极开展具有战略意义的基础研究和前沿性研究,将浦东科技投入结构中基础研究占 R&D 的比例提升到 10％以上,形成与创新转型相匹配的科研投入结构。

二是聚焦世博关键性科技成果的应用与推广。进一步梳理世博会展示的新能源、新材料、机器人、物联网、环保科技等科技成果与产业发展的关联度,以重大技术创新专项为抓手,围绕国家、市战略性项目落地,通过增加投入、设立基金等渠道推动前沿核心技术自主开发,力争在新能源汽车、太阳能光伏、物联网、半导体照明、环境保护、生态节能建筑等领域,筛选出一批应用性强、产业化前景好的世博科技成果转化项目,使浦东在创新转型过程中取得具有国际先进水平的独占性优势。

3. 加强国际网络资源的延续和开发

浦东开发开放的初衷是希望让上海成为中国与世界进行对话的重要通道和窗口,世博会搭建的国际交流平台和通道,对推动浦东的全球化和国际化进程无疑具有里程碑式意义。189 个参展国家和地区、57 个国际组织、大量的NGO 组织,众多的参展城市、参展企业、世博赞助商和其他合作商,加之国际媒体云集,20 000 多场汇聚全球艺术精华的演出,上百场内容丰富的论坛和研讨会,极大地拓宽了上海依托浦东对外国际交流合作的方式、途径和领域。

一是率先实现从"引进来、跟随者、学习者"向"走出去、引领者、创造者"的转型。立足 2010 年世博会在提高浦东国际知名度、拓展国际交流与合作等推动城市全球化、国际化发展的巨大效应,着眼于提升城市发展的流量管理、要素集聚、发布标准、交流合作等控制中枢功能,推动浦东成为上海向全球城市非线性跨越的桥头堡,成为我国从外向型经济向开放型经济转型的前沿阵地。

二是依托国际金融中心和国际航运中心核心功能区,打造亚太地区流量经济的控制中心。充分利用世博会在提升浦东全球知名度、拓展全球网络的积极效应,重点培育或引进一批国内外跨国企业总部落户浦东,内生性地扩大全球范围内的经济流量和规模。利用世博会形成的全球网络体系,鼓励国内大型跨国企业集团立足浦东,成为我国企业"走出去"参与国际竞争,实现与国际对接的重要窗口、平台和通道。

三是打造国际文化交流中心与国际组织机构集聚高地。世博会拓展了上海与全球文化交流的广度和深度，吸引了众多国际组织的关注，在浦东打造国际文化交流中心和国际组织机构集聚地恰逢其时。利用世博会的光环效应和设施载体优势，结合世博园区后续开发、迪士尼等项目，推动浦东成为上海举办各类全球重大文化、公共活动的首先区域之一。

（二）以城市创新体系建设为抓手，加快塑造新的发展动力机制

1. 着力提升区域自主创新能力和水平

提高自主创新能力，推动创新成为经济持续发展的不竭动力之源，浦东的转型必须通过创新支撑和带动来实现，以深化"聚焦张江"战略和综合配套改革试点为契机，加快探索以企业为主体、市场为导向、资本为动力的具有浦东特点的自主创新道路，积极提升自主创新能力，不断优化创新的制度环境，突破自主创新发展的主要瓶颈，通过技术创新与制度创新的良性互动促使浦东加快形成创新驱动为主的内生增长模式。

一是深入推进"聚焦张江"战略。在大力引进中科院等科研"国家队"的基础上，进一步加大引进集聚跨国公司全球研发机构以及各类留学生创新企业的力度。按照"自主创新与全球集成创新相结合，产业链和优势环节相结合"的思路，努力在机构国际化、人才国际化上下工夫，注重跨国公司"研发本土化"和留学生企业"研发全球化"，充分发挥技术和人才的溢出效应，推动集成电路、生物医药、软件等高新技术产业的规模能级和国际竞争力在"十二五"期间实现新的提升。

二是深入推进综合配套改革试点，突破自主创新发展瓶颈。敢闯敢试，先试先行，加大在科技体制机制改革方面的创新力度，以问题为导向，大力推进促进自主创新政策的制定和落实，重点围绕科技投融资体系、科技项目部省合作推进机制等领域，有效破解制约区域创新发展的瓶颈问题，为推进浦东自主创新能力和水平的提升奠定坚实基础。

2. 聚焦前沿技术创新，培育核心技术优势

根据市场导向和产业发展需要，围绕国家、市重大科技专项的实施，以战略性产业、新兴产业和高科技产业为重点、以重大技术创新专项为抓手，加强

科技原始性创新,加快具有战略意义的相关前沿技术领域的基础研究和高技术研究,力求取得具有国际先进水平的独占性核心优势。

3. 深化科技金融改革创新试点

健全张江非上市股份公司进入证券公司代办股份转让系统的相关制度,逐步建立和完善多层次资本市场间的转板制度,支持高新技术企业在境内外资本市场上市融资。进一步扩大信用贷款和知识产权质押贷款试点,增加科技保险险种,发展科技再保险,加大科技金融支持力度,继续促进高新技术企业发行集合债、短期融资券、中期票据,促进天使投资、创业投资、股权投资基金发展。

4. 加强共性技术平台建设

加强官、产、学、研的合作联动,瞄准重点产业发展领域,抓好行业共性技术平台和企业集团关键技术平台的建设,通过财政、金融、税收等手段建立共性技术研究、应用和服务的激励政策,以共建技术中心、产学研联盟、企业技术联盟、风险投资基金等形式,加强公共开发、数据共享、网络服务、共享应用等产业共性技术支撑平台建设,逐步实现共性技术的示范、扩散和推广。

5. 完善专利技术产业化机制

促进高质量的创新成果申请专利,提高企业利用失效专利的效率,引导企业免费实施某些失效专利,促进专利技术的渗透幅度。鼓励具有专利技术的企业组成标准技术联盟,大力引导企业成为新产业标准或产业新标准的推动者。采取专利技术产业化基地或者科技园区的方式,系统构建专利技术产业化基地,集聚一批具备相关专利技术的企业群或基地群,鼓励相关企业通过合作研发、专利联盟、交叉许可等方式深化专利技术的二次开发和应用。

6. 促进国内外广泛合作创新

围绕支柱产业升级、新兴产业培育、传统产业改造所需要的关键技术、共性技术和最佳实用技术,以合作研究、虚拟实验室、定期交流等形式,鼓励外资与国内科研院所开展共同研究、合作开发,实现技术资源共享。加快促进外资项目本土化运营,鼓励外资企业培养本土技术骨干,鼓励上海企业采用研发服务外包的方式,在国际范围内开展技术招标,缩短技术进步周期。

（三）以民营经济发展为抓手，进一步激发区域发展活力

1．引进一批全国性民营企业总部

把握人民币国际地位长期处于抬升、中国企业迈入国际化经营高峰、国内大批品牌企业具备跨国经营强烈冲动的契机，充分释放上海城市的人才优势和国际化氛围，在装备制造、生物医药、消费品等领域，制订民企总部经济政策，有针对性地吸引一批国内制造企业集团总部或者企业运营中心迁入。

2．扶持都市型特色民营经济发展

在工商注册、金融支持、税收奖励、知识产权等方面出台专项政策，建立专业性产业基地或楼宇，加快动漫、设计等文化创意类民营企业的发展，提升电子信息、生物医药等民营高科技产业发展水平，扶持时装、钟表、珠宝、礼品、民族手工业等民营都市时尚产业，推动民营经济集群化发展。

3．打造新型民企融资体系

利用金融中心建设先试先行的优势，尝试民营企业资本在可控范围内实现集聚或拆借，通过信托基金、股权质押、委托信贷、风险投资等方式实现流动，积极探索存货融资、应收账款融资、知识产权担保融资等新型金融工具。

4．推动民营经济国际化发展

依托留学生学会、产权交易所等组织，搭建民营经济国际化交流平台，支持民营企业"走出去"，鼓励民营企业开展各类国内外技术交流和产业合作，加强对欧美日中小型企业的针对性引进。

（四）以优化基础设施布局为抓手，加快提升城市化发展水平

1．加强规划衔接，推进城市化发展速度

整合规划资源，推动产业规划、城市规划、土地规划、环保规划以及人口、社会发展规划等"多规合一"，以土地规划约束城市规划，以城市规划引导产业规划，相互衔接，保证产业、人口、交通在空间布局上的科学合理。并通过项目规划，编制滚动性近期建设规划，形成长、中、短期规划相互补充、配合有序的规划编制体系，系统推进城市化发展。

2．公共服务资源布局向郊区倾斜

配合城市建设重心向中心城区和郊区城镇并重转变的趋势，加大区级统筹力度，引导中心城区商业、教育、医疗、文化、体育等优质社会配套资源向郊区转移，进一步提高郊区公共服务水平，促进城乡社会资源均衡发展，实现城乡居民基本公共服务均等化，努力形成与浦东新区城乡功能和人口布局相协调的社会事业新布局。

3．加强快捷交通体系建设

围绕产业发展重点，加快海港、空港建设，打造快捷高效、结构优化的多式联运集疏运体系，积极推进沪通铁路、大芦线航道、两港大道以及交通枢纽、轨道交通、高速公路网络等基础设施建设，加强东部沿海铁路大通道建设，引导形成临海 TOD 交通走廊，强化次级骨干道路与中心城区的道路连接，促进浦东与上海市区和长三角区域经济的对接，有力提升浦东服务全国功能的能力和水平。

（五）以加强公共服务为抓手，进一步促进民生建设

1．健全住房保障休系

通过税收、财政、金融、土地等政策工具，以企业为操作平台，按照"经济、实用、朴素、高效"的指导思想，灵活、自主地组合运用集中新建、租用社会存量房等方式，大力发展限定户型面积、租金水平、租赁期限，主要面向符合新区产业发展导向的新参加工作的高校毕业生及来自外省市的高新技术人才、蓝领技术工人的周转过渡性住房，建立"单位申请—分级审核—社会公示—实物配租—租金补贴"的配租机制，配合大型保障性住房基地建设、经济适用房"租售并举"等举措，逐步构建一个由廉租房、经济适用房、公共租赁住房三者共同构成的多层次住房保障休系，以适应不同人群的住房需求。

2．加快医疗保障体系改革

继续完善基础医疗服务体系，构建公共卫生体系，着力推动卫生事业均衡布局，进一步增强社区卫生服务中心医疗、预防、保健、康复、健康教育、计生"六位一体"公益性功能，建立健全覆盖城乡居民、基本卫生保健服务和基本专科服务相分离的基本医疗保障制度和基本医疗服务制度。

3. 完善社会保障体系

以"城乡一体、内外一致"为目标,优化和调整参保人口结构,促进城保、镇保、农保等不同层次社保的可衔接、可转换,逐步扩大社会保险的受益面,构建城乡一体的社会保险体系。继续完善社区养老服务体系,提倡社会养老和居家养老相结合的多元化养老保险方式。

4. 放宽户口准入限制

改革户口迁移的审批制度,减少审批程序,降低审批成本,鼓励新型移民。扩大工作居住证的申请范围,降低工作居住证的申请门槛,进一步缩小持工作居住证者在工作、医疗、教育等领域和户籍人口的权利差距。

(六)以发展低碳经济为抓手,加强资源节约和节能减排力度

1. 积极推动低碳试点

以世博园、临港新城为载体,积极推进清洁能源、节能材料、减排技术的广泛应用,从供能结构优化、雨水收集和中水回用、环保建筑和节能建筑、绿色照明、减少碳源和发展碳汇、低碳交通组织等多个途径入手,引导低碳办公和生活方式,有效破解"热岛效应"、建筑用能居高不下等"城市病",树立城市生态风尚,打造"低碳城区"、"低碳园区"。

2. 有效推进节能减排

不断优化一次能源结构,提高低碳能源的比重,积极应用能源环保新技术,促进化石能源的清洁利用、高效利用。坚持实施重点节能工程,大力促进工业、建筑、交通等重点用能领域的节能降耗,切实减少二氧化碳排放。加强节能管理,全面实施新开工项目能耗、环评审核,完善节能减排的财政补贴和税收优惠政策。

3. 大力推动低碳技术应用与创新

推动本土低碳技术的研发和创新,发展低碳产业体系,大力发展有利于降低能耗、减少排放的新能源和节能环保产业,为促进上海乃至全国低碳发展提供装备、技术和服务支撑。

4. 着力增加森林碳汇

加强生态功能建设,不断提高绿化覆盖率,进一步改善绿化植被结构,健

全景观生态格局,完善城乡一体化的绿地系统,使生态布局合理,增加森林碳汇,打造"绿色浦东、生态浦东、宜居浦东"。

(七) 以深化浦东综合配套改革为抓手,加快优化区域发展环境

1. 继续推进行政管理制度改革

按照"精简、扁平、高效"的原则,深化和完善"小政府、大社会"的行政管理模式,在坚持"两级政府、三级管理"的基础上,建立科学高效的行政层次,形成简明合理的管理幅度,力求做到基层政区规模比较适当,划分依据充分,界线明晰,政区等级与城镇规模、功能发育相适应,率先探索建立适应大区域特点、与国际通行规则接轨的新型行政管理体制。

2. 加快新型区划制度建设

积极推进大浦东区域资源整合,促进国家级开发区飞地型扩容,逐步构建以开发区为主体,以城区和郊区为依托,促进区域功能整合和联动发展的行政区域与行政组织体制,为促进大浦东地区经济社会可持续发展提供行政管理和区划的体制保障。

3. 率先建立有利于发展服务经济和提高自主创新能力的体制机制

积极争取国家在服务业和技术创新等领域的重大改革事项在浦东先行先试,着力创建国家级自由贸易区、国家航运综合试验区、国家服务业综合改革试点先行区、离岸贸易示范区、国家自主创新示范区。

4. 全面推进政府审批体制改革

坚决实施行政审批与行政收费的分离。按照"市场机制作用"和"弥补市场失灵"的原则,清理和调整现有的行政审批事项和行政收费项目,引入备案制、准入制、项目评估制、许可拍卖制等多种手段,替代目前单一的行政审批方式。同时,积极完善"一门式"审批服务,进一步提高行政审批项目的公开性和透明度,放低服务业行政审批权,简化行政审批程序。

5. 积极探索社会管理新形式

激励企事业单位、社会组织和全体市民积极参与社会管理,构建政府主导下多部门、多元主体协同参与的社会管理新结构,推动政府社会管理重心下沉,充分发挥城市社区中企事业单位、社会组织和市民社会管理作用,鼓励社

区自治管理,推动和谐社区建设。同时,激发社会组织参与社会建设的积极性,加快建立参与社区社会管理的各类社会组织,加强向社会组织购买公共服务的力度和广度。

(八)以转变土地利用方式为抓手,加快推动可持续发展

1. 促进土地循环利用

按照"控制总量、保持流量、减少增量、用活存量"的基本思路,大力提高存量土地的利用效率,促进土地循环利用。鼓励郊区存量建设用地的拆旧复垦,优化农业用地形态,强化综合功能。运用城乡用地增减挂钩的方式,积极盘活存量土地资源。引导使用未利用地和废弃地,积极实施土地整治,分阶段盘活城镇闲置地、空闲地,挖掘土地利用潜力,扩展城市建设空间。

2. 提高建设用地利用水平

调整、完善开发区土地政策,建立存量用地集约利用和增量用地"挂钩"机制,鼓励土地二次开发和节约、集约利用,提高开发区地均产出水平。系统整治农村低效利用和空闲的建设用地,防止农村建设用地无序蔓延,按城乡统筹的要求优化用地布局,加强城乡用地互动和增减挂钩,促进各类用地布局合理。

3. 打造品牌开发区的市外飞地

鼓励品牌开发区跨区域联动开发,推动工业园区向综合服务功能转变,鼓励政企联手、区区联手、区企联手在长三角和非洲、东盟、中亚、南美打造产业延伸区,形成"区外扩区、市外设区、海外建区"的产业发展模式,通过资本要素流动、产业集群打造、品牌管理辐射,逐步在市外建立与浦东城市功能相适应、产业体系相配套、土地占用空间大的产业基地,突破土地资源约束的瓶颈,促进产业有序转移,实现飞地型扩容,打造若干个浦东新区在市外的经济飞地和创新成果转化扩散基地,扩大先进制造业发展的新空间。

(执笔:高 骞 王 丹 王 伟 刘学华)

专题二 黄浦区"十二五"发展规划思路研究

一、黄浦区"十一五"经济社会发展回顾

自"十一五"开局以来,黄浦区上下按照学习实践科学发展观、构建社会主义和谐社会的要求,继续解放思想,坚持开拓创新,紧紧抓住上海"四个中心"建设、2010年世博会等重大历史机遇,以建设"经典黄浦"为目标,围绕"繁荣繁华,文明和谐"的工作主线,突出经济发展、动拆迁和维稳工作三大重点,扎实有效地推进各项工作,保持了全区经济社会健康协调的发展态势,全面完成了"十一五"规划确定的各项主要任务。

(一) 经济综合实力迈上新台阶

"十一五"以来,黄浦区经济保持了平稳快速发展。2006—2010年,黄浦地区生产总值增长61.6%,年均递增9.9%。2010年实现地区生产总值787.20亿元,占全市生产总值达5.88%。其中,第三产业增加值从"十五"期末的101.35亿元提升到744.95亿元,占全区生产总值的比重为94.6%。2010年完成财政总收入158.18亿元,区级财政收入64.36亿元,分别比"十五"期末增长89.91%与66.39%(见图3.1)。

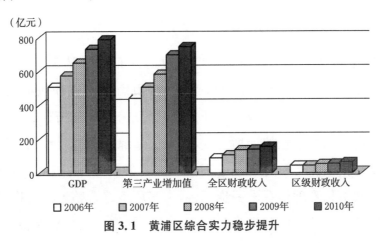

图3.1 黄浦区综合实力稳步提升

"十一五"期间,面对复杂变化的外部经济环境,黄浦区把握全市加大建设投资与经济转型有利时机,扎实有序地推进外滩沿黄浦江发展带、南京路地区、豫园地区和世博园建设及周边地区的"一带三区"功能开发,完成世茂国际广场、宏伊国际广场、创兴金融中心、华旭国际大厦等重点楼宇项目建设。目前全区税收"亿元楼"总数已达到 12 幢,区域现代商务、商业集聚正在形成。

(二)主导产业升级凸显新成效

2006 年至今,黄浦区"五大产业"持续增长,协同效应逐渐显现。一是现代服务业快速发展,集聚优势不断加大,已成为黄浦经济发展最强的产业支撑,开始呈现引领全区经济增长的态势。"十一五"期间,黄浦区以金融、中介、航运物流和信息服务为重点的现代服务业区级税收占区级财政收入比重从 20.1% 上升到 30.3%。二是商业、旅游业、文化娱乐业发展势头良好,联动逐步深化。积极实施品牌战略,加快调整商业结构,不断扩大旅游节、文化节和购物节等各类节庆活动影响,特别是南京东路商业街、豫园商城建成全国百城万店无假货示范街,南京路国际访问者中心建设完成。三是房地产业保持稳步发展态势,招商引资取得新成效。房地产开发结构不断优化,一批中高档住宅建成启用,高档商务楼的建设步伐加快;引进了一批行业领头企业、知名跨国公司和国内龙头企业,吸引跨国公司地区总部 11 家,具有总部性质的企业10 家。

(三)城区建设管理取得新进展

一方面,在世博配套工程建设和旧区改造方面成绩显著。西藏路一期综合改造、复兴东路越江隧道等项目顺利完成,河南路拓宽和轨道交通 4 号、8号线站点建设顺利竣工。世博动迁任务全面完成,西藏路拓宽二三期、人民路越江隧道一期等工程动迁按计划完成,外滩交通综合改造工程、轨道交通 9 号线、10 号线 5 个站点及区间建设正积极推进。另一方面,城区长效管理不断加强。城区网格化管理体系进一步完善,市容环境综合整治有力推进,南京路地区市容环境"示范区域"和福建路"标杆道路"相继建成。积极整治散发小广告等城市管理顽症,加强景观灯光和户外广告管理,大力推进豫园、半淞园等市容环境示范区域的建设。加强外来人口的管理。推进信息化建设,政务网络建设实现全覆盖。

(四) 公共事业发展实现新突破

区级财政对公共事业的投入逐年增加,以推进社区卫生、文化、事务受理"三个中心"建设为重点,切实做好与群众生活密切相关的教育、卫生、文化、体育等公益性基础设施建设。一是在科技上,集成电路设计专业技术平台建设按期完成,成功创建"全国科普示范城区"。二是在教育上,围绕都市型精品教育发展方向,深入推进教育综合改革;积极落实外来务工人员子女就读全日制学校,共享受优质教育资源。三是在文化上,完成世纪广场改造等一批重点公共文化设施建设项目,逐步完成南京东路、小东门等社区文化活动中心建设。四是在卫生上,区公共卫生中心、区医保事务受理中心等建成并投入使用,区医疗综合大楼改建完成并交付使用,6 家社区卫生服务中心建成,二级医疗资源整合步伐加快。五是在体育上,成功承办 2007 年世界夏季特殊奥林匹克运动会轮滑比赛等重大体育赛事,黄浦体育中心建成并投入使用,黄浦休育馆改建工程正在抓紧施工。

(五) 社会文明和谐开创新局面

在精神文明建设方面,以指标体系为导向,凸显公民思想道德实践活动成效,通过迎世博活动展示黄浦文明形象,健全学习型社会体制机制建设,构建未成年人思想道德建设网络,推动志愿者工作长态化、制度化。在社会保障体系建设方面,增强社区服务功能,确保每年落实 11~12 件"实事项目",完善就业服务网络和救助体系,"零就业"家庭和"双困"人员就业安置率达 100%,加强以居家养老为主的老年人服务体系建设,继续扩大廉租住房配租覆盖面。在维护稳定方面,扎实推进"平安黄浦"建设,完善矛盾排查、领导包案、督查督办、初信初访和稳控劝返等机制,建立社会治安预警机制,全区刑事案件发案总量降幅大于全市平均水平,安置政策得到进一步落实,2007 年继续被评为"全国双拥模范城"。

二、黄浦区"十二五"发展阶段分析

(一) 黄浦区既往发展的历史回顾

回顾历史是判断现状和展望未来的逻辑起点。从历史上看,自上海开埠以来,黄浦地区得风气之先,在上海经济社会发展的历史进程中始终扮演了黄金增长级的角色。改革开放以来,特别是浦东开发开放以来,黄浦区的发展大致可以分为三个阶段:

1. 20世纪90年代是黄浦区抢抓机遇的先发崛起期

在这段时期内,黄浦区作为上海中心城区的核心地带,依托百年黄浦良好的经济社会发展基础和深厚的历史文化底蕴,充分利用上海浦东开发开放带来的难得外部机遇,率先进行了大规模的引资开发。黄浦区内以南京路为代表的区内商业商贸加速繁荣,一大批上海标志性的都市景观与文化设施在此期间相继建成,成为全市商业与文化的高地。同时,在资本市场、外汇市场、证券市场陆续开放的背景下,黄浦区凭借历史优势,集聚了大量的新老金融机构,与浦东陆家嘴金融贸易区遥相呼应、相辅相成。在中心城区发展竞争格局中,黄浦区取得了第一轮先发优势。

2. "十五"时期是黄浦区"撤二建一"的过渡调整期

2000年7月,原黄浦、南市两区合并组建成新的黄浦区,揭开了黄浦区发展历史上新的一页。在这段时期内,鉴于原黄浦、南市两区在人文历史传统、发展基础条件、城区面貌等方面的客观差异,城区融合改造面临的压力比较大。因此,黄浦区这段时期的发展主要着眼于新的区境内资源的布局调整与整合优化,过渡、整合、巩固成为发展的主基调。尽管仍有不少发展亮点,但整体发展步伐较前一阶段有所放慢。而与此同时,卢湾、静安两区则抓住亚洲金融危机后的经济复苏和繁荣的机遇,全力打造以高端服务业为主要内容的楼宇经济,以后发之势赢得了战略崛起。与卢湾、静安两区相比,黄浦区在这时期开始显得有所落后,但传统优势在一定程度上依然保持。

3. "十一五"时期是黄浦区奋进开拓的蓄势转型期

在"十一五"时期,特别是金融危机后,面对内外多重挑战与压力,黄浦区顺应上海发展的新形势,以呼应上海"四个中心"建设为目标,开始积极主动谋求新的战略转型。在此期间,"一带三区"建设与功能开发区开发取得明显进展,现代商务集聚逐步成型,与陆家嘴金融城共同组成的上海国际大都市中央商务区(CBD)核心区呼之欲出。金融、贸易、航运等产业联动效应日益明显,现代服务业取得较大发展。同时,以世博会为契机,黄浦区全力推进世博配套工程建设和旧区改造,城市面貌和城区管理水平得到提升。但在"十一五"期间,上海城市基础设施不断完善,各类资源要素逐渐在更大范围内流动,新的区域发展焦点不断涌现,各区间对于资源的竞争日益激烈。作为先发地区,黄浦区的土地资源与增长空间日益局促,加上老城区长期沉积的历史矛盾与上一轮发展侧重"点上开发"、"舍难就易"的局限,其区域发展整体环境被周边地区迅速赶超,资源要素的向心力与辐射力进一步被静安、卢湾、徐汇等区分解。近年来,黄浦区 GDP 增速在全市排名靠后,始终落后于静安、卢湾两区,且平均增速低于上海全市水平(见图 3.2),经济增长在一定程度上已显现出落后和后续乏力的态势。

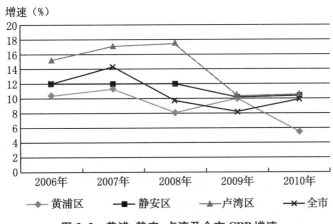

图 3.2 黄浦、静安、卢湾及全市 GDP 增速

在此消彼长的情况下,黄浦区长期以来具有传统优势的商务、商业、文化、居住等功能,近年来已逐渐出现被分解、稀释、弱化的倾向。具体表现为四个方面:

（1）高端商务功能相对偏弱。

黄浦区处在上海十字轴线商务带的轴心地带，商务功能也历来是黄浦区的核心功能之一，但由于历史、规划等特殊因素，点上的局部商务功能开发未能及时向成片规划、成片开发转换，导致区内优质商务楼宇布局散落夹杂于"危棚简屋"之中，不但集聚程度不高，且周边整体环境质量较差，难以形成商务功能高度集聚的规模化地标区域。与同属十字轴线商务带的陆家嘴金融功能区、南京西路专业服务商务区、淮海中路国际时尚商务区相比，差距尤为明显。同时，黄浦区存量商务载体的设施能力与高端商务需求尚不匹配。全区房龄在10～20年的次新商务楼占全部商务楼总量的50%，这些楼宇多数为中低档综合性商务楼，物业管理水平较低，商务配套与支援功能不够完善，与国内外知名大企业的商务使用需求相比有较大差距。

（2）整体商业能级提升较慢。

商业是黄浦区传统的优势产业，但近年来商业发展空间已日益饱和。对比静安、卢湾、徐汇三区，2000—2010年，其社会商品零售总额分别增长309%、150%和140%，而黄浦区仅增长38%，能级提升缓慢。一是商业国际化程度偏低。全区国际品牌在400个左右，且分布较为分散，而静安区仅南京西路沿线便集聚了国际品牌740个。二是商业吸引力开始减弱。在黄浦的传统商业的品牌经营理念更新较慢，消费时尚感较低的特点比较明显，商业吸引力不高。三是营商环境欠佳。受规划影响，区内的高档商业设施周边与之匹配的商业服务业配套相对缺乏，业态功能不够完整。同时，进出交通、车辆停泊不便，城市管理顽症不绝，对商业环境造成较大负面影响。

（3）城市文化挖掘深度欠缺。

黄浦区具有独一无二的深厚历史文化底蕴，属于中心城区的文化"富矿"地带。但近年来，这些文化瑰宝多数尚处在浅层次利用阶段，其价值还没有被充分挖掘。外滩历史风貌地区的文化符号、文化资源的梳理、挖掘等尚不深入，环人民广场地区文化产业的资源整合与联动亟待拓展，大世界、工人文化宫等以往的文化标志设施有待进一步激活。同时，与纽约、伦敦、东京等全球城市的核心CBD地区相比，代表现代CBD发展趋势的融文化、休闲、娱乐、旅游及商务、商业等为一体的多元化混合型城市空间目前尚未在黄浦区形成。

文化设施、文化元素在商务、商业中的嵌入整合还不够。

（4）生活居住功能逐渐退化。

生活居住是城市的重要基本功能。近年来，尽管黄浦区在城市建设方面花了较大力气，但受多方面因素影响，黄浦区的人居环境品质不佳，生活居住功能逐渐在弱化。主要体现在两个方面：一是存在大面积的旧区。截至"十一五"期末，黄浦区尚需改造的二级旧里及以下房屋约 125 万平方米，需拆除旧房总量约 400 万平方米，在中心城区仅次于杨浦、虹口两区，旧区改造任务相当繁重。区域内特别是南部老城厢地区人居环境的老旧、残破、脏乱的形象，已经越来越和区内高档的商务、商业环境格格不入。二是社会事业和生活配套服务不足。黄浦区内社会事业资源从总量上看数量不少，但由于人口老龄化、布局不均衡等因素，卫生等社会资源的供给压力日益明显。在生活配套服务方面，南部地区的社区商业较为单薄。

(二) "十二五"时期是黄浦区实现新一轮崛起的起步期

从国内外城市发展进程和规律来看，由于城市圈层式发展和后发赶超等因素影响，处在城市内核的中心地区往往会经历"率先起飞→繁荣繁华→功能弱化→二次提升"的发展变迁。对照黄浦区发展历程和目前现状来看，当前黄浦区正好处在克服商务、商业、文化、居住功能弱化，谋求新一轮发展提升的重要历史关口。因此，"十二五"期间，是黄浦区承接"十一五"以来蓄势转型的基础，打造中心城区高尚地段功能新优势的重要历史时期，是黄浦区在上海全市转型发展格局中实现新一轮战略崛起的起步期。这一阶段的具体内涵特征为：

1. 服务经济的深化提升期

从发展趋势来看，目前黄浦区的第三产业增加值占 GDP 比重已达到 90%，经济服务化的格局已十分明显。"十二五"期间，随着《国务院关于推进上海加快发展现代服务业和先进制造业建设国际金融中心和国际航运中心的意见》的加快推进落实，上海的国际金融、航运、贸易功能将迎来新一轮的跨越提升，为黄浦区进一步提升服务经济能级提供了良好的外部条件。从发展要求来看，为了在中心城区的竞争中再次崛起，黄浦区也必须在"十二五"期间全力做强高端商务功能,努力提升商业能级,扭转上述两大功能弱化的不利局面,推动区域经济形态向更深层次和更高水平的服务经济转变。从发展条件来看,在"十一五"期末,作为区内服务经济重要支撑的外滩金融集聚带的战略定位已达成多方共识,组织、规划、政策等保障体系都已初步建成,在"十二五"期间将进入实质性建设阶段。

2. 城区形象的改善塑造期

城区形象和区域环境品质是市场经济条件下决定各类资源要素流动指向的重要因素。未来一段时期内,上海国际金融中心、航运中心和贸易中心建设的进程将进一步加快,面对有限的人力资源、实体资源和信息资源等要素,各区之间的竞争将更加激烈,这对于黄浦区城区形象的改善提出了更为紧迫的要求。为此,"十二五"期间,黄浦区必须克服城区形象改善相对滞后的缺陷,活用和"放大"世博会城区建设管理的经验和机制,在旧区改造、城市建设(包括交通网络、停车场所、公共绿地建设)、城市管理方面力求有突破性的改善,树立现代、舒适、便捷、宜居的城区形象,营造吸引高端产业、高端人才的良好环境,为区域内商务、商业、文化、居住等基本功能的提升、强化提供支撑。

3. 文化内涵的挖掘建设期

当今时代,文化是体现综合竞争实力的重要方面,区际竞争越来越倚重于文化软环境。这就要求黄浦区在"十二五"期间,加大对于区内众多文化资源的培育、梳理、整合与深度开发,进一步深化对黄浦都市文化内涵的挖掘和演绎,在区域竞争中彰显其文化个性与特色。同时,"十二五"期间也是黄浦区向更高收入水平迈进的重要阶段,历史经验表明,这一时期内居民的文化消费能力将大幅提升,文化消费意识将显著增强,对文化生活数量和质量的要求也日益提高。因此,黄浦区也必须在"十二五"期间积极回应居民的文化诉求,努力满足居民日益个性化的文化产品与服务需求。打造能够承载文化、休闲、娱乐、旅游等功能的多元化混合型城市空间,促进文化大繁荣大发展。

4. 社会发展的协调推进期

当前,黄浦区在人均 GDP 达到 1 万美元的高位后,社会发展相对滞后的矛盾已日益突出。"十二五"期间,随着经济发展水平的进一步提升,人民群众对于社会民生的需求将更趋多元化和个性化,一些长期积累的社会矛盾将逐次显现,这些都对加强社会建设和管理、促进社会全面协调发展提出了更高要求。为此,"十二五"期间,黄浦区必须在经济保持平稳较快发展的基础上,更加注重社会发展和改善民生,着力解决以居住、就业、社会保障等为焦点的群众最关心、最迫切需要解决的现实利益问题。同时,充分利用"十二五"期间世博效应持续释放的有利条件,积极探索与国际化接轨的社会管理新方式,带动黄浦区社会建设和管理水平的全面提升,塑造高品质、和谐的生活居住环境。

5. 动力机制的调整转换期

根据对区域发展模式的归纳总结,一个地区的发展一般要经历要素驱动、投资驱动、创新驱动和财富驱动四个阶段。从发展趋势来看,"十二五"期间,黄浦区面临着土地资源紧缺等瓶颈,依靠传统的投资驱动的发展模式已难以为继,转变经济增长模式、提升创新动力已势在必行。同时从发展条件来看,黄浦区作为中心城区,原本基础设施条件较好,高新技术产业和知识服务业也有一定的比较优势,因此在"十二五"时期完全有条件通过广泛集聚科技资源,运用前沿技术创新产品,提高服务能力,培育新的竞争优势,从而为区域经济社会发展提供新的有力支撑。

三、黄浦区"十二五"发展思路与目标

(一) 黄浦区"十二五"发展主线

"十二五"期间,黄浦区要扭转增长乏力、负累较重的不利局面,必须把"提升城区综合功能,推进城区新一轮崛起"作为引领全区、贯穿始终的新的发展主线。这一发展主线是黄浦区在新环境新形势下实现新一轮崛起的战略选择,符合多方面的要求:

一是对接了上海城市转型发展的目标要求。"十二五"期间是上海经济、社会、城市功能的重要转型时期,发展方式将由依靠土地、能源、低技术含量等传统要素驱动进一步转向依靠服务功能和创新能力驱动。因此,对黄浦区而言,城区综合功能的提升,实质上就是黄浦区根据全市的这一要求,实现发展方式的大转变、经济结构的大调整、文化社会事业的大繁荣,在上海这一国际大都市的核心区域实现"二次现代化",这对于整个上海的全面转型意义重大。

二是顺应了黄浦区克服当前主要矛盾的自身需要。从上述分析可以看到,在目前阶段,黄浦区存在的最大问题即传统优势功能的稀释和弱化。因此,对黄浦区而言,必须加强对现有资源要素的梳理重组,进一步加大对于历史遗留问题和顽疾的治理,打造有利于提升城区综合功能的良好环境。

三是体现了对黄浦区"十一五"规划主线的继承和发展。"十一五"期间,黄浦区提出了"繁荣繁华、文明和谐"的发展主线,体现了打造现代化国际大都市服务水平和核心功能区的目标指向。"提升城区综合功能"的新发展主线是对上述内容的进一步深化和扬弃,这一主线强调通过城区综合功能的完善和提升,构建更高水平繁荣、和谐的现代化城区的发展思路。

在"提升城区综合功能"主线下,黄浦区在"十二五"期间应紧跟上海全面转型的步伐,充分发挥地理位置优越、产业基础扎实、文化内涵丰厚、社会配套相对完善等优势,广聚人才、资金、信息等各类资源,提高要素集约化程度,在高层次、高密度的经济社会发展中占领面对世界、辐射全国的"制高点",不断增强自身的吸引力、聚集力与辐射力,着重提升四大功能:

(1)提升高端商务功能。围绕外滩金融聚集带建设,以整个外滩地区历史建筑为载体,打造历史风貌商务区,吸引以金融领域为主,以及航运、贸易等领域有实力的大型企业总部入驻,提高企业集聚度和联动力,注重培育商务中枢功能,突出知识型、信息型、综合型的特色,成为在上海、长三角、全国独树一帜的高端商务中心,成为上海国际金融中心、航运中心和贸易中心的重要商务平台。

(2)提升综合商贸功能。完善以南京路步行街为核心的外滩现代商贸核心圈,提升以豫园商圈为代表的传统商业圈的能级,加大核心商业街附近特色专业支马路的开发,满足不同人群不同类型的需求,构筑全方位立体式的商贸网络。大力扶持中高档消费业态,实现主流产品的错位竞争,尝试通过设立免税店等形式打造价格优势,充分发挥中西合璧的魅力,既要作为国际品牌的荟萃之地,又要建立国货精品走向世界的平台。

(3)提升文化娱乐功能。依托人民广场行政文化中心、大世界等资源优势,对各类公共文化场馆及配套设施进行改造升级,提升整体服务能级,构建黄浦文化休闲娱乐集聚带,形成上海顶尖的文化娱乐中心。深度挖掘区内各类文化资源,重塑、再现上海的城市经典文化记忆,集中展示融中西传统文化与现代都市文化为一体的海派文化的韵味内涵,促进文化元素向商务、商贸嵌入融合,形成多样性功能空间。

(4)提升特色居住功能。对历史建筑中的民居,以保持历史风貌、维护建筑特色为原则,逐步改变以低收入阶层和外来人口为主的现有居住者结构,尝试转做主题型高端公寓住宅。对旧区改造应摒弃"清理—重建"的传统开发模式,强调"以人为本、改善民生"的城市更新理念,追求现代社区的综合发展。同时,以所有常住人口为覆盖范围,夯实市政配套建设基础,改善公共服务质量,将较高的生活品质和幸福指数作为"住在黄浦"的突出优势。

(二)黄浦区"十二五"发展目标

综合考虑黄浦区未来的发展环境、基础条件和发展阶段特点,结合上海城市发展转型的总体要求,黄浦区未来应当以建设功能能级强大、资源要素集聚、城区形象典雅、文化内涵丰富的多功能现代 CBD 城区为远景目标,努力成为充分展示上海实力、体现上海全球城市建设水平的示范城区。具体包括"四大分目标":

一是高端特色的国际商务区。以金融业和航运服务业为产业导向,以黄浦区内成片的近现代历史风貌建筑和现代化顶级商务楼为特色载体,以餐饮、娱乐、休闲、公共服务等全面的社会配套为支撑,集聚国内外一流企业尤其是金融行业的机构总部,形成具有区域资源配置能力的高端国际商务中心。

二是国际知名的购物天堂。以"远东繁华的商业贸易中心和时尚名城"为目标,集中体现"全面购物体验"、"高品质和差异化商品"、"世界名品保税销售"、"优质中国品牌集成"等特色,构建汇聚自然人文环境、时尚都市风光、休闲娱乐创意等众多元素的,国际国内中高档优质消费品集聚的综合性购物目的地。

三是上海最具活力的文化集聚区。借助大量的近现代建筑空间载体,凸显大剧院、博物馆、美术馆、城市规划馆、人民广场等众多大型公共文化设施集聚的磁场效应。以传统海派民俗、近代上海风情、现代时尚都市交相辉映的区域文化为基点,树立"人文黄浦"的区域形象。

四是舒适便利的宜居城区。在居住环境上凸显地理位置、历史文化、配套服务等方面的区位优势,形成具有一流生活品质、深厚人文底蕴和优美生态景观的特色居住区域,成为各类高端人才定居上海的首选地。

"十二五"时期,黄浦区的阶段性发展目标为:

第一,基本形成以金融为核心的高端商务功能。到"十二五"期末,形成全国性、国际化的资产管理中心、资本运营中心和金融服务中心的基本功能,真正成为上海国际金融中心核心功能区。同时航运服务、专业服务、信息服务功能也进一步强化,高端商务特点凸显。

第二,基本完成"购物天堂"的功能重塑。到"十二五"期末,完成对南京路地区及豫园地区的新一轮规划调整,全面改造提升传统商业业态,积极引导其中与高档商业业态不匹配的行业退出中心商业街区;加快对新型商业业态的引进布局,大力发展创意产业,并注重内外部公共配套设施的完善和整体区域环境的提高,使传统商业中心演变成为购物、休闲、文化、旅游等多种元素有机融合的时尚综合消费场所。

第三,成为"和谐中心城区"的示范区。到"十二五"期末,社区服务功能和综合环境不断优化,形成几个以和谐和美为主题的"品牌社区";针对不同居住群体,形成各具特色的社区服务体系;探索居民自治的新实现方式,形成基层民主建设的新亮点;加强社会工作者人才队伍建设,争创全市社工队伍和志愿者队伍建设的示范点;倡导绿色消费理念,推广低碳的生活方式,率先探索节约型、生态型城区发展模式。

第四,基本建成国际文化大都市的核心功能区。完成外滩、南京路、豫园等著名文化旅游景点的更新改造和能级提升,集中建成海派文化的经典特色展示区;在苏州河沿岸、世博园区等地形成新的文化创意产业集聚区,打造时尚消费的新地标;建成全市领先的公共文化服务体系,既能够基本满足本区居民日常文化生活需求,又能够产出一批全市性、全国性和国际性的文化精品。

第五,基本形成与现代化国际大都市 CBD 城区匹配的城区环境。以老城厢南部地区为重点的旧区改造工作取得实质性进展,对老大楼等历史风貌建筑的置换和综合整治基本完成,市容环境不断优化,城区面貌呈现古典与时尚相协调的现代美感;城区物质文明、政治文明、精神文明和生态文明协调发展,居民综合素质和文明指数在中心城区中名列前茅。

四、黄浦区"十二五"发展的主要任务和举措

（一）进一步优化功能布局，拓展功能提升的空间

"十二五"期间，黄浦区应以前瞻性、系统性与科学性的眼光，在积极对接、融入上海全市发展战略的同时，确定科学合理的区域功能定位与布局，打造最适合、最优化、最有特色的区域发展格局。综合考虑黄浦区发展的各种背景与条件，"十二五"时期，黄浦区应在原有"一带三区"框架基础上积极实施"两带三区"战略布局（见图 3.3），进一步借助全市整体发展大势，明确区域发展定

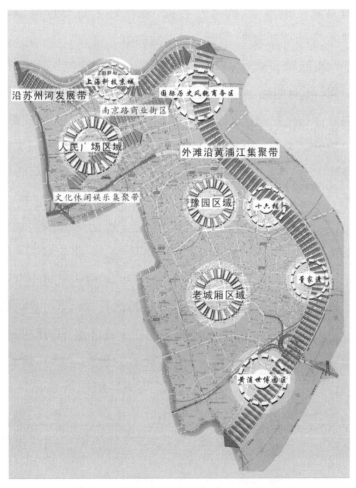

图 3.3　黄浦区"十二五"功能布局示意图

位,集聚区域资源,深度拓展功能,推动黄浦区的完美现代转型与加速发展。

1. 以打造重要节点区域为抓手,加快推动"外滩沿黄浦江集聚带"的开发

"外滩沿黄浦江集聚带"是上海最具活力的黄金水岸线,是上海中心城区"十字轴"商务格局中的核心组成部分,该条"带"的深度系统开发对于黄浦区乃至全上海的带动、辐射影响十分巨大。"十二五"期间,在"外滩金融集聚带"建设的基础上,黄浦区要树立"全域外滩"(包括世博园区段)的"一体化开发"观念,以"外滩集聚带加快带动全区发展、重要节点区域加快推动全带发展"的思路,高起点、高标准、高眼界推动"外滩沿黄浦江集聚带"的开发与打造,努力使该带成为具有突出金融集聚、高端商务商业功能的"现代服务业黄金发展带",成为上海核心 CBD 中特色鲜明、集聚规模强大的重要支柱轴。"十二五"时期,"外滩沿黄浦江集聚带"的开发建设,要抓好重要节点区域建设,以重点区域规模化开发带动周边地区综合、协调发展。

(1) 将老外滩区域打造成全球一流的"国际历史风貌商务区"。

位于苏州河、河南中路、延安东路与中山东一路之间的老外滩区域,是"外滩沿黄浦江集聚带"的关键区域,是上海核心 CBD 的重要组成部分。针对该区域内国际风貌建筑众多、历史底蕴丰厚但同时纵深规模形态欠缺、整体功能不足的现状特点,"十二五"期间,要加强该区域的总体规划与政策措施配套,以纽约曼哈顿、东京丸之内等国际大都市的中央商务区为标杆,大力发展金融、高端商务、高端商业消费等功能,突出强调点线面结合的区域规模开发,将其打造成为上海最有文化底蕴、最具国际化特色、与陆家嘴风格鲜明错位的"顶级商务区"。"十二五"时期,黄浦区要加大该区域内历史遗存的保护与再开发力度,在"新外滩"改造初现规模效果的基础上,按照上述功能定位,可先加强"北京东路—福州路"区段的整体纵深开发,通过这一"样本打造"确保"国际历史风貌商务区"从规模上出形态、出功能、出亮点。同时,通过继续加强老大楼置换、原有居住人口导出、环境整治以及交通组织等整体区域规划实施,带动周边地区的相应调整,为全面建成"国际历史风貌商务区"做好准备。

(2) 加快以"十六铺"和"董家渡"为节点的"外滩沿黄浦江集聚带"延伸地区建设。

"十二五"期间,随着上海城市向服务经济的整体转型以及中心城市功能

的日益提升,"外滩沿黄浦江带"将迎来更大的发展机遇。除老外滩地区外,"南外滩"地区必须要抓住难得的历史机遇,积极对接"国际历史风貌商务区",加快融入到全市"黄浦江现代服务业集聚带"之中。"十二五"时期,"十六铺"地区要积极打造核心CBD的延伸和补充功能,进一步加强金陵路轮渡周边地区的环境改造,深入推进"十六铺水上旅游中心"的综合性开发建设,将"十六铺"地区建设成集金融服务、总部经济、商务商业、旅游休闲等功能于一体的"核心功能延伸区"。同时,"董家渡"地区要依托高档住宅以及老码头、新码头、幸福码头等创意产业集群,积极形成支持"外滩核心功能区以及其延伸区"的服务支持高地,加强金融服务后台、文化创意、体验展示、居住生活、商业服务、高端医疗教育等服务支持功能的配置与集聚。

（3）积极推动"世博园区"（黄浦段）对"外滩沿黄浦江集聚带"的功能提升。

借助世博会契机,黄浦区世博园区已由"生地"开发为较高标准的"熟地",无论从功能、形态还是周边配套来看,已成为"外滩集聚带"中与其他部分相互呼应、相互支持的特色组成部分。"十二五"期间,黄浦区要根据全市对整个世博园区的规划与定位,允分利用世博园所塑造的特色文化空间与形态,积极发展金融、会展、文化等现代服务业,打造成黄浦乃至上海的又一极富个性的"特色功能园区",带动"外滩集聚带"的整体功能提升。

2. 积极谋划开发"沿苏州河发展带",打造黄浦区加快发展的新动力引擎

苏州河是上海的母亲河,在上海城市发展过程中一直扮演着重要角色。进入新世纪以来,"沿苏州河带"更是成为上海着力打造的三大现代服务业集聚带之一,正日益成为上海服务经济发展的重要动力主轴,区域带动作用非常明显。目前,普陀、静安、闸北、虹口等区,均已在苏州河沿岸大力打造现代服务业集聚区,要素集聚度不断增强,功能形态日益突出,沿河各区之间的连绵效果日渐显著。

但是比较而言,黄浦区沿苏州河带开发却相对滞后,目前主要以居住和散小商业为主,服务经济功能比较不足,区域环境能级相对较弱。"十二五"期间,在沿苏州河带大开发、大布局的大势之下,黄浦区要积极提出"沿苏州河带"发展战略,借势大力发展科技服务、文化创意、休闲消费等功能,打造有上

海特色的都市高新技术文化园区,改变黄浦区发展重心过于偏重东部的现状,形成"黄浦江"与"苏州河"双带拉动的均衡发展格局。由于黄浦苏州河区域发展基础相对较弱,"十二五"时期要首先制定科学合理的区域发展规划,并积极加强推进政策措施的配套。通过居住置换与散小商业导出等途径,加快北京东路、宁波路等街区功能的规模改造与提升。由于上海科技京城地段功能形态已具备相当规模,并取得较好经济效益和社会效益,"十二五"期间要以该地区作为重要启动节点区域,不断拓展高新技术孵化、科技成果转换、科研交流功能。同时,利用沿河得天独厚的滨水环境,把东部绿带改造成高品质的休憩、交往、活动场所,把西部旧里改造为极富文化品位的多功能场所,积极开拓商业零售、餐饮、娱乐、居住等多种功能。

3. 大力推动"人民广场区域"功能拓展与提升,打造上海商业与文化发展"第一高地"

涵盖南京东路街区与环人民广场的"泛人民广场区域",是上海全市的商业中心和行政文化中心,是上海最大且最富魅力的公共活动空间,是全市人员集散和公共交通的主要枢纽,一直在上海城市发展过程中具有举足轻重的地位。但是应该看到,随着上海城市的快速扩张和发展,商业商务多中心竞争的格局日益呈现,人民广场区域的优势地位受到明显挑战。"十二五"时期,黄浦区要按照"上档次、上规模、有特色"的思路,精心构筑"人民广场区域"的排他性优势,打造与国际大都市地位相匹配的上海商业与文化的"第一品牌"。

(1)重塑"百年南京路"经典形象,建设国际一流的商业街区。

南京东路,连同成都路以东范围内的南京西路东段,其长度不足 2.5 公里,却聚集了上百家现代化商厦、中华老字号商店及名特优产品商店,素有"中华商业第一街"的美誉,不仅是整个上海的名片,也是黄浦区商业经济的命脉。对南京路地区来说,百年的历史沉淀既是无可复制的历史财富,又是进一步发展的瓶颈。"十二五"时期在全市转变发展方式的大背景下,南京路地区也必须肩负起通过结构调整、功能提升,实现"促消费、保增长"的重任。面对新形势、新要求,"十二五"期间,南京路地区作为上海这座国际大都市的象征,应定位为"国际一流的商业、文化、休闲、娱乐中心",以南京东路步行街作主轴,以南北两侧的支马路作支撑,构建一张布局合理、业态丰富的现代商业街区网络,充分发挥其作为全国最具代表性的、最繁荣的零售商品集散地和商业信息汇聚地的功能作用。实现这一功能定位的关键,即是重塑"百年南京路"的经典形象。"百年南京路"的精髓在于独特的商业氛围,而这种商业氛围不是人为刻意制造出来的,是不同时期的不同商业文化相互接纳、包容和创新的结果。"十二五"期间应重点挖掘这些商业文化的现实价值,用最先进的技术和理念重新包装、展示经典的商业文化风情,体现出历史与现代交相辉映、商业与文化融为一体、经典与创新共铸辉煌,让每一个来到南京路的人,都能在感受商业氛围的同时,体味上海这座城市政治、经济、文化和社会的深刻变迁,体味百年上海的精彩纷呈和厚积薄发。

（2）大思路、规模化建设"文化休闲娱乐集聚带",打造魅力十足的"上海百老汇"。

黄浦区是上海百年文化发展传承的核心区域,文化资源悠久、丰富、密集,这是黄浦与其他区县比较的独特优势所在。"十二五"时期黄浦区应该充分利用自身资源,通过在市中心建设上海首条"文化休闲娱乐集聚带",形成"百老汇"式的、代表上海国际大都市水平的文化高地,以此大幅提升黄浦区的城市功能与城市形象。根据区内实际文化资源分布状况,建议以人民大道—福州路文化街为轴,在南京东路、金陵路、成都北路和河南中路之间的区域,全力打造这条填补上海空白的"文化休闲娱乐集聚带"。其中,福州路要在整合环人民广场文化资源的基础上,大力重塑文化创造、演艺与文化休闲功能。金陵路要结合上海音乐厅、大世界以及延中绿地等,打造集音乐生产、演绎、教学、音乐人集聚、乐器交易等于一体的"上海音乐走廊"。作为交通要道的西藏中路,可探索交通功能下沉地下,打造一体化的公共步行空间,促进该区域东西部文化气场的融通以及文化资源的便捷共享。参照百老汇、伦敦西区等国际文化集聚区的发展模式,积极盘活区域内既有剧场、音乐厅、演艺中心、美术馆以及博物馆等文化娱乐设施,通过内部培育与外来引进等多种措施,进一步加大国内外各种文化娱乐资源（设施、人才、项目、中介等）的集聚。促进"大世界"等著名品牌的现代转型与深度开发,加强与"静安戏剧谷"的呼应与联动,争取快速形成集聚效应与规模效应。同时,积极促进高雅、时尚、通俗等多种形式文化的融合,为不同层次文化提供合理生存空间,通过合理定位与精心规划,积极进行资源重组和配套,形成生机勃勃、适合不同文化消费群体的"文化规模与文化气场",形成上海乃至中国文化娱乐业的集聚与辐射高地。

4. 加快"豫园区域"外圈开发,建设老城厢北部的商旅文联动示范区

老城厢北部的豫园地区是有几百年历史积淀的传统风貌区,区内拥有丰富而独特的建筑文化、宗教文化、民间艺术等资源,既是上海中心城区的著名旅游景点,又是黄浦商业经济的重要支柱。目前,根据《老城厢历史文化风貌区详细规划》,在黄浦区政府的大力推动下,豫园地区内圈和中圈的开发建设已基本初具形态。

"十二五"时期,豫园地区要深入挖掘区内商旅文化资源的精华,通过创新组织设计加以宣传推广,充分释放这些资源的能量,在定位为"商旅文联动示范区"的基础上,以历史文化为魂,以商业旅游为体,以传统建筑为貌,将现代娱乐休闲方式和生活消费需求与深厚的传统文化底蕴有机融合。其中,旅游业能够引入具有相当消费能力的人群,提供商业零售、文化娱乐等产业发展的长久驱动力;商业能够丰富旅游项目内容,满足现实的消费需求,支持旅游和文化发展;文化能给旅游和商业注入精神内涵,体现独特性,提高其体验的附加值。

"十二五"期间豫园地区重点是要加快"外圈"开发,整个区域多设置绿化和开放空间,与周边商业区、商务区和居住区形成紧密联系,特别是要注意东部与外滩金融集聚带十六铺地区的建设联动。改造方浜路及其周边建筑设施,打开老城厢与南外滩的通道,方便两地之间的车辆和步行联系,增加十六铺外滩与老城厢地区的相互可视度,开发轮渡线的观光旅游功能。

5. 进一步增强老城厢南部的居住生活功能,建设社会主义和谐示范居住区

老城厢南部地区有大量成片的旧式住宅,对这一片的改造一直是黄浦区努力推进的主要工作。重塑老城厢南片的居住功能,关键在于改善、整合目前混杂的居住空间结构,妥善处理好两个关系:一是旧民居保护与现代化社区建设的关系,二是历史风貌保护与居民生活条件改善的关系。

对位于传统风貌区内、有比较明显的社会网络、建筑保留较好的有机构成型街巷,应充分挖掘历史文化价值,再现其特有的历史文化魅力,规划低容积

率、高标准、环境优雅的特色民居,通过拆除违章建筑,置换建筑底层,增加公建配套设施,改善住宅外观,优化居住环境。

对不在传统风貌区内、社会结构形态复杂松散、建筑质量低劣的混合衍生型居住区,应按照现代化的居住理念重新进行规划,重新营造与中心城区的地段价值相适应的高档住宅群,外迁现有居民,统筹布局各种配套设施,通过先期改善环境,全面提高住宅品位和吸引力,建设舒适便捷的高品质社区。

(二) 加快发展以金融为核心的现代服务业,强化功能提升的支撑

"十二五"期间,黄浦区要依托国家和全市战略,大力发展金融、商业、旅游、文化等现代服务业,形成与国际大都市核心区地位相适应的产业能级,形成与陆家嘴地区错位互补、协同发展的产业态势。

1. 金融业:着力开展特色金融服务,深入推进外滩金融集聚带建设

"十二五"期间,黄浦区金融业的发展应该充分利用"老上海"金融中心的传统优势,争取用足与浦东相同待遇的政策效应,以全国性、国际化的资产管理中心、资本运营中心和金融服务中心为核心,与陆家嘴地区错位互补、协调发展,努力把金融业打造成为黄浦区具备核心竞争力的优势主导产业,形成辐射、带动、服务上海、全国乃至国际经济的能力。

(1) 大力发展特色金融、专业金融业务。

以历史风貌商务区为主要载体,重点发展风险管理、OTC 业务、小额信贷、公司理财等特色金融服务;依托航运物流企业相对集中的优势,吸引船舶交易、航线配置、海事保险等高端航运金融服务机构入驻,发展与配置全球航运资源能力相适应的专业金融业务;利用上海清算所落户黄浦的便利条件,在上海国际金融中心建设的政策扶持下,争取吸引更多内外资金融机构在黄浦区开展本外币的经营活动;抓住高新技术产业迅速发展的机遇,促进风险融资推广和风险资本市场的建立,尽快发展综合性的资产管理、资本运营业务。

(2) 积极推进金融创新。

大力发展信托公司、金融租赁公司、基金公司、财务公司、担保公司等非银行金融机构;加快引进国内外著名的评估公司、经纪公司、咨询公司、会计师事务所、律师事务所等社会中介机构,推动我国独立的中介评估体系建立;鼓励

区内大量的国资企业和其他中小企业与国内外金融机构开展多样化联合与合作,支持银企探索多样化联合和合作方式。

（3）注重发展金融配套服务。

依托世博园区,形成为金融产业配套的公共服务、行业服务和产业服务功能。吸引金融产品研发机构、金融数据处理机构、行业协会等各类公共服务平台入驻,重点发展与金融相关的信息交易产业,尝试创建国际性的金融信息平台、金融研究平台和金融人才平台,成为上海、长三角和全国经济发展的重要支撑点。

2. 商贸业:以国际著名商街为标杆,形成主干道与支马路梯度合理的精品商圈

目前黄浦区整体商业业态布局还不尽合理,"十二五"期间,要进一步发挥商业对区域经济的带动力和支撑力,就必须在挖掘利用好百年积淀的商业资源的基础上,以国际著名商街为标杆,深化黄浦商业的结构调整。

（1）进一步增强主干道品牌业态的精致度和丰富度。

以南京路步行街为重点,扩大精品百货和旗舰型专卖的数量和规模;提高商业业态中高档和特色品牌、珠宝及高档礼品的比例;保持合理的品牌重复率和商品同类性,不断丰富商品供应种类;注重商业配套的品质和特色,尤其是增加国内老字号品牌和国际知名品牌,吸引规模型特色餐饮配套。

（2）全面推进支马路个性化、特色化商业资源的开发。

专业特色的支马路开发能够更有效地聚集人气,对主干道商业能级的提升可起到有力的支撑作用。南京路、西藏路等主干道附近的支马路可积极与主干道商业配套、衔接、互动,可尝试集聚发展个性化、创意型的一些特色服务业,配套发展特色的餐饮、休闲娱乐、文化等生活性服务业,成为与主干道相互支撑的现代化的商业街区。

（3）提升以豫园商圈为代表的传统商业的能级。

围绕豫园传统的、民族的商品特色,进一步提升商品的文化内涵,拓展商品范围,配套发展餐饮娱乐等配套服务,同时处理好内圈与外圈的关系,整合环境,形成商旅文紧密结合的特色商圈。

（4）开发老城厢地区和世博园区的社区商业服务。

利用老城厢居住片区改造和世博园区向国际社区转型的契机,加快完善

老西门、半淞园等地区现有商业的综合配套,在布局一定中高层次商业业态的基础上,大力发展便捷、人性化的社区商业服务,形成具有现代生活气息的社区商业网络。

3. 旅游业:与文化融合,与商业联动,发展新型体验经济

旅游业是能够将黄浦区的商贸和文化产业连接发展的重要纽带,它可以将区内别具风情的建筑群落、历史悠久的海派文化、品牌特色的产品服务等综合要素有效串联起来,构成黄浦独一无二的竞争优势,成为转变经济增长方式新的突破口。

(1) 开发精品旅游套餐,展示"海派经典"与"海派时尚"。

引导具备优质旅游资源的地区建设旅游文化名街、名点,整合南京路步行街、人民广场、老城厢、外滩、世博园和黄浦江等地区的老城厢明清建筑、近代史迹、爱国主义教育基地、宗教设施等旅游资源,形成不同旅游元素组合,设计区别于其他中心城区的商业文化、传统文化、红色文化等旅游线路,打造具有品牌特色的文化旅游。

(2) 打造高品质的旅游节庆演艺产品。

进一步整合节庆演艺资源,深入挖掘历史脉络,放大现有品牌效应,利用非物质文化遗产的优势,开发旅游节庆演艺产品,避免陷入目前诸多旅游节庆演艺产品普遍内容雷同或质量不高的误区。

(3) 率先创新都市旅游方式,提高旅游服务质量。

在完善基础设施改造的基础上,依托现代通信产业发展,引入现代经营理念和手段,为传统休闲旅游业发展注入新元素,发展网络旅游等新型业态,提升旅游产品的科技含量和经济效益,全面突出体验经济的特点。

(4) 注意避免因旅游组织无序而破坏高档商务区的综合环境。

将观光旅游入口与高档商务区的核心地段错开,合理引导和疏散旅游车流、人流,避免旅游功能与商务商业功能的冲突,为黄浦区整体形象的改善创造有利的外部环境。

4. 文化产业:挖掘历史传统价值,打造时尚创意中心

(1) 大力发展外滩金融文化。

将外滩金融文化这一品牌的内涵作深入地挖掘和梳理,并将其表象化、符

号化,作为黄浦区文化产业发展的一大亮点。结合外滩滨水区景观改造,建设外滩金融广场新标志,广泛征集设计专门的 LOGO,拓展"外滩金融"的文化品牌效应。在外滩地区选择合适的地址,积极吸引上海证交所在黄浦区建立"上海证券博物馆",恢复外滩历史陈列馆,积极筹建"金融博物馆"。通过这一系列的举措,进一步传承外滩金融业的历史文脉,丰富商务、商业、旅游业发展的内涵。

(2)提升改造娱乐休闲业。

进一步增强与商务、商业、旅游业之间的互动联系,对南京路、豫园等商业街区中现有娱乐休闲产业进行功能提升和更新改造,进一步将其与办公、购物、观光等活动有机融合。以福州路文化街为核心,重点建设一片步行休闲街区,并与大世界、人民公园、音乐厅、美术馆和大光明影院等文化元素勾连起来,形成集书籍、古玩、文具、音乐(戏曲)等为一体,综合性的高品位、高水准、特色鲜明的文化产业街区。

(3)不断扩大时尚创意产业比例。

在加快建设以科技京城为主体电子商务基地的基础上,全面推动北京路生产资料市场和苏州河沿岸老仓库搬迁改造,发展苏州河沿岸时尚创意产业带,将科技、会展、商务、培训、休闲等要素结合在一起,与黄浦江两岸世博园后续开发利用相呼应,形成新的文化产业增长点。

5. 房地产业:开发和改善并重,创建特色商务区和宜居城区

"十二五"期间,黄浦区要根据"开发和改善并重"的思路,以保障民生和支持区内其他产业发展为主要目的,针对区内不同地块的特点,采取不同的开发办法,完善动拆迁补偿政策,拓宽房地产市场融资渠道,保持全区房地产业健康发展。

(1)北部片区以保护性改造为主,有力支撑历史风貌商务区建设。

深入发掘整合各类老旧存量房产的潜在资源,从统一规划、整体开发、功能置换、设施改造、品质提升和环境改善等方面着手,创新 REITS 等投融资渠道,重点吸引大型国资和国际知名企业等有实力的机构入驻或持有,通过对片区内集中存在的老大楼等建筑群落的有效经营,发展更高层级的楼宇经济。

(2)南部片区以拆迁再开发为主,发展高档特色居住社区。

依托世博园区建设,加快高品质成套商品住宅开发,充分发挥地理位置优

势,突出生态型、国际化新型社区的特色亮点,吸引国内国际高端人才集聚在黄浦工作生活。

(三)加快推进"旧区改造",破解制约功能提升的瓶颈

黄浦区是上海市旧区规模庞大且密集的一个区。尽管近几年旧区改造力度很大,但区内仍有大面积的旧区存在。随着时代社会的剧烈变迁,这些旧区已难以适应黄浦快速发展的步伐,甚至成为制约黄浦城市功能充分发挥与提升的突出瓶颈。可以说,黄浦区城市转型中的诸多困难都与"旧区改造"这一难题直接相关,"旧区改造"已成为能否盘活黄浦战略全局的要害问题。"十二五"时期黄浦区欲实现更高跨越,必须要在"旧区改造"上实现重大突破。

1. 根据区域功能定位重新调整全区的"旧区改造规划",确保旧区改造的科学性、合理性与有效性

近些年来,黄浦区一直在努力推动旧区改造,也取得了明显成效,但是许多区域仍呈现为"旧区"与"新区"犬牙交错。导致这种情况的一个重要因素就是上一轮旧区改造大多是容易改造的单个项目或单个地块,以致区域整体面貌难以有效改变,从而直接影响到区域整体环境和区域功能的提升。因此,"十二五"时期,黄浦区应该根据前述区域功能布局调整全区的旧区改造规划,使旧区改造与区域功能开发有机地结合起来。要围绕改善区域整体环境、提升区域综合功能的目标,坚持"整体规划、逐片改造"的原则,明确"十二五"期间黄浦区旧改整体目标、分阶段目标、重点区域与时间节点等,以扎实快速推进黄浦区旧改实现大突破。切忌在区域内仍然按照"先易后难"的思路选择容易改造地块优先改造,而应根据功能片区功能开发的顺序逐片、成片推进。同时要坚持"保护与开发"相结合的原则,对于具有历史保护价值的大楼或老城厢,应在保护中开发。并且要妥善处理好"十二五"期间尚不能纳入改造计划的旧区居民的基本生活与周边区域发展的关系,既要保证这些旧区居民的基本正常生活,又要使这些旧区不影响周边区域整体环境和区域功能的提升。

2. 继续大力推进"老大楼及所在区域"的保护、置换与改造,积极打造黄浦区的排他性竞争优势与亮点

具有典型西方文明风格的老大楼,是黄浦区乃至全上海的一大特色,是外

滩沿黄浦江集聚带中"国际历史风貌商务区"的重要载体。但是目前除沿外滩线外,大部分老大楼或被作为居民住宅,或被企事业等单位占用,其现代商务功能未得到有效开发。"十二五"时期,在黄浦城市旧区改造中必须进一步加大老大楼及所在区域的置换改造力度,使这些历史底蕴丰厚的老大楼重新焕发光彩。

(1)成片推进老大楼及所在地区的改造。

针对黄浦区老大楼改造规模化不足的现状,"十二五"时期要牢牢贯彻"成片改造,区域推进"的思路,制定区域整体改造的规划与推进计划,通盘考虑老大楼置换改造、原有居住人口的导出、交通组织体系、区域环境整治等综合内容。

(2)加快对老办公大楼的现代化改造。

对于适合商务办公的老大楼,要加大现代商务功能的改造力度。无论从外表形态还是内部结构功能改造,既要尊重历史风貌,又要适合现代商务办公。在老办公大楼现代化改造的基础上,通过合理的制度安排积极引入品牌企业总部入驻,充分发挥老办公大楼的使用价值,同时提升区域的综合环境质量。

(3)将适合居住的老大楼积极改造为高级白领公寓或个性化商务酒店。

由于老大楼所在区域的功能定位是"国际历史风貌商务区",商务人才的居住功能配套十分必要。在原有居住人口导出的基础上,可以按照高级商务区的风格特色,对适合居住的老大楼加以适当改造,或者改造为商务区高级白领的居住公寓,或者改造为个性化商务酒店,既凸显文化品位,又能发挥居住功能。

(4)进一步加大对老大楼的保护力度。

老大楼承载着丰富的历史文化内容,凝聚了特定的时空内涵,其文化价值以及对于提升城市功能的价值非常巨大,具有突出的不可替代性与不可复制性。因此,对于区内所有的老大楼,要加倍呵护,防止在新一轮城市旧区改造过程中遭到破坏。

3. 加快老城厢地区的成片开发,进一步改善人民生活

黄浦老城厢地区还存在成片的二级以下旧里,居住在这里的群众住房、生活等都存在较多困难。因此,"十二五"期间需要加大老城厢地区的旧区改造力度,通过旧改进一步改善人民生活。

（1）改造和完善有保留价值的住宅，形成历史特色建筑。

对于有保留价值的建筑，要通过置换改造予以有效利用。

（2）注重对旧区的成片改造，建设社会主义和谐新社区。

对于不具有保留价值的旧居，应加大成片开发力度，建设一批高质量的住宅小区，进一步改善区域环境，这既可安置旧改中的本地居民，又可为引入中高层次人才奠定基础。

（3）对暂时无法拆迁的旧区加强服务和管理，推进社区的和谐稳定。

"十二五"期间仍将有部分旧区无法完成改造，这部分地区要加强公共设施的改造，增强公共服务能力，对于部分过于陈旧的建筑要积极予以维修和改造，确保居住其中的居民也能逐步改善生活环境。

（四）加强城市管理，营造功能提升的综合环境

黄浦区是整个上海的"窗口、心脏和名片"，在上海的城市功能与城市形象中具有举足轻重的地位。"十二五"期间黄浦区要下大力气进行城市环境整治，以"现代文明都市"作为发展目标，在多元包容的基础上促进城区繁荣、有序与整洁，使黄浦区老而不乱，旧而不脏，努力打造与四个中心、现代国际大都市相匹配的"上海城市客厅"。

1. 加强对流动商贩的整治管理，营造良好的商业氛围

从世界其他城市的发展经验看，中小摊点、流动摊点不仅是非正规就业的重要途径，还是城市文化的重要组成部分，是都市旅游的重要观光景点，关键在于合理、科学的整治和规划。"十二五"期间，黄浦区要加强对商业摊点的综合管理。

（1）建立市场准入制。

联合工商、卫生等部门，对部分守诚信的经营者体检合格后发放从业资格证，对于使用劣质产品甚至地沟油的摊点要坚决取缔。同时，政府相关部门要加大质检抽查力度，确保人民群众食品健康。

（2）划定集中经营区域。

可在绿地、公园或广场等公共空间划出一定区域，引导流动摊点进入，实行统一管理，统一维护，配套建设厕所等公共卫生设施，在满足居民生活需求

的同时,也能形成知名的城市旅游景点。

(3)实行定点、定时经营。

对于非集中经营区域,摊点要实行定点定时经营。即在固定地点、固定时间段经营,如早点摊、晚市摊等,为周边居民生活提供服务,同时要将环境污染和居民生活的困扰降至最低。

2. 加强对市容景观环境的整治和建设,凸显黄浦经典形象

市容景观是提升城市品位重要手段,体现城市文明的重要窗口。"十二五"期间,黄浦区要加大城市景观环境建设力度,积极打造富有黄浦特色的都市市容环境。

(1)建设城市灯光新亮点,营造"夜上海"新形象。

在传统的南京路、外滩等景观带基础上,重点在历史建筑、城市新景观等建筑物上面勾画灯光带,同时将原有割裂、杂乱、品位较低的灯光进行重新规划,注重整体氛围的契合而不苛求统一。

(2)探索广告招牌管理的新模式。

一方面对于各单位前面的店招、店挂,切忌统一制作,统一风格,在制定相关标准的基础上鼓励个性、创意的招牌。另一方面,对于户外广告招牌,要增加公益性和艺术性,在市场运营的同时承担提升城市品位的社会责任。

(3)改善和打造绿色空间。

进一步增加黄浦区的绿色空间,特别是增加点状绿地和块状绿地,加快道路两旁行道树的种植,进一步推进垂直绿化、屋顶绿化和停车场绿化等特殊空间绿化。

3. 大力提升城市管理的"硬件"与"软件"水平

"十二五"期间,黄浦区要以"建管并举"为原则,全面提升城市管理的"硬件"与"软件"水平。

(1)大力推进城市管理网格化建设。

不断扩大和完善网格化管理数据库系统,完善网格化管理信息中心、监督受理中心、指挥处置中心与城市应急联动中心、各类电话热线、新闻监督、信访接待的工作联动机制,使主动发现问题和及时接受监督的机制很好地结合起来。同时,把水务、房地、市政、绿化、环卫、交通等GIS管理信息系统按统一标

准逐步纳入网格化平台。

（2）进一步加强城市管理队伍建设。

城管队伍素质直接决定城市管理水平高低。一方面，要引进业务能力强，法律意识敏锐的人员，切实提高"依法行政、文明执法"水平。另一方面，按照"人性服务、分类指导、差别对待、疏堵结合"的原则，根据不同工作对象与工作领域，制定工作条例，有效指导城管工作。

（3）切实加大城市管理投入力度。

城市管理是一个综合管理的大系统，其正常运行要求人员、技术、设备等基本构成要素的充分供给。要实现真正的"建管并举"，政府应当根据城市运行的实际需要，切实保障人财物的有效配置。

4. 重点强化流动人口管理水平

虽然旧区居住环境较差，但是由于紧邻市中心，房租便宜等因素，黄浦区的旧区内仍然聚集了大量低端的外来流动人口。"十二五"期间黄浦区尚无法完成全部旧改任务，因此，对于仍在旧区内居住的外来人口必须加强管理，确保城区的和谐、稳定。

（1）强化凭证租房制度，进一步摸清外来人口的基本情况。

探索建立凭借居住证租房制度，使得区政府能把握区域流动人口的基本情况。同时强化房屋出租人的备案制度，通过对加强房屋出租方的管理来并行了解流动人口的情况。

（2）加强旧区内群租查处力度。

由于旧区的居住环境和生活配套比一般居住区更差，因此旧区更要严格查处群租。

（3）进一步加强基层的管理力量。

要在社区层面成立外来人口管理的专门队伍和机构，实现外来人口管理和服务的常态化。

（五）加快社会建设，夯实功能提升的社会基础

国际大都市的发展经验表明，在经济发展到一定阶段后，必须更加注重社会发展。因此，"十二五"期间，黄浦区要以国际大都市的社会发展水平为标

杆,以建设宜居城区为目标,选择若干社会发展的薄弱点予以重点建设,确保民生持续改善、确保社会和谐稳定,使全区社会发展再上一个新台阶。

1. 进一步提高公共服务水平,满足黄浦区社会发展新要求

从上海社会发展的整体来看,黄浦区的公共服务已经处于较高水平。"十二五"期间黄浦区的主要任务是针对社会发展的自身问题和未来城市发展的新形势和新要求,有重点地强化政府公共服务建设。

(1)围绕老年人群需求,继续促进黄浦区养老服务发展。

一方面鼓励居家养老,为居家养老增加补贴和政府指导,另一方面在区外选择适当区域建立养老院,引导、鼓励老人到区外养老院养老。

(2)进一步推动公共服务下沉至居委会。

将过去建立在社区层面的社区事务受理中心、文化服务中心、卫生服务中心等公共服务延伸到居委会,真正使居民能享受到便捷的公共服务。

(3)顺应国际化趋势,努力推动公共服务与国际接轨。

公共服务不仅要能够提供多语种服务,更要在服务理念和效率上体现国际水准。

2. 围绕中高层次人才需求,引导社会力量发展高端社会服务业

(1)大力发展国际化的基础教育。

黄浦区要发挥区内优质教育资源丰富的优势,建设社会化的双语幼儿园、小学、中学,不但可以开放民营资本进入,还可以积极考虑开放外资进入。

(2)积极发展民营医疗服务业。

争取在"十二五"期内建成一到两家民营综合性高端医疗机构,形成黄浦区吸引高端精英的重要优势。同时,积极发展高端私人诊所等医疗服务机构,进一步满足市场需求。

(3)注重发展高端生活配套服务。

发展高端家政服务,建立高端家政的培训学校和就业市场,引导和培育高端家政服务公司展;发展高端配套商业服务,如销售国际品牌食品和生活用品的高档超市、便利店,以及提供高端服务的高档餐饮店、洗衣店等。

3. 鼓励和引导各种力量投入黄浦区社会建设

社会建设不单纯是政府的责任,而是需要不同群体和各种社会组织的积

极参与和共同建设。因此,"十二五"期间黄浦区的社会建设必须重视引导和鼓励各种力量共同投入。

（1）引导社区居民参与社区建设。

探索成立以居委会为核心,各种基层组织为平台,社区居民全员参加的社区管理体制,积极利用包括社区网站在内的多种方式促进社区居民参与社区建设。特别是为中高层次人才参与社会建设建立平台和机制。探索在居民委员会、街道办事处等平台为中高层次人才设立专门渠道,引导其参与辖区内的社会建设,激发他们投身社会建设的热情,促进他们能够与社区其他居民尤其是低收入阶层居民分享知识、经验和社会资本。

（2）大力促进社会组织发展。

各种社会组织是国际大都市社会建设的重要力量,社会组织提供的服务更是政府公共服务的有力补充。因此要通过政府购买、税收减免、注册便捷、资金扶持等多种方法促进社会组织发展。

五、黄浦区"十二五"发展的保障性措施

(一) 对内形成"提升城区功能"的发展共识,对外加强对黄浦新形象的宣传

"十二五"时期是黄浦区下一轮发展的关键时期,全区上下要深入宣传"提升城区功能,推动区域新一轮崛起"的发展主线,使广大干部群众认识到,城市功能弱化已经成为影响黄浦区发展的关键因素。全区上下要进一步解放思想,深入学习,围绕发展主线进一步形成工作合力。同时,要制定整体宣传策略,利用市级、国家级新闻媒体,大力宣传黄浦新形象,进一步强化"黄浦不仅浓缩上海历史,更代表上海未来"的战略形象。

(二) 加紧重大工程规划论证,形成有力的推进机制体制

针对黄浦区当前发展中遇到的各种问题,从以下几个方面入手开展论证规划。一是西藏路改造规划,即将西藏路人民广场段改造成步行街,车辆从地下通道过境,改造形成有利于文化发展的区域环境。二是支马路改造规划,即

对南京路等主干道路相邻的支马路进行商业改造,拓宽商业带范围,提升商业带品质。三是世博园区利用规划,即在世博会举办结束后对世博场馆区域的再利用规划。四是国际购物天堂规划,即综合发挥黄浦区零售、旅游、文化等产业的优势,打造国际知名购物中心。五是文化发展规划,高起点、高水平推进黄浦区文化事业与文化产业发展,为城市战略转型提供深厚文化底蕴与浓厚文化氛围。六是步行系统规划,在轨道交通密度不断增加的前提下,在人流密集的核心功能区重点研究如何设计地面、地下步行线路,既有利于避免拥堵,又有利于引导消费活动。七是旧区改造规划,围绕城区功能布局和开发,编制全区新一轮旧区改造规划,为提升城区功能服务。

(三) 推进政府职能转变

政府自身的高服务水平与高效率是黄浦区推进"城市功能重塑"的重要保障。一是加强政府职能转变。要以现代治理理念积极推进政府自身改革,建设服务、有限、透明、诚信、责任、法治政府。二是优化行政流程和效率,剥离不必要的职能和相应的行政环节,精简行政审批和行政许可,缩减冗余手续,简化和归并办事手续和事项。三是加强领导干部队伍建设。切实提高领导干部的领导、决策能力,努力提升领导干部的服务意识与水平,合理设计、改进考核激励制度。

(四) 加强联动协调,营造黄浦区下一轮发展的良好环境

"十二五"期间黄浦要进一步加强联动协调,为下一轮发展创造更加有利的环境。黄浦区要加强与相邻区共同开发、共同建设的力度,尤其是黄浦江、苏州河两岸的整体开发利用,与浦东陆家嘴共建金融中心等,要确立错位竞争、共同发展、共享收益的原则。同时,进一步加强与政府各个委办的对接,争取获得政策支持、项目支持和资金支持,尤其在旧区改造、金融集聚带建设、老大楼置换等问题上,应更加重视发挥政策聚焦的引导作用,尤其是可以争取土地政策的适当突破,试行对企业动迁的相关政策法规,试行商务楼宇"代建制"等。

（五）出台区级保障政策和措施，确保重大项目顺利推进

"十二五"期间黄浦区要发挥自身能动性，出台多种政策确保黄浦区重大项目和整体战略的有序推进。一是加大对"人才引进"的政策倾斜。积极建造"人才配售房"、人才公寓等，同时研究制定个人所得税返还等措施。二是加快出台建设国际购物天堂的配套政策。研究出台旅客购物离境退税的具体办法和离境旅客免税购物等优惠政策，出台商品质量问题政府先行赔付等购物保障政策。三是利用国资力量保障重大项目顺利推进。成立以国资为主体的产业基金和发展公司，通过购买老大楼、老洋房产权等方式，为"十二五"黄浦区重大项目推进提供保障。

（执笔：陈群民　李显波　吴也白　钱　洁

陈　方　张明海　刘学华　骆金龙）

专题三　长宁区"十二五"主导功能转型规划思路研究

20世纪90年代以来,长宁区坚持发展是第一要务,紧紧围绕"涉外经贸与商务"、"国际经贸与商务"主导功能,经过"八五"抓适应、"九五"抓发展、"十五"抓优化、"十一五"抓提升四个阶段后,初步形成了"拓展虹桥,提升功能,数字长宁,国际城区"的十六字发展方针,城区综合竞争力显著增强。展望"十二五",面对复杂多变的国际国内环境和上海经济、社会、文化、城市功能转型的新格局,长宁要抓住机遇,在"四个走在前列"奋斗目标的统领下,以"国际商务和生态宜居"为主导功能,充实内涵、创新发展,建设宜商宜居的国际城区。

一、长宁区区域发展主导功能回顾

(一) 长宁区主导功能演变历程

1."八五"至"九五"时期:主导功能成形期

"八五"后期至"九五"期间,面对总体经济效益不够理想、经济运行质量不高等突出问题,长宁发挥虹桥开发建设的有利优势,逐步形成"依托虹桥,发展长宁"的发展方针。作为全国第一个以第三产业为主导的国家级开发区,虹桥开发以经贸为立区之本、动力之源,聚焦虹桥即是聚焦涉外经贸,由此形成"涉外经贸与商务"主导功能,并以虹桥开发区建设为纽带,带动中山公园和临空地区发展,促进产业集聚、市场拓展和经济总量扩张,推动产业结构和空间布局调整。

2."十五"时期:主导功能完善期

"十五"时期,随着我国加入世贸组织,虹桥总体优势继续存在,长宁在坚持与拓展的基础上不断完善形成"依托虹桥,发展长宁,优化功能,增创优势"的发展方针,实现从单一产业向"一业特强、五业拓展"的多层次产业结构调整,从单一区域向"一条轴线、三大组团、多点发展"的综合性空间布局调整,从以形态开发为主向"形态开发与产业发展并举"的发展模式调整,继续把"涉外经贸与商务"作为长宁推进全方位开放,建设多功能、开放型、现代化城区的主导功能。

3."十一五"时期:主导功能深化提升期

在经济全球化、科技进步和国际产业转移加快的背景下,"十一五"时期长宁结合国际化程度高、商务功能集聚、数字长宁和居住环境较好等优势,提出"拓展虹桥,提升功能,数字长宁,国际城区"的发展方针,以拓展虹桥发展空间为举措,统筹三大经济组团的功能、产业和形态开发,建设虹桥涉外商务区,提升国际经贸与商务主导功能,推进现代服务业集聚发展,以功能提升带动产业能级、环境质量和公共服务水平的提高,进一步增强城区综合竞争力。

(二)长宁区主导功能演变的内在逻辑

1.坚持一条主线

长宁是上海最早拥有国际通道和国家级服务业开发区两大先发优势的中心城区,奠定了长宁发展涉外经贸的基础。20年来,长宁始终坚持涉外经贸这条主线,以虹桥开发区为核心,通过拓展区域、拓展形态、拓展功能、拓展产业,不断优化形态追求品位,聚焦楼宇提升品质,着力营造良好的国际城区环境,吸引大量国际贸易服务供应商,逐步打造成国际贸易重镇。

2.突出两大功能

长宁主导功能重点突出经贸与商务两大功能。经贸是魂,表现在长宁始终把经贸作为推动长宁发展的增长动力源泉,长期致力于贸易结构优化,健全贸易支撑和服务体系,构建沟通全球的交易网络,使之成为长宁现代服务业的核心和区域经济发展的引擎,成为长宁参与上海国际贸易中心建设的重要内容。商务是形,表现为各种商务区、园区、高品质楼宇、配套设施,是长宁承载经贸功能的载体、平台。经贸与商务相互依托,相互促进,融合发展,构建起具有较强集聚和辐射功能的中山公园次级 CBD 和虹桥涉外商务区专业 CBD,成为城区商业、商务、文化等综合功能的重要辅助,以此构筑长宁在上海发展格局中的地位。

3. 聚焦三片区域

20世纪90年代,《上海市长宁区总体规划》提出三大经济组团的产业布局;进入到新世纪后,长宁实施重点地域建设发展战略,明确三大经济组团的功能特征、产业发展重点;"十一五"期间,按照《上海加速发展现代服务业实施纲要》提出的中心城区现代服务业"三带十九区"总体布局,长宁明确重点建设虹桥涉外商务区,整合三大经济组团的功能、产业、形态和规划,使之成为上海涉外经济商务服务平台和长三角的商务服务平台。

4. 实现"四个走在前列"

"四个走在前列"既是对"四个拓展"、"四个提升"的总结与发展,也是主导功能的总体要求。"八五"以来,长宁围绕以"经贸"为核心的主导功能,大力发展第三产业,调整发展第二产业,产业结构优化和经济增长方式转变取得明显成效,现代服务业集群发展态势基本形成,涉外经贸与商务、软件与信息服务等在全市居于前列,带动了区域经济快速发展,有力地支撑了社会事业、城区环境和信息化等全面推进,提升了长宁宜商宜居国际城区品质。

二、"十二五"长宁区主导功能转型面临的机遇与挑战

(一)"十二五"主导功能转型的新机遇

"十二五"期间,随着上海人均GDP进入1万美元时代,经济增长引擎将加快从制造业向服务业转变,城市发展格局将从内向发展转向长三角深度一体化,这为长宁区主导功能转型带来新的机遇。

一是上海产业结构转型为长宁区创造了新机遇。"十二五"时期上海将积极破解制约服务经济发展的体制、机制、管制、税制以及信用、统计等多方面因素,为长宁区现代服务业集聚发展营造良好的环境。

二是"四个中心"建设为长宁区提供新动力。在国际金融方面,长宁区既可作为金融后台服务功能,支撑陆家嘴金融前台业务,也可积极承接由中央商务区转移过来的金融业务;在国际航运方面,长宁区可依托空港大力发展航运

服务业;在国际贸易方面,长宁区可依托整个长宁贸易、交通等先发优势,建成上海国际贸易中心重要承载区,同时依托虹桥综合交通枢纽积极为发展内贸提供服务。

三是"后世博"效应放大为长宁区带来了新理念。世博会是长宁区会展、旅游、酒店、科技等现代服务业快速发展的催化剂;是一次展示全球最新科技、最新理念、最新商业模式的盛会,将形成长宁区下一步发展的无形推力;同时也极大地提升了上海的国际形象,将上海提升至与纽约、东京等国际大都市齐名的地位,这是长宁国际城区建设的重要支撑。

四是虹桥商务区建设为长宁区开辟了新战场。大虹桥是未来上海发展的重要增长极,为长宁东虹桥的发展开辟了新战场。一方面,长宁区外环以外区域位于虹桥商务区的核心范围,成为虹桥商务区发展的重心;另一方面,长宁区依托虹桥综合交通枢纽,成为上海辐射长三角地区的桥头堡,极大地拓展了长宁区的经济腹地。

五是上海中心城区商务体系布局优化为长宁区CBD发展提供了新方向。中山公园、虹桥涉外商务区均处于上海商务体系"十"字轴和"申"字形交汇处上,而临空经济园区则位于"十"字轴的西延伸段上,是未来上海中心城区发展商务的重要区域。从上海CBD体系构建上来看,上海将形成"核心CBD—次级CBD—专业CBD—近郊CBD"四层级商务空间结构,通过以核心CBD为依托,打造东、西两大商务圈,其中西部商务圈以虹桥交通枢纽为中心,联动虹桥涉外商务区,偏重于实体相关经济贸易活动、服务贸易和贸易金融,面向全国引进国内大企业集团和长三角民营企业总部及各类商贸企业。

六是长三角一体化加快推进为长宁区营造了新环境。虹桥综合交通枢纽建设加快了长三角一体化进程,极大地促进了"同城化",既对未来上海商业繁华、文化繁荣形成新动力,又对基础设施配套和大型人流集散交通体系构成一定压力;跨城市交通和居住、就业将不断地推动房地产、劳动力市场走向一体化,跨城市的产业布局调整将成为城市间产业分工的主要形式。

(二)"十二五"主导功能转型的新挑战

"十二五"时期长宁区面临着相邻中心城区结构调整和功能拓展的挑战。

一方面,南面徐汇以徐家汇为中心突出文化、休闲、娱乐功能,更趋于规模化、品牌化、时尚化和专业化,已成为上海西部电脑市场的集聚中心和上海金融机构最集中的地区之一;东面静安努力打造具有生活品质、多样化和可选择性等特质的上海中城(Midtown),力争形成从全市景观交通主轴延安路北望的"洋气、雅气、大气"的国际级公共活动和商务办公街区;东南面卢湾以精品商业和休闲旅游业共同繁荣的大商业为发展格局,形成了日益显著的聚集、辐射、带动效应;北面普陀围绕商贸流通、居住休闲、生产加工、旅游服务四大功能,大力建设成为面向全国和世界的现代化贸易集聚地、上海国际贸易中心的重要载体和组成部分。另一方面,周边闵行、嘉定、青浦等都围绕虹桥综合交通枢纽建设提出了宏伟的发展战略,努力抢占西部商务发展先机,对长宁国际贸易中心功能建设形成一定挑战。

三、"十二五"长宁区主导功能转型的总体思路

(一) 主导功能转型的基本原则

"十二五"时期是长宁区创新驱动发展的关键期,是对接上海"四个率先"、"四个中心"建设和长三角一体化战略,加快推进"四个走在前列"的重要时期,必将成为长宁区发展历史进程中的重要节点。根据上海中长期发展战略目标和国内外环境的变化,长宁区主导功能转型需要体现"三个一致"原则。

一是要体现与上海整体城市转型发展相一致原则。随着国际环境非线性变化以及内部资源环境约束,长宁区已经到了跨越式发展的关键时期。长宁区要按照全市"十二五"发展主线精神的总体要求,通过产业、科技、体制、文化和城市管理等创新,加快转变经济发展方式、社会发展方式和城市发展模式,即由非全面、非均衡、不可持续的发展方式转变为全面、均衡、可持续的发展方式,由政府动员、单边供给、职能无限扩大的社会发展方式转变为多方参与、问计公众、边界清晰、服务均等的发展方式,突破原来以集聚国内外要素资源、片面追求城市经济总量和规模扩张的外延式发展模式,逐渐转变为以功能塑造和影响力释放为特征的内涵式发展模式,实现经济又好又快发展。同时,进一

步增强向周边辐射和配置资源的能力,实现驱动力、支撑力和影响力三大转型,促进经济发展动力机制优化和经济结构调整,提升城市功能和软实力。

二是要体现与上海"四个中心"建设相一致原则。随着上海"四个中心"建设加快推进,长宁区要依托服务经济的先发优势,积极对接全市战略,成为国际高端服务业转移的重要目标地。长宁区要以"两个依托,四个发挥"为重要抓手,即依托虹桥综合交通枢纽和"大虹桥"区域发展,提升长宁区的战略功能优势;依托虹桥高端产业地位,优化长宁区的产业内涵,促进国际贸易主体功能与现代服务业高度融合;发挥长宁区数字媒体产业优势,大力推进以电子商务为重点的贸易信息化建设,完善交易服务设施;发挥长宁区旅游居住和外事活动功能,提高全区国际化水平,强化高端商务商业环境建设,加快长宁国际贸易中心重要承载区建设;发挥紧邻中心城区和服务长三角的优势,主动承接中心城区金融服务业转移,积极创新金融业态,吸引、创立以服务长三角为重点的金融机构,逐步形成具有区域特色的金融创新区,打造成为上海国际金融中心"一城一带"的延伸和拓展区;发挥虹桥空港和交通枢纽优势,以服务东北亚和长三角为基点,与浦东国际空港互补,打造成为上海国际航运中心的重要组成部分。

三是要体现与长宁区经济社会发展战略相一致原则。"十二五"时期是长宁社会矛盾多发时期,是考验经济社会协调发展的重要时期。长宁区要把社会事业摆在非常突出的位置,着力提高公共服务质量,加大社会保障力度,加强社会管理,推进社会建设。完善城市环境和城市文明水平。把经济发展和社会事业的协调发展统筹起来,通过经济发展支撑社会事业进步,以社会事业进步带来的环境改善推动经济发展,形成经济社会共同发展的战略目标;要着重推进以改善民生为重点的社会建设,进一步提升社会事业、社会管理和社会保障整体水平,努力建设老百姓安居乐业的平安长宁、和谐长宁、幸福长宁。

(二)"十二五"长宁区主导功能转型需要把握好三大关系

一是要把握好与大虹桥综合商务区的关系。随着虹桥综合交通枢纽建设,上海西部形成了包括长宁、闵行、普陀、嘉定、青浦等在内的大虹桥概念,虹桥综合商务区是大虹桥的核心区域,长宁区作为东虹桥构成了大虹桥的延伸拓展区域。在历史上,长宁区是虹桥的载体和发源,长宁区过去的腾飞始于虹桥,长宁区和虹桥有着不可分割的历史渊源;在内容上,长宁区是大虹桥核心区域的主体,长宁区未来的发展系于虹桥,长宁区必须把虹桥作为再次腾飞的重要依托;在本质上,长宁区已经初步具备国际贸易中心功能,也是对接长三角的前沿。另一方面,随着综合交通枢纽的建成,"虹桥"品牌已经成为五区共享资源,虹桥的载体已经出现外移倾向。因此,必须把握好长宁区与大虹桥这两者的关系。

从短期来看,大虹桥综合商务区处于初始建设阶段,而长宁区已经具有先发优势,进一步优化环境,抓住机遇,解决好"招、流、留"问题,充分发挥长宁东虹桥的产业和商务优势,引领带动大虹桥商务区发展;从中长期来看,大虹桥商务区在产业发展、功能作用和形态建设等方面都将会成为大虹桥核心、上海西部中心,长宁东虹桥要积极对接大虹桥商务区建设,逐步与大虹桥商务区融为一体,形成以大虹桥综合商务区为核心、长宁东虹桥为重要载体的功能互补、产业错位的国际贸易中心承载区(见表4.1)。

表 4.1　各区关于虹桥枢纽相关区域的功能定位的设想

区域	总体定位	本区所涉范围功能定位
长宁	上海国际贸易中心虹桥主体功能区	贸易营运与控制中心、现代国际化采购交易中心、国际购物天堂、国际服务贸易集聚
普陀	大虹桥商务区	着力引进龙头型、智力型、外向型、有影响力和竞争力的企业总部或地区性总部,将长风生态商务区、中环商贸商务区和长征生产性服务业功能区等地纳入统筹考虑范围
闵行	上海国际贸易中心核心区(虹桥商务区)	华漕、七宝、龙柏:贸易营运总部集聚区、长三角项目发包与订单分拨中心、电子商务产业园、国际医学园区、国际酒文化主题园、国际花卉拍卖交易中心、供应链管理园、商旅文融合互动发展区
嘉定	—	江桥、真新:以商品批发、总部办公、现代物流为主要产业体系的南部综合商贸基地
青浦	国际贸易中心的主要载体,面向江浙两省总部经济聚集地、新的商务活动聚集地、未来上海城市发展的亮点	大规模办公功能集聚的智力密集型新区域;具有特色的商业商务时尚地标;上海西部高雅文化集聚区;颐养心智、点击灵感的生态特色居住区
松江	大虹桥经济区	九亭是虹桥交通枢纽核心区的重要延伸;松江新城实现大虹桥经济区之间人流的有序互动;佘山提升大虹桥经济区休闲、会议功能;沪杭客专松江南站打造上海西南地区次级交通枢纽中心,为虹桥枢纽疏导客流

二是要把握好与周边城区协同发展的关系。作为上海中心城区的一部分,长宁区经济社会发展已经走在了全市前列,成为具有特色的贸易重镇。"十二五"期间,长宁区随着进入转型发展期,既面临静安、徐汇等核心区域的挤压,也面临普陀、闵行、青浦等后发区域的追赶。因此,长宁区要与周边城区形成动态的协同发展关系,既能有效吸收其他核心区域的产业转移和功能辐射,积极应对挤压,促进功能增强、产业升级、形态完善;也能充当后发区域发展的标杆,主动引领带动,形成具有强大推动力的竞合关系。

具体来讲,长宁区要积极承接黄浦、陆家嘴、卢湾、静安等城区产业转移,与上述城区产业形成错位发展态势。一方面,上述城区产业承载空间日渐缩小,产业越来越向金融、商务、旗舰商业等高端服务业集中,导致金融服务、专业服务、现代商业等产业中的部分环节逐渐向外扩散;另一方面,长宁区正好坐落在上海发展的东西轴线上,是大虹桥的重要拓展区、长三角联动的重要平台,产业发展环境相对完善,在吸引产业转移上具有先发优势。同时,在功能上,长宁区要与虹桥枢纽周边区域互补,既要以"高一层、先一步"的态势领先于其他区域,成为大虹桥中独具特色、标志性的商务区,又要与其他区域在功能上耦合,围绕虹桥综合商务区共同构成规模、功能、产业都能与浦东相呼应的大虹桥,形成上海新一轮发展的两极(见表4.2)。

表4.2 长宁与静安、黄浦、卢湾、徐汇主导功能比较

	长 宁	静 安	黄 浦	卢 湾	徐 汇
战略优势	交通＋虹桥涉外商务区	中央商务区重要组成部分	行政中心＋外滩金融集聚区	中心核心地带＋淮海路	次中心区域＋科技
产业特色	国际经贸与商务	楼宇经济	商旅文结合	服务外包	产学研结合
主要业态	国际贸易、会展旅游、信息与软件服务业、专业服务、现代商业	专业服务、金融、商务服务、文化传媒、会展旅游	金融保险、航运服务、信息科技、中介代理、专业服务	专业咨询、商贸市场、休闲服务、文化创意	信息服务、科技研发、文化创意、教育培训

三是要把握好资源集聚与功能辐射的关系。"十二五"期间中心城区的基础设施建设基本结束,产业发展和人才居住空间也到了腾笼换鸟的阶段,中心城区正面临"集聚效应"向"聚变效应"转化,从单中心向多中心转化,从要素集

聚、吞吐中心向创新资源、生产要素的配置中心转化。从长宁区来看,已经走过了一条以集聚为主要途径的发展道路,通过政府投资搭平台、提升功能抓项目、招商引资争企业,吸引国内外资源要素向长宁区集中,初步形成了国际贸易功能、总部经济功能、现代商业中心等功能。

目前,随着大虹桥综合商务区的建设,长宁区需要及时调整思路,把握好资源集聚与功能辐射的关系。第一,长宁区要引领中心城区从"集聚效应"向"聚变效应"转化。长宁区是上海的西大门,是长三角进入上海中心城区的第一站,也是上海向周边地区辐射、联动的前沿。因此,长宁区要充分发挥已经形成的产业和功能定位,立足上海西大门的优势逐渐向大虹桥辐射,向长三角辐射,与大虹桥构建竞合发展、和谐发展的格局。第二,长宁区要成为上海从单中心向多中心转化格局中重要的西部中心。上海西部地区包括长宁、普陀、松江、青浦、嘉定等几个城区,无论从产业结构上看还是从产业内容来看,长宁区都居于领先地位,整体经济社会发展走在各区县前列,具有较强的带动区域经济发展的基础,因此应该成为继浦东、中心城区后的上海未来经济增长第三极。第三,长宁区要承担中心城区从要素集聚中心向要素配置中心转化的重任。长宁区已经成为中心城区贸易营运与控制集聚区、会展集聚区等,在要素配置功能上走在全市前列。"十二五"期间,长宁区应该进一步巩固、增强上述功能,并不断通过资源重组、要素置换构建新的要素配置平台,把长宁区打造成为上海中心城区最重要的要素配置中心之一。

(三)"十二五"长宁区主导功能转型的总体思路

按照国家加快服务业发展、加快推进长三角一体化的战略部署,围绕上海"四个中心"建设,特别是国际贸易中心建设,通过贸易功能提升、贸易结构优化、体制机制创新、政策先行先试等措施,集聚国内外贸易主体,增强长宁国际贸易区的全球营运、调度和控制以及价格发现等现代国际贸易功能,成为我国国际贸易竞争力提升的创新区,成为推动长三角地区一体化发展的国家级服务区,成为上海国际贸易中心的重要承载区。围绕这一战略目标,长宁区推进主导功能转型的总体思路如下:

一是坚持"国际贸易"主线。"十二五"时期是上海国际贸易中心重点突破的关键时期,也是上海大浦东—延安路世纪大道—大虹桥城市空间重构的重要阶段。长宁区必须发挥战略优势,坚持推进上海国际贸易中心承载区建设,坚持国际贸易主导产业的地位,坚持国际贸易服务平台的搭建,进一步完善长宁的营商环境,逐步打造成为贸易营运与控制中心、现代国际采购中心、国际服务贸易集聚区和国际消费天堂等,牢牢树立长宁区在上海国际贸易中心框架中的主导功能,使长宁区成为国际贸易谈判、交易、展示、会务、争议解决、结算等最佳平台。

二是坚持"数字长宁"举措。随着数字媒体产业日益向模块化、集成化、智能化方向发展,数字媒体产业已经成为体现一国或城市竞争力的重要标志性产业。长宁区应继续发挥集聚效应,围绕"数字产业"和"数字商贸"提高数字商贸的含金量,形成科、贸、绿、文四位一体的面向信息社会的新型商贸集聚区。同时,继续推进信息基础设施建设,大力推进数字惠民工程,努力打造基于数字特色的智能化政府,推进重点区域、重点楼宇的信息基础设施建设改造,提升商务楼宇和住宅小区智能化水平;加强信息软环境建设,积极搭建信息资源共享平台和公共服务设施,使长宁区成为具有全球影响力的数字产业基地、数字人才培训基地、数字应用特色基地。

三是坚持"国际城区"目标。中心城区是未来国际大都市的标志性区域,打造环境一流的国际城区是上海未来中心城区发展的必然趋势。"国际城区"精准界定了长宁区在未来上海发展格局中的定位,既能体现长宁区外国使领馆集中、外籍人士众多、国际化程度较高的现状,也能反映长宁区在居住环境、交通网络、商业办公、生态绿色等方面的优势;既是长宁区发展战略的一贯延续,也是衡量长宁区一切工作的标准。"十二五"时期长宁区应继续坚持"国际城区"目标,把建设国际城区作为引领全区工作的重点,以日本六本木为参照系,建设成为繁荣、精彩、人文、低碳城区。

四是凸显"绿色生态"主旋律。"十二五"期间上海要基本建成生态城市,积极促进产业生态化发展,继续加快生态绿化建设,探索完善中心城区绿化生态系统的路径,推进绿化布局的均衡性、系统性。根据绿色生态这一全球社会发展的主旋律,长宁区要按照"生态优先,宜居为重"原则,以"建设宜居城区"统领区域建设,转变区域建设理念,更加注重生态环境建设,更加注重满足人的全面需求,坚持高起点规划、高水平建设、高效能管理,逐步完善宜居城区形态,让长宁区环境更加优美、服务更加完备、吸引更加增强。

五是凸显"低碳节能"主基调。目前,世界正在经历低碳化浪潮,这不仅是解决气候和环保问题的根本途径,也是当前世界发展的主基调和未来发展的必然趋势。上海一直以节能减排为抓手推动低碳化。"十二五"时期上海要争取创建新能源综合利用和低碳经济示范城市,特别是依托大虹桥商务区、世博园、临港新城和崇明,大力发展低碳经济和绿色经济,探索建设"低碳经济实践区",创建一批具有国内领先水平的低碳社区、商业街区和产业园区。因此,长宁区主导功能转型必须凸显低碳节能这一全球发展的主基调,围绕建设大虹桥低碳商务区的总体要求,重点促进建筑、交通、服务业、消费等领域的低碳化,打造现代低碳城区。

六是凸显"辐射功能"主战略。虹桥综合交通枢纽的建设,是对上海西部资源一次大的整合,将形成上海辐射长三角、服务长三角的核心。长宁区产业结构先进,服务业集聚度高,服务业规模较大、能级较高、层次较高、功能较强,在产业发展方面具有引领、带动作用,与长三角城市在产业发展上已经形成重点错位、功能互补的格局。长宁区对长三角城市的合作大于竞争,辐射强于集聚。随着上海"四个中心"加快推进,上海城市功能将更加完善,长宁区作为上海西大门的地位将更加突出,对外辐射功能、服务长三角的要求愈加紧迫。

(四)"十二五"长宁区主导功能转型的基本内涵

按照主导功能转型总体思路,"十二五"时期长宁区主导功能要适应国际、国内形势变化的要求,适应上海城市发展的阶段性变化,要以加快建设上海国际贸易中心重要承载区、优化经济发展方式、提升综合竞争力为主线,以"国际商务和生态宜居"为主导功能,坚持"以商为本",大力推进国际贸易和商务,坚持以"四个走在前列"为发展目标,深化拓展"联融虹桥、辐射功能、数字低碳、国际城区"的发展方针。

1. 长宁区"十二五"发展方针

长宁区"十二五"发展方针是对"十一五"发展方针的继承和拓展,既考虑到了当前国际国内经济社会形势的变化趋势,也考虑到了长宁区经济社会发展的内在要求。

（1）联融虹桥。

"联融虹桥"是指长宁要对接大虹桥国际贸易中心主体功能区建设战略，积极联动和融入大虹桥，打造国际贸易中心重要承载区，与大虹桥形成联动发展的格局，这是长宁区"十二五"发展的主线。大虹桥涵盖多个城区，各区之间要确保规划相互衔接、功能相互协调、产业相互错位，才能形成一致合力，共同推进大虹桥成为上海未来发展的新增长极。一是要增强大虹桥商务区管理委员会协调作用，争取将长宁区域发展纳入上海国际贸易中心建设和大虹桥商务区建设的总体规划，积极推进各区规划衔接、产业错位、功能补充、资源合理配置，逐步实现大虹桥区域规划一体化。二是要充分发挥长宁区的先发优势，争取把长宁区的产业优势、社会事业优势融入到大虹桥区域规划中，逐步奠定长宁区在大虹桥中的引领、示范、带动作用。

（2）辐射功能。

"辐射功能"是指长宁区要实现由追求招商引资的资源集聚中心向以功能提升、服务周边为核心的资源配置中心转变，要成为引领带动区域发展的标杆，这是长宁区"十二五"能否继续在大虹桥范围内保持领先、继续维持高质量发展的关键。一是继续发挥"虹桥"品牌辐射力。"虹桥"品牌已经由长宁区独享变成了各区共享资源，这有利于拓展"虹桥"品牌内涵、提升"虹桥"影响力，长宁区应继续推进"虹桥"品牌向周边区域辐射，形成以长宁虹桥为核心、以大虹桥为主体的"虹桥"品牌势力圈。二是积极推动区内产业交互转移。在产业方面，大虹桥范围内已经形成比较明显的梯次发展格局，其中大虹桥周边闵行、嘉定、松江、青浦各区工业基础雄厚，高新技术、现代物流已形成一定集聚；长宁区现代服务业发展领先，总部经济、涉外商务、信息服务、技术研发、会展、国际贸易、教育、文化等多个行业发展迅速，产业层次较高，产业竞争力较强，在整个大虹桥格局中居于领先。因此，长宁区一方面要遵循产业演进规律推进产业向周边转移，另一方面也要发挥产业环境较优的条件吸引周边高端服务业、生产性服务业向长宁区集聚。三是积极推动区内社会事业向周边辐射。长宁区的社会事业如教育、文化比较发达，应积极向周边区域辐射，把长宁区打造成为西部区域的教育文化中心。

（3）数字低碳。

"数字低碳"彰显了长宁区"十二五"的产业发展特色,是长宁区"十二五"发展的战略举措。一是要逐步向建成智能化城区目标迈进。智能化是城市未来发展的主要趋势,长宁区必须牢牢把握这一机遇,推进以"智慧城市"为战略目标的国际化城区建设,加大物联网的应用力度,逐步实现交通领域智能化,率先把长宁区打造成为基于全数字技术的智慧城市。二是要把打造低碳社区、发展低碳产业作为城市转型重要抓手。"十二五"期间长宁区要遵循上海低碳要求,结合自身特点和发展需要,突出比较优势,创新实施路径,构建政府引导、市场主导、社会参与的低碳发展格局。第一,以先进的管理理念为依托,建立低碳发展的领导机构以及具体的推进部门,组织、协调、落实、推进低碳经济发展的相关工作。第二,以超前的技术创新为依托,强化低碳创新,鼓励企业积极研发低碳技术与产品,加强低碳国际协商与合作,大力发展低碳技术服务和衍生服务。第三,以发达的服务经济为依托,放大世博后续效应,利用、推广和传播相关低碳技术、设备和理念,创建服务经济主导的低碳实践区。第四,以丰富的科技人才为依托,加强低碳关键技术研发和攻关,推进低碳技术和研发成果的转化与市场化应用,突破低碳经济发展的关键技术。

（4）国际城区。

"国际城区"是长宁区一以贯之的战略目标,是"十二五"时期各项工作的标准。一是进一步完善跨国投资环境,大力吸引跨国公司总部,成为上海最重要的跨国公司总部集聚区之一。二是围绕国际贸易中心承载区功能建设,加强与国际性机构的合作交流,吸引国际性机构入驻,不断提高国际性机构的集中度。三是围绕产业结构高度化,进一步推进现代服务业高度增长,重点是商贸商务等知识性服务业,着力打造成为上海最核心的服务贸易集聚区。四是要充分发挥虹桥综合交通枢纽的作用,打造成为具有较强影响力的国内高铁集散中心、东北亚国际航空港。五是进一步完善国际人士出入境制度,打造绿色生态的宜居环境,吸引国际高端人士。

2. 长宁区"十二五"主导功能

长宁区域发展主导功能确定为"国际商务和生态宜居"。这一主导功能既延续了"国际经贸与商务"的主旨精神,又反映了整个大虹桥高标准商务中心和长宁区建设东虹桥商务中心的规划;既立足于长宁区在上海国际贸易中心建设中的载体地位和主导产业优势,又展现了长宁区建设以绿色生态、低碳环保、国际化为特征的宜居城区理念,能统领长宁区"宜商宜居城区"的建设目标。围绕这一主导功能,长宁区以服从服务于上海整体发展需要为根本,适应转变发展方式的国家战略,进一步引领上海西部发展的核心、塑造全球城市功能的重要组成部分,逐步建成"国际商务和生态宜居"的框架。

(1)上海国际贸易中心承载区。

适应上海建设国际贸易中心的发展趋势,以服务于长三角综合性贸易平台为主要目标,以贸易营运与控制功能为引领,吸引和培养贸易商和订单商以及虚拟企业,形成贸易商云集、贸易机会频繁、贸易附加值最高、贸易控制力最强的贸易中心功能区;围绕贸易营运和订单中心发展科研、设计、品牌定义、物流、分拨、结算、快递、快递、电子商务等行业,构建长宁虹桥比较完善的贸易产业链,促进长宁区现代服务业发展,逐步把长宁区建设成为集贸易营运与控制中心、现代国际采购中心、国际服务贸易集聚区和国际购物天堂于一体的国际贸易中心重要承载区。

(2)大虹桥商务区重要标志区。

一是引入标志性国际机构,即引入国际贸易仲裁机构、国际性商会组织、国外非政府组织商务代表处、贸易类行业协会,扶持 WTO 咨询中心和其他商务商贸类咨询中介机构,形成在上海具有独特优势的贸易咨询、服务与协调中心。二是形成标志性功能,以植根并拓展跨国集中采购中心业务运作平台,进一步提升跨国集中采购中心功能,打造为全国甚至东亚区域跨国公司采购基地;培育航空物流交易中心、服务外包订单交易中心等功能性市场大平台,推动长宁区成为服务贸易资源配置中心。三是建设标志性设施,以世贸中心等标志性建筑为载体,加快兴建大型国际性商务会议中心设施。

(3)现代服务业创新引领区。

积极争取以制度创新和先行先试为手段,以放宽管制、完善税制、理顺体制、健全法制为重点,率先形成有利于服务经济发展的制度和政策环境。降低准入门槛,打破行业垄断,放宽经营性管制,鼓励新业态、新模式,积极消除企业遇到的各类管制障碍;降低企业税负,积极向国家争取服务业税收支持政策，设立地方性服务业财税鼓励措施，推动服务环节专业化发展，对生产性服务业实施财税鼓励。

（4）民营总部经济重要集聚区。

充分发挥虹桥枢纽地区交通的便利性，突出长宁区商务先发优势，吸引国内特别是长三角地区民营经济总部机构，加速高端商务功能集聚，进一步强化长宁区的总部功能。一是民营企业总部功能，包括高新技术企业总部、销售网络遍布国内或长三角的服务业企业总部、在高铁辐射圈和长三角拥有制造基地的日韩企业、我国港台企业和各类跨国公司总部。二是民营企业专业化业务总部功能，积极吸引营销、投资、营运控制、订单分拨、结算中心等业务总部。三是特色企业总部和新兴业态企业总部功能，引进贸易企业总部、传媒企业总部、风险投资企业总部等。四是国际组织、行业协会以及区域性合作机构等功能。

（5）低碳经济创新示范区。

以低碳为主基调，以建设大虹桥低碳商务区为背景，推进国际成熟低碳技术的广泛应用，把长宁区建设成为世界银行推动低碳经济发展的示范区。一是以低碳技术对现有商务楼宇进行改造，提高楼宇能源利用效率，减少碳排放；按照节能减排最高标准约束新建商务楼宇，打造低碳化建筑。二是以智能化作为突破口，减少交通拥堵成本，提高交通便捷和顺畅性，促进交通低碳化。三是以低碳理念引导资本流向，促进现代服务业低碳化。四是普及低碳理念，强化住宅社区节能减排，推动日常生活低碳化。

（6）城区创新驱动发展样板区。

以创新引领城区发展，深化创新体制机制，在更高层次、更广领域整合创新资源，引导和支持资金、技术、人才、制度等要素向创新领域集聚，加快创新型城市建设。一是建立创新驱动的城市发展理念，把创新作为推动经济社会文化发展的首位要素，促进长宁区走内涵式发展之路。二是突破创新驱动的体制束缚，重点是依托现代服务业综合改革试点，在管制、税制等方面形成突破，目前最紧迫的是建立适应长宁区经济转型发展的现代服务业统计指标体系和统计制度。三是完善政府创新体系，建立以行业协会等自律组织为传导机制的扁平化管理模式，形成以电子政务为核心的透明化信息公开模式，健全以公共服务为导向的政府行政目标。

(7) 绿色环保生态宜居区。

按照"以人为本"的科学发展观,加大环境保护力度,建立以微生态系统为特征的绿色长宁、和谐长宁,成为全国最佳宜居城区、绿色生态城区。一是加快建设地下城市管道"共同沟",提高城市基础设施发展的利用效率;二是围绕长宁区众多绿化布点的优势,通过公园破墙、小区透绿、沿街种树、建筑绿化等途径提高城区绿化可视率和可用率,以"三带"(外环绿化带、沿苏州河生态绿化带、沿延安西路绿化带)、"三片"(动物园、新虹桥中心绿地、中山公园)为核心、集合众多零星绿化点为辅构成微生态系统;三是均衡影视、文化、体育、教育等公共资源空间布局,加强高端文化娱乐设施建设,为居民创造一个良好的精神享受环境。

四、"十二五"长宁区主导功能转型的重点任务、功能布局和重大项目

(一) 重点任务

1. 服务上海"四个中心"建设大局,全面提升服务业能级

充分发挥服务经济的先发优势,主动对接上海国际金融中心、国际航运中心和国际贸易中心建设,聚焦总部型、服务型、知识密集型企业,增强集聚辐射功能,进一步提升现代服务业能级,重点打造"1+6"产业体系。"1"是总部经济;"6"是以商贸商务服务业为主导,以会展旅游业、专业服务业、金融服务业为配套,以信息服务业、文化服务业为特色的现代服务业 6 个行业。

完善功能,打造总部经济集聚区。坚持"形态亮点、功能配置、产业分布"三位一体规划,形成配套完善、功能突出、环境一流、国际标准的总部经济集聚区,以信息服务业、现代物流业、高新技术产业、商贸服务业等重点领域为主导,重点发展跨国公司(地区)总部和国内特别是长三角民营大企业总部、运营中心、研发中心、结算中心、营销中心、物流中心、服务中心等专业性地区总部,以及国内外知名贸易公司总部等。

巩固优势,做强商贸商务服务业。巩固发展国际采购、国际贸易等批发贸易业,积极发展大型电子商务、供应链管理技术等新型贸易模式。不断完善精

品百货、旗舰店、专卖店、购物中心、网络消费等多元化、多功能的商业业态,推动新兴商业零售业的集成发展。巩固中山公园市级商业中心地位,加快集聚国际知名品牌旗舰店、国际高端品牌营销总部、国内外连锁型商业企业总部。提升虹桥市级商业中心优势,打造高端、国际性购物中心集聚区,使其成为上海奢侈品信息发布、展示、交易等于一体的消费购物天堂。依托轨道交通站点和社区商业,进一步完善区域性商业网络。积极发展航空物流企业总部、运营中心和结算中心。大力发展第三方和第四方物流、城市配送等供应链管理,把长宁区建成上海国际贸易中心的重要功能承载区。坚持集约化、高品质,依托经验丰富、实力雄厚的国际知名房地产开发商,加快历史风貌建筑的改造、修缮和综合利用,高起点、高标准、高品质地建设智能化、低碳节能型商务楼宇。协调推进高档住宅和经济型住宅发展,完善房地产市场体系,强化市场监管,把长宁区打造成为服务长三角、面向世界的国际商务区。

打造品牌,做精会展旅游业。会展业重在转型升级,以现有场馆为基础,重点发展国内、跨国集中采购和分销展;积极发展集商品展示、信息发布、价格发现等功能于一体的专业化、特色化、精品化的高端会展业(包括动漫产品、电子产品、时尚服装、高档消费品等);大力发展国际奢侈品、国内知名消费产品的新品发布和产品常年展示;积极发展包括国内外大型经贸会议、商务洽谈、行业发展大会或论坛等在内的国际会议中心;积极引进会展业跨国公司,延伸发展会展培训产业,打造会展人才培育基地,形成比较完整的会展产业链;依托高星级宾馆和丰富的旅游资源,重点发展特色餐饮、旅游观光、都市休闲等行业,打造具有国内外影响力的商旅文休闲观光区。

突出重点,做优专业服务业。以与贸易相关产业为重点,巩固提升 WTO 事务咨询、法律服务、人才中介、广告等行业,推进发展知识产业服务、经纪代理等新行业。在经贸组织上,重点引进国内外各类经贸组织、经贸类行业协会、商会、贸易促进会、外企代表处等;在法律服务上,重点发展国际贸易仲裁、反倾销、知识产权保护、海事等法律咨询;在专业咨询上,重点发展管理咨询、市场调研、审计、财务咨询、广告、资产评估、专业设计等产业,逐步形成与上海"四个中心"建设相匹配的专业服务业产业集群。

错位联动,做大金融服务业。坚持错位发展、联动发展,重点发展以证券投资、期货投资、基金管理等为重点的证券期货业，以国内商业银行贸易结算、票据运营、信用担保、保险与再保险等为重点的贸易金融业，以 PE、VC、产业投资基金、收购兼并等为重点的股权投资业，以金融租赁、消费金融、质押典当等为重点的融资租赁业；鼓励发展资产管理、财富管理、艺术品拍卖等非银金融业务，培育发展房地产信托等金融新业态，积极推进金融后台服务外包业务发展，探索 SPV 试点，建设上海国际金融中心"一城一带"的延伸拓展区。

立足数字，做专信息服务业。围绕"数字长宁"，以多媒体产业为基础，做专做精做深信息服务业。重点发展电子支付、安全认证、信用服务、物流信息等电子商务服务业，积极引进电子商务供应商和电子商务推广应用企业；积极拓展基础软件服务、应用软件服务和软件服务外包等产业；聚焦发展动漫、网络游戏、高性能宽带和无线通信应用、广告传媒、互联网信息和通讯技术应用以及包括数字游戏、数字影音、数字展示等在内的数字媒体等产业，成为体现"数字长宁"的产业基础。

增强优势，做亮文化服务业。积极促进文化领域开放发展，重点引进高档文化俱乐部、高雅文化传播机构、国内外名专业文艺团队、文化演出经纪公司等，鼓励引进国内外知名专业医疗和保健机构、高档健身俱乐部、高端检测等服务，引导发展高端经贸、商务、金融、法律人才等教育培训以及国际教育和语言培训等产业。

2. 完善城市功能格局，推动长宁区东中西片协调均衡发展

加快建设西部的总部经济功能区。西部地区要加快推进城市化进程，加强社会事业配套，引导教育、医疗等社会事业均衡发展，提升城市化水平。加快形态、产业和功能三位一体规划落地，积极推进临空产业园区的形态建设，进一步完善商业、娱乐、休闲、SOHO 等配套设施建设，促进园区城市化发展；积极引进全国大型企业或长三角民营企业总部或专业性总部，提高总部经济集聚度。依托邻近大虹桥核心区，培育打造国际医学中心、大型国际会展中心，引进国际医疗机构、跨国会展企业。通过空间拓展和功能集聚，增强西部地区集聚辐射功能，建设具有较强竞争力和辐射服务能力的服务业高地。

强化发展中部的国际商务功能区。加快推进老公房成片改造、规模利用，继续推进区域拓展，尽快形成"井"字形架构，加强功能性项目的策划包装和规

划设计,加快推进商务载体建设,促进商务功能进一步完善;进一步提升天山路商业档次,集中发展综合百货商厦、品牌专卖店、休闲娱乐设施等,兼顾居民生活消费和商务白领工作消费的休闲、购物商业街;进一步完善虹桥金三角商业区功能,以法国 LV 品牌为核心吸引一批国际高端知名品牌,打造成为上海高端时尚品牌集聚地之一;依托古北国际社区,不断完善黄金城道融商业、休闲娱乐和国际文化为一体的特色商业街区功能,使中部区域成为具有浓厚国际气息、时尚气息、现代气息的标志性区域。

完善提升东部商业商务融合区。东部要按照打造成为具有文化休闲体验特征的商业商务融合区标准,围绕龙之梦商业环、定西路专业品牌店商业街、愚园路文化艺术街和凯旋路多媒体走廊,依托数字媒体产业基地,大力发展商业购物中心、旗舰店、特色餐饮、休闲娱乐等,进一步完善中山公园地区的数字商贸功能;同时,加快发展生态型、智能化商务,吸引高端现代服务业尤其是信息服务业企业入驻,形成商业商务协调融合发展的局面。

3. 加强城市建设和管理,全面提升城区综合服务功能

坚持"建管并举、以管为主",提高城市精细化管理水平。坚持低碳发展,促进资源环境协调发展,使"城市,让生活更美好"的世博主题在长宁区未来的发展中持续演绎。一是加强规划引导,统筹城区空间布局,促进产业经济、城区建设和社区发展联动;强化土地集约节约利用,确保重点区域、重点产业、重点项目用地需求;合理利用地下空间,实现商业、交通、市政、人防为一体的高效利用;坚持政府主导、社会参与、市场运作,加强历史文化风貌区的整体保护和优秀历史建筑的合理利用,在城区发展中传承历史文脉。二是提高城区精细化管理水平,逐步拓展网格化管理功能和应用领域,积极推动网格化管理向空中、地下、社区延伸;以数字技术为手段,进一步优化升级网格化管理平台,实现与市网格互联互通和资源共享,建立健全快速发现和及时处理机制,率先在网格化管理运作机制方面创新优势。三是完善城区长效管理机制,特别是继承"迎世博"精神,加强部门联动,促进城区管理手段、模式创新,不断提高城区管理水平和效能,将世博成果转化为长期效果、转化为制度性安排,逐步建立符合国际大都市中心城区管理规范、具有长宁特色的城区长效管理机制。四是建设低碳城区,构建以商业商务节能、建筑节能、交通节能、居住生活节能

等为重点的节能体系；保护生态环境,提高公共绿化建设管理水平,营造资源友好型和环境友好型社会。

4.推进文化软实力建设,加快提升城区发展软环境

"十二五"期间长宁区要把文化强区和加强软环境建设放到突出的战略位置,通过培育文化的多样性和多元化,打造与国际接轨的文化环境。一是坚持做强文化产业,不断完善以文化创意业、文化演艺业为主要内容的文化产业体系,推动文化产业和数字网络等新技术融合,促进产业升级。依托中山公园多媒体产业园、东华大学服装时尚产业园、二纺机创意园区等载体,加快集聚一批知名文化创意企业,推进文化产业创新发展。二是着力提升文化品牌,以历史建筑风貌重现、功能重塑为特色,进一步提升愚园路、江苏路历史风貌保护区区域品牌,以近代工业文明、生态文明、历史文脉传承和文化创意业融合发展为特色,进一步提升苏州河沿岸文化创意集聚区品牌；以高档会务会所、文化演艺等为特色,进一步提升虹桥涉外商务区品牌。

5.加快推进以改善民生为重点的社会建设,全面提高社会管理和公共服务水平

"十二五"期间长宁区要把社会建设摆在更加突出的位置,以改善民生、促进和谐为主线,聚焦重点、突破难点,推动经济社会协调发展。一是要完善收入分配制度,加强政府转移支付,财力适当向民生保障和公共服务领域倾斜。二是要创新群众工作方法,以民生工程为载体,搭建政府与群众沟通的桥梁,增强群众参政、议政、民主监督的积极性和权利。三是要创新社会管理模式,着力加强基层基础建设,推进社区(街道)管理体制机制的优化调整工作,着力强化社区建设和管理；改进政府管理社会的方式,积极推进各类社会组织的规范化发展,强化社会安全、公共服务等管理职能；探索建立新机制和办法,妥善化解社会矛盾,切实维护社会和谐稳定。四是要推进社会事业均衡优质发展,进一步强化社会事业发展的约束性指标,激发教育、卫生、文化、体育等社会事业发展的活力,全面提升长宁区社会事业发展水平。

6.深化改革创新,增强区域发展动力

长宁区应积极主动争取大虹桥服务业综合改革试点,着力解决产业能级提升、城区改造建设、社会社区发展中的突出矛盾和体制瓶颈,增强发展动力；

坚持创新驱动,努力营造有利于服务经济发展、有利于和谐社会建设、与国际通行规则接轨的发展环境,增强发展活力。要继续深化改革,创新市场运行的体制机制。以现代服务业综合试验区落地为契机,在行业准入、企业登记、投融资等方面主动放松管制的同时,积极争取国家在税制、法制等方面进行先行先试,鼓励非公经济进入法律未加限制的一切领域,率先建成公平、透明、开放、便利、符合国际惯例的经济运行环境;深入推进国资国企改革,建立完善的现代企业治理机制。一方面要促进国有企业从经营实体向股权管理、战略性投资等功能转变,扩大国有资本的控制力和影响力;另一方面要积极整合资源,推进国有企业上市,提高国有资本的运行效率。进一步转变政府职能,在不断完善经济调节、市场监管职能的同时,更加注重加强社会管理和公共服务,健全公共财政体系,提高公务信息透明度,加大社会民生领域投入,促进决策科学化、民主化;深化行政审批制度改革,加大审批创新,积极推进企业备案登记制度,加快推进行政审批网络化进程,加快行政审批标准化建设。

(二) 重大项目

1. 世界贸易中心(大厦,WTC)

目前许多国家和地区建有世界贸易中心,上海建设国际贸易中心也迫切需要拥有标志性的建筑。建议长宁区紧紧抓住国际贸易中心建设契机,积极争取在虹桥涉外商务区的中心地区建设 WTC,同时建设相关配套设施,将虹桥涉外商务区打造成为上海贸易活动集聚的标志性区域。并结合 WTC 标志性建筑建设,打造上海规模化的国际性商务会议中心设施。

2. 国际医学中心(园区)

目前,上海高端医疗需求旺盛,供需矛盾比较突出,发展高端医疗服务非常紧迫。建议长宁区依托综合交通枢纽优势,面向高铁和航空沿线,以高端化、国际化、市场化医疗服务功能为建设主体,辅以医疗技术研究、医学交流平台,打造成为面向国际、覆盖长三角的医疗服务中心,形成包括诊断、治疗、体检、检测、医学教育、培训、研发等现代医疗服务和医疗器械展示、交易、客户服务、物流等两条产业链,与闵行华漕国际医学园区错位发展,进一步完善大虹桥商务功能。

3. 国际教育中心

"十二五"时期上海对国际教育的需求将进一步增加。因此,建议长宁区发挥国际教育已经形成的基础,一方面继续增加国际学校建设、满足外籍人士子女正常入学需求;另一方面在交通便利、环境优雅、外企扎堆的适当区域内,以高档办公楼宇为载体,以新长宁教育集团为核心,推动区内国际资质培训和非学历教育资源集中,打造具有国际影响力、辐射长三角的国际教育中心。

4. 国际会展中心

为缓解虹桥地区现有会展场馆发展空间不足,建议整合利用现有会展设施,形成展示规模小巧、展示内容专业、展示价值高昂、展示频率较高、展示效果显著的国际精品会展谷;在虹桥商务区邻近建设大体量、高规格、国际型会展设施,满足大规模展览展示需求,加快培育包括展览组织、展台设计、会展物流、会展咨询、会展人才教育等在内的会展产业链,打造一个面向长三角、具有国际影响力国际会展中心。

5. 免税购物中心

为打造国际消费天堂,建议长宁区依托虹桥国际机场和虹桥涉外商务区,积极争取建设国际免税购物中心,进一步完善购物环境,助推国际城区建设。

6. 国际仲裁中心

目前,国内贸易争议较多地依赖国外仲裁机构,使我国在国际贸易中面临不利地位。建议长宁区发挥贸易先发优势和WTO咨询中心以及上海外贸学院、华东政法大学等研究机构集聚优势,加快引入国际性仲裁机构、国际性贸易组织、国际性贸易论坛、国别性商务机构等,把贸易争议的解决逐渐吸引到长宁区,逐步建成国际贸易争议解决中心。

7. 电子认证中心

随着电子商务的迅速发展,规范、引导已经成为市场监管的重要趋势。建议长宁区基于信息化产业优势,依托市科委等相关部门,积极争取建设上海电了认证中心,对网络虚拟交易、虚拟产品、虚拟资产等进行资质、安全等方面认证。

8. 全国专业资格注册中心

建议长宁区依托教育资源丰富和上海市人才交流中心的优势,与国家和市相关主管部门联手,加快功能性资源集聚,逐步打造成为全国性教师、技师、家政、护士等专业资格考试、注册、备查中心。

9. 低碳技术应用推广中心

根据上海节能减排总体要求,上海中心城区的商务办公大楼以及郊区产业园区可能都会进行低碳化改造。建议长宁区以打造低碳商务区为契机,依托世界银行低碳经济示范区,引进、吸收、掌握低碳技术和应用机理,形成具有长宁特色的低碳技术应用,特别是建筑低碳化改造模式,逐步向中心城区推广,把长宁区建设成为低碳技术引进、应用和推广中心。

10. 全国高新技术进口交易中心

随着国际环境变化,上海以出口为导向的开放经济模式向进出口平衡发展模式转变。建议长宁区利用其贸易和地理优势,依托大型展馆和数字技术,建设连接国际国内、面向全国的高新技术进口交易中心,形成高新技术展示、数字模拟、评估、定价、交易、应用、服务中心。

(三) 功能布局

在"一轴两带三区"基础上,抓住世博后续效应放大和虹桥综合交通枢纽效应充分发挥的机遇,着重提升商业能级,加快促进现代服务业集群发展,推动整体功能跃升,逐步形成"两带双轴三区"为主的空间布局(见图4.1)。

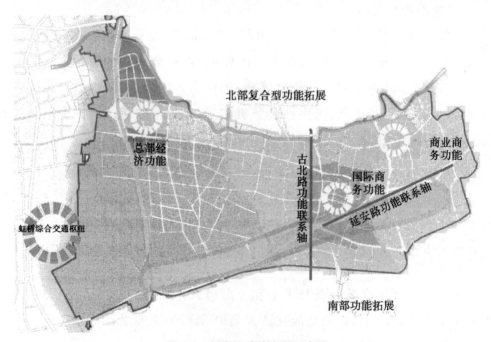

图4.1 长宁区功能布局示意图

1. 两带

"两带"即北部复合型功能拓展带和南部功能拓展带。其中,"北部复合型功能拓展带"由苏州河与轨道 2 号线共同复合而成,将生态、文化和商务功能相互融合,对外能够串联虹桥枢纽和浦西城市中心板块,对内则能串联中山、虹桥、临空三大组团,是上海苏州河景观带、上海创意产业发展的西部亮点,将成为长宁未来现代服务业和信息产业功能相互整合拓展的重要支撑带。"南部功能拓展带"是沿虹桥路、延安西路复合所形成的功能拓展带,连接虹桥枢纽、古北国际社区、虹桥涉外商务中心、新华路风貌区、徐家汇板块,体现了长宁历史人文和高端商务配套特色,是上海现代服务业集聚带和文化发展轴西部重要节点,将整合形成长宁区魅力品牌的重要特色功能拓展带。

2. 双轴

"双轴"即古北路功能联系轴和延安路功能联系轴,这两条轴充分体现了长宁在东西两大扇面中所具有的门户性节点作用。其中,"古北路功能联系轴"沿古北路形成重要的南北向功能联系通道,它向北连接普陀的真如副中心、长风生态商务区,向南连接徐汇区的漕河泾板块,起到沟通南北普陀和徐汇产业板块的作用;"延安路功能联系轴"直接联系中心城区和虹桥枢纽地区,贯通大浦东、大虹桥两大商务区和中央商务区,是上海东西向生产性服务业拓展依托的轴线,是维系长宁区未来现代服务业发展的重要联系轴。

3. 三区

"三区"即中部"国际商务功能区"、东部"商业商务功能区"和西部"总部经济功能区"。其中,"国际商务功能区"突出"国际、商贸、文化"特色,围绕面向国际和长三角商务商贸职能,重点发展楼宇经济,通过时尚魅力氛围的塑造,逐步打造成为富有活力的市级副中心;在产业定位上,积极贯彻实施"以会展为中心、以商务为主、以商业为辅"的发展战略,重点打造"特色会展、高端商业、时尚都市、国际城区、电子商务区、现代服务业集聚区"六大亮点,涉及国际商务、精品会展、贸易金融、高档商业、贸易管理、贸易咨询、教育培训等,以及由此衍生出来的商业房地产、宾馆酒店、旅游餐饮、休闲娱乐等产业。"商业商务功能区"突出"商业型、休闲式、数字化"特点,通过商业氛围塑造,逐步打造成为交通枢纽型商圈;在商业发展和提升的基础上,促进商务功能协调发展;

在产业定位上以轨道交通枢纽为依托、以大型购物中心为支撑、以历史文化为底蕴、以现代商业和多媒体产业为主导,形成上海西部的特色商业商务中心;在产业选择上,围绕"一环三街",主要构建现代商业、多媒体产业、教育培训业、商贸业、文化娱乐业、休闲餐饮业、都市文化旅游等七大产业。"总部经济功能区"突出"园林式、高科技、总部型"特征,直接呼应大虹桥的影响和作用,承担吸引国际和长三角总部型企业的责任;重点关注现代物流业、信息服务业、高技术产业和总部经济,形成西部最重要的"总部经济功能区"。其中北临空集聚总部企业,包括各行各业内的领先企业;南临空集聚信息服务业为主的现代服务业,包括 IT 服务商、以电子商务为主的新兴产业、信息服务制造业企业;西临空则依托虹桥机场,重点发展现代物流业。

五、"十二五"长宁区推进主导功能转型的制度创新

(一) 建立与市主要委办局的紧密合作机制

进一步拓展市商务委与长宁区共建上海国际贸易中心示范区的经验,以具体项目为载体,建立长宁区与市发改委、建交委、科委、经信委等相关职能委办局的委—区合作机制,共同合作推进解决约束长宁发展的体制机制。

(二) 以"1+X"模式整合虹桥品牌资源

"1+X"模式是发挥开发区品牌效应和辐射效应、形成两地(区)"共赢"机制的成功模式。如江苏苏南园区与苏北飞地的"1+X"合作,以及浦东南汇合并后张江、金桥等国家级开发区与原南汇飞地型园区的合作等。因此,长宁区应当发挥以虹桥涉外商务区为核心的虹桥品牌优势,加快虹桥涉外商务区、临空经济园区和中山公园产业、形态、功能统筹规划,逐步形成以"虹桥"为统一品牌的东虹桥中央商务区;同时,推动"虹桥"品牌向大虹桥周边商务区延伸,以"1+X"模式整合周边品牌资源,进一步丰富"虹桥"品牌内涵,扩大品牌影响力和辐射力。

(三) 促进服务经济统计制度改革试点

通过设计符合长宁区服务经济发展特点的统计指标体系,既要有数量规模,又要有价值统计,既要有行业整体的数据,又要有细分环节的统计数据,同时又要从多个维度来解决一个数据,如专业服务业中的审计、法律等,金融业中的贸易金融、融资租赁等,全面深入地统计长宁服务经济发展成果,提高统计数据的精确性;建立长宁国际城区指标体系,展示长宁区域建设的国际化水平;建立长宁国际贸易中心承载区指标体系,监测长宁在上海国际贸易中心整体格局中的地位变化。

(四) 进一步完善政务信息公开制度,试行第三方监督机制

以进一步提升电子政务为契机,逐步建立网上新闻发布制度、网上信息公开制度、公共决策网上征询制度;同时,以公共决策的透明化为前提,引入第三方网络监督机制,充分发挥社会公众对长宁的监督作用。

(五) 推动政府由直接管理向间接管理转变

争取市政府批准成立区属层面的行业协会,建立各行各业的自律性组织,作为政府管理社会的桥梁,以行业协会为主促进政府管理政策、战略、措施的落实。

(六) 强化公共民主决策,提高行政效率

组建长宁区经济社会调查中心,形成定期调研制度和应急调研制度,对区内经济社会发展展开以第一手资料为主的深度分析,为政府管理提供决策支持;成立区长圆桌会议,吸纳国内外知名企业高管参与献计献策,提高决策科学性。

(主要执笔人:郭爱军　罗海波)

专题四　杨浦区"十二五"发展规划思路研究

"十一五"时期是杨浦区全面贯彻落实科学发展观、深入实施科教兴市主战略、知识创新区建设攻坚突破的五年。通过全区干部群众共同努力，杨浦区综合经济实力快速提升，社会发展成效显著，"知识杨浦"基本定形，走出了一条传统工业区向知识创新区发展的转型之路。"十二五"时期，杨浦区将面临更加错综复杂的国内外环境，科教资源优势与创新应用转化不足的矛盾更加突出，日益增长的民生需求和自身财力不足的矛盾更加显著，因此杨浦区"十二五"规划必须要有新的视角、新的高度、新的思维，紧扣国家创新型试点城区建设这一契机，不断深化丰富"三区联动"的内涵，以制度创新引领科技创新，率先打造成为上海创新发展核心区、转变发展方式先行先试区和高端要素资源配置集聚区。

一、杨浦区"十二五"发展基础条件评估

从 2003 年"知识杨浦"定位明确提出到 2010 年"国家创新型试点城区"获批，杨浦区步入转型发展的新时期。杨浦区"十二五"规划要从杨浦区现有发展基础、特定结构和约束条件出发，结合国内外环境新变化和城市发展新趋势，对杨浦区发展的基础条件做出总体判断，作为制定"十二五"规划的前提。

（一）杨浦"知识创新区"的理念基本完善、框架基本定形

杨浦区曾经是上海的工业支柱，为上海经济发展作出过巨大贡献。改革开放以来，为适应上海产业结构调整和功能重新定位的需求，杨浦区打破原有发展模式、产业演变路径，对原有不适应国际大都市的产业结构、城市形态、城市功能进行改革、调整。特别是 20 世纪 90 年代，由于工业驱动发展模式制约

了区域功能提升,杨浦区开始进入了老工业城区探索转型发展的阶段。2003年,正式提出了"知识杨浦"定位,逐步形成了"三区融合、联动发展"的核心理念,经过七年努力,杨浦区在创新要素集聚、创新载体建设、重点功能布局、体制机制改革等方面初步形成了阶段性目标,"知识创新区"框架基本定形。

(二) 杨浦创新转型是创新型国家建设的重要组成部分,是上海城市全面转型发展的集中体现

杨浦区转型发展是一种整体式转型。从国际上看,老工业区转型有三种类型:一是彻底转型,由工业型城市向服务型城市转变,如伦敦;二是局部转型,通过培育新的竞争力点促进传统工业转型,如法国北加莱地区;三是整体转型,通过整个城市群环境、功能转变,提升城市形象和综合能力,如德国鲁尔。杨浦知识创新区建设是通过发挥"三区联动"优势,促进城市整体转型,为世界上正在转型和尚未转型的老工业城市提供一个样本。

杨浦区转型发展是参与全球价值链重构的过程。从全球来看,杨浦区已经吸引了一批重量级国际要素交易平台和国际科技金融企业,如联合国南南技术产权交易所、南南全球环境能源交易所等,虽然规模不大、涉及范围不广,在全球还不能发挥重要作用,但已经嵌入全球价值链某一领域、某一环节,参与了全球价值链的重构过程,开始在全球价值链中逐渐形成影响力和控制力。

杨浦区转型发展是建设创新型国家的重要组成部分。从全国来看,2010年1月杨浦区被国家科技部正式确定为国家创新型试点城区,成为创新型国家建设的重要组成部分,肩负起老工业城区转型发展、构建知识创新发展模式的重任,示范引领创新型国家建设进程。

杨浦区转型发展是区域一体化的重要动力。从长三角来看,杨浦区内传统工业向外转移,已经与大丰等地建立起联动机制,区域发展空间进一步拓展;同时,杨浦知识创新区是长三角地区知识、智力最密集的区域,是向长三角不断输出智力、扩散知识、转移科技企业的核心之一。

杨浦区转型发展是上海城市全面转型的集中体现。从全市来看,郊区产业要向先进制造业、高新技术产业和服务经济转变,通过产业转型带动城区整体功能转型;中心城区则通过服务经济内部结构调整,由低端服务业向高端

型、知识型、智力密集型服务业转变，由创新服务的被动接受者向创新服务的创造者、集成商转变。作为智力最密集的中心城区，杨浦区理所当然成为了上海创新转型的重要区域。

（三）杨浦区经济规模迅速增大，经济实力稳步提升，但创新性城市内涵还有待丰富完善

"十一五"期间，杨浦区深入贯彻"两个优先、两个提升"产业发展方针，产业结构不断优化升级，经济保持快速增长，年均增速超过 16%，高于全市和其他中心城区水平；其中，知识型生产性服务业增长更快，年均增长 22.4%，基础性服务年均增长 20%，成为引领区域经济的重要引擎。

但另一方面，创新城市的内涵还有待丰富：一是产业结构偏重，第三产业占比仍然较低，而传统工业仍然占比较高，"退二进三"任务依然艰巨。二是发展动力偏硬，工业仍是经济发展的重要推动力，知识型生产性服务业尚未成为支撑经济发展的核心动力。"十一五"期间，知识型生产性服务业对区域 GDP 增长率贡献度年均 15%，其中 2010 年高新技术产业贡献度仅为 1.63%，而工业贡献度超过 96%，知识型生产性服务业贡献达到 26%，这说明杨浦区知识经济整体规模较小，尚未成为经济发展的核心支撑，对经济的带动作用较弱，需要进一步做大规模。三是科技创新的本地转化程度较低，许多科技型中小企业从孵化站出来，可能直接转移到其他地区的高新技术产业园，造成"杨浦出资培育，他区独享成果"的局面，对杨浦区当地经济带动作用较弱。

（四）创新体制机制仍有待进一步建立健全

杨浦区创新驱动的转型发展模式已经明确，创新要素集聚、创新载体构建实现了阶段性目标，但创新发展的深层次问题仍有待彻底解决，市场机制主导的创新环境还未最终形成，在创新发展模式上仍处于以规模为导向的外延式扩张阶段，创新尚未成为引领带动区域经济持续发展、促进区域经济内涵式发展的核心支柱。另外，也面临着一些亟待解决的矛盾和问题，大致可归结为六大基本矛盾，即日益增长的民生需求与财力相对不足的矛盾，科教资源和"三区联动"品牌效应与科技创新应用转化不足的矛盾，经济高速发展与产业结构

滞后的矛盾,城市形象依托于创新驱动与经济增长依托于重点功能区的矛盾,知识型高端人才集聚与应用型经济人才不足的矛盾,不断增长的创新需求与创新服务体系供给不足之间的矛盾。总体来看,随着区域创新体系初步形成,目前杨浦区创新转型发展进入了一个全面提升功能的关键时期。

二、杨浦区"十二五"发展思路与发展主线

(一) 发展思路

以"三区联动、创新驱动,加快推动国家创新型试点城区建设"为主线,以实施创新型国家战略和增强自主创新能力为目标,以服务上海实现"四个率先"、建设"四个中心"和社会主义现代化国际大都市建设为着力点,深化"三区融合、联动发展",坚持创新驱动、先行先试,推动创新创业集聚、提高科技创新能力和国际化水平,着力推进结构调整,着力改善社会民生,充分发挥世博会后续效应,加快提高城区的社会管理水平,加快建设资源节约型和环境友好型城区,深化改革和扩大开放,在增强创新能力、推动科学发展、促进社会和谐等方面走在上海和全国前列。

1. 坚持创新驱动发展,完善区域创新体系

立足国家创新型试点城区建设,着力激发创新主体活力,着力提升科教资源和人才资源对区域经济发展贡献度,加快构建金融创新服务体系,加快打造海外高端创新创业人才基地,积极营造创新创业环境,促使发展模式从依靠资源要素投入向科技创新驱动转变。

2. 坚持产业聚焦发展,优化结构调整格局

推动产业资源优化配置与有效整合,以聚焦知识型服务业和战略性新兴产业为突破口,大力推进产业结构调整,努力提升产业能级水平,着力提高产业核心竞争力,进一步促使产业结构向服务经济高端化转变。

3. 坚持民生持续改善,推进和谐城区建设

以富民惠民安民为导向,以发展成果社会共享为指导,完善社会保障体系,推进基本公共服务均等化,提高社会建设和管理水平,优化全区社会资源

配置,展现和谐城区形象,促使发展中心从偏重经济向更加注重社会民生和满足多元化社会需求转变。

4. 坚持重点地区突破,凸现服务辐射功能

统筹规划建设五角场城市副中心、新江湾城、环同济知识经济圈、大连路总部研发集聚区、杨浦滨江发展带等重点区域,强化城市设计研究,完善重点地区配套功能,实现产业融合、功能融合、空间融合,促使城区建设开发模式从局部优化向整体推进和融合发展转变。

5. 坚持绿色发展理念,加快两型城区建设

大力发展低碳经济和循环经济,着力推进节能减排和环境保护,提升绿色经济内涵和发展质量,强化全社会节能减排意识,促进经济发展方式从资源环境高消耗向资源集约利用转变。

6. 坚持体制机制创新,不断扩大改革开放

坚持全方位、深层次改革,坚持在扩大开放中推进改革,破除不适应转变经济发展方式的制度瓶颈。探索国家创新型试点城区体制机制优化,深入推进政府、企业、市场和社会事业各领域联动改革。推进联动长三角发展,提升城区国际化水平,促使经济社会发展从偏重行政推动向更大程度发挥市场配置资源基础性作用转变。

(二) 发展主线

发展主线是为实现预期奋斗目标而必须实践的、始终坚持的任务提炼,既要立足现实,又要振奋人心,实现现实性和前瞻性的统一。在继承杨浦区"十一五"规划主线的基础上,结合国家创新型试点城区建设,以"三区联动、创新驱动,加快推动国家创新型试点城区建设"为发展主线,不仅能充分体现建设创新型国家、全市转型发展的要求,也能更好地突出杨浦区的制度创新和科技创新优势。

1. 这一主线不仅体现了国内外环境变化的要求,更体现了杨浦区作为上海三个"百年文明"老工业城区转型发展的历史责任,符合国家和上海对杨浦区发展的战略要求

"十二五"时期,世界经济和中国经济都将处于转型关键期,上海更是将以

"创新驱动、转型发展"引领经济社会发展方式上的转变。而杨浦区由于地理位置、产业结构和社会结构的差异,在增长动力、资源环境、社会和谐、体制机制等方面面临着较多约束,使得发挥区内科教资源优势、加快老工业城区的现代化转型在国内具有一定的代表性和超前性。因此,以"三区联动、创新驱动,加快推动国家创新型试点城区建设"作为主线,凸显了杨浦区在引领全国和上海建设创新型国家和转变发展方式上的试点、示范作用,体现了国家和上海对杨浦区未来发展的战略要求。

2. 这一主线具有一定的延续性和涵盖性,体现了杨浦区迈向知识创新城区的目标要求和作为国际大都市中心城区的特征

"三区联动、创新驱动,加快推动国家创新型试点城区建设"继承了"十一五"发展主线(加快"三区融合、联动发展",增强城区知识创新活力),但在内涵上又有所丰富。它不仅包含了实现三区联动发展的路径和创新推动的要求,而且包含了全面优化经济结构和提升城市功能的要求;不仅包含了转变经济发展方式和社会发展方式的内涵,而且包含了转变城市发展模式、优化城市形态布局和创新城市管理体制的内涵。同时,这一主线的根本目的在于提升杨浦区的创新能力和创新型核心竞争力,形成中心城区建立健全完善的创新服务体系、郊区大力推动创新应用转化协同发展态势,共同构筑起上海的创新体系。

3. 这一主线必须以建设国家创新型试点城区为核心,以"三区联动"为路径,以创新为动力,推动各个领域突破发展

(1)"三区联动"是杨浦区的重大制度创新,是杨浦区百年历史文化积淀和智力资源密集优势的完美结合。通过"三区联动"有助于打破现有体制机制的约束,建立起知识生产者、传播者和创业者之间的有效渠道,把知识转化为强大的生产力,推动区域经济快速发展。

(2)创新驱动是发展的动力,是"三区联动"所要达到的目的,即建立起区域经济可持续发展的动力机制。这一创新不仅仅是科技创新,还包括经济、科技、社会文化等各个领域的创新。"十二五"时期,要把创新驱动作为贯彻科学发展观、建设国家创新型试点城区的重要抓手和主要措施,加快推动科技创新和制度创新,着力激发创新主体活力,营造创新环境,使创新成为经济社会发展的主要驱动力,努力建设创新型城区、在创新中推动城市全面转型。

（3）加快推动国家创新型试点城区建设是核心。"十二五"时期杨浦区的转型发展不是其他意义上的转型，而是要以最终建设国家创新型试点城区为战略导向。这一战略必须以提升城市创新活力、完善城市创新服务体系为根本出发点，以构建知识型服务经济的产业体系为支撑，以提高自主创新能力为中心环节，力争把杨浦区建成全国创新型试点的实践区、转变发展方式和落实科学发展观的示范区。

（4）这一主线的全面贯穿落实，必须实现"六个结合"。这一主线要求把杨浦区转型发展放在更大的时空背景中来规划，体现"六个结合"的发展要求：一是把杨浦区的转型发展同全球产业价值重构结合起来，通过积极介入全球价值链重组，抢占特定领域、特定环节的价值链高端，提升杨浦区产业的国际影响力和控制力。二是把杨浦区的转型发展与国家战略有机结合起来，借助国家的支持在积极落实国家战略中实现"知识杨浦"的战略定位。三是把杨浦区的转型发展与长三角的发展结合起来，突出杨浦区科技创新服务于长三角、服务于长江流域的功能，体现错位发展、合作共赢。四是把杨浦区的发展与上海的转型结合起来，突出杨浦区创新服务体系集成供应商的功能定位，与分布在全市甚至全国的高新技术产业园区实现对接，提升科技成果的转化应用效率，推动杨浦区与全市、全国共同发展。五是把杨浦区的转型发展与拓展产业发展空间、改变发展"短腿"有机结合起来，通过建立"杨浦区—企业—转入区"的成果共享机制和产业发展联动机制，着力推动区内传统工业向外有序转移，着力推动高端服务业和制造业高端环节发展。六是把杨浦区的转型发展与改革开放结合起来，使杨浦区"十二五"发展成为改革开放 30 年重要节点的延续和 2020 年基本建成知识创新区的重要起点，使杨浦区的发展呈现一种连续、有序的发展状态。

（三）杨浦区"十二五"规划必须体现"创新驱动，转型发展"

1. 创新是杨浦区"十二五"规划甚至更长远规划的灵魂

杨浦区"十二五"规划核心是两个：一个是创新驱动、转型发展；一个是率先转变经济发展方式。其中，率先转变经济发展方式是对全国"十二五"规划建议稿中提出的"以科学发展为主题，以加快转变经济发展方式为主线"的响应。但无论是从内涵还是外延来讲,创新驱动、转型发展都比转变经济发展方式更广泛,更能体现杨浦区当前所处的发展阶段、面临的瓶颈约束。因此,两个核心问题中,创新驱动、转型发展对杨浦区更有全局性、统领性、现实性和前瞻性,其内涵就是要把创新贯穿经济社会发展各个环节和全过程,着力推进制度创新、科技创新、管理创新和文化创新,实现发展理念、体制机制、领导方式和工作方法的重大转变。因此,要把"创新"这一核心始终贯穿于"知识杨浦"建设全过程,并通过各种创新类指标凸显创新动态发展,特别是社会民生类指标中要有创新的因素,对一些关键的指标要量化,包括孵化出站企业情况、知识型服务业年均增长速度、科研投入规模、旧区改造机制与政策创新、产业空间拓展、引进国内资本、民生工作创新情况、创意产业发展情况、重大技术创新、"三区联动"进展等。

2. 要把"转型发展"作为杨浦区"十二五"规划核心问题

加快转型发展是杨浦区 30 年改革开放的延续,是实现"知识杨浦"战略定位的重要举措。与其他中心城区相比,杨浦区目前面临的经济层面问题更多、更严峻,特别是在产业结构调整、发挥知识对经济增长的贡献度方面,杨浦区还有很大的潜力和发展空间。因此,加快推进经济发展方式转变、加快城市转型符合杨浦区实际,并体现于八个领域的突破转变:一是城市经济形态从制造经济向服务经济转变,全面建立服务经济为主的产业结构;二是城市发展力由投资驱动向创新驱动转变,构建形成以创新为基础的新竞争优势;三是城市发展模式从粗放高耗向绿色低碳转变,打造环境友好型和资源节约型社会;四是城市产业形态从低端化向高端化转变,逐步建立形成服务化、知识化、高端化的新型产业体系;五是城市布局形态从单核单极向协调统筹发展转变,形成功能突出、均衡发展的城市空间布局;六是城市发展路径从外向型向开放型转变,大幅提高城市国际化水平;七是城市发展理念从注重经济发展向经济社会文化协调发展转变,全面构建和谐社会;八是社会管理方式从政府动员和直接介入向充分调动社会组织和公众广泛参与转变,创新社会管理方式。

3. 要明确主线对全区发展的基本要求

按照国家和全市"十二五"规划的总体要求,以及杨浦区发展主线的内涵,"十二五"期间杨浦区发展的基本要求体现为六个"必须":一是必须深入推进创新集聚,进一步完善区域创新体系;二是必须加强企业自主创新能力,进一步提升科技成果的转化水平;三是必须加快推进产业结构战略性调整,进一步提升产业发展能级;四是必须均衡推动地区协调发展,进一步优化城区功能布局;五是必须加快社会民生事业发展,进一步实现强区富民的战略目标;六是必须坚持深化改革开放,进一步提升区域国际化水平。

三、杨浦区"十二五"若干重大问题深化研究

(一)国家创新型试点城区建设引领杨浦区发展全局

1. 建设创新型国家试点城区是国家战略,也是全市发展战略

"十二五"时期,面对土地、资源、环境约束日益加大的状况,上海必须加快确立以创新支撑和引领未来经济社会发展的战略定位,把握世博科技创新应用带来的契机,汲取为我所用的新理念和新技术,按照"制造与服务并重、研发与应用并重、自主创新与全球集成创新相结合、引导产业链和聚焦优势环节相结合、国有资本和社会资本共同发展"的基本思路,全面加强创新体系建设,积极提升自主创新和消化吸收再创新能力,促进科技及产业跨越式发展,逐步实现由创新制造能力到创新服务能力的提升,努力建成具有自主设计、自主品牌、自主研发的国际综合型创新中心城市,成为亚太地区重要的创新策源地和全球创新资源的集成服务基地,走出一条具有上海特点的创新型城市发展之路。杨浦区要借国家创新型试点城区建设契机,为上海探索一种创新型城市发展的模式。

2. 上海加快创新型城市建设为杨浦区带来机遇

全市"十二五"规划要求坚持自主创新、重点跨越、支撑发展、引领未来的方针,坚持以知识竞争力为标杆,以应用为导向,抢占科技制高点、培育经济增长点、服务民生关注点,全面增强原始创新、集成创新和引进消化吸收再创新能力,推动城市发展率先实现向创新驱动转变。一是增强科技创新能力、大力推进创新载体建设。其中,特别提到要深化"三区联动",加快杨浦、紫竹等创新园区载体建设,显示出杨浦区创新在全市的战略地位。二是激发企业活力,加快构建以企业为主体、市场为导向、产学研相结合的技术创新体系。三是深

化科技管理体制机制改革,进一步深化部市合作、院地合作机制,增强区县创新发展动力与活力。四是建设国际人才高地,全面贯彻落实国家和上海中长期人才发展规划纲要。

3. 提高自主创新能力应成为杨浦区国家创新型试点城区建设的重要内容

一是加快科技创新载体建设,推动大学科技园区、企业技术研发中心发展,加快科技园区功能提升。

二是努力增强科技能力。以战略性产业、新兴产业和高科技产业为重点、以重大技术创新为抓手,加强科技原生性创新,积极实施自主知识产业战略,在云计算、物联网、智能电网、智慧城市、特种电缆等新兴产业领域实现重大技术突破。

三是深化科技金融改革,促使优质资源和要素向有竞争力的优势创新企业集中。利用政府科技专项提供的政策性担保资金,通过政、银、保合作联动和市、区联合担保,以及引入再担保机构和科技保险服务,建立科技型企业融资联合担保平台;积极引导金融机构创新科技金融服务,建立适应科技型中小企业特点的融资体系;加快对接创业板和 OTC 市场,逐步建立和完善科技型企业上市融资的平台;健全创业风险投资机构体系,增强为技术风险大的高技术企业提供风险创业投资的能力。

四是激发企业自主创新活力。引导和鼓励企业加大研发投入,积极发展研发外包服务和专业技术服务,加快确立企业技术创新主体地位。强化国有企业创新导向,加强创新绩效考核激励机制;增强民营企业创新能力,加强对民营中小企业和创业的政策扶持力度;鼓励外资在沪建立研发机构,促进其与本土机构的合作交流;推动产学研合作,构建产业技术创新联盟;加强科技金融结合,放大政府引导资金作用,进一步落实对创新型企业和产品的优惠政策。

五是积极拓展高新技术成果产业化的发展空间。杨浦区是大量中小科技型企业的孵化基地,但由于没有高新技术产业园区,这些企业一旦孵化便飞到其他区成长发展,导致对杨浦区的经济带动作用不显著。因此,杨浦区应通过与产业基地建立发展成果共享机构,在异地设立区外飞地,作为高新技术成果转化的基地。

六是大力发展各类创新技术的服务业。基于高新技术产业服务化和服务业高技术化并重的产业发展趋势,以网络技术、信息技术和生物技术为支撑,重点发展信息服务、研发服务、专业技术服务、科技推广、技术预测、技术发展规划、知识产权检索、技术检测、创新成果投资评估、知识产权评估、专利代理中介、科技企业信用评估等新型科技服务业。

（二）深化"三区联动"核心理念

"三区联动"是把大学校区的人才培育与知识创新、科技园区的科技孵化与技术创新、公共社区的公共服务与社区环境建设系统有机地统一起来，构造以知识为桥梁，价值创造为纽带，资源集聚共享为特征，校区、园区和社区紧密结合、共同发展的区域创新系统下的城区发展新模式。

1. 杨浦区"三区联动"已经从主动、互动发展到联动阶段

"三区联动"是杨浦重大的制度创新，是杨浦区别于其他中心城区的最大优势。目前，"三区联动"已经逐步由主动服务、互动共进发展到了联动发展阶段，即"三区联动"已经经历了区里主动服务高校、区政府和高校之间互相服务的阶段，目前到了相互依赖、相互促进、相互扶持、合作共赢的发展阶段。这一阶段最突出的特征是："三区联动"的内在市场机制基本形成，高校、社区和产业园区能自主地、自发地进行合作、协调；政府逐渐从直接管理向间接调控转变、从无限政府向有限政府转变，通过营造宽松的创新创业环境、完善创新服务体系，支持鼓励企业科技创新、制度创新。

2. 杨浦区"三区联动"仍然面临着体制机制的束缚

一是高校管理体制造成区政府与高校利益导向不一致，各自定位没有融合，如部属高校定位于人才培养，区政府则以强区富民为己任。因此，对高校的考核以人才培养、研究实验为主，缺乏对高校对地方经济的贡献考核。二是科技管理体制造成高校成果转化效率低，从研究成果到产品技术机制还不畅通。三是重视高端人才引入，忽视应用型经济人才，而后者是完善社会创新服务体系的重要因素。

3. 杨浦区深化"三区联动"的体制机制改革

一是进一步深化部市合作、院地合作机制，加强市区联动，建立区区发展联盟，把"三区联动"纳入这些合作机制的重点内容，通过国家保障、全市推动、全区努力和与其他区域联动，为"三区联动"发展创造更加宽松的环境。

二是健全高校服务地方经济发展的考核机制。在杨浦市属高校中开始试点高校服务地方考核机制，并借助国家创新型试点城区建设契机逐步推广至部属高校。

三是完善政府现有各类资金（创业引导资金等）管理方式，提高资金使用效率。

四是依托区内教育资源优势，参照浦东、崇明等区县做法，加快建设国际教育园区。

（三）优化城市功能发展空间布局

"十二五"期间上海正处于转变发展方式、推动城市全面转型的重要时期，需要通过城市空间布局优化调整，统筹中心城区、郊区以及重大功能片区和产业带，带动全市产业结构升级和区域功能重塑，为上海城市发展提供新的动力。这为杨浦区城市功能空间布局调整提供了良好的机遇。

1. 杨浦区功能布局优化面临重大机遇

一是上海正大力推进黄浦江沿线开发，构建形成"十字轴"商务带。随着世博结束，黄浦江沿线开发将成为"十二五"时期中心城区发展的重要抓手，重点是开发两岸商务功能，带动中心城区商务功能深化开发，构建和完善以大虹桥—延安路—世纪大道—张江功能区为"横"、以黄浦江为"纵"的"十字轴"商务带，大力发展航运、金融、高端商务商贸、高端会展等全市层面的专业性和高能级商务功能，使之成为上海建设"四个中心"和展现现代化国际大都市形象的核心平台，引导中心城区新一轮发展。二是上海"十二五"期间将加大区域统筹力度，促进苏州河以北地区加快发展。改变苏州河以北地区的落后面貌、实现南北协调发展已成为上海"十二五"时期促进区域协调发展的迫切任务。必须进一步加大区域统筹力度，加强政策倾斜和财政转移支付，着力改善苏州河跨河交通，增强"苏南"经济对"苏北"地区的带动辐射效应，鼓励和引导南北联动，争取用两个五年规划的时间使南北地区发展差距明显缩小。

2. 杨浦区中心城区定位决定了其服务经济发展优化区的最终目标

从国家来看，将各地区发展区分为禁止、限制、重点、优化发展四个类型。"十二五"时期，上海中心城区重点强化"极核"功能，发展服务经济。杨浦区身处其中,应当从未来着眼,着力打造各具特色、功能各异的现代服务业集聚区,重点发展以金融服务业、专业服务业为重点的现代服务业,以时尚、体验消费为特色的休闲服务业,以国际精品为主的现代批零商业和以写字楼租赁、物业管理、房产交易为标志的房地产业。

3. 在坚持城市整体形态的前提下优化功能布局

2004年5月,市政府正式批准实施《杨浦知识创新区发展规划纲要》,确定"三区融合、联动发展"核心理念,明确"两片、一线、一带"城区发展空间布局(见图5.1)。在坚持城区整体布局前提下,杨浦区要突出区域主导功能,发挥五大重点地区对城市布局调整的带动作用,加强分类指导,促进区域公共中心功能多元、体现特色和分工协作,形成发展导向明确、要素配置均衡、空间集约集聚的发展格局。

图5.1 杨浦知识创新区发展空间布局规划

重点推进大连路和环同济圈建设,加快形成"亿元"级、创新性商务楼宇群,促进科技金融服务企业形成产业集群。

推进五角场副中心商务建设,促进商业商务融合发展,提升能级和现代化水平,进一步体现繁荣繁华,发挥高端服务和辐射功能,形成杨浦区发展服务经济的主体功能区。

高起点规划滨江开发,要与对面浦东滨江、南面虹口滨江规划对接,形成风格、功能、产业等方面都各具特色、内涵丰富的滨江带。

江湾地区要加强规划落实,充分融入国际元素和智能元素,同时要把居住、商务、高校、配套体系等综合考虑进来,不能做成一个纯粹的高端居住社区。

(四) 高起点规划建设杨浦滨江开发带

1. 黄浦江两岸开发有序推进,但杨浦区滨江带未被列入全市"十二五"两岸开发重点

国际高端商务区往往滨水开发,十分注重挖掘历史文化积淀和塑造滨水景观。自 2002 年以来,浦江两岸已经制定了控制性详规,进行沿线功能调整置换、实行土地收储,重大项目顺利推进,沿江生态环境、滨水景观、基础设施等有了较大改善。从目前开发的情况来看,徐汇、虹口、黄浦、浦东等区域滨江段开发较为顺利,而浦东世博园区和卢湾滨江在世博后将进入实质性开发,杨浦滨江虽然建设了一些功能性项目,但杨浦滨江段的整体开发还未真正启动。

杨浦区滨江带处于黄浦江北段,是上海百年工业文明的发源地。目前,该区域开发强度仍然相当低。特别是世博园后续开发,将统筹世博园区与黄浦江沿岸综合开发规划,形成低碳生态的文化交流和公共活动中心、新的服务经济集聚区。再加上基本建成形态的徐汇滨江、已经签约动工的黄浦滨江南段和虹口滨江带,"十二五"规划内中心城区所涉及的黄浦江西岸南段开发重点基本形成,而杨浦区滨江开发尚未纳入"十二五"重点。

2. 杨浦区滨江开发受到较严重的环境机理约束和体制机制束缚

杨浦区滨江地区仍存在大量的成片旧区和工业企业,而且这些企业大部分是市属企业和中央企业,管理权限的错位导致区内进行拆迁难度非常大,无

法像徐汇区那样全部拆光重建;同时,杨浦区滨江还有大量受保护的历史遗址,土地的收储工作相当困难。同时,杨浦区滨江开发既非项目制,也非公司制,是以杨浦区滨江开发办公室名义进行,在机制上尚未理顺,导致推力不大,主体缺位。

3. 高起点规划杨浦区滨江带,有序推进功能性项目,实现点上突破

浦江两岸上一轮开发缺乏对整个黄浦江体系的商务定位,没有将其纳入整个中心城区商务区体系规划中。"十二五"及以后时期,加强黄浦江开发规划工作将非常重要,按照"打造百年精品"的要求,杨浦区应加快高起点规划滨江发展带,成熟一段推进一段,通过重点功能项目的实施有序推进,实现点上突破、面上开花,打造以文化、创意、休闲、商务等为主题,产业能级强大,分段特色突出,生态景观优美,贯彻"低碳"理念的高端商务休闲带。

一是坚持保护性开发和商业性开发相结合的原则,成为展现上海百年工业文明与现代商业文明共存的标志性区域。

二是坚持产业升级与产业转移、旧城改造相结合的原则。配合全市积极推动工业飞地建设,作为杨浦工业外移的载体,通过采取"总部经济、异地生产、统一经营"的模式,即总部不迁移,研发、营销等功能留在杨浦,生产在异地工业区,异地工业区企业作为独立投资主体,独立承担土地费用、基建成本,独力进行建设、生产,区政府给予相应搬迁补贴,积极推动滨江企业生产制造环节向外转移。同时,与轨道交通建设和土地开发利益捆绑,将旧城改造、滨江经济和地铁上盖经济相结合,减轻杨浦旧改压力。

三是坚持整体规划与利益共享相结合的原则,即在两岸整体规划和杨浦滨江详细规划的框架内,积极创新开发模式,组建滨江地块企业与两岸办、杨浦区之间的利益共同体,形成利益共享、共同开发、风险由区承担大头的"新型"战略合作关系,鼓励现有企业向外转移,腾出土地及早收储。

四是坚持先定位、后开发,先有主题、后有建设相结合的原则。目前,黄浦滨江段着力打造成为上海国际金融中心的核心承载区和高端商业商务区,虹口滨江段努力打造成上海国际航运中心的重要载体,徐汇滨江段打造成为高新技术的创新服务高地,世博园区滨江段打造成中央活动区(CAZ),各区定位不同,开发模式也会不同。杨浦滨江段是中心城区非常宝贵的岸线资源,应

充分发挥杨浦区智力资源密集、创新领先的优势,把杨浦滨江段打造成为创新资源的配置高地,为区域甚至全市、全国创新提供服务。

五是深化"市区联手、以区为主"的开发体制框架,落实"政府引导、市场运作、条块结合、以块为主、政策聚集、机制协调、利益共享、综合平衡"的总体要求,有序推动重点地区综合开发工作。

(五)大力促进产业结构战略性调整和能级提升

"十二五"时期杨浦区产业发展面临难得机遇。一方面,"十二五"时期仍然是我国经济发展的重要战略机遇期,中国仍将是国际资本最青睐的投资目的地,跨国公司高端制造活动的跨境转移、研发与服务外包的国际化趋势进一步加强,这不仅有利于杨浦充分吸引国际资本、国际技术和国际人才,促进产业结构升级,增强竞争优势,也有利于杨浦产业走出去,获取重要的国际资源和技术。另一方面,"十二五"期间我国将着重发展现代产业体系,特别是上海将聚焦"四个中心"建设,加快形成服务经济为主的产业结构。

1. "十二五"期间杨浦区产业发展要正确处理好三对关系

一是要正确处理好内外环之间的产业结构关系。坚持推动内外环之间产业"退二进三",积极促进内环以内现代服务业升级。

二是要正确处理好基础性服务业与知识型服务业之间的关系。既要坚持基础性服务业在产业结构中的重要地位,推动基础性服务业稳定增长,也要坚持知识型服务业新兴引擎的地位,推动知识性服务业快速增长。

三是要正确处理好创新创业与开放发展的关系。一方面要通过创新创业推动杨浦区高新技术和战略性新兴产业发展,另一方面要坚持开放发展,内联外引,积极引进优质龙头企业,发展总部经济。

2. 加快形成以知识型服务业为主导的新型产业体系

一是聚焦重点,做强知识型现代服务业。发挥科研院所集聚优势,依托高校强势学科,重点发展设计研发。聚焦环同济创意产业集聚区,建设面向建筑设计领域的公共服务平台,延伸设计产业链,重点发展工程总承包、市场运营、咨询策划、知识产权服务等产业链环节,进一步做大业务规模,提升国际化程度;聚焦复旦大学科技园,建设多媒体创意公共服务平台,扶持网络游戏、互动娱乐和数字内容产业，整合技术、表现形式、渠道和传播方式等综合因素；聚焦上海国际时尚中心，打造时尚品牌的原创、发布、展示、体验、销售平台，重点发展为纺织服装、箱包皮鞋、钟表珠宝、家居家饰、工艺品制作等产业的设计、孵化、推广、展示。

二是错位联动，做专科技金融服务业。按照"完善体系，健全功能，不断创新"的总体要求，坚持错位发展、联动发展，重点发展以风险投资、产业投资基金、国家和市级引导基金等为核心的股权投资业，加强与浦发银行、硅谷金融集团等国内外知名的基金托管机构、投资机构的合作，大力发展证券交易、信托、金融租赁等一批非银行金融机构，积极引进专注于中小科技型企业的融资担保、再担保、资产评估、价值评估、融资租赁、典当、小额贷款公司类金融机构；进一步深化科技金融产品创新，逐步推广"期权贷"、夹层融资、信托、知识产权融资、应收账款融资、股权质押融资等新型产品，探索推出旧区改造基金、公共固定资产融资租赁、电子消费卡等产品；深化投贷联盟运作，广泛吸收银行、投资机构、担保机构、中介机构等会员的参与；积极对接主板、中小板、创业板、海外板及 OTC 等多层次资本市场，继续推进企业改制上市和债券发行融资。

三是加快发展，做大高新技术产业。高新技术产业是上海着力发展的重点领域，而杨浦区高新技术产业规模偏小，门类有限，能级不高，对经济贡献度较低。因此，杨浦区要以"两端延伸、自主研发、强化品牌"为要求，充分发挥复旦微电子等行业龙头的引领带动作用，加快发展以电子信息为主导的高新技术产业。积推进新兴媒体、数字化增值服务等领域形成从设备研发设计到内容开发应用的比较完善的产业链条；围绕重点应用领域，重点发展以数字内容服务为核心、以互联网为重点、以软件及系统服务为依托的信息服务业；围绕价值链重构，积极发展信息技术外包、业务流程外包和知识处理外包服务，进一步把高新技术产业做大规模，打造成为承接孵化器出来的中小科技企业的重要载体。

四是对接全市，培育战略性新兴产业。战略性新兴产业是未来产业发展的制高点和亮点，杨浦区要积极对接国家技术创新工程和上海战略，按照"点上突破、高端切入、应用带动"的发展思路，依托区内学科优势、人才优势和企业优势，以智能电网、物联网、云计算、节能环保等产业为重点，聚焦核心领域、关键技术、重点企业，以突破关键技术和培育市场应用为导向，培育和发展战略性新兴产业。在物联网领域，重点发展传感网、传感器的关键技术，积极推动发展射频识别（RFID）技术（高端智能卡、电子标签、移动支付等）在物流、数字社区、环境监测、智能交通、楼宇节能管理等行业和领域的示范应用；大力支持传感器共性技术研发公共服务平台建设，促进相关标准的研究和制定。以云计算、云存储、网络传输、计算和行业应用等技术为重点，发展下一代互联网核心设备研发和商业模式创新，重点在于利用云计算手段为中小企业提供低成本的信息化服务；为大行业提供更廉价的单位计算、存储能力；整合政务门户网站，提高网站使用效率等领域开展创新应用示范（EMC 等相关软件、网络企业）。重点支持上海电力学院、上海电缆研究所等立足行业前沿，聚焦科技研发、标准制定、鉴定检测和科技成果产业化，加强前瞻性、战略性技术攻关和产业培育。

五是完善功能，打造总部经济集聚区。按照"明确重点、优化服务、重在功能"的原则，加快发展总部经济。积极推动大连路总部园区建设，完善配套服务体系，营造良好的总部环境，加快集聚外资企业地区总部、研发中心等功能性机构，支持国内外跨国企业在杨浦业务整合，大力吸引国际组织和机构集聚，形成总部经济集聚区和全球资源配置中心；积极吸引国内上市公司、行业龙头企业、民营企业总部，打造成为国内企业国际化运营平台；完善总部经济服务体系，加强周边环境改善，落实鼓励政策，简化行政审批程序，降低总部企业的营运成本。

六是突出重点，做优专业服务业。以科技创新服务相关产业为重点，以人力资源管理和企业运营服务相关产业为补充，形成技术、人才、资本、信息等要素集聚共享、有序流动、共同发展的格局。大力发展专利代理、法律顾问、信息咨询、价值评估、交易转让等知识产权服务，加快发展科技中心、孵化器、科技融资、公共科技服务平台等科技服务中介；整合发展各类人才中介，建立服务完善、网络广泛、以科技领域为主、能同时服务国内国际两个市场的专业人力资源管理机构；适当发展审计、会计、投资银行、企业咨询、法律仲裁、税收顾问、市场研究等服务，为区内科技企业运营提供完善的保障。

七是巩固优势,提升发展都市型工业。按照"塑造品牌、拓展内涵、提升功能"的要求,依托区内烟草、钟表、包箱、纺织等优势,引导发展具有技术含量高、富有创意特色、知识密集型和知识服务型且满足都市需求的新型产品,走品牌引领、创新驱动、绿色生态、质量安全的新型都市产业发展之路。烟草业要国际化,形成国际性烟草行业的技术、运营、会展中心;现代纺织业要品牌化,大力实施品牌带动战略,加大技术改造和新品研发力度;设备制造业要服务化,加强技术研发,促进生产制造环节高端化和企业服务化,保留研发设计、市场营销、资金营运、管理总部等职能;印刷业要一体化,鼓励印刷技术进步,支持印刷业向下延伸,发展图书设计、广告设计、现代传媒、数字内容等相关行业;钟表业要高端化,逐步加强研发设计。

　　八是拓展内涵,做强旅游服务业。按照"重人文、融现代、创品牌"的要求,把杨浦区三个"百年文明"和百年红色工运历史的深厚文化历史底蕴与知识创新区、江湾国际社区、滨江创新集聚区等结合起来,进一步拓展杨浦区旅游服务业内涵,提升杨浦区旅游服务品牌和能级,不断做强旅游服务业。重点发展特色餐饮、高星级宾馆、旅游观光、都市休闲等行业,打造具有国内外影响力的工业旅游胜地、滨水休闲天堂。

　　九是打造品牌,做精商贸服务业。按照"个性化、特色化"要求,以满足都市需求为导向,加快发展五角场购物休闲餐饮综合服务业,积极引进全国名特产品购物中心,提升辐射能级;高品位建设大连路总部经济集聚区配套文化娱乐、体育休闲、餐饮购物、研讨交流场所等;着力打造精品购物街、特色购物街和文化用品购物中心;大力发展轨道交通上盖经济,加快发展社区服务业,积极创新连锁商铺和电子商务等新业态。

　　十是平稳健康,提升发展房地产业。坚持集约化、高品质,依托经验丰富、实力雄厚的国际知名房地产开发商,加快历史建筑的改造、修缮和综合利用,高起点、高标准、高品质地建设智能化、低碳节能型商务楼宇;协调推进高档住宅和经济型住宅发展,完善房地产市场体系,强化市场监管,促进房地产业健康、平稳、可持续发展。

（六）加快推进旧区成片集中改造

目前,杨浦区旧改任务占到全市 1/4,是中心城区旧改任务最严重、最艰巨的城区。因此,加快推进旧改是改善民生的重要举措之一。"十二五"时期上海将全面实施旧区改造新机制和政策,加快中心城区旧区改造,进一步满足居民对住房、环境的需求,营造良好的安居乐业氛围。

1."十二五"杨浦旧区改造将进入一个新的发展阶段

"十一五"期间,杨浦区完成 60 万平方米的旧改任务,取得了显著的成绩,但仍有 165 万平方米成片旧区需要集中改造,占到全市旧改任务的 1/4。这样大体量的成片旧区坐落在中心城区、黄浦江沿岸,不仅影响了城市的整体美感,而且影响了杨浦区功能的空间调整,导致杨浦区域发展极不协调。同时,由于旧区集中了大量老龄少子的产业工人,对杨浦区人口结构优化产生负面影响,因此旧改是杨浦区发展中最受关注的民生问题,而杨浦区旧改又是全市旧改工作的重心。另外,国家要求加大保障和改善民生工作力度,有序推进棚户区改造,提高人民生活水平和质量,促进经济平稳较快发展。因此,杨浦区的旧区改造和住房保障工作在"十二五"期间将进入一个新的阶段。

2."十二五"杨浦区旧改面临的机遇与挑战

一是外部环境的变化,为杨浦区旧改工作推进提供了较为宽松的政策环境。首先,"十二五"时期是我国改善民生的关键时期,是我国大力推进"强国富民"政策的关键时期,必须更加注重以人为本的社会建设和管理,把改善民生作为转型发展的出发点和落脚点,着力推进以保障和改善民生为重点的社会建设,实现全体居民共享改革开放成果,提高人民群众的幸福生活指数。因此,"十二五"时期改善民生将成为各级政府的工作重心,杨浦区的工作重心也将由经济建设导向向经济建设与改善民生并重的方向转变,民生问题的重要性不断提升。旧改是目前杨浦区民生问题的最大区情、最主要矛盾,必将受到政府更多关注。其次,"十二五"时期杨浦区是全市旧改的主战场。随着其他中心城区旧改工作逐渐步入收获期,杨浦区旧改将成为全市旧改新战场、新基地。全市"十二五"规划明确提出,上海将加快中心城区旧区改造工作,把中心城区旧改作为改善民生、改善城市形象的重要抓手。因此,全市将把旧改战略重心向杨浦区收缩,增加对杨浦区的支持力度。再次,"十二五"时期是杨浦区旧改的政策创新期。随着旧改工作不断推进,以及人民群众对幸福生活的渴望程度越来越高,原来旧改的强制推进模式已经无法适应新时期的旧改任务,必须要有更大的魄力、更大的勇气,不断推进旧改机制和政策创新,保证旧改工作顺利、人民群众满意和社会安定和谐。最后,杨浦区推进旧改工作具有比较丰富的经验,如让原地安置、利用已签拆迁协议的居民去劝说未签协议的居民等,这些好的做法都值得在今后的工作中借鉴。

二是随着旧改工作的深入,对杨浦区旧改提出了严峻的挑战。首先,随着旧改工作的规范化、法制化、公开化,旧改工作必须本着改善民生、还利于民的宗旨进行,强制性、随意性、暴力性等因素将退出历史,这要求杨浦区在总结前期旧改工作经验的基础上不断进行政策创新,运用新的思维、新的手段、新的途径来推进旧改工作。其次,杨浦区旧改面临极大的风险。上海房价居高不下,杨浦区改造风险较大。按目前最低市价计算,165 万平方米旧改任务全部拆迁成本将超过 150 亿元,对于年财政收入仅 40 亿元的杨浦区而言压力非常之大。因此,杨浦区旧改任务完全依赖一区之力难以完成,市财政要大力支持杨浦区加快推进旧改。再次,杨浦区旧改受到体制机制约束。由于大量央企和市属企业的存在,滨江土地收储任务更是艰巨,使旧改工作难上加难。

3. 杨浦区旧改应创新机制和政策

一是先试先行"数砖头加保障"拆迁安置新方法,在依法维护被拆迁居民物权的基础上,对真正有居住困难的对象进行托底保障,广泛征求社会各界、公信人士和被拆迁居民的意见和建议,对方案不断优化和完善。

二是继续推行旧改两次征询试点工作,把旧区改造的主动权交给百姓;继续坚持阳光拆迁不动摇,积极完善拆迁安置结果主动公开、"分片划块"联动推进、"邻里互动"的利益调节、第三方公信人士参与、区属单位职工引领等拆迁新机制、新方法。

三是重点抓好房源平衡、停滞基地协调管理等机制的贯彻落实,并在工作推进中完善。继续通过"市区联手,土地储备"机制筹措旧改资金,对区财政承担的旧改资金给予切实的保证;房源筹建重点通过旧住房拆除重建、购买适配动迁房源、争取市相关部门支持和科学合理调配等渠道手段来实施。

（七）不断开拓财政资金来源

1. "十二五"杨浦区财政发展所处的阶段判断

第一，"十二五"时期是杨浦财政增长的稳定期，增长速度处在从高速低效向中速高效转变的关键阶段。目前，杨浦区人均 GDP 已超过 1 万美元，城市正面临从初级生产要素、投资驱动和财富驱动向创新驱动转变，这种产业结构转变、经济形态转型必将导致经济增长从高速步入中速增长阶段，财政收入进入稳定增长的时期。

第二，"十二五"时期是杨浦财源结构的调整期，税收贡献处在从传统服务业向知识型服务业转变的关键阶段。"十二五"时期杨浦区将形成以科教创新为特色、以服务经济为核心的新型产业体系，经济结构将从传统制造、服务为主转向先进制造、知识服务为主，新兴产业逐渐发展成熟，成为杨浦区税收的支柱来源，支撑杨浦区税收持续发展。

第三，"十二五"时期是杨浦财政支出的优化期，分配重点处在从建设领域向民生保障领域转变的关键阶段。"十二五"期间杨浦财政支出将主要以改善民生、促进和谐为主，城区管理、科技创新、就业再就业、教科文卫等投资比重将明显提高，财政支出结构进一步优化。

第四，"十二五"时期是杨浦财政功能的整合期，财政发展处在从政府出纳向合理配置资源转变的关键阶段。"十二五"期间，财政功能将逐渐由过分关注经济领域转向经济、社会兼顾，促进财政资源优化配置，引导社会资源合理配置，把财政作为第二次分配的作用充分发挥出来，为构建和谐社会提供有力保障。

第五，"十二五"时期是杨浦财政改革的突破期，制度建设处在从单项改革向公共财政体系建设转变的关键阶段。"十二五"期间杨浦将加快促进建设型财政向公共财政转变，构建适应服务经济发展需求的税制并进一步完善公共财政体系。

2. 创新财源渠道，多途径筹集区域发展资金

一是大力提升产业的可持续发展能力。加快发展节能环保和相关服务业，培育发展新能源、云计算、智能电网、新材料、物联网等战略性新兴产业的

研发和技术服务,把杨浦建成知识经济策源地和集聚地,提升新兴产业的税收贡献能力。努力推进中小型科技企业上市融资,打造企业持续发展的内在能力,为政府减轻负担。推动传统产业改造提升,挖掘税收潜力。

二是进一步夯实政府投融资平台功能。整合现有政府投融资平台,着力打造一到两家产业基础雄厚、资产结构优良、有市场发展前景、符合国家产业政策导向的国有企业,按照"政府指导＋市场化运作"的方式构建拓展投融资功能。

三是争取试点发行地方政府债券。"十一五"期间,我国地方政府已经破冰,未来几年将是我国地方政府债券大力推进的时期。因此,杨浦要抓住机遇,以全面深化知识创新功能的内涵为契机,争取区级政府债券试点。

四是通过金融创新打造新的融资途径和财税来源。围绕金融科技创新,杨浦区要继续通过科技、产业与金融三者的结合,提升金融科技服务功能。充分发挥硅谷银行的示范作用,积极建立上海从事科技金融服务的科技银行,引进和培育一批专注于早中期的国内外风险投资机构和服务科技型中小企业的融资担保等金融机构;加快吸引银行、投资机构、中介服务机构等参与投贷联盟;大力促进中小企业集合债发展,支持企业在多层次资本市场开展直接融资。重点吸引科技类、基金类金融企业落户。

(八) 完善综合交通体系

1. "十二五"全市交通体系建设的重心向郊区转移

全市"十二五"规划提出,要改善城乡居民出行条件,落实公交优先战略,优先安排公交的规划和建设,完善公交扶持政策并保障资金投入,重点建设中心城区连接郊区新城、大型居住区、重点开发区的轨道交通项目,优化地面公交网络和停车换乘系统,提高交通运行服务水平和交通引导组织能力。

2. "十二五"杨浦交通体系建设存在的问题

一是杨浦区市级重大设施投资后劲不足。"十二五"时期,随着中心城区建设逐渐完善,全市建设重心将向郊区转移,优先发展郊区基础设施。这将导致杨浦区重大基础设施建设后劲不足,特别是轨道交通建设将步入一个缓慢发展的阶段。

二是基础设施经济导向功能尚未充分发挥。TOD(交通引导发展)模式在国外和闵行、宝山等地应用都非常成功。目前,杨浦区仅仅利用了交通的连通、连接功能,而对重大基础设施引导居民分布、引导建设重心的功能认识还有待提高,存在着对这种城市发展新模式再认识的要求。

三是杨浦区交通系统的软件建设非常薄弱。交通体系是否畅通取决于基础设施和交通组织效率两个方面。从目前来看,杨浦区初步形成了"一桥、二环、三隧、四线"的城区交通骨干网络,路网结构得到优化、交通环境相应改善,对外联通能力、对内畅通能力显著提升,但公共交通运力不足、交通组织效率低下等交通软实力仍然薄弱,制约了基础设施功能的发挥。

3. 提高交通的组织效率

一是继续推进落实公交优先战略。建立委(建交委)—区(杨浦区)合作共建机制,通过机制创新,进一步增强区里在配置优化公交路线、公交站点方面的主动性,增加公共交通投入;优化布局新江湾城、滨江等重点功能区公交线网,积极推进以轨道站点为主体的公交枢纽建设,规划落实部分路段的公交专用道。

二是逐步推广绿色能源交通工具。借鉴闵行经验,推广公共自行车自助租赁服务,试点建设自行车交通示范街区,推广绿色出行方式,部分公交线路试点使用清洁能源新型环保车。

三是着力推进交通信息化建设。逐步完善五角场停车诱导系统,推进主干道行车诱导系统,建设综合交通指挥中心,形成交通运行智能化决策分析支持系统,提高交通服务水平和运行效率。

四是加强区域社会公共停车场(库)建设。加强杨浦区公共停车场公用系统建设,优化区域配置结构;健全区域停车信息系统,合理调配社区、公共停车场车位资源,实现实时动态更新,确保就近停车。

五是加强轨交通行,正确利用轨道交通资源。争取市级对轨交线路、站点的支持;完善轨交与地面交通衔接,形成区域快速交通网络体系;利用轨交引导区域人口合理布局;加快上盖经济开发。

六是充分发挥杨浦岸线资源,进行水面交通试点。可参照世博会模式,建立杨浦水门、水上公交和水上旅游客运。

（九）大力提升社会管理水平

1.“十二五”时期上海已经到了经济建设与社会建设并重的发展阶段

随着上海逐步步入中等发达经济体水平,社会大众对生活质量的要求逐步提高,公共服务的个性化与高层次需求出现“跳跃式”增长,广大居民的公民意识逐步觉醒和强化,城市治理中民主参与的要求更加突出,社会利益诉求呈现复杂多变的格局。为应对这种新环境、新趋势,上海有意识地大力加强社会领域建设,把社会建设作为满足人民群众日益增长的多样化、多层次公共服务需求的重要手段。总体上看,上海已经到了“经济社会并重协调”、“经济发展服务于社会建设”的新阶段。

2.“十二五”期间杨浦区积极开展社会管理创新综合试点

一是切实加强基层社区建设,进一步完善社区治理结构。街道要进一步强化组织公共服务、实施综合管理、监督专业管理、调动社区资源、指导自治组织和维护社会稳定的职能;积极探索镇管社区模式,居委会要增强自治功能;实行居委会直选,全面推广听证会、协调会、评议会等民主管理制度,健全党代表、人大代表等联系社区制度,健全社区居民参与重大公共决策制定、实施、评估和监督机制。探索完善居民区党组织、居委会、业委会和物业服务企业“四位一体”的协调机制,加快完善住房产权和物业的管理,加强社会工作者队伍建设。

二是培育发展社会组织,完善鼓励社会组织参与社会建设的政策。大力发展服务民生的公益性社会组织,支持发展符合产业导向的行业性组织,引导发展学术性团体、网络社团等社会组织。健全公共财政对社会组织的资助和奖励机制,加大政府购买公共服务的力度。

三是加强人口综合管理,促进人口结构优化和布局合理,健全实有人口、实有房屋全覆盖管理服务机制,逐步实行居住地管理。

四是全力维护社会稳定。全面推行重大事项社会稳定风险分析和评估制度,完善重大公共事件和群体性事件的预警和应急处置体系;建立健全对虚拟网络社会的监测和管理。

3.加快转变政府职能,构建新型的政府创新服务体系

一是制定可分解、可检查、可评估的指标体系,完善政府绩效评估制度,建

立起以行政首长为重点的行政问责制,完善以行政机关执法为主的综合执法体制,提高政府执行力和公信力。

二是积极探索和推进行政区划优化调整,促进街镇之间资源整合和协调发展,合理划分和依法规范街镇管理权限,实行差别化管理。

三是进一步深化"税收属地征管、地方税收分享"的市区财税管理体制改革,完善税收征管和财政分配关系,争取市级财政更多的转移支付,缩小与其他中心城区的差距。

四是提高政府工作效率,减少行政收费。要加快网上审批平台建设,优化审批流程,提高审批效率。同时,减少和规范行政事业性收费项目,降低收费标准。

(主要执笔人:郭爱军　罗海波)

专题五　宝山区"十二五"发展规划思路研究

　　宝山区地处上海市北翼,是重要的钢铁生产基地、港口集装箱生产和出口基地及能源、水源、副食品生产、供应基地。近年来,宝山区认真落实科学发展观,大力推进产业结构调整,积极转变发展方式,取得了显著的成绩。"十二五"期间,宝山区将继续努力。推动经济实力明显增强,生态环境持续改善,人民生活稳步提高,社会管理不断优化,力争成为全市加快经济发展方式转变的示范区、推动城市转型发展的最佳实践区。

一、宝山区"十一五"经济社会发展成绩显著

　　"十一五"以来,宝山区上下高举中国特色社会主义伟大旗帜,以邓小平理论和"三个代表"重要思想为指导,全面落实和学习实践科学发展观,继续解放思想,坚持改革开放,推动科学发展,促进社会和谐;紧紧抓住上海"四个中心"建设、2010 年世博会等重大历史机遇,以经济建设和社会事业发展为重点,以落实促进经济发展和民生改善的一系列重大决策部署与重大项目为抓手,规划确定的各项目标任务扎实有效推进,执行情况总体良好;经济持续平稳增长,社会事业协调进步,城市功能不断增强,改革开放稳步推进,为全面实现和完成"十一五"规划,有机融入上海"四个中心"整体格局,建设现代化滨江新城区奠定了坚实基础。

(一) 经济综合实力迈上新台阶

　　"十一五"以来,宝山区经济保持了平稳快速的发展。2006—2008 年,宝山区级增加值年均增速保持在 14.8% 左右。2008 年实现地区生产总值 1 086 亿元,占全市生产总值达到 7.9%,实现区级增加值 507 亿元,占 GDP 比重

从"十五"期末的36%提升到47%。2008年全区实现财政总收入140.1亿元,其中区地方财政收入57.5亿元,分别比"十五"期末增长32%与27.4%(见图6.1)。"十一五"期间,面对严峻复杂的外部经济环境,宝山区把握全市加大建设投资与经济转型有利时机,围绕重大基础设施建设,加快推进滨江带开发、吴淞港国际邮轮码头、长江路越江隧道等重大项目建设;积极推进服务业发展三年行动计划,应对国际金融危机,保增长、渡难关取得显著成效。

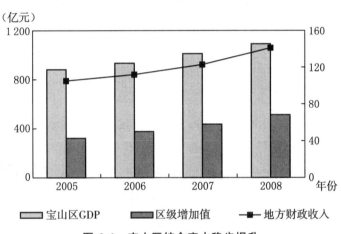

图6.1 宝山区综合实力稳步提升

(二) 产业结构调整取得新成效

"十一五"以来,宝山区以滨江发展带、轨道交通沿线区域和工业园区为重点,加快实施产业结构调整三年行动计划,2008年一、二、三产业增加值分别为2.4亿元、731.3亿元和352.3亿元,占全市比重分别为2.1%、11.7%和4.8%。三次产业结构比由"十五"期末的0.23∶74.7∶25.0调整为0.3∶67.3∶32.4(见图6.2)。宝山依托以精品钢制造及其延伸业为主的重工业基地,大力发展装备制造、先进制造业,年销售产值亿元以上制造业企业从"十五"期末的70家发展到现在的110家。高新技术产业也涌现出水晶石等一批业界领先企业。宝山区以生产性服务功能区、现代服务业集聚区、专业园区建设为抓手,积极推动自身现代服务业实现快速增长。2008年区级三次产业结构的比例关系达到0.4∶48.9∶50.7,从原先典型的"二、三、一"产业结构开始向二、三产业融合、共同发展的健康格局转变,产业能级不断提升,经济发展质量明显提高。

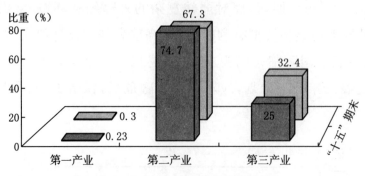

图 6.2　宝山区产业结构不断优化

(三) 基础设施建设取得新进展

"十一五"以来,宝山区抓住上海世博会、全市加大市政设施建设投资力度契机,城市基础性、功能性、枢纽型项目建设推进取得重大突破。2008 年全区社会固定资产投资完成 167 亿元,以杨行地区、顾村地区和罗店中心镇为重点的组团式城镇体系建设推动城市化建设不断加快,同中心城及周边各区的联系能力不断提高,投资与居住环境得到进一步改善。以"三线、五纵、七横"为标志的快速干道与主要道路网路基本形成,轨道交通运营里程达到 33 公里进度要求,1 号线、3 号线、7 号线全线贯通运营。共和新路混合高架、逸仙路高

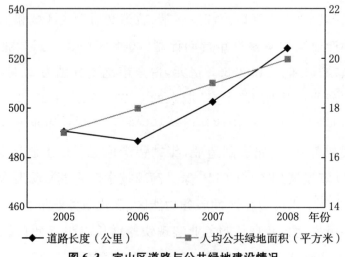

图 6.3　宝山区道路与公共绿地建设情况

架延伸段、郊环线、沪太路等主要道路建设改造相继完工;2010年上海世博会配套项目和上海国际航运中心建设重要工程吴淞口国际邮轮码头项目建设进展顺利;农村公路加快发展,区域出行条件得到一定改善,农村公交通达率达87.6%,填补了月浦、罗店部分北部农村地区无公交出行的空白。同时,宝山城市绿化生态建设成为新亮点,2008年建成区绿化覆盖率达到41%,人均公共绿地达到20平方米(见图6.3);全区"三纵三横"绿色生态廊道达到100多公里,顾村公园、炮台湾湿地公园等大型生态绿地建设推动宝山城市形象不断完善。

(四) 城乡统筹发展实现新突破

"十一五"以来,宝山区把促进城乡一体化发展作为协调推进建设和管理的目标,积极探索宝山城乡一体化发展的新道路,积极推进农村地区城市化水平的提升,社会事业,义务教育、医疗保障等公共服务水平不断提高;制定了明确的"358"计划指标体系("3年加快推进,5年形成格局,8年基本实现")和"650"实施进度计划(围绕6个方面,明确了50项主要细化指标和实事项目及各自完成的时间节点),扎实推进城乡一体化基础性工作,取得了显著成效,成为全市城乡一体化的重要示范。

(五) 社会和谐发展开创新局面

一是人民生活水平不断改善。截至2008年底,农村居民人均纯收入达到

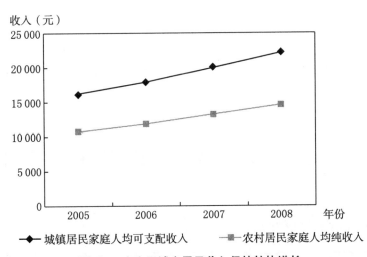

图6.4 宝山区城乡居民收入保持较快增长

207

14 592 元,城镇居民人均可支配收入 22 150 元,分别比"十五"期末 34.9% 与 36.7%(见图 6.4)。二是把民生项目作为当前扩内需、保增长的重要内容,示范项目建设顺利推进。创建"中国人口早期教育暨独生子女培养示范区"通过验收,创建全国中医药特色社区卫生服务示范区、全国"关爱女孩行动"试点区等工作顺利推进。切实加大公共财力投入力度,着力解决涉及群众利益的难点热点问题,不断提高人民群众生活质量。三是创建上海市文明城区取得成效。圆满完成迎奥运等重大任务,全面实施迎世博计划,城乡文明程度和市民文明素质明显提高。月浦镇成功创建"全国文明镇"。罗店镇、顾村镇被命名为"中国民间艺术之乡"。竞技体育实现历史性突破,宝山区输送的优秀运动员刘子歌在北京奥运会、2009 年全运会游泳比赛上连续打破世界记录,取得良好成绩。

(六) 体制环境建设释放新活力

"十一五"以来,宝山区积极对接上海大部制改革、深化综合配套改革、转变政府职能等重大举措,加快推进服务型政府建设,不断为经济社会发展释放出新的活力。一是不断加大政府自身建设力度。积极解决政府组织架构中存在的矛盾和问题,推进政府管理制度创新;认真落实政府工作各项制度,坚持重大决策、重要事项、重大项目安排和大额度资金使用集体讨论决定,顺利完成镇级机构改革任务。二是健全政府投资项目运行监管制度,进一步加强重大工程建设项目、政府投资项目的行政监察和审计监督。加强公共财政体系建设,强化预算管理,优化支出结构,建立健全转移支付制度。完善政府采购制度,推进"采管分离"。三是深化政府信息公开,积极推进政府网站、电子政务建设和运用,提高政府工作透明度和工作效率,取消多项行政事业性收费,成效十分显著。

二、宝山区发展现状判断及发展中面临的主要问题

(一) 宝山区发展现状判断

"十一五"期间宝山区在经济、社会、文化、城市建设等领域取得了一系列

显著成绩,经济水平显著提升,产业结构不断优化调整,社会文化繁荣发展,城市建设日新月异。但客观来说,目前宝山区尚未完全实现"十一五"规划中提出的"建成城区基本框架"的目标,全区呈现出"厂区"(外环线与郊环线之间以宝钢及其配套为主的区域)、"城区"(外环线以内城市化地区)、"农村地区"(郊环线外除宝钢和宝山工业园区以外地区)三区割裂并存的空间格局特征,距离真正的城市化地区尚有一定差距,正处在全面推进城市化和统筹城乡一体化建设的发展阶段。

造成这一局面的根本原因在于,宝山区的工业化发展与城镇化发展互相脱节,未能形成良好互动,制约了区域整体功能的提升。表现在:(1)"厂区"生活配套建设滞后,导致"厂区"向"城区"转化进展缓慢。20世纪80年代初期宝钢建成投产后相当一段时期内,宝山地区的发展重点是围绕宝钢进行产业布局,集中建设了一批相关生产配套基地项目。但相对地,对城镇化所迫切需要的高水平生活配套、社会事业等方面的建设投入则非常有限。长期以来,宝山区城镇化发展仅仅局限在东部友谊路街道和吴淞地区。(2)"城区"随中心城区蔓延发展,缺乏产业支撑。进入21世纪,宝山区南部淞南、大场、张庙、庙行等地区迎来了城镇化发展的高潮,但这一过程是在被动中卷入中心城区"摊大饼"式城市蔓延所致,整个"城区"的形成主要依赖农业土地转性和旧厂房改造建设,缺乏产业支撑。因此,"城区"实质上仅仅承担了中心城区的北部"卧城"作用,没有形成具备独立功能的城市形态。(3)"农村地区"缺少城市化动力,发展进程缓慢。目前,宝山区北部郊环线以外广大农村地区在空间上偏离"厂区"与"城区",加之前一阶段新市镇建设思路的偏差,导致北部农村地区缺少强劲的城镇化动力。同时,宝山区工业化带来的环境等问题导致农村地区已不具备发展大面积规模化经营的都市农业基础,整个农村地区发展面临瓶颈。

(二)宝山区发展中存在的主要问题

正是由于宝山"厂区"、"城区"、"农村地区"三区并存的现状,且"厂区"特征又非常明显,所以宝山区下一步发展面临着城区形象较差、产业结构偏重、生态环境污染、交通秩序混乱等诸多问题,这些都是制约宝山区"十二五"发展的主要瓶颈。

1."厂区"色彩过浓的宝山形象

宝山区的发展受益于宝钢,宝钢极大地提升了宝山区在全市、全国乃至全世界的知名度,很多人都是通过宝钢才知道宝山区的,一些钢铁相关的企业也都是因为宝钢才集聚在宝山的。但宝钢也给宝山造成了巨大的负面影响,宝山区在人们心目中就是高炉林立、空气污染、扬尘多、噪音大、大型卡车川流不息的钢铁产业基地的"厂区"形象,污染严重、生态环境差已经成为宝山的代名词。虽然宝山区"十一五"期间就开始大力宣传滨江、生态、宜居的宝山,并且加快绿化建设和生态整治,同时宝钢也在极力宣传其生产工艺的低污染、低排放,但多年形成的"钢铁宝山"、"厂区宝山"的印象仍在大多数人心目中占据着主要地位。这样一种固化的"厂区宝山"形象势必给宝山全区的功能提升带来巨大障碍,已经城市化的地区也很难吸引注重商务环境的高端服务业,很难吸引注重生态环境的科技创新研发产业,很难发展高端房地产,很难留住高端人才。固化的"厂区"形象是宝山"十二五"发展的最大瓶颈。

2.与钢铁关联度较高的产业结构

虽然宝山区属产业已经到达"三、二、一"结构,但如果按照属地化统计,宝山"二、三、一"产业特征仍然非常明显,特别是二产中还是以钢铁这个重型产业为主,并且短期之内宝山的产业结构调整也很难。作为上海重要的钢铁基地,宝山的产业发展主要是围绕钢铁发展,很多企业都是围绕为宝钢这个超级钢铁巨头配套服务的,然而也正是钢铁产业的特点影响了宝山产业能级提升。一方面钢铁产业偏重,更加突出了宝山"厂区"形象,钢铁精深加工的相关产业基本都是占地较多、附加值较低、生产工艺较粗放的重型产业,使得整个区域的产业定位偏低,区域形象较差。另一方面钢铁产业具有较强排斥性,影响了新兴产业集聚。由于钢铁产业的特殊属性,使得一些注重环境与品位的新兴产业不愿意同钢铁产业集聚发展,也给宝山发展现代服务业和先进制造业带来重重困难。特别是宝山的钢铁产业是大型央企,对外资和民营资本具有一定的挤出效应,影响了宝山区经济活力的发挥。

3. 过于分散的城区发展空间

客观上看,外环线和郊环线作为宝山"城区"、"厂区"、"农村地区"的分界线,将宝山区划分成了带状的城区发展空间,同时受到轨道交通、铁路、水系及高压线等因素影响,整个宝山又被切割成若干相对分离的小区域,特别是宝山区内还有很多部属、市属企业和部队用地,进一步分割了城区空间,使得宝山建设用地非常分散凌乱。虽然全区建设用地比例较高,但由于土地分割严重、发展受控区域甚多,可规模利用土地资源极为有限。分割的城区空间使得宝山很难形成一个核心功能区,以辐射全区发展。各个相对分散的区域独自发展,因而城区综合竞争力不高,聚集辐射效应不明显,特别是各个分割区域发展目标不明确、不统一,产业布局很混乱,对土地资源的集约化利用造成极大负面影响,降低了区域土地使用效率,增加了统一开发的协调难度。

4. 非均衡发展的二元结构

"三区并存"也给宝山区带来了多种类型的二元结构,制约了宝山区未来的发展,主要表现在以下几个方面:一是宝山与中心城区的二元结构,宝山区虽然城镇化推进迅速,但由于其城区等级不高,且仍然存在大量的"厂区"与"农村地区",使得区域整体与中心城区相比仍有较大差距,特别是在社会事业与公共服务方面,与中心城区的二元结构特征明显。二是宝山区自身"城区"与"农村地区"的二元结构,其农村地区的生产生活相对还比较落后,发展现代都市农业的基础较薄弱,农村社会事业发展滞后。三是宝山区东部地区与西区地区的二元结构,在相当长的历史时期内,东部地区依托宝钢获得了长足的发展,而西部地区受到工业化的辐射影响非常有限,发展相对滞后,东西发展不均衡现象明显。

5. 尚不完善的城市交通体系

交通是制约宝山区未来发展的重要因素。目前,由于大面积的"厂区"存在,导致宝山重型集卡与大型货车过多,且这些车辆在已城市化的地区穿行,与轿车、客车、公交车争路,不仅存在较大的安全隐患,容易发生交通事故,还经常造成交通拥堵,特别是对路面破坏也较大,对宝山区的整体形象造成不小的负面影响。同时,"三区并存"还导致宝山区域内的次级道路体系不完善,仍然存在较多断头路,不利于城区形象提升。一是轨道交通与地面交通的对接尚不完善,区域公路、公共客运交通同轨道交通之间缺乏一体化的对接规划,大多数轨交站点同公共交通还不能实现无缝换乘。二是北部地区出行便捷尚有难度。罗店等地区到市区的公共交通存在着班次少、车辆少、间隔长等问题,这给居民的出行带来了很大困扰,也直接影响了这些区域的招商引资,影响了全区的发展。

6. 严重的生态环境问题

宝山工业化带来的环境污染使得整个区域的生态系统遭到一定程度的破坏,给打造宜居新城带来了挑战。宝山区作为上海重工业基地,一批高能耗、重污染、资源消耗大的企业陆续导入,使宝山区域环境容量一直居高不下,历史遗留环境问题比较突出,环境污染问题尤为严重。宝山区占全市4.7%的土地承载了全市20%的工业废水、26%二氧化硫、22%的工业烟尘和81%的工业粉尘排放。虽然环境整治取得了很大成绩,建设了大量绿化,但整体环境质量的改善与人民群众的要求相比、与构建宜居宝山的要求相比依然相去甚远。大力提升生态环境质量,成为加快推进宝山区新一轮发展必须着力解决好的突出问题,也是宝山区建设宜居滨江城市的核心问题。

7. 发展相对滞后的公共服务

当前宝山区的教育、医疗、文化等公共服务资源严重短缺,不能适应人口大量导入的需要,也严重影响了城区能级的提升,一方面表现为公共服务数量的严重不足,宝山区的公共服务配置还是依据传统的户籍人口标准设置,不符合大量外来人口快速导入的实际情况,造成公共资源严重不足,"入学难"、"看病难"等问题在局部地区较为突出,并且公共设施过度使用,显得非常破旧。另一方面表现为公共服务质量偏低,迫切需要提升综合能级。目前,宝山区高质量的义务教育资源不足,整个区域尚无三级甲等综合性医院,文化服务也缺乏高水准的硬件设施。公共服务质量偏低,影响高素质人才的集聚,一些定居到宝山的高素质人才又纷纷搬离宝山,也影响区域能级的提升,这些都是宝山区"十二五"发展迫切需要解决的问题。

三、宝山区"十二五"发展主线及目标

（一）发展主线

宝山目前"城区"、"厂区"、"农村地区"三区并存的状况，以及由此带来的空间结构、产业发展、交通路网、生态环境、公共服务等诸多方面的问题，对宝山区下一轮发展的制约和束缚效应，已经越来越明显。"十二五"时期是宝山区彻底由历史形成的"三区并存"格局，向具有生产、生活、生态等综合功能的现代化新区转变的关键时期，在未来五年内要实现城区形象大改变、经济结构大调整、社会事业大繁荣、城市能级大提升，就必须突破三区并存的现实瓶颈，以"统筹城乡一体化发展，促进城区、厂区和农村地区融合"作为新的发展主线。"三区融合"的内涵是要求宝山区配合上海"十二五"全面转型的步伐，充分利用地理位置、产业基础、社会环境等方面的优势条件，整合现有资源，优化内部结构，走内涵式发展道路，促进"城区"、"厂区"、"农村地区"融合化均衡发展。"城区"以加强社会管理和公共服务，改善居民生活质量，提升城市能级为发展重点；"厂区"以向功能片区转变，加快先进制造业与现代服务业融合，促进工业化城市化联动为发展重点；"农村地区"则以推进城市化进程，加快城乡一体化建设为发展重点。

选择"三区"融合这一发展主线，反映了宝山区域功能进行全方位根本性变革的过程，符合宝山区"十二五"发展的目标定位，既是塑造宝山区域新形象的根本要求，又是进一步增强宝山区综合功能，加快宝山区科学发展的重要途径，必将引领宝山区未来全面融入上海乃至长三角区域的发展。

第一，"三区"融合能较好地呼应全市发展转型和宝山区功能定位。"三区融合"能有利于宝山区向城区过渡，有利于真正实现其中心城区拓展区的功能定位。同时，三区融合发展，使宝山城区功能进一步增强，有利于邮轮经济、生产性服务业等现代服务业的发展，必将有利于形成以服务经济为主导的产业结构，这些无疑对于上海城市转型具有重要意义。

第二，"三区"融合发展是推进宝山区成为"现代化城区"的阶段性要求。

由于目前宝山区仍然处于"三区"割裂并存的状态,在"十二五"期间仍然不可能一蹴而就地成为"完全的城市化地区",只有先通过"功能化"使"厂区"真正变为城区;通过"农村地区"的城镇化,使"农村地区"享受与"城区"同样的福利待遇,为今后过渡到"城区"奠定基础。

第三,"三区"融合能够有效改善分割的空间布局现状。目前宝山区内居民区和工业区犬牙交错、互为掣肘,且越来越多的农村地区也正逐步被城市化或工业化,"三区"融合发展既能够有利地化解已有功能布局的矛盾,又能够巧妙地避免区域整体被严重分割的危害,从空间布局上增强宝山区境内东西南北的通达性,使整个区域形态结构更趋合理,为各板块功能整合和生产生活环境提升创造便利条件。

第四,"三区"融合能够充分发挥宝钢的优势效应。宝钢始终是宝山区经济的支柱性力量,但是由于"三区"各自为政分裂式的发展,使得这一大型企业集团仅将宝山区作为生产基地,许多有价值的生产性服务没有进来,甚至还给宝山区的生态环境带来负面影响。"三区"融合能够提升区域整体环境档次,吸引更多更好的人才、企业等资源流入,扩大钢铁产业链中上下游产业的集聚效应和互动效应,更好地发挥宝钢对宝山区经济的带动作用。

第五,"三区"融合能够全面增强目前滞后的社会功能。宝山区是上海城市化进程最快的郊区之一,但城市化并不是简单地将农村人口变成城市人口,而是需要在生产生活上完成方式的转变和质量的提高,"三区"融合能够加大基础设施、生态环境、科教文卫等方面的建设,高势能吸纳、高效率利用各类社会资源,从而使宝山区彻底摆脱"以厂建城"的历史桎梏和被动接受中心城区扩展的局限,早日具备城市化的实质内涵。

(二)发展目标

"十二五"期间,宝山区应当以科学发展观为统领,把握上海全球城市定位要求,坚持思想观念创新、发展模式创新、体制机制创新,以"统筹城乡一体化发展,促进'城区'、'厂区'和'农村地区'融合"为主线,全力打造宝山区作为中心城区拓展区的新形象。通过形成水域风景优美、岸线功能优良的"滨江宝山",历史底蕴深厚、文化氛围浓郁的"人文宝山",生态优势凸显、可持续发展的"绿色宝山",科技水平领先、自主创新驱动的"科技宝山",生活质量提高、居住环境和谐的"宜居宝山",将宝山区建设为经济实力显著增强、社会文化全面进步、人民生活富裕安康、城乡面貌明显改观的生产、生活、生态现代化新城区。具体来说包括：

1. 构建"滨江宝山"

以发展水上经济为重点,形成以邮轮、游船及游艇等水上项目为特色,以长江口和黄浦江口的岸线资源和标志性景观建设为依托,历史文化与浦江风情、自然生态与现代文明有机融合,集观光游览、休闲度假、商务会展等于一体的北上海滨江特色长廊。建成以现代仓储、物流等航运服务业为优势产业,以国际航运中心内河中转功能区为定位的华东散货中转枢纽,成为上海国际航运中心服务长三角的重要功能区。

2. 构建"人文宝山"

以重塑宝山作为上海历史文化积淀瑰宝之一的形象为目标,打造上海文化新地标。大力建设与人口规模和人口素质相匹配的影剧院、演艺场、展览馆等文化设施,形成足够的可供普通居民从事文娱消遣活动的文化中心区。大力发展以革命传统文化、现代工业文化及各类人文古迹资源为特色的文化旅游业,打造文化创意产业发展的乐土,塑造人性化、情调化、生活艺术化的区域文化形象。

3. 构建"绿色宝山"

一是以吴淞、月杨工业区转型为抓手,积极创建市级"低碳经济示范区"。深入推进节能减排工作,试点低能耗、低污染、低排放的经济社会运行模式,加大对传统工业的高新技术改造,试点建设生态环境良性循环、城乡环境整洁优美、人与自然和谐共处的低碳新区。二是以绿化功能开发为抓手,大胆试建"多功能绿化示范区"。在保持"十一五"时期高绿化率的前提下,巩固大规模、高品位、布局合理、设计新颖的绿化建设大好局面,初步建立游憩功能完善、通过绿道衔接的各类大型公共绿地网,开辟既能亲近自然又能休闲娱乐的新型公共活动空间。

4. 构建"科技宝山"

"十二五"时期科技宝山的目标重点是形成立足宝钢、面向全国、联系海外的钢铁研发设计总部。依托宝钢集团在钢铁行业内长期积累的先进技术和研发力量优势,吸引国内外相关科技研发、工程设计机构集聚。同时,继续加强与以上海大学为代表的各类高校、科研院所的深度合作,建立便于整合更多创新资源的、官产学研一体化的公共科技服务平台。通过科技进步促进产业乃至整个区域的繁荣发展,将建设科技型城区作为宝山区下一轮发展的一大新亮点。

5. 构建"宜居宝山"

以综合交通、居住社区、公共服务三大网络体系为支撑,创建上海市级人居示范区和城乡一体化示范区。形成布局合理、通畅便捷、路场配套的综合交通网,基础设施完备、生活配套齐全、周边环境优美的各类居住社区网,教育卫生文化体育等公共事业长足发展、养老医疗等社会保障制度不断完善的公共服务网。在此基础上,将宝山区打造成经济、社会、文化、环境协调发展,能够满足居民物质和精神生活需求,适宜工作、生活和居住的新城区。

(三)发展动力

综合宝山区现有的资源优势和下一轮发展的主客观条件,"十二五"期间宝山区主要可获得四大动力来支撑全区发展:

1. 以轨道交通为轴线,进一步接受中心城区辐射

随着中心城区不断突破原有界限向外围扩展,宝山区最接近中心城区的区位优势也愈发凸显,尤其是轨道交通线建成后,大量人流、物流、信息流的汇聚将为新的商圈、住宅圈的发展带来前所未有的机遇。宝山区通过充分利用这些有利条件,可以有效承接中心城区转移出的产业、人口等资源要素,强化目前城市化发展基础较好的板块,扩充完善城市功能,改善生活环境,打造出一个具有辅城功能的城市副都心,进一步培育增强自身的凝聚力和吸引力。

2. 以钢铁基地为依托,加快转变经济增长方式

钢铁产业上下游企业众多,产业内涵很广,而宝钢作为国内规模最大、技术最先进、国际知名度最高的现代钢铁基地,已成为宝山形象的最直接反映,也是宝山的优势品牌。在"十二五"期间,追随全上海发展服务经济、转变增长方式的大势,宝山区要彻底转变"偏大偏重"的产业结构,更要通过加深与宝钢

间的良性互动,为宝山区的产业升级、科技发展、就业安居、生态保护等工作带来更大的运作空间,创造更多的便利条件,从而为宝山区经济社会发展创造更持久的动力。

3. 以邮轮城建设为突破,加快形成滨江新区形态

抓住上海建设国际航运中心和世博会的重大契机,加紧吴淞国际邮轮城建设。这一大型邮轮城,以资源全面整合为重点,包含"一港两带三区"的构建,"一港"是以国际邮轮为核心,集长江和沿海游船、崇明三岛水上游览、黄浦江游览于一体的组合港;"两带"是宝山滨江旅游景观带、文化休闲环境带;"三区"是航运旅游服务区及相关的现代服务业集聚区。邮轮城建设是上海能否形成国际性邮轮母港的"重头戏",因而通过这一项目的开发,必将极大地推动宝山滨江新区形象的树立和形态的形成。

4. 以城乡一体化示范区为抓手,加快农村地区城市化进程

"十二五"期间,上海的城市化进程仍将继续在更大范围内、更高层次上展开,宝山区作为全市最早推进城乡一体化且目前农村地区面积还相对较大的区县,完全可以在全市率先消除城乡二元结构,成为上海乃至全国的城乡一体化示范区。通过城乡合一的统筹建设,宝山北部农村地区的城镇化水平会不断提高,这必将极大地改善现有的功能布局,提升城市品位,优化区域环境,从而将"城区"、"厂区"、"农村地区"三区融合的效应最大化,强力推动宝山全区的发展。

四、宝山区"十二五"发展的总体思路与举措

(一) 以加快核心功能区建设为抓手,进一步优化城市空间布局

从多年发展实际来看,分割的城市空间格局仍然是导致宝山区发展合力不强、发展目标不明确、缺乏核心功能区的根本性原因。"十二五"期间宝山区推进"城区"、"厂区"、"农村地区"的有机融合,要适应区域功能定位与轨道交通等支撑要素的演变趋势,在延续宝山城市总体规划"一带两轴三片区"思路的基础上,明确主体功能分区与组团发展重点,努力消除现有空间布局中的障

碍因素,更加强调宝山区未来区域发展模式的有机融合,以形成有效的发展合力,从根本上改变宝山各组团之间联系不强、功能难以实现充分集聚以及"南北紧东西疏"的问题。建议"十二五"期间宝山区采取"重点突破核心功能区,充分带动南北分区发展"的调整思路(见图 6.5),以核心功能区重点建设、功能集聚与联动发展为切入点,通过环境改造形象转变进一步带动南部分区城市品质的提升,通过路网改造延伸等充分挖掘北部分区的发展潜力,着力发展"一带三轴一片区",实现整个宝山区城市综合功能的进一步提升。

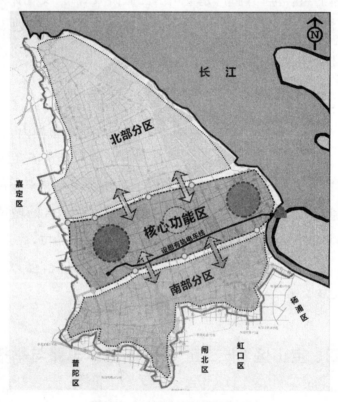

图 6.5　宝山区"一核两区"示意

1. 重点突出核心功能区建设

核心功能区是对宝山区"一带两轴三分区"城市空间结构下"中部分区"概念和内涵的拓展,通过与滨江发展带、产业发展轴线的融合对接,核心功能区将是宝山区集办公、商务、商业、生态、居住等功能于一体的行政、经济、文化、生活中心,是带动南北两大分区共同发展以及上海中心城功能向北拓展的重要集聚区域。

在开发模式上，一是围绕亮点工程项目全力打造顾村城市副中心组团。依托顾村公园、大型居住社区、小辣椒地块商业项目、轨道交通、顾村老街、华山医院等大型在建、拟建项目，填充特色高档餐饮、品牌折扣等目的性业态，充分利用世博会以及顾村开发建设"上海迎世博海派传统民居示范基地"的契机，提高知名度，有效凝聚人流；同时加快推动顾村工业园区搬迁与土地置换，优化调整功能定位与总体布局，力争将整个顾村地区打造成为上海北部集商业、商务、居住、生态于一体的重要组团。二是行政中心向杨行地区附近进行整体搬迁，从本质上改变宝山区"东密西疏"的发展格局。整个宝山区中部分区原先都是非城市化地区，要在"十二五"短期内获得城市形象的显著改观，只有依靠宝山区行政中心搬迁等重大举措才能充分发挥辐射带动作用，在水产西路周边地区带动大型科教文卫体类社会事业设施的一系列建设，整体提升新城的核心凝集力和周边土地开发潜力。三是推动淞宝地区的优化开发。依托牡丹江路、宝莲城、航运港区等相对成熟功能区块，联动北上海商业广场、吴淞邮轮码头等资源，填充大型综合超市、大型家居建材专业店、餐饮娱乐中心等业态，改变当前过于密集、功能分散的粗放发展模式。

为此，建议规划建设连接贯通三条纵向轨道交通线的有轨电车横线，带动中部三大组团形成充分联动。积极争取在市交通路网规划立项，建设以吴淞邮轮码头为起点，沿水产路、水产西路，到顾村公园的有轨电车或轨道交通横向轴线，对中部核心功能区带来本质性改变。同时积极推动有轨电车与三条轨道交通线全部实现"零距离换乘"，依托大型交通枢纽设施建设为东、中、西的均衡发展以及同中心城区的充分贯通创造条件。

2. 全面提升南部分区城市品质

南部分区是上海中心城区的宝山部分，在承接中心城区人口、职能的基础上，"十二五"期间建议主要以优化调整、提升城市品质为主，围绕居住环境改造、科研园区建设，重点发展现代服务业，塑造全新的城市居住、人文环境，率先成为宝山区与中心城区相匹配的现代化城区。一是以蕴藻浜改造工程为抓手，打造上海又一个集高档居住、休闲、水景观生态于一体的城市生活区。通过滨江公园、绿地、亲水岸线开发，改善城市生活环境，推动土地增值与房地产项目开发,成为宝山区打造"宜居宝山"的首发地区。二是围绕上海大学与各类园区开发,提升宝山城市综合竞争力。充分发挥上海大学的辐射作用,大力推进大场动漫衍生产业园、智力产业园等科技园区建设,同城市建设、居民社区建设形成有机融合,力争成为宝山"校区、城区、园区、社区"的四区联动的重点发展区域;对淞南、高境其他南部组团的发展则建议积极推进与复旦大学软件园、全国最大的不锈钢产品交易、技术研发基地建设合作,实现共赢发展。三是以强化管理为主,塑造宝山区生活宜居和谐社区的新形象。适应人口导入趋势,内在推动和谐社区建设,进一步完善社区服务和社区建设,通过软环境改善,转变宝山城市形象,进而促进宝山区社区建设整体水平的不断提升,率先塑造宝山区现代化城区的"新形象"。

3. 进一步加快北部分区发展

"十二五"期间,上海北部地区已经不再是偏远地区,以宝钢集团、宝山工业园区为主体,包括罗店、罗泾和玉璞在内,将是宝山区先进制造业、都市型农业、城乡一体化融合发展的代表性区域,也将是未来宝山区最具发展潜力的综合发展区域。"十二五"时期在建设精品钢基地、推动工业带动农业发展的基础上,要在新市镇建设、产业互动以及城镇体系完善上获得突破性进展,积极争取三条轨道交通线的延伸,积极推动北部分区的发展实现厂区与郊区、城区与郊区的融合。一是围绕罗店新市镇建设,打造形成未来上海高档居住、生态环境的亮点区域。罗店新镇将是上海未来极具潜力的高档居住区域,发挥美兰湖别墅区品牌效应,力争通过引进国内外知名地产开发商进行强强合作,建设成为以高档居住为主的现代化生态新城镇。二是依托宝钢与宝山工业园区的创新发展,打造宝山新兴工业化与现代服务业联动发展的样板区。围绕精品钢及其延伸产业,推动先进制造业与现代服务业联动发展,加快交通基础设施与配套服务设施建设,打造北部工业化、城市化相融合的综合发展区。三是打造罗泾城乡一体化的发展示范区,实现城市化水平的提升,形成生态、产业、生活融为一体的新市镇。进一步加快宝山新市镇与新农村建设,围绕形态开发、产业发展、民生保障建设,分别打造成为散货码头配套的重要交易基地以及、都市农业发展与新农村建设的示范区,城市化水平得到显著提升,形成产业互动、城郊一体的城市化建设新格局。

（二）以"一带三轴一片区"建设为抓手,形成以服务经济为主的产业体系

长期以来宝山区的产业体系都存在偏"重"的特征,主要表现为"二三一"的结构顺序、第二产业占绝对主导地位、服务业与制造业发展不协调等。"十一五"期末,宝山区产业体系重心已稳步向第三产业转移,"十二五"时期应继续保持这一良好发展态势,顺应全市产业以创新驱动转型的整体趋势,围绕宝山"城区"、"厂区"、"农村地区"三区融合的发展主线,以结构调整、优化升级为导向,彻底改变功能混杂、布局散乱的产业形态,基本形成以服务经济为核心、以一带三轴为重点区域、三二一产协调发展的产业体系。

以服务经济为主的产业体系的建立,一要与区域的资源基础相适应。继续加大钢铁产业的技术创新改造,提升先进制造业的能级,同时着力改善区域生产性服务业发展的整体环境,尽力争取提供宝钢集团等大企业目前布局在区外的诸多生产性服务,充分满足区内已积累到很高程度的对配套生产服务的需求。二要与区域的发展态势相适应。随着宝山区城市化和新城新市镇建设的深入推进,批发零售、餐饮、交通运输等传统服务业必须进行更新换代,同时商务、金融等各类新兴服务业也应在科学规划布局的基础上逐渐引导培育,进而占据主导地位。三要与区域的战略使命相适应。宝山区作为上海的北部郊县,农业仍是不可忽视的一块产业阵地,应继续予以稳定发展,坚守上海耕地保护的政策底线,突出精品农业、生态农业和观光农业的特色,建设与国际大都市发展相适应的现代化农业基地。

1. 产业重点

"十二五"时期,上海产业发展的重点仍将集中在先进制造业和现代服务业两大领域,宝山区应当紧跟全市产业结构转型的大势,突出作为上海北部工业基地和新城区的特色,进一步明确先进制造业和现代服务业的发展重心。

（1）先进制造业:走高端化、集群化、国际化的发展路线,以新材料、新能源、装备制造和新型都市工业为主导方向。

重新梳理与宝钢之间的关系。一方面,增强以精品钢制造及其延伸业为主的产业关联度,积极配合推进宝钢将未来在宝山区的发展重心转向高端钢铁产品制造和钢铁制造技术研发。另一方面,减弱低端钢铁冶炼生产对宝山

区造成的环境承载压力,开拓综合节能、清洁技术等相关产业。

巩固增强现有优势产业基础。做大做强已有的通用装备制造业、专用设备制造业、电气机械及器材制造业等相关产业,通过技术改造和科技创新提高其产品质量。围绕政府配套工程和生活服务,鼓励发展电力热力、燃气生产等相对优势产业,促进产业集聚,提高其对区域产业结构提升的影响力。

引导培育都市型工业发展。大力扶持仪器仪表制造、工艺品制造、纺织服装、包装印刷等产业在产品设计开发中融入现代技术、发挥特色优势,提高全区都市工业的档次和水平,形成产业错位竞争的格局。

(2)现代服务业:配合新型工业化和城镇化进程,促进服务业发展提速、提质、增效。

大力发展以钢铁服务业、现代物流业、环保服务业、商务服务业为重心的生产性服务业。按照拓展现有服务范围、深化与先进制造业的相互融合的指导思想,以"钢、港"两大产业板块为基础支撑,积极推进全区制造业服务化,加快发展生产流程软件开发、采购配送、营销推广、设备维护、工业咨询、金融服务等生产性服务业。重点发展智能化、网络化、规范化、品牌化的钢材市场,争取成为全国最大的钢铁贸易与钢铁会展中心。引导储运业向提供虚化物流要素的现代物流业转型,打造上海北部内河中转物流中心、散货交易中心和航运船舶服务基地。

优先发展以加快休闲经济开发和加强大型社区配套功能为核心的生活性服务业。加快一批旅游功能性项目的深度开发,倾力打造"二圈三区",即绿色生态旅游圈、历史文化旅游圈、滨江休闲旅游区、工业观光旅游区、罗店风情旅游区,着重发展滨江观光、历史文化为主题的旅游业。根据人口密集区的分布情况,加强商业业态的创新与调整,加快建设、合理布局各类综合型购物中心、专业卖场、精品专卖、社区便利商业,全面配套餐饮购物、娱乐休闲等综合服务,同时配套完善医疗、教育等基础性公共服务,推动商业、商务与社会文化功能的融合,满足快速城市化过程中居民多层次多样化的生活需求,构建集商业商贸、教育医疗等功能为一体的生活服务网络。

2. 产业布局

"十二五"时期宝山区的产业布局要把握三大原则:一是沿袭"十一五"时

期发展滨江带打下的扎实基础,继续贯彻将滨江地区作为宝山区未来一大突出特色和亮点的思路方针。二是利用轨道交通线向宝山延伸的重大契机,发展交通枢纽型服务经济。三是促进以宝钢为首的第二产业的调整升级。力求通过产业布局调整特别是与集装箱相关的产业布局的调整,为优化城区交通、美化环境、增强城区功能创造条件,真正加快"新宝山"的形成(见图 6.6)。

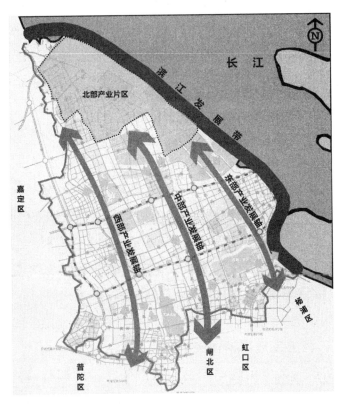

图 6.6　宝山区"一带三轴一片区"的产业布局

(1)一带:继续加大滨江发展带开发力度

滨江发展带是"滨江宝山"建设的核心之一,"十二五"期间应当继续坚持"一带"开发思路,率先实现区域产业、生态与城市整体形象的融合。首先,继续做优滨江产业带。积极整合沿长江月浦宝钢、罗泾港区与沿黄浦江张华浜岸线资源,分别集聚发展以精品钢及延伸产业与现代物流航运业为代表的新兴滨江产业带。其次,继续做美滨江景观带。依托吴淞港国际邮轮码头与炮台湾湿地公园等优势项目,重点改造淞宝地区长江、黄浦江交汇的"三角地带"，以观光旅游、休闲度假为特色，打造成为代表宝山区城市形象的核心景观带。

（2）三轴：努力做强东、中、西三条纵向发展轴线

三条轨道交通线的建成贯通则为宝山区构建更加合理的发展轴线，特别是实现交通骨架同现代服务业发展重点的有机融合提供了新的思路。"十二五"期间宝山区立足做强三条纵向轴线，不仅可以进一步发挥纵向轴线的引带功能，同时也将为东、中、西的均衡发展以及同中心城区的充分贯通创造条件。一是沿沪太路与轨道交通 7 号线相融合的西部产业发展轴。围绕顾村大型居住区打造成为承接上海中心城区人口导入的示范性区域，推动形成新的城市人口集聚组团，依托上海大学、动漫衍生产业园、宝山工业园区等带动辐射作用打造宝山区都市新兴产业、知识创新、商务商贸现代服务业集聚带。二是沿共和新路、蕴川路与轨道交通 1 号线相融合的中部产业发展轴。沿轨道交通发展轴线，有机融合城市路网、绿轴绿带、商务商业、文化娱乐、社区服务、研发创新、公共商务等要素；同时注重完善居住功能，提升传统服务业，打造联接宝山行政中心、商业中心、人口集聚中心，组织有序、特色鲜明、全线联动的核心轴线。三是沿逸仙路与轨道交通 3 号线相融合的东部产业发展轴。利用有限发展空间，依托宝钢集团、上港集团、综合铁路、外环线、郊环线与轨道交通，培育一批服务业功能集聚的枢纽，重点构建以生产性服务业为核心的三产轴线。

（3）一片区：深入发展以钢铁产业为主导的先进制造业

结合"十二五"时期宝山区空间结构和产业结构的调整，将先进制造业的相关产业集中在北部片区中发展，一来可以改变二产布局散乱的现状，放大产业集群效应；二来可以改变目前集卡路线横穿宝山核心区带来的诸多负面影响。这一片区以宝钢、宝山工业园区为主体，是上海建设精品钢基地的主要载体，也是宝山区发展先进制造业和生产性服务业的综合聚集区。通过优化现有工业园区布局，使之从零星散落状向更加集中规模化的形态调整，将工业园区打造成为深入发展先进制造业和支撑钢铁产业经济持续快速增长的新高地。特别是要将目前较为分散的物流、仓储等依靠集装箱运输的企业全部向北面工业区集中，使工业区与城区的发展相得益彰，互为促进。

（三）以城市化发展为抓手，加快北部农村地区发展

当前宝山城乡发展差距较大，城乡分割的现状没有得到根本改变，如罗泾、月浦地区的社会事业发展、公共基础设施建设、生活环境质量仍大幅落后于城区。按照"三区"融合的发展要求，"十二五"期间宝山区迫切需要在统筹农村地区城市化发展规划布局，新市镇与新农村基础设施建设、公共服务与民生保障等方面加大力度、调整结构、明确抓手，扎实推进"358"与"650"目标体系，着力破除城乡二元结构，促使城市功能不断向宝山区北部农村地区拓展。

1. 加快新市镇建设，加快宝山区北部偏远地区的城市化进程

"十二五"期间，宝山区加快新市镇建设对完善宝山区北部偏远地区的基础设施建设与方便出行的公交客运系统、推进工业区与农村地区联动融合，适应人口导入趋势提升居住功能品质、推进宝山城乡公共服务均等化等将发挥重要作用。具体思路上，一是充分考虑"十二五"期间崇明越江通道西线建设等可能的重要变量，全力推进罗泾功能开发，变上海北部地区的"末梢"为连接江苏、嘉定的"门户"。"十二五"期间，长三角一体化进程不断加快，而随着崇明越江通道东线建成通车，西线（宝山区罗泾）建设预计将逐步提上日程，罗泾未来交通区位格局势必将面临重大转变。适应上述转变趋势，罗泾应当变被动为主动依托宝山工业园区、沪太路等传统优势，积极通过形态开发与产业融合，加快构建沿陈功路镇区发展轴的行政、商业、文化和休闲娱乐功能，促使罗泾通过新市镇建设，带来城市交通、居住、配套设施以及城镇集聚能级的根本性转变，真正成为上海北部地区联系江苏苏北地区的纽带和"桥头堡"。二是通过优质高档的品牌项目开发建设，全面提升罗店中心镇的城市化品质与生态宜居形象，成为上海三城七镇建设的新亮点。依托宝山城市空间布局进一步调整的重要契机，充分发挥沪太路与轨道7号线发展轴线的带动作用，在交通、配套设施得到极大改善的基础上，大力推进美兰湖国际高尔夫球场、会议中心和豪华宾馆、北欧商业风情街以及诺贝尔科技公园等项目建设，结合现有高档别墅项目的开发，将罗店建设成为上海北部以高档休闲、高档居住为亮点的大型居住开发的地标性板块。三是积极创造发展空间和有利条件，推动月浦实现镇区发展与特大型企业发展的进一步联动融合。月浦镇"十二五"期间

首先应当重点推进2 000亩左右规模月浦工业园区的开发建设,重点发展钢铁配套服务、纸业生产研发等产业,加大招商引资力度,为进一步实现同宝钢、石洞口电厂及华能电厂等特大型企业的联动发展,实现厂区、郊区融合创造条件。三产方面,充分发挥轨道交通终点站的集散作用,以站点商业项目开发为重点,加快推进沈巷社区建设,进一步提升与铺镇的总体发展档次。

2. 加快新农村建设,提升宝山区农村地区经济社会发展水平

"十二五"期间宝山区依托新城建设、新市镇建设,也要围绕基础设施建设与社会事业发展加快新农村建设力度,以加强规划与环境整治为主要抓手,推动公共服务全覆盖与一体化的进程,力争尽快形成宝山新城—新市镇—新农村的完善的城乡联动发展体系,将宝山区打造成为上海城乡一体化发展的示范区。一是加快形成一批代表性的中心村。沿交通轴线或大型居住组团、生态绿地周边,加快形成以杨北、大黄、正义、四方等为代表的一批城镇型集聚群落的中心村,以及白杨、洋桥等独立型的中心村。在各个镇的镇区以外,依次形成若干新的节点,通过规划整治与基础设施完善,重点突破、集中建设、优化布局,带动部分农村地区率先实现的城市化。二是新农村建设同宝山区生态绿化资源有机结合,进一步推动宝山农村地区都市农业、科技农业、旅游农业的发展。随环区绿色生态步道、顾村公园等逐渐建成,未来宝山区的绿色生态资源优势进一步凸显。因地制宜发展休闲农业、旅游农业。在已建成的东方假日田园、月浦农家乐等基础上,宝山区应当围绕环区绿色生态步道,多点规划建设一些各具特色的农业旅游设施,同时把现有的科技示范场、果园、林地、园艺场等向市民开放,既能提供各类生、鲜、活、嫩的农副产品,也可接待市民游览田园风光。把农业与旅游业结合在一起,利用农业和农村景观吸引游客前来观光、游览、休闲、购物,有利于扩大农业经营范围,增加农业生产附加税值,提高农民收入,还可发挥教育培训的作用,将科学性、趣味性、商品性融为一体,实现经济、生态、社会效益的统一。同时进一步扩大非农就业,提高农民收入。三是积极推进落实"358"、"650"目标体系,快速、有序推进宝山农村地区社会事业建设。结合宝山区制定的"358"发展目标和"650"指标体系,在城乡基础设施和生态文明建设一体化、城乡社会事业和公共服务协调发展等方面任务艰巨。具体包括在农村生活垃圾无害化处理、集中供水、污水处理率等

方面实现城乡均等化,进一步缩小"农保"、"镇保"、"城保"的差距;进一步提升农村公共基础设施的维护和管理水平,力争实现服务无差别化;城乡就业、基本养老保障、基本教育、医疗保障均等化等都需要进行统筹考虑。

(四) 以客货分流与次级干道建设为重点,推动形成有序、安全、高效的一体化交通网络体系

宝山区目前的交通瓶颈问题还较为突出,既存在安全隐患,又严重制约城市综合功能的提升。"十二五"期间,宝山区集卡车辆客货分流,轨道交通与次级道路、公交系统对接,与中心城区连接断头路的辟通等迫切需要进行优化改造,形成有序、安全、高效的一体化"大交通"格局,为宝山区真正打造成为现代化的宜居新城区创造条件。

1. 围绕未来越江隧道西线建设,调整集卡车辆集中区域与线路,推动南部分区、核心功能区尽快形成真正的城市生活区域

按照宝山区"十二五"转型发展要求,强化规划布局与管理措施,实现客货分流是优化城区环境、转变区域形象的首要任务。一是深化落实《宝山区重点地区客货分流实施计划》。"十二五"期间力争能够在南部重点的城市生活居住区在客货分流上获得突破性进展,真正成为同中心城区相匹配的城市生活区域。二是规划区内货车向外环与郊环方向梳理,尽量向北部罗泾地区集中。依托崇海隧道、过江大桥、A13 建设契机,调整郊环线、外环线与 A13 公路、A23、A27 通行规划,纵线上尽可能集中在两到三条线路,有效分流沪太路交通面临的主要压力,同时其他地面道路力争实现全天禁止货运车辆通行。三是加大对交通布局优化力度,组织论证杨行集装箱编组站等城区大型货运枢纽搬迁的可行性。力争通过论证推动杨行集装箱编组站实现搬迁,改变当前沪通铁路贯穿核心功能区对宝山周边环境严重破坏的局面,破除核心功能区淞宝、杨行、顾村三个地区实现有机整合面临的主要瓶颈。

2. 完善区内次干道与横向交通线路建设,加快构建内外畅通的路网体系

一是加快推进三条轨道交通线向北延伸的规划建设。积极协调轨道交通与沿线地区发展、结合工程可行性优化、深化调整线路走向,完成轨道交通 1 号、3 号、7 号线向北延伸的换乘规划方案,以加强宝山区域尤其是沪太路城镇

带与市中心的联系。二是通过断头路的辟通,实现与全市整个交通体系的有效贯通。大力推进断头路的辟通对改变宝山区当前区域分割格局,有效实现同中心城区的充分贯通在"十二五"期间推动三区融合和城市综合功能提升至关重要。力争以区路网建设引导市的路网建设。结合区域性公路交通主骨架的构建,通过加强蕰藻浜桥梁建设等形成以市域快速交通网络为基础,布局合理、功能明确的综合性区域道路网系统。三是通过次级道路建设实现集卡有效分流,提高通行效率。着力完善各功能分区与沪太路发展轴、宝杨路—宝安路轴线的连接,既缓解骨干道路通行压力,又增强地面交通的有机对接。特别是加强隧道与地面路网的配套沟通,缓解外环隧道等主干道交通拥堵严重的现状。四是切实加强水体网络建设,构建集航运、游览、景观于一体的河网系统。围绕吴淞邮轮码头,加快综合配套工程建设。形成集航运、游览、景观于一体的河网系统,建设具有良好景观环境的滨水生活组团,体现滨江新区特色。重点改造蕰藻浜河网系统,通过跨河桥梁建设,大力提升南北分区的贯通以及宝山新城总体形象。

3. 强化公交客运系统建设,构建全区域公共交通网络

首先,区域内公交客运系统与轨道交通的无缝对接。依托三条纵向轴线的进一步发展,围绕大型居住区、核心镇区进一步完善构筑城区、工业区、郊区相互衔接的客运公交网络,满足城市居民出行需求同时依托轨道交通、公交线路协同性提升有效形成宝山的区域性集聚中心。其次,重点解决北部交通出行问题。结合城市综合交通功能的强化,积极构建全区域公共交通网络,改变北部分区公共交通发展滞后,居民出行难、出行慢的难题,提高覆盖宝山区全区域、方便出行的公共交通线路密度。再次,加大各街道市镇、农村地区的支路建设,提供公交网络覆盖率。支路将是宝山区改变出行难、贯通城市道路系统的重要组成部分,通过加大支路建设力度,在轨道交通、快速干道等主体骨架路网基础上大幅提高宝山区公交网络的覆盖率。

(五)以低碳经济建设和绿色生态功能开发为抓手,努力成为上海构建低碳生态城市的"标杆"

多年来宝山区域内钢铁、港口、物流、电力等产业比重较大,环境污染比较

严重,以至于人们形成"厂区宝山"的固定印象,环境因素严重影响了宝山区的整体形象与功能提升。近年来宝山区环境保护力度不断加大,生态环境质量逐年改善,但总体生态环境形势依然严峻,生态形象并没有根本改变。"十二五"期间宝山要加大污染治理与环境保护力度,建立生态保护与产业升级转型的最佳结合点,推进生态经济与低碳经济建设,同时加强对绿色生态资源的多功能开发,促进宝山区软环境的有力提升。

1. 加大对重点行业和企业的污染治理力度

宝山区环境污染的特点在于"结构性工业污染突出",因此环境保护的焦点应该放在重点行业和重点企业污染治理之上。一方面,继续加大对重点污染行业的环境保护力度。积极出台专门针对钢铁、港口、物流、电力等重污染行业的治理政策,根据各行业的不同特点明确落实这些行业的基本排放标准和减排指标,积极利用行政、法律、市场和技术等多种手段措施,切实减少环境污染的基本面。另一方面,加强对宝钢等重点污染企业的治理。规模产能庞大的宝钢是宝山区环境建设的重要变量。"十二五"期间宝山区要进一步与宝钢合作,通过合理的制度组织安排共同推动宝钢大幅减少工业废气、粉尘、固体废弃物等的排放量,并通过宝钢的示范效应带动其他"污染大厂"的节能减排。

2. 以争创"吴淞、月杨低碳经济示范区"为抓手,积极发挥宝山区在全市乃至全国的示范作用

宝山区作为国家重要的工业基地和港口能源基地,在中国工业化进程中扮演着重要角色。随着宝山区未来向"先进制造业"与"现代服务业"的全面转型,宝山区率先实现环境友好型和资源节约型社会,将会对全市与全国的其他工业地区转型具有重大示范意义。积极争创市级"吴淞、月杨低碳经济示范区",以提高产品附加值的形式实现第二产业增长,配合产业升级转型进行生态文明建设,通过技术创新实现清洁生产、循环经济,选择清洁的能源供应与利用体系,进一步提高资源综合利用效率,打造以低能耗、低污染、低排放为基础的"宝山样本"。

3. 以环保体制机制建设为基础,构建完善的环境保护体系

污染治理、环境保护是一项复杂的系统工程,需要通过体制机制建设从根本框架上确立行动的基本规范和秩序,理清其中包含的具体内容,理顺各种主

体之间的关系,确保环境保护的整体合力与活力。一是加强环境保护的体系建设。逐步完善宝山区的综合环境保护体系,以体系治理的思路推进生活、生产等各领域环境保护的全面深入开展,克服当前"突击式"、"分散化"的污染治理模式。二是要加强环境保护的制度化建设。为环境保护提供稳固的制度保障,不断将环保理念融进各项城市、产业、项目规划与操作等具体制度中,完善针对政府环境管理主体的环境管理制度、针对企业环境治理主体的环境治理制度和针对公众环境监督主体的环境监督制度。三是形成高效的污染治理协调机制。环境保护的综合性与复杂性要求多部门加强协调合作。由于宝山区域内"重型产业"相对集聚,关联性较大,且部、市属企业较多,因此环境保护的协调成本巨大。要努力加强市与区、区内各部门、区与企业(尤其是与宝钢)之间的协调机制建设,促使污染治理整体合力的充分发挥。

4. 积极争取创建市级"多功能绿化示范区"

目前宝山区对绿色生态功能的开发比较单一,"十二五"期间,可通过创建"多功能绿化示范区",促使这些绿色宝藏发挥出更大、更积极的作用。一是进一步发挥绿色生态资源的景观功能。当前宝山区绿色生态资源的市容景观功能还有待更深层次拓展,要不断增加绿色生态资源的结构层次性,丰富植物种类、充分体现生物的多样性,糅合周边的农田、森林及其他景观,加强与宝山当地景观文脉的整合,切实大幅度改善宝山区的市容景观形象。二是积极拓展绿色生态资源的游憩功能。积极借鉴国际"郊野公园"等模式,通过开发观赏性、体验性、互动性等项目内容,引导市民开展休闲、健身、野餐等游憩活动,使其成为与区内其他旅游资源相对接、市民游客能够"走得进、停得下、玩得好"的重要旅游休闲基地。三是以绿色生态资源为载体,不断增加公共文化活动内容。文化是自然与人文景观的"魂",要积极开发绿色生态资源中的公共文化活动空间,如在大型绿地开辟"绿色休闲区",以此平台开展多姿多彩的节庆、展览、文艺演出、体育比赛等公共文化活动,增添宝山区的活力与魅力。

(六) 以营造浓厚科技创新环境为重点,打造上海自主创新的重要产业孵化与转化基地

比较上海市其他区县,宝山区整体科技发展实力并不强,通过科技支撑、

推动区域发展的动力还不足,这种"科技短板"的状况与宝山区作为"上海与全国重要工业基地"的地位极不匹配。"先进制造业"与"现代服务业"发展的趋势要求宝山区未来必须走"科技创新"之路。"十二五"期间宝山区要勇于提出"科技宝山"的发展方向,以"提高自主创新与科技成果转化能力"为主线,建设以企业为主体、市场为导向、产学研相结合的技术创新体系和社会化、网络化的科技中介服务体系,形成具有鲜明特色和优势的区域创新体系,为"科技宝山"建设奠定扎实基础。

1. 加大鼓励科技创新、提高科技水平的政策支持

研究制定和完善高新技术产业政策、技术政策、财税金融支持政策和政府采购政策,促进高新技术企业集群发展,形成高新技术产业集聚优势。建立促进高新技术及产业化发展的政策协调机制,由专门机构负责统筹与高新技术及产业发展相关的科技、产业、财税和金融政策,形成各项政策向重点领域、重点环节和重点项目的聚焦,形成一体化的政策合力。

2. 依托宝钢等大型企业的雄厚科技基础,着力提升钢铁、制造、新能源与新材料等重点产业的科技发展水平

宝钢等大型企业拥有雄厚的科技力量,但科技的"外溢"效果(尤其是对宝山区的积极影响)并不理想。通过合理的制度安排,促进先进科技成果对相关科技研究与成果转化的带动。充分发挥宝钢的技术引领作用,以钢铁、制造、新能源与新材料作为重点突破口,形成重点突出同时带动相关行业的整体技术环境,将宝山区打造成全国乃至世界的精品钢与新材料的科技创新基地。

3. 加强科技创新创业环境建设,构筑科技创新人才战略高地

牢固树立科技人才资源是战略性资源的观念,通过产学研合作机制建设,重点加强重大科技成果转化与规模产业化、原创性高新技术研究开发、科技创业的人才队伍建设。以高新技术产业和重点项目为载体集聚一批高级科技创新人才、高层次经营管理人才和高技能人才,引导企业构建科技人才创新创业的事业平台,形成科技计划项目实施与创新人才培养的良性循环。加大吸引科研单位落户宝山区的力度,大力整合高校、科研院所与企业的科技人才资源,进一步制定并落实引进、培养科技创新领军人物的措施,构建科技创新中合理的人才梯队结构,形成有效的团队创新机制。

4. 形成多元化的科技投入体系与稳定增长机制

加快建立和完善以政府财政投入为引导,以企业技术创新投入和科研院校科技投入为主体,以银行信贷、资本市场融资和风险投资为支撑,以引进外资和社会集资为补充的多元化科技投入体系,切实保障科技工作和科技创新活动顺利开展。区政府要不断加大科技发展专项基金的投入力度,在规定每年基本注资额度的基础上,确保引导社会科技投入总量的不断增加。

5. 形成高效、便捷的科技服务与管理体系

加强科技服务平台建设,充分发挥其支持和保障作用。创造性地开展各项促进企业自主创新的服务工作,为企业科技创新排忧解难。进一步强化与科技有关的知识产权保护和管理工作,把知识产权保护和管理纳入到科技计划管理、科技成果管理、科技成果转化及其产业化和科技体制改革的各个环节中去。

6. 建立和完善国内外科技交流平台,强化科技资源整合能力与利用水平

坚持自主创新与引进、消化、吸收相结合。以企业为主体,重点引进有利于高新技术产业和特色产业发展的技术、人才和资金。提高技术引进中的产品设计、工艺、制造和生产管理等软件技术的比重。同时,积极开展政府间和民间的国际科技合作与交流,加强关键技术的引进、消化吸收和再创新。实施"引进来,走出去"的双向开放战略,鼓励从事国际技术转移的技术中介服务行业的发展,鼓励企业、高校和科研机构与国外企业、机构和个人合资或合作兴办研发机构,联合进行研究开发和成果转化。努力开拓国际科技人才资源,尤其是海外华人智力资源。

(七) 以增强公共服务和文化建设为抓手,推进宝山区社会文化发展

当前宝山区社会文化发展落后于经济发展,社会事业发展水平较低,社会管理水平仍显薄弱,社区公共文化发展不足,使得城市化发展水平不高,"城区宝山"形象薄弱。"十二五"期间要进一步提升宝山城市化发展水平,实现"三区"融合的发展战略,支撑大量人口导入,宝山区必须要进一步加大社会文化建设的力度,彻底破解社会文化发展滞后对区域下一轮发展的制约瓶颈。

1. 进一步推进宝山社会建设,加快"宜居宝山"建设

进一步加快公共服务体系建设,丰富"宜居宝山"内涵。一是提升南部城

区公共服务质量,特别是教育、卫生、文化的服务质量,在"十二五"期间争取达到中心城区水平,成为"城区宝山"建设的重要支撑。二是以顾村、杨行等大型生活社区建设为平台,加快配套社会事业建设,"十二五"期间,要彻底改变这些区域学校、医院等基础设施建设不足,公共服务体系尚未完全覆盖的状况,为随后人口的大量导入做好基础保障。三是抓住罗店地区高档社区建设契机,发展高端教育、卫生、文化、体育服务,如高尔夫球场、国际学校、高端医疗服务等,成为高档居住社区的重要支撑。

进一步提升社会管理水平,提高"宜居宝山"质量。"十二五"期间宝山区要逐步完善社会管理体系建设,重点推进社会管理参与主体的"多元化",促进宝山区的和谐、稳定、平安。一是创新群众参与社会管理的形式,在社区事务层面提高群众参与社会管理的程度。二是畅通基层民意表达渠道,特别是要健全市民参与公共政策制定、监督以及评估的相关制度。三是开展公民意识教育,提高市民的现代公民意识和社会责任感,倡导志愿者精神,营造"人人参与社会管理"的氛围。

2. 进一步推进宝山文化发展,加快"人文宝山"建设

文化是城市形象的基础,也是城市"软实力"的重要体现。要改变"工业宝山"固化形象,凸显"人文宝山"的新内涵,就必须进一步提升城市文化发展水平,不断夯实社区文化发展基础。"十二五"期间,宝山区可以通过进一步整合文化资源,创新文化条件,培育文化特色,打造文化品牌,全面提升宝山区文化发展的综合实力。

进一步整合宝山区文化资源,加深"人文宝山"底蕴。一是深入挖掘民间艺术精品特别是非物质文化遗产,以宝山国际民间艺术节为平台向世界全面展示宝山悠久的人文历史,深厚的文化底蕴。二是进一步梳理宝山革命历史文化资源,重点建设罗店老镇、大场老镇和吴淞历史风貌区,使之成为弘扬爱国主义精神、展示宝山人文形象的重要阵地,以此展示宝山在抵御外侮、反抗侵略的革命斗争中的丰功伟绩。三是以钢铁工业文化为主深入挖掘宝山的工业文化资源,可以改建、扩建若干工业文化展示博物馆,做好现代钢铁工业遗产的保护性开发,以此展示宝山在新中国工业化建设中的突出贡献。

进一步发展宝山区社区文化,夯实"人文宝山"基础。社区文化是丰富百

姓生活,促进城市和谐的重要抓手,也是"人文宝山"的重要体现。针对当前宝山区社区文化发展的不足,可以从两个方面着手推进:一是加快社区文化设施建设。要进一步加快社区文化中心的建设,增加社区图书馆、文化馆覆盖范围,不断完善社区公共服务平台,打造群众文化活动主阵地。进一步加快广播、数字电视、网络设施建设,进一步扩大广播、数字电视和网络的普及率。二是提升社区文化管理运营水平。进一步加强群众文化团体、社区文化名人的培育,引导群众参与社区文化。进一步加强群众文化资源的开发和创新,保持社区文化活力。进一步加强人才培育,不断提升社区文化的管理和运营水平。进一步增加社区文化资金扶持力度,保障社区文化发展。

(八) 以建立"服务型政府"为核心,塑造上海"政府良好治理"的先进典范

"十二五"期间宝山要切实向"国际大都市现代城区"目标迈进,政府是非常重要的指挥与推进力量,其效率与功能发挥直接影响着宝山区发展大局。因此,要进一步提高政府的决策与执行水平,确保转型战略方向正确、实施方式合理、重点选择有效。通过打造高效、廉洁、有效的政府功能与形象,为"五个宝山"建设提供充足的效率、秩序与动力保障。

1. 积极推进政府职能"六大转变"

"十二五"期间宝山区政府部门要积极理清自身职能范围、加强职能转变,做到"到位"而不"越位"。一要做有限政府,在当今市场经济条件下,政府应当改变自己是"万能之主"的观念,收缩权力,摆正自身位置。二要做透明政府,要加大政务公开力度,充分保证社会公众对政府及其行为的知情权。三要做诚信政府,进一步转变工作作风,提高行政效能,改变朝令夕改、任意行政的状况,确立诚信政府新形象。四要做责任政府,改变过去政府权力与责任相脱节的现象,进一步增强责任意识。五要做法治政府,要改变过去仍然较多存在人治的情况,要真正做到依法执政。六要做服务政府,摒弃"官本位"观念,通过引导、协调等方式,承担起为市场和企业、公众提供服务、协调社会秩序的角色,实现管理型政府向服务型政府的转变。

2. 优化行政流程和效率,积极改善投资环境

多年来与其他区县相比,宝山区的投资环境并不占明显优势。"十二五"

时期宝山区政府部门要积极理顺管理体制,不断优化行政流程和效率,提高政府服务质量和水平,切实加强"筑巢引凤"的力度。要剥离不必要的职能和相应的行政环节,精简行政审批和行政许可,缩减冗余手续,简化和归并办事手续和事项。同时,不断改进工作流程,将政府的部分串联工作流程转化为并联工作流程,积极借助电子政府提高工作效率。而且,加大力度清理和削减行政审批环节的收费,保证宝山区政府在有关经济事务行政审批中,与其他区县相比,环节最少,周期最短,费用最低,效率最高,形成审批制度上的综合竞争,吸引优质企业,推动经济发展方式转变。

3. 大力补足政府公共服务"欠账"

国内外经验表明,政府公共服务的到位往往是区域经济社会繁荣发展的重要前提条件。虽然宝山区经济实力较强,但是在原有"农村地区"与"厂区"的发展模式下,需要政府提供的公共服务和设施存在较大欠账,而且全区发展不平衡,直接影响了宝山区又好又快发展。"十二五"期间宝山区政府要根据国际大都市的现代城区发展标准,大力加强交通、环境、民生、社会事业、社会保障等公共服务和设施的供给,提高公共事业的发展质量和水平。

4. 加强领导干部队伍建设

"十二五"期间要围绕打造"国际化大都市重要城区"这一目标,以城市管理与建设为导向,加强对全区各级领导干部队伍建设。一是切实提高领导干部的领导、决策等执政能力。"十二五"期间宝山区发展的任务艰巨复杂,广大领导干部的执政能力将面临严峻考验。各级领导干部要通过不断加强学习,准确判断发展走势、精心谋划转型思路、及时把握重大机遇、努力提高执行力,争作宝山区转型的智慧推进者。二是努力提高领导干部的服务意识与水平。宝山区各级领导干部的工作思路要从推进"工业化"调整到"城市化"建设上来,逐步实现从"建设者"到"服务者"的角色转变。在促进经济又好又快增长的同时,确保百姓能够最大限度分享到改革发展与城市化的成果,围绕提高群众生产生活水平这一核心,以高水平服务去赢得广大群众的热烈拥护。三是合理设计、改革对领导干部的考核激励制度。弱化 GDP 指标,强化教育、社会福利与救济、环境保护、医疗卫生等社会与城市职能指标,逐步试行绿色 GDP 指标。在完善对领导干部评估指标体系的基础上,加强行政问责和责任追溯制度,形成合理的效能监察制度。同时,不断改革创新领导干部的激励模式,采用多种手段激发领导干部的积极性与主动性。

五、宝山区"十二五"发展的保障性措施

(一) 形成"三区"融合的发展共识,加强宝山城市新形象宣传

要深入宣传"三区"融合发展战略的重要性,使广大干部群众充分认识到"城区"、"厂区"、"农村地区"分割发展是当前制约宝山区发展的关键问题,认识到"工业宝山"的固化形象是制约宝山区发展的关键因素。全区上下要进一步解放思想,深入学习,围绕"三区"融合发展战略进一步形成工作合力。要制定整体宣传策略,利用市级、国家级新闻媒体,利用宝山国际民间艺术节等平台深入宣传宝山城市新形象,使"滨江宝山、绿色宝山、科技宝山、人文宝山、宜居宝山"为全区上下共鸣,全市上下认同,全国上下认知,世界范围知晓。

(二) 设立五大专项规划,全面推进城市转型

针对宝山区当前发展中遇到的各种问题,从五个方面入手开展专项规划。一是组团式发展战略规划,即打破单个乡镇发展格局,引导相邻镇组团发展。二是交通路网规划,加强次级骨干道路建设,强化与中心城区的道路连接。三是社会事业发展与布局规划,使社会事业发展与实有人口数量相匹配,不断缩小宝山社会事业与中心城区发展水平。四是进行商业与人口导入的规划,使商业发展与人口导入相互促进。五是市场体系建设与电子商务发展规划,加快现代市场体系建设。

(三) 对重大项目建设进行规划论证,确保城市有序发展

按照区域组团式发展的原则,结合实际对各街镇的发展重点和结构布局重新规划。对已明显影响区域发展的重大项目,开展充分的规划论证,积极争取下一轮发展的有利条件。加强对大场机场、杨行列车编组站搬迁工程的研究论证,加强对上钢、宝钢部分工业用地置换的研究论证,进一步支撑"厂区宝

山"向"城区宝山"的融合发展。按照现实性与前瞻性结合的原则,加强对蕰藻浜改造工程、行政中心搬迁、大型居住社区和纵向有轨电车建设的研究论证,确保宝山中部地区建成高水平的城区,并带动辐射全区发展。全力落实对吴淞国际邮轮码头、炮台湾湿地公园等项目的规划,提升滨江带的发展水平。

(四) 加强联动协调,弥补宝山区下一轮发展劣势

当前上海呈"哑铃形结构"的客观发展格局,使得宝山区在"十二五"期间面临的重大政策利好相对有限,因此宝山区要积极造势,创造有利条件,抓住各种机遇谋发展。宝山区要加强与相邻区县连接带区域的共建共管,加快断头路的连接,形成交通同网、环境同治、利益同享的良好局面,吸引更多资源发展宝山区。同时要进一步加强与政府各个委办的对接,进一步争取政策支持、项目支持、资金支持,积极将宝山区融入全市发展战略;利用苏通大桥、崇明隧道的通车运行,将宝山区打造成上海的北大门,充分利用长三角一体化发展机遇,吸引更多资金、人才来宝山区发展。

(五) 实现宝山区与宝钢的互动发展

推动从市级层面设立宝钢协调办公室,全面促进宝钢与宝山区的互动、协调发展;在税费、贷款等方面制定相关优惠政策,鼓励宝钢在全国范围进行产业布局,将高能耗、高污染的生产环节迁出宝山区;设立现代服务业发展基金,鼓励宝钢发展生产性服务业;搭建官产学研平台,引导和扶持宝钢加大科技研发力度,使新材料的优势更加明显。抓住上海国际贸易中心建设契机,以宝钢为核心打造辐射长三角乃至全国的钢铁交易平台。

（执笔:陈群民　李显波　吴也白　王永刚　陈　方　钱　洁）

237

专题六 松江区"十二五"发展规划思路研究

"十二五"时期,是上海在新的起点上推动科学发展、加快实现"四个率先"、加快建设"四个中心"和社会主义现代化国际大都市的重要时期,同时也是松江区积极应对国内外发展环境重大变化、深入实践科学发展观、加快结构调整和转型发展的关键时期。结合松江发展个特点和"十二五"阶段特征,科学编制和有效实施"十二五"规划,对于促进松江经济社会全面协调可持续发展、全面建成综合功能完善的现代化新城区,具有重要的战略意义。

一、松江区"十一五"规划执行评估

"十一五"规划实施以来,松江区上下高举中国特色社会主义伟大旗帜,以邓小平理论和"三个代表"重要思想为指导,深入贯彻落实科学发展观,继续解放思想,坚持改革开放,推动科学发展,促进社会和谐,规划确定的各项目标任务扎实有效推进,执行情况总体良好,经济社会发展取得了显著成绩,为有机融入上海整体发展格局、建设国际大都市的现代化新城区奠定了坚实基础。

(一) 松江区"十一五"经济社会发展成绩

1. 经济综合实力跨上新台阶

"十一五"以来,松江区经济保持了平稳快速的发展。2006—2010 年,松江区经济增长率分别为 16.9%、18.8%、12.8%、6.3%、19%,GDP 年均增长率实现了 13.2%的"十一五"规划目标,经济综合实力明显增强。一是财政总收入持续增长。2007 年松江区财政收入同比增长 37%,即使在全球金融危机的冲击下,2008 年也同比增长达到 20.3%,2009 年同比增长 9.2%,2010 年全年实现生产总值 900.48 亿元,同比增长 15.8%,远远高于"地方财政收入年均增长 15％"的"十一五"规划目标。二是固定资产投资大幅增加。2006—2010 年间,五年累计完成固定资产投资 1 098.35 亿元,超额完成了松江区五年内固定资产投资要累计达到 1 000 亿元的"十一五"规划目标。三是规模化生产企业总数逐步壮大。按照优先发展先进制造业的方针,"十一五"时期累计调整劣势企业 820 家,腾出土地 12 012.5 亩,工业结构逐步优化。2010 年,全区共有规模以上工业企业 2 109 家,实现工业总产值 4 217.16 亿元,占全区工业总产值的比重为 97.2％。

2. 转变发展方式取得新进展

按照"产业结构明显优化"的"十一五"目标,"十一五"期间松江区积极转变经济增长方式,大力发展先进制造业和现代服务业,产业结构调整取得积极成效。一是产业结构进一步优化。2005 年末,松江区三大产业增加值的结构比重为 1.6：71.1：27.3。"十一五"以来,松江区坚持"第二产业与第三产业并重",第三产业进一步发展。2010 年,全年三次产业增加值结构比重为0.9：68.1：31。其中,第一产业实现增加值 7.68 亿元,比上年下降 3.4％;第二产业实现增加值 613.48 亿元,比上年增长 18.2％;第三产业实现增加值279.32 亿元,比上年增长 11.3％。二是工业领域产业集群化、高端化趋势明显。"十一五"规划提出坚持"一业特强,多业发展"的产业发展目标,"十一五"规划实施以来,松江区的电子信息、现代装备、精细化工、新材料、生物医药五大主导产业,对工业的拉动作用十分明显。2010 年,五大产业产值占全区工业总产值比重达到 80.7％,主导产业的地位和作用日益突出。尤其是电子信息制造业"一业特强",是松江第一大支柱工业。三是商业经济稳步发展。2010 年,全区实现社会消费品零售额 292.16 亿元,同比增长 16.4％。其中,全年限额以上商业企业实现社会消费品零售额 119.76 亿元,同比增长16.6％,占全区消费品零售额的比重为 41％。在社会消费品零售总额中,吃、穿、用、烧分别实现消费品零售额 105.1 亿元、23.49 亿元、133.03 亿元和30.54 亿元,比上年分别增长 16.5％、16.6％、16.1％和 17.2％。

3. 科技创新取得新活力

"十一五"以来,松江区按照从"松江制造"向"松江创造"转变的总体要求,在着力提升企业自主创新能力、努力营造创新环境、促进科技与经济紧密结合等方面取得了新成效。一是高新技术产业加速发展。2010年,全年被认定市"科技小巨人"企业8家,被认定国家高新技术企业7家,市高新技术成果转化项目35个。至年末全区已有小巨人企业31家、国家级高新技术企业180家。全年累计获得国家、市级科技计划项目立项144项,组织实施区级科技计划项目立项130项。以电子及通信设备制造业、电子计算机及办公设备制造业、医疗设备及仪器仪表制造业、医药制造业等为代表的高新技术产业,2010年实现工业总产值2 573.43亿元,比上年增长42.2%,占全区产值的比重为59.3%,所占比重比上年提高5.4个百分点,稳居"半壁江山"。二是科技创新能力明显增强。"十一五"规划提出的目标是,"'十一五'期间新发明专利达到500件,研究与开发经费支出达到全区生产总值的2%,科技进步贡献率达到60%,新增劳动力平均受教育年限达到14年"。"十一五"以来,松江区不断加强科技创新能力建设,2010年,全社会研究与开发经费支出相当于全区生产总值的比例达到1.75%,高新技术产业占工业总产值的比重达到59.3%,科技创新能力不断增强。

4. 城市基础设施建设取得新突破

松江区"十一五"规划指出,"'十一五'期间现代化基础设施进一步完善,城镇体系建设稳步推进,初步形成现代化基础设施框架"。2006年以来,松江区不断加大城市基础设施建设力度,基础设施与城镇体系建设取得了显著成就。一是重大基础设施建设加快推进。松浦三桥开工建设;轨道交通9号线一期工程开通,南延伸工程完成规划方案计划近期开工,积极配合做好机场高速公路新建、沪杭高速公路拓宽等市重大工程相关工作。"十一五"规划提出的"非城市建设区域公路路网自然密度达到110~150公里/100平方公里"指标,在2008年便已达到207.3公里/100平方公里。二是松江新城功能不断完善。完成9号线站区配套设施工程,松江新城站商业广场装修和招商基本完成。推进无线新城建设,完成12个点的定位及无线宽带布放。成立新城涉外商务中心,会同美商会举办新城涉外商务招商活动。制定了《关于松江新城区商业网点业态控制的管理办法》,有序推进新城商业发展。三是现代化城镇体系和村镇体系框架基本形成。对区划调整撤并的原城镇镇区,利用原有的市政基础设施和公共配套服务设施条件,进行整合完善,包括李塔汇、张泽、五库、天马、大港、华阳等社区,居住社区的人口和用地规模计入所在的新市镇。初步建成一批以轨道交通和高速公路带动、特色产业支撑、兼具田园风光和现代气息的新市镇和中心村,由新城—新市镇—中心村构成的现代化城镇体系和村镇体系框架基本形成。

5. 和谐社会建设开创新局面

"十一五"以来,松江区不断加强社会公共服务体系建设,进一步满足人民群众对社会公共产品与服务的需求,社会发展水平明显提升。一是人们生活水平不断提高。2010年末,城镇和农村居民家庭人均可支配收入分别达到26 381元和14 126元,年均增长分别为11.3％和10.6％。累计新增就业岗位20.22万个,超额完成了12.5万的"十一五"规划目标。二是社会事业发展实现新突破。"十一五"以来,松江区不断推进义务教育均衡发展,全面免除义务教育阶段学生的课本费和作业本费,文化广播事业较快发展。继续实施"万部图书、千场电影、百场文艺"下农村、进社区、到工地、入军营活动。深入推进卫生综合改革,完善公立医疗机构运行机制。完善收支两条线和全面预算管理,社区卫生经费和乡村医生经费实行区级统筹,逐步解决各地区卫生发展不平衡和可持续发展的问题。全区市民各类基本社会保障覆盖面的"十一五"规划目标是98％,继续扩大综合保险覆盖面,全年共有439 773人参加外来从业人员综合保险。进一步健全医保管理制度,全区参加农村合作医疗9.03万个,投保率100％,农民社会医疗保障率100％。三是社区建设和管理取得新进展。社区建设和管理扎实推进。开展社区事务受理服务中心标准化建设调研,着力完善社区事务"一门式"服务工作机制。车墩、九亭、泗泾等镇实现网格化管理,城市管理网格化向城市化地区延伸。在岳阳街道开展社区公共资源共享试点工作,重点探索和实践社区公共服务设施资源的有效整合。引导社区综合保险试点工作,岳阳、永丰等四个街镇先行引入保险机制参与社会管理与服务。

6. 生态文明建设取得新成效

"十一五"以来,松江区以建设一流的生态文明为总目标,以落实污染减排为核心,以滚动实施环保三年行动计划为抓手,以强化环保能力建设为推动力,环境保护工作取得新的进展。一是环保投入不断加大。2006年以来,松江区环保投入占全区生产总值比重一直大于3%,显著高于2.2%的"十一五"规划目标。2010年,环保投入相当于全区生产总值比例达到3.04%,重点监管企业污染物稳定达标排放率达到99%以上。全年用于环境保护的资金投入27.06亿元,相当于全区生产总值的3.02%。环保基础设施建设得到进一步完善。二是环境质量进一步改善。"十一五"规划提出的目标是,"城区绿化覆盖率达45%,城镇污水处理率达到85%,环境空气质量优良率达到90%"。2006年以来,松江区不断加大环境整治力度,环境质量明显提高。截至2010年,城区绿化覆盖率为37.4%,环境空气质量优良率达到91.0%。全区污水处理率达80%,城区污水处理率达90%以上。三是节能减排扎实推进。"十一五"以来强化高耗能、高污染企业的调整任务,对年用能量2 000吨标准煤以上的重点用能单位,制定并实施分年度能耗下降目标和实施计划。全面推进新项目"批项目、核规划、核环保、核能耗、核排放"制度,不符合节能环保标准的不准开工建设,"十一五"期间全区的节能减排成效比较显著。

(二) 松江区"十一五"规划执行中存在的主要问题

1. "产业结构调整"达到"十一五"规划目标仍有难度

按照"十一五"规划目标,"产业结构明显优化,第三产业实现快速发展,到2010年,三次产业结构比重为1∶67∶32"。"十一五"以来,由于第三产业发展的要素集聚程度不高,支撑第三产业发展的体制机制还不顺畅,无论是生产性服务业还是生活性服务业发展仍然相对滞后,2005年第三产业在三次产业结构中的比重为27.3%,2006—2009年的比重分别为28.0%、28.6%、29.4%、32.4%,到2010年也只是基本实现32%的目标。

2. "三区联动"与"产学研"结合水平尚未达到"十一五"规划要求

虽然"十一五"期间松江区相关科技指标任务完成良好,甚至"新发明专利件数"、"研发经费占全区GDP比重"、"科技进步贡献率"等指标大幅提前完成任务,但是应该看到,按照"十一五"规划要求,"'产学研'紧密结合的科技创新机制更加完善,'三区联动'顺利推进,学习型城市建设取得较大进步",松江区的"三区联动"与"产学研"结合水平仍存较大差距。"十一五"以来,由于不同区域的运作逻辑差别较大,"三区"整合与互动的体制尚有缺陷,"十一五"规划要求的"产学研联盟体制平台、促进科技成果转化的政策平台、地区与大学园区全面共建的服务平台"仍未有效、稳固建立,大学园区、产业区、新城区各自的资源优势依然没有得到有效的发挥与整合。

3. 社会事业发展与"十一五"规划目标仍存较大差距

松江区对社会事业的"十一五"规划目标是,"建立比较完善的社会公共服务体系,基本满足人民群众对社会公共产品与服务的需求,城区社会公共资源的配置和公共服务能力基本达到市中心城区平均水平"。但是应该看到,由于城市化加速推进、外来人口大量涌入等多种因素的影响,"十一五"期间,松江区社会事业发展水平仍与规划目标差距较大。一是按照规划要求教育资源供给严重不足。由于教育资源供给跟不上人口增长需求,班额超标现象非常严重。城区小学班额超标达到 100%,农村地区小学班额超标达到 52.9%;城区中学班额超标达 44.4%,农村地区中学班额超标也有 17.6%。松江城区的班额状况不但与上海市中心城区差距悬殊,而且比松江农村地区还要严重,这与"十一五"规划要求相去甚远。二是文化资源配置水平与规划目标仍存较大差距。据有关方面统计,目前全区镇、街道建立社区文化活动中心的不到 1/2,按照全区户籍人口计算,全区人均公共文化设施面积只有 0.15 平方米。按常住人口 120 万计算,只有 0.066 平方米,远远低于全市平均水平 0.26 平方米。

二、松江区"十二五"发展阶段分析

(一) 松江区发展现状判断

对松江区发展现状的判断必须建立在历史回顾的基础上。在"十五"以前,松江基本上还是一个农业大区,农业生产总值占 GDP 比重在 10% 以上,工业总产值的年均增长率仅为 15.07%(见图 7.1)。"十五"期间,松江区紧紧抓住了国际产业转移的机遇,按照"二、三、一"产业发展方针,大力引进了一批高水准的工业项目,二产比重逐年上升(接近 70%),工业总产值的年均增长率跃升到了 46.07%,成为了名副其实的工业大区。"十一五"期间,松江区注重二、三产业并举,进一步加快了城市化步伐,力图通过城市化的快速推进,带动经济社会全面发展,促使全区加快向城市地区转型。以松江新城为重点的城市建设进展明显,构成了"十一五"期间松江区发展的一大亮点。但是,由于发展的惯性以及内外部种种因素的制约,目前松江区城市化总体水平还不高,全区仍然呈现较为明显的"工业大区"特征,从某种程度上说仍然是典型的"生产性"城区。当前,以下五大问题在松江区日渐突出:

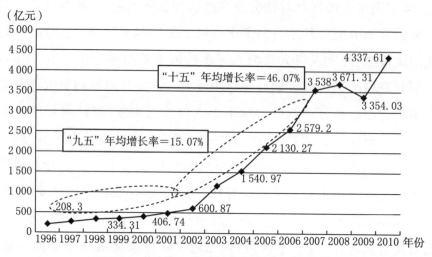

图 7.1　松江区工业总产值(1996—2010 年)

1. 新城综合功能有待进一步增强

尽管松江新城建设起步较早,在开发进度上居于全市郊区新城前列,但目前整体综合功能还不强。这主要是由于在"十一五"期间,松江新城建设侧重于形态建设,大规模住宅及道路交通等公共配套设施建设力度较大,城市功能性设施和项目建设相对落后。特别是,目前新城区域内高档商业中心、文化设施、休闲娱乐等高品质配套设施还比较缺乏,高等级的商务楼宇、宾馆、会所等设施不足,影响了城市商务、商业、文化、居住等基本功能的形成。

2. 产业结构有待进一步优化

从总体上讲,松江区产业结构中二产占据绝对主导(69.6%),三产比例严重偏低(29.4%),二、三产业结构较不平衡。二产方面,主要产业集中在制造业产业链的低端,不仅企业效益低下,而且区域依赖性不高,抗经济波动性较差。特别是占松江区工业生产能力70%的电子信息业与现代装备业,受经济波动影响十分明显。三产方面,存在与工业和城市化发展进程脱节现象,表现

244

为采购、研发、设计等生产性服务业和高档商业、休闲、生活性服务业培育发展相对滞后,与松江区快速城镇化发展及工业向高端化发展的要求不相适应。

3. 社会事业水平有待进一步提高

由于"十一五"期间松江区人口总量与空间布局的重大变化,加之郊区长期以来社会事业基础相对较为薄弱,松江区的社会事业"短板"正日益凸显。例如,在医疗卫生方面,按照"十一五"规划的要求,松江区中心城区包括卫生资源在内的公共资源配置要达到市中心城区平均水平。但目前,松江区每千人执业医生数和每千人注册护士数不但低于上海市平均水平,也落后于周边郊区兄弟区县。在教育方面,表现为教育资源不充足,基础教育优质化程度不能满足居民的需求,农民工子女学校的办学条件、教学设备亟待改善。由于社会事业水平整体不高,限制了松江区城市人口特别是高素质人口的集聚。

4. 城乡统筹亟须加强

近年来,松江区加大了城乡统筹工作力度,在破解城乡二元结构方面走在全市郊区前列。但尽管如此,松江城乡之间差异依然明显,特别是浦南与浦北之间发展存在不均衡性,以浦南为代表的农村地区在教育、医疗、人口等基本公共服务以及道路、交通、信息等基础设施和公共配套方面与城市化地区相比还存在较大差距。同时,城乡之间在社会保障方面尚未实现一体化,社保统筹的层次较低,"镇保"尚未实现全覆盖,"农保"保障水平与"城镇"、"镇保"相比偏低。随着松江区未来城市化的加速推进,如果城乡统筹问题不妥善解决,城乡之间的发展断层有可能进一步扩大。

5. 文化发展相对滞后

松江区是上海历史文化积淀最久远、最丰厚的地区,但近年来文化领域相应的发展和提升较慢,突出表现在两方面:一是传统文化挖掘和保护力度不够。尽管松江区对传统文化的保护开发较为重视,但在大规模城镇建设中对于传统文化特别是江南古韵的保护和提升仍然比较欠缺,一些地区历史文脉有被湮灭之忧。目前,全区仅松江老城地区以及泗泾等少数地区古风相对保留完好。特别是和青浦(朱家角为代表)、金山(枫泾为代表)等区相比,松江区的传统文化保护开发和品牌打造相对落后。二是公共文化建设推进滞后,全区社区文化活动中心和村级综合文体活动室建设尚未起步,相关的文化配送和保障机制尚有待进一步加强。

6. 城市管理矛盾有增多趋向

"十一五"期间,由于城市化的快速推进,人口的快速集聚,松江区的城市管理逐渐由"点"向"面"拓展,松江区原有的以郊区农村为主要对象的管理力量、体制机制开始难以跟上城市化地区的管理新要求。因此一段时期内,在区内的城市化地区中,违法搭建、乱设摊、群租、黑中介、黑车、生活垃圾污染等问题开始滋生,影响了城市的健康运行。

(二)"十二五"期间是松江区从工业大区向"现代化城市"转变的关键期

正是由于松江区近年来工业大区特征依然明显,城市化进程落后于工业化进程,导致城市综合功能不强、产业结构不够合理、社会事业水平不高、城乡统筹亟待加强、文化发展相对滞后等问题日渐暴露和突出。"十一五"期间,松江区虽然加快了城市化进程,力图扭转这一局面,但总体上进展并不显著。根据松江区要建设成为现代化城区的远景目标,"十二五"期间应当是松江区抓紧应对上述问题,加快从生产型的工业大区向现代化城市转变的关键时期。具体表现在以下五个方面:

1. "十二五"将是松江区城市化快速推进的五年

从城市发展演变的规律来看,城市化率达到70%~80%将是一个地区城市化发展的关键时期。截止到2010年,松江区城市化率已经接近82.1%(按非农户籍人口占全体户籍人口比重计算),农村地区人口不断向外转移,但松江城区化地区并未能提供足够的功能支撑。因此,"十二五"期间,迫切要求松江区加快新城的功能开发,并借沪杭高速铁路以及机场高速公路建设之机,加快南部新城建设,拓展新的城市化空间。同时,积极利用虹桥综合交通枢纽建设契机,加快九亭地区作为虹桥枢纽延伸区的环境和基础设施建设,提升东北片区城市化水平。

2. "十二五"将是松江区产业结构优化提升的五年

产业是促进经济增长、推动社会发展的重要支撑。从历史规律和国际经验来看,一个地区在人均GDP突破5 000美元后,工业拉动经济的作用开始逐渐下降,服务业逐渐取代工业成为地区国民经济的主体。截止到2009年,松江区的人均 GDP 已经达到了 10 255 美元。这就意味着松江区必须在"十二五"期间,努力改变目前服务业比重偏低的产业结构现状,加快现代服务业发展,同时加大制造业内部结构调整。加快松江新城核心区、九亭生产型服务功能区等总部经济板块建设,依托轨道交通线路延伸以及生活居住区建设推进,大力发展生产型服务业和生产性服务业。同时,加大二产劣势企业调整退出力度,加快骨干工业企业自主创新和技术改造,进一步提升松江区先进制造业能级和水平。

3. "十二五"将是松江区社会事业不断提升的五年

高水平的社会事业是现代化城市的基本要素。"十一五"期间,由于松江区社会事业水平相对不高,人们对于社会事业资源的需求与供给之间尚不匹配,影响了松江城市地区人口的快速集聚。因此,"十二五"期间,松江区的社会事业资源的调整配置和完善提升显得尤为迫切。为此,要求松江区未来应当努力按照中心城区的城市化建设要求配置公共服务资源,加强公共财力对社会事业的支撑,加大教育、医疗、文化、体育等优质社会事业资源的供给,积极吸引市级优秀资源输出转移,提高公共服务水平。

4. "十二五"将是松江区城乡统筹加快推进的五年

加快城乡统筹是贯彻落实科学发展观的根本要求之一,也是建设现代化城市所必须处理好的重要任务。"十一五"期间,松江城市化地区得到了快速发展,但以浦南为代表的传统农村地区发展一直相对滞后,城乡居民生活水平差距较大。"十二五"期间,随着松江新城以及新市镇建设的深入推进,松江城市化地区的发展还将进一步加快。因此,如果不加快推进城乡统筹,松江区城乡之间的发展"断层"将进一步拉大,地域之间、人群之间的矛盾可能将逐步加剧。在此背景下,必然要求松江区在"十二五"期间,将加快推进城乡统筹摆在突出位置,以浦南地区为重点,加快改善教育、医疗、人口等基本公共服务以及道路、交通、信息等基础设施和公共配套,逐步缩小区内城乡发展的差距。

5. "十二五"将是松江区文化大繁荣大发展的五年

文化是现代化城市的灵魂。对文化元素进行挖掘、培育、整合、开发是一个地区在竞争中突出个性、彰显特色、体现区别的根本途径,也是提升城市能级、营造城市氛围、促进产业融合的有力抓手。正因为如此,越来越多的城市开始注重利用文化元素为城市发展注入动力和活力,能否打好"文化"牌将成为松江区在与周边郊区乃至长三角周边城市的竞争中脱颖而出的关键。为此,要求松江区在"十二五"期间,依托丰富的历史文化与自然资源,抓住城市化发展带来的居民文化需求快速增长的契机,打造松江传统与现代、自然与人文交相辉映的文化高地品牌,加快推动松江文化大繁荣大发展,提升松江城市品位与城市魅力。

(三) 松江区"十二五"期间发展面临的主要瓶颈

1. 土地利用日益紧张

一方面,松江区经济发展的可用建设用地已十分有限;另一方面,20世纪90年代松江区投入大量土地引进了一批低端的工业企业,这批企业占用的土地调整清退难度很大。同时,多年来投入的大量土地主要用于工业发展和房地产开发,但土地产出相对较低,根据测算,目前松江工业区已建成投产企业单位土地产出为31.64亿元/平方公里,仅为国家级开发区的1/4,土地瓶颈已成为"十二五"期间制约松江产业经济进一步扩张拓展的关键因素。

2. 交通瓶颈制约明显

一是在松江区与中心城区的交通联系上,除A9主干道之外,快速交通副干道尚未打通,致使部分计划在松江新城安家的市民,因每天去市区上下班不方便而放弃安家计划。由此可见,交通已成为制约松江新城人口导入的关键瓶颈之一。二是在松江区与外区的交通联系上,由于各区交通规划的互不衔接,"断头路"目前大量存在,路网系统有待进一步整备完善。三是在松江区内的交通联系上,公共交通与轨道交通站点及其他高速路网的衔接还不够合理,影响了居民出行的便捷度。

3. 环境保护压力较大

松江地处黄浦江上游,保护黄浦江母亲河是松江对上海全市应尽的义务。但客观而言,为了保护黄浦江水源,松江区必须对浦南地区工业发展作出限制,沿江两岸农牧业发展必须进行不断整治和调整,由此造成地区经济发展相对缓慢,区域内农民就业和收入受到影响,这一局面在"十二五"期间还将继续延续。同时,在对黄浦江水源地进行保护的过程中,涉及撤销工业区、关闭养殖场、给付涵养林涉地人员和原有离土农民镇保经费等一系列事项,短期投入和长期性经常支出的财政压力日渐增加,对于松江区财政保障经济、社会、文化及城市建设构成了较大影响。

4. 管理体制矛盾突出

管理体制矛盾集中反映在新城建设和管理方面。目前,新城建设环节主要采取由区操作的方式,缺少市级层面的直接支持和统筹协调,这一方面影响新城建设推进速度,同时造成区区之间各自为政,新城建设缺乏层次性,缺乏有效协调和互动,由此导致新城之间形态相似、功能雷同和同质竞争等一系列问题。同时,由于管理权限高度集中于建设、规土等市级条线部门,新城建设的土地利用往往受到全市土地利用计划、规划、审批的较大限制,导致新城建设项目用地审批周期长,制约了新城的快速发展。

三、松江区"十二五"发展主线与目标

(一) 发展主线

从上述分析可以看到,"十二五"时期是松江区战略转型的关键期,但目前松江在城市综合功能、产业结构、社会事业、城乡统筹、文化领域等方面问题还比较突出,严重阻碍了松江区下一轮发展。在这些问题中,新城综合功能不强是松江城市化快速推进中存在的最显著、最根本问题。能否实现松江新城综合功能的提升,不仅关系到松江区能否加快解决城市化快速推进关键期内的上述问题,而且关系到松江区未来在整个上海市域城市体系中的地位。因此,"十二五"期间,松江区有必要以"完善新城综合功能,推动城区战略转型"作为新的发展主线,以统领经济社会发展全局。其中,"完善新城综合功能"是动力,"推动城区战略转型"是目标。根据这一主线,松江区要在"十二五"期间,从"增量"发展转向"质变"突破,以松江新城城市综合功能的提升作为全局工作的重心,加快促使松江转型成为真正意义上的综合性节点城市。

"完善新城综合功能,促进区域战略转型"的发展主线是松江区顺应新的环境形势的战略选择,符合多方面的要求:

1. "完善新城综合功能"符合松江对接上海"十二五"城市发展战略的要求

"十二五"期间,上海新城镇体系规划将进一步调整,形成沿轴向发展的一核、两带、多中心的上海市域城市群。在此格局中,需要打造若干综合性节点城市,以形成对中心城区的反磁力作用,成为承接中心城区的人口导入与功能分担的重要载体。根据市委、市政府的要求,"松江新城要打造成为百万人口等级城市",其实质意图就是要求松江新城按照综合性节点城市的城市规模、产业能级、市政配套要求进行建设。因此,提升松江新城的城市综合功能,对于实现市委、市政府关于全市城镇体系的战略设想意义重大。

2. "完善新城综合功能"符合松江融入长三角发展大格局的要求

随着虹桥交通枢纽以及沪杭高铁的建设推进,长三角大交通格局发生重大变化,沪杭之间进入"同城"时代。当前,嘉兴等地长三角周边城市功能提升显著,青浦、金山新城建设正后来居上,对于松江区构成了一定挑战。对于同处在沪杭沿线的松江而言,以现有的松江新城的规模和能级,还不足以吸引沪杭之间的人员、资金、信息等要素在松江大规模驻留、扩散。为了避免在长三角新一轮城市竞争中被边缘化,加强巩固松江在沪杭之间重要节点的地位,松江新城迫切需要在"十二五"期间完善综合功能。

3. "完善新城综合功能"是推动松江区解决当前阶段存在问题的重要抓手

当前,松江区在城市化快速推进关键期面临诸多问题,而完善新城综合功能正是推动上述问题加快解决的最大动力,突出表现在:一是促进产业结构调整。城市化快速推进关键期要求加快功能性项目的植入和培育,强化居住、消费、休憩、公共服务等城市性功能内涵,这将有助于现代服务业的成长。二是促进社会事业提升,完善新城综合功能,加快人口导入,要求从根本上提高松江新城社会事业资源的品质。三是促进城乡统筹,松江新城的城市功能的完善,将进一步增强松江城市化地区反哺农村的能力,带动松江农村地区的人口进入城市化地区,有助于平衡农村地区与城镇地区经济社会发展差距。

4. "完善新城综合功能"体现了对松江区"十一五"规划主线的承接

松江区"十一五"规划提出以"增强城市综合竞争力"为发展主线,其关键

250

词是"城市"与"竞争力",而"完善新城综合功能"的新发展主线表述则对此有所继承和发展,这一主线强调"新城"与"功能",体现了通过松江新城的城市功能塑造与完善,以点带面,以城带区,来增强松江区在整个上海市域城市体系与长三角城市体系中的综合竞争力的思路。

(二) 发展目标

综合考虑松江区未来五年的发展环境、基础条件和发展阶段特点,结合上海"十二五"时期城市发展转型的总体要求,"十二五"期间,松江区应当明确以"完善新城综合功能,推动区域战略转型"为主线,充分发挥在市郊地区中工业基础雄厚、城建基础良好、文化资源丰富、外部机遇突出等综合优势,以建设产业能级强大、要素资源集聚、基础设施完善、公共服务充分、城市管理有序、文化特色鲜明的"组团"式郊区新城为重要抓手和突破口,加快商务、商业、文化、居住、休闲、娱乐、观光等多元功能塑造,打造上海第一个功能完善的郊区新城、产业转型示范区、城乡统筹的先行区、文化发展的新高地、旅游休闲的新胜地和和谐宜居的新城区,推动松江区由生产型城市向高等级的"生产—生活—生态"复合型城市转型,成为充分展示上海郊区实力、体现上海全球城市建设水平的现代化新城区。具体目标如下:

1. 新城综合功能进一步完善,打造成为上海第一个功能完善的郊区新城

充分发挥松江已有北部新城优势,加快南部新城建设,以产业能级、人口规模、配套设施的高度提升和完善为重点,积极打造上海郊区第一个 CBD,构建上海西南地区高等级商务、商业、休闲、娱乐区域中心,增强城市综合服务功能,为形成现代化的城区奠定基础。

2. 服务经济为主的产业结构基本形成,打造成为上海产业转型示范区

抓住上海新一轮产业转型战略机遇,依托新城建设引发的产业新需求,形成现代服务业与先进制造业双轮驱动、协调发展的产业体系。工业方面,要在量上扩张的基础上,更加重视提高制造业能级和水平,构建以高新技术产业为引领,传统优势先进制造产业为依托的产业体系。服务业方面,构建以物流、研发、创意等延伸性、深度性生产性服务业与体现地区服务功能的高端商务、商业、文化产业共同引领的服务经济体系。

3. 城乡一体化取得重大突破,打造成为上海城乡统筹的先行区

聚焦以浦南地区为代表的纯农地区,以浦南地区基础设施的完善、社会公共服务资源的更新与再配置为重要抓手,加快公共事业资源的再编调整和扩张追加,推进城乡基础设施、公共服务、就业和社会管理一体化,基本形成全区城乡区域一体化的现代化基础设施框架体系和社会公共服务体系,缩小松江区与中心城区、农村地区与城镇地区经济社会发展差距,使松江区成为上海破解城乡二元结构的先行示范区。

4. 文化软实力得到有效提升,打造成为郊区文化发展的新高地

充分利用松江区作为上海历史文化发祥地的独特地位,以影视、音乐、文化创意等重大文化功能性项目的开发为依托,打造西南上海文化产业集聚区。以广富林历史文化遗址以及泗泾下塘、仓桥、府城等地为重点,加快对松江区历史文化内涵的深度挖掘、保护、传承和开发,打造上海历史文化与民俗文化精品品牌。以公共文化体系建设为抓手,进一步满足居民文化需求,形成上海西南公共文化中心。

5. 旅游得到快速发展,打造成为郊区旅游休闲的新胜地

积极利用"世博之旅"目的地品牌效应,充分挖掘利用松江人文资源、自然资源,完善以佘山国家级旅游度假区为主要空间依托的旅游布局,重点打造上海休闲度假旅游、历史文化旅游、农业生态旅游、体育赛事旅游、节庆民俗旅游的旅游品牌,优化调整旅游规划布局,积极实施旅游产品多元化开发战略,提升松江"食、住、行、游、购、玩"档次和内涵,营造健康、安全、舒适的旅游目的地,使松江成为吸引上海中心城区和长三角周边地区居民休闲、度假、观光、览景的新胜地。

6. 社会建设步伐进一步加快,打造成为郊区和谐宜居的新城区

依托松江区良好的生态环境基础和日益完备的城建基础,以提升城市生活质量为根本目标,建设基础设施完备、交通出行便利、生活配套齐全、周边环境优美的各类居住社区,配套加强教育、卫生、文化、体育等公共事业,完善养老医疗等社会保障制度,不断提升城市管理水平,成为经济、社会、文化、环境协调发展,能充分满足本地和外来人口工作、生活和居住需求的高品质人居示范新城区。

四、松江区"十二五"发展的重大举措

"十二五"时期松江区在"五个打造"的总体目标引领下,应充分利用好自身的各类优势,调动各方面的主动性和积极性,重点从空间布局、产业体系、新城建设、文化发展、旅游发展、三区联动、城乡统筹、城市环境、融入长三角等十个方面推进,谋求更高层次、更高水平的发展,实现城区战略转型。

(一) 以功能片区建设为抓手,打造形成与"现代化城区"相适应的空间布局

在原有规划基础上,进一步明确各功能片区的定位,不断完善以新城为核心的空间形态,是松江区"十二五"时期快速提升城市综合功能,加快推进区域战略转型的首要举措。目前松江区"一城两翼三片"的空间规划充分体现了松江区域状况与基本特征,整个城市形态也已初具轮廓。但应当看到,现有规划片区的功能性有待进一步凸显,其相互之间的互动性还需不断加强,尤其是松江新城的核心集聚和辐射作用尚未得到充分有效发挥。因此,"十二五"期间松江区迫切需要通过空间重组与功能重构,推动六大规划片区向紧密联动的功能片区转变,并带动整个区域形成发展合力。

1. 不断完善"松江新城核心功能区"的综合服务功能,点燃带动区域经济社会发展的核心引擎

新城在整个松江区空间布局中处于核心地位,是全区经济社会发展的增长极。"十二五"松江新城应在继续发挥区位环境、城市基础设施等方面比较优势的基础上,全力以赴完善城市综合服务功能,不断增强对其他各功能片区的辐射和溢出效应,引领全区经济社会发展迈上新台阶。对目前已初现基本形态的北部新城而言,"十二五"时期主要任务是提升功能,重点加快建设以大学城商务广场为核心的国际生态商务区和各类新型居住社区,将产业、社会、文化、休闲等功能结合起来,提高新城的综合服务能级。对刚刚启动建设的南部新城而言,"十二五"期间重点是加快规划论证,结合沪杭客专松江枢纽建设和黄浦江上游水源保护地的实际,明确战略定位与开发思路,加快基础设施建

设,为松江新城未来发展开拓新空间(见图7.2)。

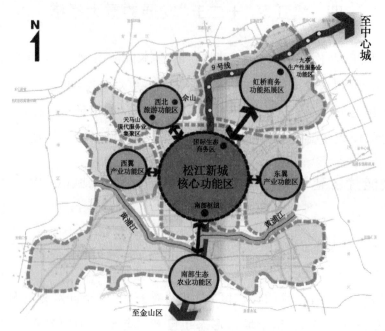

图7.2　松江区功能片区划分

2. 加强东西两翼"产业功能区"与其他片区的联动,加速产业升级转型,为松江新城建设提供有力支撑

东西两翼是松江第二产业集中布局之处,也是支撑新城核心的重要产业基地。"十二五"期间东西两翼重点是要打破原有空间结构相对孤立的格局,增强与新城核心之间的融合互动,一方面要凭借产业升级与结构转型,支撑新城功能的完善提升;另一方面要通过创造更多的岗位和机会,来吸纳更多劳动力在本地就业,加速新城人口规模的壮大。东西两翼产业功能片区未来主要是在现有产业基础上,继续巩固推进先进制造业基地建设,同时加大生产性服务业发展力度,不断提升功能区内产业的能级。

3. 打造东北片"虹桥枢纽商务居住功能拓展区",加快推进九亭生产性服务业功能区、泗泾低碳经济创新基地建设

通过轨道交通9号线连接,松江区东北片是接受上海中心城区辐射最直接的地区,是目前城市化水平较高、经济社会发展基础较好的区域,也是未来对接虹桥综合交通枢纽的"桥头堡"。"十二五"期间东北片区要积极抓住大虹

桥商务区建设的有利契机,充分发挥区位优势,着重发展商务和居住功能,将自身打造成为虹桥枢纽的功能拓展区。其中,九亭的生产性服务业功能区重点培育研发设计、总部经济以及其他生产生活综合配套功能;泗泾则积极创建上海低碳经济创新基地,努力推进低碳经济研发中心、低碳经济技术产品展示中心、低碳产业孵化中心、碳排放交易中心、低碳生活示范区等重点项目建设。

4. 深入发展西北片"复合型旅游度假功能区",整合提升休闲、娱乐、文化、会展、疗养等综合功能

以佘山国家旅游度假区为代表的西北片区内集聚了松江独一无二的优势资源,在多年精心发展的基础上,目前已基本形成了集自然生态景观和历史文化风情于一体的知名旅游地。"十二五"期间西北片要继续梳理、挖掘各类旅游资源,在现有功能性项目的基础上整合培育综合服务功能,全力形成面向上海、长三角乃至全国的大规模多功能复合型旅游度假功能区。重点是深入推进天马山现代服务业聚集区开发建设,积极打造佘山、辰山、天马山、横山、小昆山休闲娱乐、商务会展、康体疗养服务带,加快建设以文广影视基地为核心的"影视体验区"。

5. 加快南部传统农业片区向"生态农业功能区"转变,为松江区未来发展储备战略空间

南部片区一直是松江区发展不可忽视的重要区域,它能为松江区塑造城市综合功能提供有力补充,又要为提升松江整体形象的创造新亮点。"十二五"期间南部片区的发展重点是以叶榭、张泽、泖港、五厍、新浜、石湖荡等新市镇的建设为依托,突出黄浦江上游水源保护地的生态涵养功能,并积极示范试点建设上海市郊的现代农业基地,形成滨江生态农业功能区。

(二) 以加快发展服务经济为抓手,打造形成上海"产业转型示范区"

目前松江区的产业体系仍存在偏"重"的特征,主要表现为"二三一"的结构顺序、第二产业占绝对主导地位、现代服务业发展不足等问题。"十二五"期间,要打造出功能完善的松江新城,就必须发展与新城建设实际需要相匹配的产业,即抓住上海新一轮产业转型的战略机遇,依托传统产业的规模优势,培育新的核心产业竞争力,实现产业结构优化与技术升级,加快发展现代服务

业,大力提升先进制造业能级,基本形成以服务经济为主体、以"一核一带三片区"为重点、三二一产协调发展的产业体系,积极创建上海近郊"产业转型示范区"。

创建"产业转型示范区"即是要求松江区在产业发展上突出三个重点:一是要提升原有产业能级。"十二五"期间松江区将深入推进新城建设,根据新城的功能定位,占地多、效益小的低端制造业显然已不适合再大面积发展,批发零售、餐饮、交通运输等传统服务业也必须进行更新换代,与国际大都市标准相适应的现代化农业基地建设仍要不断完善。二是要加速现代服务业发展。新城建设将带来大量人口和企业等社会组织聚集,给现代服务业的发展提供了更广阔的空间,而发达的现代服务业也是新城功能完善的必要条件之一。形成以服务经济为主导的新城产业体系,才是松江区实现产业转型的关键之举。三是要促进制造业服务业互动。松江区发达的制造业是现代服务业发展的基础和市场,高水平的服务业又是提升制造业竞争水平的依托和支撑,通过两业互动的"无缝衔接",可形成"以二促三"、"以三带二"的良性产业发展格局。

1. 产业重点

"十二五"时期,松江区产业发展的重点应与全市步调一致,紧紧围绕"完善新城综合功能"的主线,集中于先进制造业和现代服务业两大领域,同时继续保持"家庭农庄"的农业基地特色。

(1)先进制造业:走高端化、轻型化、品牌化路线,重点发展高新技术产业和新型都市工业。

鼓励企业掌握核心技术和创立自主品牌,淘汰一批附加值低、能耗高、外资依赖度高的低端制造企业,构建以价值链高端化、高新技术产业集群化、传统都市产业市场化为导向的,具有较强竞争力、与现代化国际大都市郊区新城地位相适应的先进制造业体系。

培育发展高新技术产业:一是电子信息产业。聚焦计算机、集成电路、LED半导体照明、数字电视四大领域,不断提高骨干企业设计能力,提高产业本地配套水平,形成产业集群效应,实现骨干产业持续稳定增长、产业附加值不断提升、新兴领域实现突破三大目标。二是先进重大装备产业。关注医疗装备、物流装备、环保设备等高成长领域,充分利用国家重点工程建设及调整振兴重点产业形成的市场需求,大力发展重大技术和高新技术装备,成为全市先进重大装备高新技术产业化的重要基地。三是生物科技产业。聚焦生物保健品、化学药品原药制造、生物生化制品制造、医疗器械制造四大领域,以促进创新成果产业化为核心,加快重大项目落实建设,加速打造生物科技产业创新热点。四是新材料产业。注重有机光电材料与电子信息产业的联动,加强招商引资、项目建设和新技术研发,促进新材料上下游纵向及横向产业链的发展,推进新材料领域高新技术的应用推广。

提升发展新型都市工业:一是食品工业。注重打造品牌食品,以提高食品工业技术水平、经济效益和食品质量与安全为目标,大力引进具有品牌影响力的大型食品企业,努力成为国内外知名品牌食品企业集聚地。二是时尚服装产业。聚焦成衣服装领域,加强与东华大学、中国纺织工业协会等单位的合作,突出设计龙头,发挥品牌效应,努力把松江建设成为引导中国服装业发展的设计研发中心、信息发布中心、流行时尚展示中心、精品名品商贸中心。三是旅游纪念品产业。聚焦贵金属制品、珠宝玉器、漆器、玻璃器皿、彩陶、电子玩具等产品,大力发展与旅游服务业相匹配的旅游纪念品产业,着力培育和引进工艺旅游纪念品企业。四是洗涤化妆产业。大力开发节能、节水、环保、高效的洗涤用品和原料,围绕个性化、时尚美容以及旅游户外活动特殊需求,大力发展满足特殊需求的洗涤化妆产业。

(2)现代服务业:配合新城建设,促进服务业发展提速、提质、增效。

彻底摆脱传统服务业低档、散乱的发展模式,从建设一个能级较高的功能性节点城区的战略高度出发,加快现代服务业的发展速度,提高现代服务业在产业结构中所占的比重,注重其内涵质量,使其对区域经济发展的贡献率稳步上升。

延伸发展生产性服务业:一是企业总部及商务服务。集聚高品质的中外中小企业总部入驻,发展企业总部投资与资产管理服务以及相应的投融资中介服务、策划咨询服务等。二是特色会展。利用处于长三角节点优势,加快发展区别于中心城区的特色会展业,同时加快高水平、高规格会展场馆的规划建设,提高专业接待能力和特色服务质量。三是工业研发设计。鼓励发展电子信息等产业的相关研发设计服务,工业技术检测服务,以及面向轻型工业消费品的创意设计服务。四是时尚服饰创意。发展时尚服饰研发设计服务,拓展贸易、展示、信息交流、品检、培训等全方位服务功能。五是职业教育培训。大力发展专业技术培训、管理人才培训、人才中介以及各种考试教育服务。六是软件与信息服务。进一步发展特色鲜明、具有自主知识产权的网络游戏,研发具有行业特色和专业特点的产业应用性软件,发展 IT 服务外包,并在 IT 服务基础上积极拓展业务流程外包。七是现代物流。完善制造业供应链物流服务,发展面向城市居民的轻型及高档工业消费品的立体式物流运输配送服务,开拓与物流紧密相关的高端衍生服务。

提升发展生活性服务业:一是市郊 CBD 能级的商业商贸业。以与新城人口规模和素质结构相匹配为标准,对已有的传统商业商贸进行改造提升,鼓励发展差异化、个性化服务,打造与市级商业中心同等量级的 CBD。根据轨道交通站点和大型居住社区的布点情况,加强商业业态的创新与调整,合理布局、加快建设各类综合型购物中心、专业卖场、精品专卖、社区便利商业,并使其与餐饮购物、娱乐休闲等综合服务融合发展,培育新的消费服务增长点,推广一批知名商业商贸品牌。二是休闲旅游业。按照将旅游产业逐步发展成松江经济的支柱性产业的定位要求,对整个佘山的旅游资源开发和旅游产业发展进行总体规划,根据不同类型旅游资源优势,开发引进相应的功能性项目,打造多个休闲旅游品牌。三是医疗服务业。依托佘山地区丰富的生态资源,整合上海中心城区优质医疗资源,在佘山地区新增一个康体休闲主题园区,发展高端医疗服务产业,辐射长三角地区,为江浙高端人才提供便捷的体检体能测试、保健养生、美容整形等服务。四是文化娱乐产业。加快文化娱乐产业发展,使之与高档商业商贸、教育医疗等功能融为一体,满足新城居民多层次多样化的精神生活需求,并力争将休闲娱乐文化产业培育成松江经济增长新亮点。

(3)特色农业:巩固提高家庭农场建设程度,促进适度规模经营。

认真总结推广粮食家庭农场建设的办法和经验,加快推进蔬菜、畜禽、水产、种养多功能结合的家庭农场建设。不断完善对家庭农场的农机耕作、农资配送、植保防治、良种供应、粮食购销等社会化服务,落实各种政策性补贴,促进家庭农场的健康发展。

2. 产业布局

在"一城两翼三片"的空间发展战略框架下,抓住"十二五"期间能对整个松江区发展产生重大辐射带动作用的经济增长点,继续调整完善产业空间布局,形成以松江新城核心商务区、轨道交通9号线和现有几大功能片区为重点的"一核一带三片区"产业格局(见图7.3)。

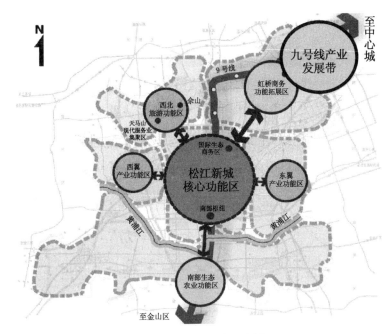

图7.3 松江区产业布局

(1)松江新城核心商务区。

依托新城的交通区位、科教资源等优势,以大学城商务广场为核心,发展总部经济及配套区、科技创业区和综合配套区等功能片区,使产业功能与城市服务功能相互融合、互为支撑,在功能性节点新城塑造过程中,实现产业全面转型,打造上海近郊CBD。同时在新城扩容建设中,一方面向北与佘山旅游度假区相连,把山的概念引进城市;另一方面向南把车墩等影视文化创意园区纳入进来。

(2)9号线产业发展带。

以轨道交通九号线为轴线,将松江新城与中心城区串联起来,打造依托交通骨架的现代服务业发展带。配合九亭、四泾等新兴大型居住区建设,在轨道交通沿线有机融合路网绿带、商务商业、文化娱乐、公共服务、研发设计等要素,在完善生活居住配套功能的基础上,注重发展与大虹桥地区产业体系相配套的技术服务、后台服务、贸易服务、商务服务、信息服务等生产性服务业和高新技术产业,打造一条新的综合服务产业带。

（3）东西片产业功能区。

东片由松江工业区（包括松江工业区一期、东部新区、出口加工 A 区）和车墩镇组成,形成松江区产业发展的东翼。整个区域着重发展电子信息、电子元器件、现代装备、新能源、新材料等先进制造业,形成先进制造业为主,与先进制造紧密结合的生产性服务业为辅的松江区先进制造业核心片区。西片由科技园区和松江工业区西部新区组成,形成松江区产业发展的西翼。该区域以集成电路制造、生物医学以及其他高新技术产业为主,兼顾现有机械加工、精细化工等产业,同时集聚发展生产性服务业,着力打造技术信息、人才培训、融资服务、工业设计等制造业价值链的高端环节,构建松江高新技术和先进制造业发展片区。

（4）西北片旅游业功能区。

依托佘山生态人文资源和便捷的交通网络,以上海华侨城为核心的休闲旅游服务产业群为载体,将高星级酒店、主题公园、休闲度假区及商业商务配套设施有效集中,形成形态美观,内外连通,自然、人文环境与商务会议、旅游休闲相协调的生态型服务业集聚区。主要由市郊会议度假休闲中心、生态景观休闲中心、大型主题游艺中心、户外活动体验中心四个板块组成。

（5）南片现代农业功能区。

浦南地区作为黄浦江上游水源保护区,以发展现代农业和农业生态休闲旅游业为重点,原则上不再布局工业。原有零星工业点,一是结合松江黄道婆纺织文化以及当地原有基础,结合农家乐等旅游,开发品牌化传统手工艺产品,发展高附加值都市产业。二是逐步将当地工业用地指标平移至东西两翼。

（三）以加快城市化建设为抓手,打造形成"上海郊区第一个功能完善新城"

经过"十一五"期间的快速推进,松江区已具备了较好的城市化基础,但全区的城市化水平仍有很大的提升空间,松江新城和整个城镇体系建设仍存在诸多问题。"十二五"期间松江区的城市化应从简单追求速度转向更加注重质量内涵,以实现健康可持续的城市化发展来推动整个区域经济社会的全面进步。

1. 提升新城综合功能,拓展新城发展空间,使松江新城在上海全球城市多中心格局中率先崛起

一是北部新城着重增强综合服务功能,率先建成上海第一个城市功能比较完备、能级可与长三角周边城市相匹配的郊区新城。"十二五"期间北部新城应在城市形态基本奠定完成的良好基础上,进一步提升产业能级、扩大人口规模、完善社会事业,夯实各类综合配套设施,提高城市管理水平,着力增强城市综合服务功能,形成集商务商贸、文化教育、娱乐休闲、生活居住等功能于一体的新城区。依托国际生态商务区,加快推进高档商务楼宇、商业广场、高星级酒店等设施建设,增强商务商贸功能;依托大学城,加快建设教育培训基地,吸引各类人才前来松江发展,增强文化教育功能;依托佘山旅游度假区和欢乐谷等资源,增强娱乐休闲功能;依托各类居住社区,全面提高生活配套和公共服务的档次,创造优化的人居环境,增强生活居住功能。二是南部新城以加快形态建设为主,为松江新城建设实现新一轮跨越式发展预留空间。"十二五"期间主要任务是抓紧完成形态开发,加快沪杭高铁枢纽站点、轨道交通9号线延伸、主干路网延伸对接等工程的规划建设,加快市政配套设施与生态景观工程建设,采取多种形式导入一批高品质的社会事业项目,进一步集聚符合新城产业定位的产业项目,同时注重与北部新城、金山、奉贤、嘉定等周边区县的协调衔接,进行错位发展。"十二五"期末,松江南北新城应相互呼应,使整个新城建设基本成形,真正成为上海郊区第一个功能完善新城,成为长三角城市群的重要节点城市(见图7.4)。

2. 加大新市镇建设力度,形成整体协调、层次清晰、功能完善的城镇体系

新市镇是松江现代城市体系中必不可少的重要层级,"十二五"期间松江区要加大新市镇建设力度,对现有城镇体系做新的调整和完善。首先,创新调整现有城镇体系格局,优化人口分布。根据松江未来城市人口规模达100万以上的规划目标,原有的"松江新城—中心镇——般镇—社区(中心村)"四个

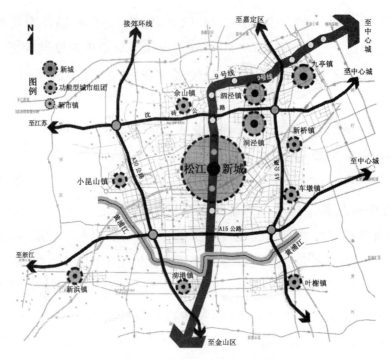

图 7.4　松江区城镇体系规划

层次的城镇体系结构需要做进一步的整合完善,建议调整为由新城—新市镇(功能型城镇组团)—农村居民聚集点三个层级构成的城镇体系,引导松江人口在全区范围内实现合理化分布(见表 7.1)。其次,以轨道交通 9 号线上盖综合开发和全国小城镇发展试点改革为抓手,重点推进功能型城镇组团与新市镇建设。依托轨道交通轴线,在现有功能片区规划基础上,进一步优化人口与各类功能设施布局。围绕轨道交通站点,集聚相关产业和功能性设施,开发范围从上盖建筑向站点周边进一步延伸。重点培育九亭、泗泾、洞泾等三个功能型城镇组团,推动商务商业楼宇、公共基础设施的投资建设,加速人口导入与产业集聚。以全国小城镇发展试点改革为契机,重点打造小昆山、新桥、佘山、车墩以及石湖荡、叶榭、泖港、新浜等新市镇。通过 BRT 或次级干道建设,实现各新市镇与轨道交通或其他交通枢纽之间的无缝对接,增强各新市镇对周边农村地区社会、经济发展的辐射带动力。再次,加快农村居民向新市镇聚集,有效推动新农村建设。考虑到松江农业片区内乡村数量相对较少等现实情况,可尝试通过宅基地置换等有效措施,加快农民居住点由自然村向新市镇聚集的步伐,进一步弱化自然村(农村居住社区)这一层级结构,改善农民居住点布局散乱的现状。

表 7.1　松江区城镇体系与"十二五"时期人口规划布局

城　镇		"十二五"规划人口规模(万人)
新城与功能型城镇组团	松江新城	60～100
	九　亭	20～30
	泗　泾	10～15
	洞　泾	5～10
新市镇	佘山	3
	东翼(车墩、新桥)	10～20
	西翼(小昆山镇)	3
	新　浜	3
	泖　港	3
	叶　榭	3
合　　计		120～200

3. 完善内外交通网络体系,为新城与城镇体系完善创造条件

加强交通配套设施建设,形成有序、便捷、安全的一体化交通网络体系是推动松江城市化融合发展、城镇体系不断完善的重要举措。首先,有效贯通松江"绕城环线",以新城为核心有效带动周边各区及五大功能组团联动发展。建议将围绕松江新城,连接各功能区的 A5、A15、A30、沈砖公路形成的闭环打通成为松江城市的"绕城环线",完善辅道建设与连接,沪松公路、A8、轨道交通 9 号线、嘉松公路为城市内部纵横轴线,形成立体化、内外贯通、形态完整的综合交通网络。其次,加快推进轨道交通 9 号线向浦南地区延伸建设,构建内外畅通的路网体系。围绕沪杭客专枢纽站点建设,积极协调轨道交通 9 号线越江向浦南地区延伸,为浦南经济社会发展争取便利的交通环境。加快推进松江区与中心城区、周边各区断头路的连接贯通,打通各功能片区之间相互连接的通道,加快各街道、新市镇、农村地区的支路建设,形成内外畅通的区域交通路网体系,便利全区对内对外的空间联系。再次,优化区域内部公共交通体系,实现公交客运系统与轨道交通 9 号线、各功能区的无缝对接。实现公共

交通与各轨道交通站点和各大功能片区、高速路网之间的合理衔接,增强区域内短途接驳的能力,进一步提高居民出行的便捷度,为松江区内外交通格局的优化、新城功能的完善创造基础条件。

(四)以挖掘历史文化底蕴为抓手,打造形成上海"文化发展新高地"

文化是提升城市功能、营造城市氛围与促进产业融合升级的重要载体。松江是上海千年历史文化发祥地,曾经在农耕文化时代创造了享誉全国的辉煌,是上海历史文化积淀最久远、最丰厚的地区。但随着近代工商业文明对传统农业文明的取代,尤其是改革开放以来松江区逐渐成为上海重要的工业基地之一,文化发展相比经济建设略显滞后。"十二五"期间,松江区要积极利用历史文化底蕴深厚的独特优势,加快推进全区文化事业与文化产业建设,充分满足群众日益丰富多样的文化需求,不断增强松江区文化的影响力和吸引力,积极打造上海文化发展新高地。

1. 将佘山旅游度假区域打造成上海最大的"文化集聚区"

当前佘山旅游度假片区物理形态已逐步成型,旅游、度假、休闲与娱乐功能得到不断开发与释放,"佘山"品牌影响力逐步提升。"十二五"期间佘山旅游度假区域要从"做形态"提升为"做功能",以"做文化"的高度与深度全面提升区域的文化功能、内涵与规模效应,把"佘山文化旅游功能区"打造成上海最大的"文化集聚区"。一是以"广富林文化"深度开发为契机,不断加载中国传统文化元素。加快区域内广富林文化开发,推进广富林文化遗址博物馆与公园等相关载体建设。同时,促进松江、上海乃至中国的传统历史文化要素集聚,形成传统文化开发的规模效应。二是积极促进"上海市文化影视传媒基地"的建设与开发,并提前做好软硬件配套。积极与基地主管单位加强沟通联络,促进基地在"十二五"期间顺利建设与运营。除了提前提供各种硬件设施配套外,通过加强佘山区域内文化要素的集聚,吸引基地的积极开发与功能对接。三是积极促进文化创意与时尚产业在区域内落户与集聚。凭借佘山区域的文化氛围以及毗邻的松江大学城,积极吸引文化创意与时尚产业进驻。充分延伸"上海文化影视传媒基地"的上下游产业链,争取"上海音乐产业基地"等重大相关文化产业项目落户佘山,推动文化、创意与时尚元素集聚。四是加强车墩、胜强影视基地文化功能发挥,进一步形成与佘山区域的文化联动。目前,车墩与胜强影视基地已形成相当规模与影响力,虽然不在佘山区域内,但要按照"错位竞争、联动发展"思路加强与"上海文化影视传媒基地"的区域联动,"十二五"期间要促进这些文化亮点功能的深入开发,积极争取胜强影视基地对外开放,通过文化功能的外溢促进区域融合开发与文化氛围提升。

2. 加大对松江区丰富历史文化资源的挖掘、保护、传承与开发

一是全面盘点松江区的历史文化资源,加大资源保护与传承力度。松江区有着上千年的深厚历史文化积淀,以"二陆文化"和"广富林文化"为代表的区域内文物遗迹、非物质文化遗产以及宗教艺术等文化资源丰富,要在"保护传承上海传统文脉"高度上全面盘点这些稀缺、珍贵的"文化宝贝",要以历史的眼光按照专业要求积极加以保护。二是积极促进众多历史文化资源的功能开发。深刻认识到"对历史文化资源的开发是保护的重要途径",通过功能开发重新焕发这些资源的生命力。要通过专家以及专业运营团队积极挖掘这些历史文化资源背后的文化内涵,并以多种途径和形式促进文化功能开发,通过盘活历史文化资源努力提升松江的文化品位。三是按照规模化要求促进资源联动,精心打造松江区的历史文化品牌。针对区内历史文化资源众多但比较分散的状态,要以规模化的思路促进综合、整体开发,增加资源之间的联动,形成规模效应。精心培育在上海、长三角乃至在全国享有较高知名度、具有较强竞争力的文化品牌。

3. 加快协调公共文化事业与区域经济同步发展

一是大力加强群众基本公共文化设施建设。根据上海市公共文化设施建设的基本要求,在"十二五"期间确保所有地区"社区文化活动中心"与"村级综合文体活动室"全部建成到位并达标。同时,工作重心从项目建设转移到内部管理上,充分发挥这些设施的应有文化功能。二是增加上规模、高档次的大型公共文化设施供给。针对松江区级大型公共文化设施稀少的现状,"十二五"期间要加强大剧院、博物馆、美术馆、音乐厅等大型公共文化设施的建设,在辐射全区乃至上海的基础上不断提升文化档次。三是加强公共文化服务体系建设。加强对群众需求强烈的各种精神文化产品供给,不断提高公共文化服务人员的业务素质,加大公共财政投入,通过合理的体制机制建设带动社会各种

资源力量对公共文化的支持。

（五）以整合旅游资源为抓手，打造形成上海"旅游休闲的新胜地"

随着经济社会发展速度越来越快，人们在高节奏的都市生活之余对休闲娱乐的需求必然会急剧增加，休闲经济时代的到来也预示着旅游市场的潜力十分巨大。松江区的自然生态和历史人文资源都非常丰富，又地处长三角与上海中心城区衔接的有利位置，借助世博会给旅游业发展带来的有利契机，松江应当瞄准整个上海、长三角乃至全国潜在的巨大市场，在新城扩容建设中使旅游功能更进一步凸显出来，将旅游业逐步发展成松江区的支柱性产业，为区域经济社会的可持续发展创造强力后劲。

综合松江区现有的旅游资源基础，未来应倾力发展度假旅游、会展旅游、赛事旅游、医疗旅游、文化旅游、体验旅游和乡村旅游。其中，度假旅游、会展旅游、赛事旅游、医疗旅游反映了各类人群前来松江旅游的不同目的，而文化旅游、体验旅游和乡村旅游则主要是指不同的旅游方式。多样化的旅游方式为不同的旅游消费群体提供了多姿多彩的旅游内容，无论是来松江休闲度假、参加会展，还是观赏比赛、接受医疗保健的游客，都能进一步丰富自己的旅游行程，找到自己喜爱的旅游方式。这七类特色旅游互相支持，联动发展，不仅能避免单一形式引起的"审美疲劳"，扩大彼此的游客基础，还能最大限度地发挥旅游对当地经济社会的带动效应，推动整个松江区发展方式转型。

1. 重点发展度假旅游，加快高品质旅游项目建设

以佘山国家级旅游度假区为依托，将度假旅游作为松江旅游的核心内容，使松江成为上海、长三角及全国名副其实的度假黄金地，同时以体验旅游、文化旅游和乡村旅游等形式充实度假旅游的内容，给前来度假的游客全方位的休闲娱乐享受。一是将佘山国家级旅游度假区打造为度假旅游的重要基地。充分发挥佘山区域酒店齐全、配套完善的优势，整合佘山丰富的东西方文化资源和自然风光，成为吸引国内外游客的重要亮点。二以车墩、胜强影视基地、上海文化影视传媒基地和欢乐谷为核心打造国际知名的体验旅游区。首先要积极推动胜强影视基地的开放，使游客能够深入体验拍摄的过程；其次要将各个景点进行组团式开发，促进相互之间的优势互补。三是以府城、仓城和泗泾

下塘三大历史风貌区为主推进松江文化旅游发展。进一步挖掘以广富林遗址、"二陆文化"、"平复帖"为重要代表的文物遗迹、非物质文化遗产等传统文化资源,以三大历史风貌区为空间载体,全面展示上海千年文化史。四是以浦江源头生态风光为主体打造松江乡村旅游。依托黄浦江上游两岸的生态资源和浦南农村地区的现代特色农业,以原始生态环境、无污染农产品、原汁原味的民风民俗为特色,加快形成若干农家乐旅游品牌,将原有的一日游拓展为两日游,不断提升乡村旅游档次和能级。

2. 加快发展赛事旅游,不断放大赛事效应

依托"十二五"期间度假旅游的发展基础,促进旅游发展和赛事举办之间进一步融合,加快形成赛事旅游经济,并带动体验、文化、乡村旅游的发展。一是将赛事和松江其他旅游资源进行整合。将比赛门票和松江区内的其他知名旅游产品进行联合销售,形成以佘山旅游度假村为食宿供应地、体育赛事为活动主题、若干景点游览为附带补充的综合旅游产品。二是围绕比赛推出专项旅游活动。利用松江区良好的旅游基础配套,将高尔夫体验、培训等与专业赛事相联合,强化旅游者的体验感受,全面延伸赛事旅游产业链,拓展赛事旅游市场。三是推动形成传统性和系列性高尔夫赛事。一方面要把高尔夫球赛打造成国际顶级的专业赛事,吸引国际著名高尔夫球选手定期来松江比赛;另一方面要形成系列赛事,在国际顶级体育比赛之外再吸引一些区域性赛事,不断扩大赛事规模,提高赛事知名度。

3. 大力发展会展旅游,提升松江旅游能级与人气

会展旅游具有组团规模大、客人档次和消费额高、停留时间长、涉及相关服务行业多、成本低、利润丰等特点,"十二五"期间松江区要大力发展会展旅游,通过多种形式促进会展业与旅游业的紧密结合与互动,以会展旅游带动松江旅游能级提升与人气集聚,并与体验旅游、文化旅游、乡村旅游融合发展。一是积极承揽国际、国家性会议,为松江旅游注入高端内容。依托佘山国家旅游度假区等丰富旅游资源,争取在松江区举办更多的国际国家性政治、商务以及学术等高端会议,积极促进高端参会人士对松江旅游资源的参观游览,在提升松江旅游高端人气的同时,加强对松江旅游的品牌传播。二是通过举办大型会展节庆活动为松江旅游增加新亮点。松江拥有千年的历史文化,可以在

深入挖掘、仔细考证的基础上,积极筹办富有松江特色的大型会展节庆活动,为松江旅游打造新内容,同时通过这种形式可以有力盘活松江的历史文化旅游。三是积极承办类型丰富的展览会、博览会与交易会,为松江旅游吸引大量人流。大型展会的特点在于人流巨大,人气旺盛,因此"十二五"期间松江区要根据自身特色与基础,积极争取举办更多的大规模展览、博览与交易会,为松江旅游业的深入发展提供人流基础。

4. 积极推广医疗旅游,开辟旅游发展新领域

针对国际上目前流行的"医疗＋旅游"新潮流,依托佘山地区优良的生态环境,利用虹桥综合交通枢纽建成后松江的区位优势,开拓各类医疗资源,并将其与旅游功能融合,通过吸引有相关需求的人群前来松江享受医疗服务,给旅游发展提供更广阔的市场空间。一是继续大力吸引各类优质医疗资源入驻松江。在中山医院天马山分院的基础上,尝试引进一至两家综合性国际医院和若干家知名专科医院。采用国际先进标准设计建造新设立的医疗机构,借鉴先进的服务理念、管理模式和实践经验,聚焦高端医疗服务,力争成为上海、长三角乃至全国的高端医疗机构聚集地之一。二是重点发展国际康体休闲区。通过中外合资合作的形式,在佘山地区加速打造一个综合功能的国际性康体休闲中心,集康复诊疗、体检体能测试、保健养生、美容整形等内容为一体,采用国际一流标准,突出环境优良、服务人性化的特点,成为国内外的高端人群放松身心、提高身体素质的主要去处之一。

5. 加大资源整合力度,建立健全旅游组织网络

"十二五"期间松江区旅游业要实现繁荣发展,离不开功能完善的后台组织作保障。一是针对度假旅游、赛事旅游、会展旅游、医疗旅游等四大体系来策划旅游产品。在详细区分客源市场的基础上,精心设计旅游路线,推出针对不同目标群体的多类型旅游产品套餐,并给予游客充分的自主选择权,淡化旅游季节性,弹性安排行程。二是加大松江旅游形象的宣传推广。研究、挖掘松江地区独特的个性及魅力,不断提高人们对松江作为"上海之根"的形象知晓度和认同度。开展多维度立体式的推广活动,包括媒体公关宣传,形象广告代言、市民及游客口碑传播、网络营销等。三是全面提高旅游服务水平。将全区所有旅游资源信息联网,构筑统一的公共旅游信息平台,实现区内无障碍的旅

游信息交流、沟通与共享。开展旅游从业人员特别是导游人员的培训,增强行业服务意识,建设标准化人性化的旅游服务体系。

(六) 以"校区、功能区、社区"三区融合为抓手,打造形成"战略转型的新范式"

大学城具有智力集聚优势,但由于大学校区、产业功能区和公共社区(简称三区)之间缺乏良好互动,大学还难以对其内外创新资源和功能进行综合配置,其功能延伸和能量释放依然不足,这不利于大学与城市的互动健康发展。为此,应加快三区在功能上和资源上的相互融合相互促进,把大学校区的人才培育与知识创新,产业园区的科技孵化与技术创新,公共社区的公共服务与环境建设有机地统一起来,提升区域创新能力,形成一个以大学为纽带,辐射周边地区,集教育、产业和生活服务等功能为一体的特定区域,促进城区功能转型。

1. 通过三区融合,打造市郊智力高地

通过三区融合,进一步提升松江区的人口素质,把松江区打造成为市郊智力高地。依托大学园区,松江大学城集聚了 10 万多高素质创新人才,包括教工、教授、研究员、高级工程师以及著名的科学院院士、工程院院士。大学城要通过三区融合,进一步科学、合理、高效地整合和运用区域内资源,推动区域资源的共享和重组,发挥大学城"生态城"、"文明城"和"科技城"优势,继续吸引大量的国内外企业和优秀人士落户松江,放大集聚效应和规模效应。要充分发挥教育的溢出效应,凸显大学的科教资源对产业园区、公共社区的带动和辐射功能,进一步提升区域人口素质,提升区域创新能力。与上海杨浦等中心城区的中央智力区(CID)建设相呼应,努力把松江新城打造成为"创新转型示范区"。

2. 通过三区融合,重构区域创新网络

通过三区融合,促进创新要素的充分流动和有效互动,进一步加快区域创新网络的重构。以产业园区为战略支撑,推进以企业为主导的紧密型产学研合作是构建区域创新网络体系的重要抓手。首先,要引导大学、企业签署推进自主创新框架协议,建设创新平台。利用"产学研"联盟平台,支持大学、科研院所的科技研发与企业技术创新有效对接起来,促进彼此之间的物质、信息和资源交换。其次,要形成大学与企业间双向互动创新链。政府要在牵线搭桥完成大学的科技向企业转移后,继续给予企业后续的智力和研究支持,督促企业进行技术再创新。同时,要鼓励大学在得到企业的经费反哺和生产反馈后不断地推动科研与市场的紧密结合。要进一步拓展互动功能,重点落实与上海技术交易所签订的创新驿站协议,完善与上海技术经济服务网、上海技术交易网的对接,在覆盖大学城高校网的基础上继续将产学研互动平台的链接范围拓展到区外高校院所。

3. 通过三区融合,优化创意城市环境

通过三区融合,推进创意要素的发展与融合,优化创意城市环境。打造创意城市,需要促使体现知识与人才资源优势的大学、体现高技术产业发展的产业园区、体现多样性的以人为本的公共社区的三方交叉互动,实现资源成果的共享和优美环境的共建。在当今各种创意层出不穷的时代,要引导产业园的发展为大学科学研究和人才培养提供需求和物质支撑,推动大学为企业培养创造更高附加值和更多利润的创意阶层。鼓励大学发挥包容与多样性及其对所在城区的辐射作用,增强其在美好的生活形态、传统文化、艺术遗产、人文精神等方面的"软实力",吸引创意人才,支持高科技产业发展,促成人才(talent)、技术(technology)与包容(tolerance)3T 要素的有效融合,达到"城市因大学而盛名,大学傍城市而兴旺"。公共社区要利用大学校区的辐射,成为学习型、创新型社区,为大学校区和产业园区提供优质公共服务,创造适宜居住、交流、休闲的生态和社会环境,与大学校区、产业园区之间形成和谐共赢关系。

(七) 以社会建设为抓手,打造形成"和谐宜居新城区"

当前松江区社会发展落后于经济发展,社会发展欠账仍然存在,这不但难以满足本地居民对教育、医疗、社会保障等公共产品日益增长的需求,更是已经成为制约松江新城功能提升、人口集聚的重要因素。"十二五"期间松江区要实现从工业大区向现代化城市转变,要全面完成新城综合功能的提升,就必须进一步重视社会建设,以社会事业先行和实有人口全覆盖为发展原则,以"宜居松江"为发展目标,以支撑新城功能提升为发展重点,全面推进松江区公共服务、社会管理和社会保障发展。

1. 拓展高质量公共服务,不断丰富"宜居松江"内涵

"十一五"时期是松江区公共服务大发展的重要时期,在这五年中松江区的各项公共服务都取得了重大成就。但是立足于下一轮新城发展,松江区仍要进一步提升公共服务质量,扩大覆盖人群,进一步丰富"宜居松江"内涵。

(1)以大型居住社区为重点,推进松江新城公共服务建设。

"十二五"期间必须按照百万人口规模的标准,来为松江新城规划和配置与城市能级相适应的公共服务,尤其在人口密集的大型居住社区附近,要着重提高高质量公共服务的可及性。一是以深入发挥第一人民医院松江新院功能为突破,加快建设高水平医疗卫生事业。要鼓励和引导医生来松江居住,解决医生钟摆式通勤的问题。同时除松江区中心医院外进一步扩大市一医院对其他医疗机构的指导范围,尤其是注重对一级医疗机构的技术指导、人员培训等。二是依托高校资源,促进基础教育发展。要积极利用松江大学城集聚大量高校的优势,以附属中学、附属小学和附属幼儿园建设为抓手,促进松江基础教育发展。同时也要积极争取承接中心城区优质教育资源的输出转移,为松江区基础教育发展注入更多内涵。三是进一步提升社区公共服务能力。在完善社区"二个中心"基础上探索建立社区生活服务中心,建立将政务服务.公益服务和便民服务有机结合的社区公共服务平台。同时,进一步引导市场力量承接社区生活需求,尤其是在九亭、泗泾等大型居住社区,加快建设超级市场等生活服务设施。

(2)以新市镇为重点,推进浦南地区公共服务建设。

浦南地区人口分散,且人口规模也有逐渐萎缩的趋势,因而"十二五"期间重点要聚焦新市镇,推进公共服务均等化建设。首先,以"宅基地"置换为突破加快农村人口向新市镇转移。按照100:60的比例进行农村"宅基地"置换,即每100平方米的农村宅基地可以在新市镇上换取60平方米商品房,加速农村人口向新市镇转移。这既可以使分散的农田连块成片,为农业产业化发展奠定基础,也减少了大量的政务人员,直接减轻了农民负担。其次,按现代社区标准提高新市镇公共服务水平。在人口集聚的基础上,进一步加大对新市镇公共服务的投入,为居民提供便捷高效的公共服务。按照现代社区的标准,在保证公共服务供应充足的基础上,不断提升公共服务的质量,并积极引导市场力量承接新市镇居民的实际生活需求,逐步缩小新市镇和松江新城在公共服务上的差距。

(3) 把外来人口全部纳入城市公共服务体系。

一是进一步推进农民工同住子女教育问题的解决。一方面要积极推动农民工同住子女进入公办学校学习,另一方面也要以购买服务和财政扶持的方法增加民办农民工子弟小学的数量,确保他们接受义务教育的权利。同时逐步开始向农民工同住子女学提供学前教育和职业教育。二是更加重视向农民工尤其是二代农民工提供就业服务。要建立相应体制机制将农民工纳入公共就业服务体系,搭建区域性的农民工就业信息公共服务平台,探索在一定范围和一定层次内向农民工开放就业培训服务。三是按照分层次、分阶段、阶梯式推进的原则保障农民工享有医疗卫生保健和适龄儿童免疫服务。以职业病防治为切入点不断扩大农民工享受公共医疗服务的范围,以"生育关怀"为抓手提升育龄期妇女医疗保健水平,扩大适龄儿童接受免疫服务的覆盖面。四是完善农民工维权服务。以切实维护好农民工的劳动保障权益为抓手实现农民工维权服务的全覆盖。

2. 发展高水准社会管理,不断加强"宜居松江"保障

"十二五"期间松江区必须更加注重社会管理,尤其是要快速提升新城的社会管理水平,有效扭转当前社会管理滞后的局面,确保社会发展平稳有序,为"宜居松江"提供有力保障。

(1) 加快提升松江新城的社会管理水平。

一是以功能性节点城市的标准,加快提升新城主城区的社会管理水平。首先要不断增强社会管理力量,在推动相关社会管理机构建设的同时,尤其要注重引进具有较高水平、较新理念的社会管理人才。其次是要更加注重引导居民参与社区管理。如吸纳部分高层次人才成为居委会委员、街道观察员等,不仅能够反映其自身诉求,更能促进其所拥有的知识、理念、人脉等社会资本外溢。二是以大型居住社区建设为契机快速提升九亭、泗泾等新城拓展区的社会管理水平。"十二五"期间松江区要以承接市中心人口迁移为切入口,以做好困难人群服务为基础,认真倾听群众合理诉求,了解群众来松江区后的实际困难,在解决问题中不断提升社会管理水平。同时也可以探索引进中心城

区迁出地的社会管理人才,以快速提升社会管理水平。

（2）以进城农民管理为重点加快提升浦南地区社会管理水平。

快速城市化中确保进城农民适应城市生活、遵守城市规范是社会管理的重大难点。"十二五"期间松江要重视进城农民管理,以加强教育为突破口,以提供生活辅导为基础,以群众参与为动力,以创建"卫生城镇"、"文明城镇"为契机,有效引导进城农民融入城市生活,促进其从农民到市民的身份转变。

（3）以农民工居住点建设为抓手加强外来人口管理。

通过集中居住的形式,突出以房管人,抓紧完成农民工基本信息库建设,实现流动人口信息动态登记和管理。同时健全社区管理服务制度,探索建立农民工民主参与、民主管理的制度,推动农民工自治组织的建立,吸纳农民工成为社区管理人员。

（4）从政府、居民、社会组织等多方面入手,不断完善松江区社会管理格局。

根据上海社会建设的新形势、新要求,"十二五"期间松江区要加快构建"政府主导、公众参与、社会协同"的社会管理体系。一是推动政府管理下沉。要以人才、编制、资金为抓手,推动政府社会管理向社区下沉,不断扩大基层管理力量,进一步加强政府领导。二是进一步完善群众利益表达机制。要建立市民参与管理决策的机制,确保政府相关部门在作出涉及民生的政策决策前能认真听取民意,决策中能积极引入民意,决策后能更加重视民意,为群众参与提供更多渠道。三是要注重培育社会组织弥补政府服务不足。通过税收减免、政府购买服务等措施积极引导社会组织承接老年人口、征地进城农民、外来流动人口、中心城区导入的底层人口的公共服务,有效发挥社会组织的协同作用。

3. 建设高水平社会保障,不断夯实"宜居松江"基础

完善的社会保障是城市和谐稳定的重要基础,也是拓展内需、促进经济结构转型的重要手段。"十二五"期间松江区要进一步完善现有社会保障体系,在全面实现"应保尽保"的基础上,不断提升保障水平,进一步夯实"宜居松江"基础。

（1）进一步完善社会保险体系。

一是逐步将农保群众全部纳入镇保。随着城市化的发展和区级政府财力

的增长,在实现"农保"全覆盖的基础上逐步将"农保"群众全部纳入镇保,并探索多种方法缩小"镇保"与"城保"之间的差距,为松江社会保障制度最终完成"去碎片化"打下基础,让广大农民能够直接分享城市发展成果。二是推动外来劳动力进入城保。在实现外来从业人员综合保险全覆盖的基础上,根据市人力资源和社会保障局已经出台的《上海市人力资源和社会保障局关于外来从业人员参加本市城镇职工基本养老保险若干问题的通知》精神,松江区要加快出台配套措施,鼓励和引导外来劳动力尤其是优秀的技术工人进入城保。这是让广大农民工能分享城市发展成果的重要措施,也是为松江区发展先进制造业做好人才保障。

(2)以就业培训为抓手进一步加强本地居民的就业保障工作。

征地农民进城之后由于自身能力和就业思路两方面的局限,不但在松江区现有产业体系中难以寻找合适的就业机会,而且也难以分享松江区未来产业升级发展带来的就业机会。随着松江城市化继续快速推进和新市镇的发展,征地农民的数量将越来越多。因此,松江区政府要高度重视这一人群的就业问题,积极利用区内大学城的优势,针对松江区未来产业发展的总体态势,采取定向培养、委托培养,甚至可以和企业联合,采取订单培养的方式,加大对劳动年龄段的征地农民尤其是年轻农民的技术培训和就业辅导,帮助征地农民寻找合适就业就会,增强他们的就业竞争力,使他们真正能够分享城市发展的成果。同时也要建立相应体制机制,鼓励甚至激励征地农民就业,帮助他们确立依靠自己而不是单纯依靠政府托底的思想。

(3)以农村土地产权为依托保障失地农民收入。

从历史发展经验来看,农民进入城市之后很可能会陷入生活成本上升而收入下降的困境,成为社会和谐稳定的重要隐患。因此松江区要加强认识,未雨绸缪,积极探索将土地产权作为征地农民基本生活保障的制度建设。一是在城市化开发中将集体土地产权转换成集体经济股份,逐步壮大集体经济力量,使村集体能够在内部进行适当统筹。二是针对城中村拆迁等涉及失地农民房屋产权的情况,要把农民的房屋产权按照一定比例置换成股份,确保这些进城农民的收入不出现较大波动。

(八) 以加快浦南地区建设为抓手，打造形成"城乡统筹先行区"

尽管松江区的城乡统筹工作历来走在全市前列，但城乡二元结构的差别仍未完全消除。"十二五"时期要实现全区一体化大发展，松江区在推进新城建设的同时，也需要聚焦浦南地区，在统筹城乡发展规划和基础设施建设、推进农村城镇化进程、加快农村经济社会发展等方面有所突破，争取成为上海破解城乡二元瓶颈的先行示范区。

1. 统筹城乡发展规划，建立全覆盖的规划体系

以"二规合一"为契机，从全区统筹的高度，把农村地区和城市化地区视作一个有机整体。在统一制定土地利用总体规划的基础上，明确各分区功能定位，加强基本农田保护区、居民生活区、产业功能区、生态涵养区等区块之间的规划协调性，突出城乡在人口密度、资源禀赋、产业特点、社会需求、文化背景等方面的不同特点，使城乡规划能够互相衔接、互相促进。同时，全区的服务业、民政事业、文化事业、农业、公共交通等各专项规划也应充分考虑城乡统筹因素，逐步建立全面覆盖城乡的规划体系。

2. 统筹城乡基础设施，建立"共建、共管、共享"机制

把农村基础设施建设纳入到公共财政支出的范畴，不断增加农村基础设施建设投入比重，建立"共建、共管、共享"机制，提高农村基础设施现代化水平。一是推动城乡公路和交通设施联网建设。重点加大"村村通"公交推进力度，稳步提高通达率。统一城乡公交票价结构、城乡公交运行结构，提高公交服务能力和质量。优化村级道路规划，合理布局自然宅与行政村路网，推进镇村道路建设。加强农村道路养护与管理，加快农村危桥改造。二是统筹城乡水环境治理。全力推进镇村级河道整治，加快污水治理，逐步实现供水、雨水、污水三管同步规划、建设、接驳和管理。强化农村生活污水治理，加快中心镇污水处理系统建设。三是加快农村生活垃圾集中收集等环卫设施建设。进一步完善生活垃圾收集系统，提高环卫设施维护更新，逐步升级作业方式，尽快实现城乡作业方式、装备设施一体化。四是加快农村信息化基础设施建设。推进广电网、电信网、互联网"三网融合"，在有线电视"户户通"基础上，力争实现村村通宽带、广播，促进互联互通和资源共享。

3. 统筹城乡公共服务,建立基本公共服务均等化机制

不断加大对农村公共服务体系建设的统筹协调力度,切实提高农村地区教育、文化、医疗等领域的均等化水平,让所有农村居民能够就近享受到更多的公共服务。一是进一步加大农村义务教育管理体制改革的力度。要细化实施教育经费区级统筹,在制定政府重点工程计划和安排财政支出时要考虑优化配置教育公共资源,推进教育公建配套建设,加快陈旧校舍改造及教学设施设备的配置。加强农村教师队伍建设,搭建农村教师专业发展平台。充实学前教育师资。核定学校编制和教职工结构比例。要继续加强对现有农民工子女学校的管理与扶持,实施农民工子女学校区域性办学联动模式计划。二是要进一步完善农村医疗制度。第一,建立并完善区级医院全面预算管理和社区卫生服务中心收支两条线管理,实行社区卫生服务中心预防保健经费和运行经费区级统筹。第二,继续实行公立医疗机构基本药品零差率,实行农村合作医疗基金区级统筹,切实减轻群众就医负担。第三,全面推进公共卫生体系建设"三农"行动计划,加快全科医生培养和农村医务人员队伍建设,促进基本医疗服务下沉和能力水平提升。三是加强农村文体设施建设。加快农村公共文化基础设施建设,加快村(居)委会标准化文化活动室和图书馆等建设,加强对农村优秀民间民俗文化资源的系统发掘、整理、扶持和保护以及非物质文化遗产、历史文化名镇名村等保护工作,开展形式多样、丰富多彩、富有特色的农村本地文化活动。

4. 统筹城乡就业,建立农民增收的长效机制

推进城乡就业一体化,多渠道增加农民收入,保持城乡居民可支配收入和农民人均纯收入持续稳定高比率增长。一是提高农业现代化程度,增加经营性收入。通过规模化、市场化、生态化、科技化、组织化、多元化等手段,推进农业现代化,培育发展现代农民,提高务农收入。二是提高农民保障水平,增加转移性收入。完善广覆盖、多层次、有梯度的农村保障制度,不断扩大各类人员的社会保障覆盖面,尤其是"镇保"覆盖面。使农民增收制度化。同时抓好支农惠农政策落实。三是完善土地承包经营权流转机制,增加财产性收入。探索老年农民退休制度,提高老年农民收入。在保障老年农民土地承包经营权不变的前提下,鼓励老年农民长期出让土地承包经营权,享受更好的退休待

遇。四是统筹城乡劳动力市场,增加工资性收入。建立城乡统一的就业制度,继续实施"南北工程",深入推进"万人就业项目",使农村劳动力能够自由在区内流动并在各方面享有同等权利和待遇。加大培训力度,大力推进订单式培训,实现充分的培训后就业率。

5. 统筹城乡管理体制,建立二元有机衔接的制度体系

要打破原有城区、乡村各自为政的管理格局,着眼于城乡资源要素、产业布局、社区聚落的整体性和互补性,探索建立区域一体化的制度体系。一方面,要完善对农村地区的政策支持体系。抓住推行农村税费改革的良机,配合城乡一体化大力推进乡镇改革,调整乡镇职能,构建起公共财政框架,加大对"三农"的投入;通过建立市场化的资源配置机制,加快推进农村土地资源、社会资源、行政资源的优化配置;不断探索建立多元化的投资建设机制。另一方面,要建立城区与农村地区的联动发展机制。进一步完善各种城市"下乡"活动,并形成长效机制。要组织专业人员组成文化、医疗、农技等小分队,深入农村进行知识培训和技术服务;广泛开展大学生的支农志愿活动;一般公务员也要就近轮流到农村进行一定时期的挂职或其他形式的扶贫帮困活动等,农村干部也应定期到城区进行挂职培训,学习先进的管理理念和方法。

(九) 以加强城市管理为抓手,打造形成与"城市战略转型"相匹配的环境

提高城市管理水平是打造、完善城市功能的重要组成内容。由于种种历史与现实原因,地处上海远郊区的松江区,城市化进程落后于工业化进程,两者不同步发展导致多年来松江"工业大区"特点比较明显,城市管理水平还不高,严重影响了松江城市化进程的推进与城市功能的发挥。"十二五"期间松江区要以打造"优质城市环境"作为目标,全面提升城市管理水平,进一步促进城市繁荣、现代、有序与整洁,努力建设绿色、宜居、平安、高效的松江。

1. 加强城市生态环境治理,积极打造生态、清洁城市

一是高水平推进城市绿化建设,积极打造"生态城市"。松江区拥有丰富的绿色植被资源,要积极利用这些自然禀赋,通过合理规划设计,努力避免城市蔓延对原有生态资源的破坏,在盘活"存量"基础上进一步做大"增量",尤其要加大对松江新城区的绿色生态资源供给,切实打造上海特色鲜明的"生态城

市"。二是加强城市环境污染治理,大幅促进生态环境改善。针对松江区工业企业较多、污染较重的状况,要扎实推进企业节能减排工作,大幅削减 COD 和二氧化硫排放量。强化对城市污水、油烟气、噪声光源污染、固体液体废弃物等污染源的治理,积极提升城市环卫系统的设施处理与综合管理能力。三是进一步加强黄浦江水源地保护工作。松江区是黄浦江上游重要的水源保护区,承担着保护上海市民饮用水安全的重要责任。"十二五"期间仍要继续重视水源保护的相关工作,进一步加强对水源水质的安全监测。

2. 促进绿化功能深入开发,争建市级"多功能绿化示范区"

虽然松江区绿色生态资源丰富,但目前功能开发比较单一,"十二五"期间,可通过创建"多功能绿化示范区",促使这些绿色宝藏发挥出更大、更积极的作用。一是进一步发挥绿色生态资源的景观功能。当前松江绿色生态资源的市容景观功能还有待更深层次拓展,要不断增加绿色生态资源的结构层次性,丰富植物种类、充分体现生物的多样性,糅合周边的农田、森林及其他景观,加强与松江当地景观文脉的整合。二是积极拓展绿色生态资源的游憩功能。在借鉴国际经验的基础上,进一步促进佘山国家森林公园各园以及辰山国家植物园等的功能开发,通过开发观赏性、体验性、互动性等项目内容,引导市民开展休闲、健身、野餐等游憩活动,使其成为与区内其他旅游资源相对接、市民游客能够"走得进、停得下、玩得好"的重要旅游休闲基地。三是以绿色生态资源为载体,不断增加公共文化活动内容。文化是自然与人文景观的"魂",要积极开发绿色生态资源中的公共文化活动空间,如在大型绿地开辟"绿色休闲区",以此平台开展多姿多彩的节庆、展览、文艺演出、体育比赛等公共文化活动,增添松江区的活力与魅力。

3. 进一步打造老城与新城交相辉映的"双城"特色市容景观

"十一五"期间松江区提出了"一城两貌"的城市市容景观建设思路,但是随着城市化快速推进,"两貌"混杂并存,相互之间关系很难理清,传统历史风貌开发规模有限,现代建筑群落特点不够突出,导致松江整体上并未形成显著的"城市印象"。"十二五"期间,松江区要以打造特色鲜明的市容景观为目标,通过对老城与新城整体风格的精心设计,将"一城两貌"提升为"双城共舞",积极构筑历史与现代、传统与时尚并存的区域面貌。一是重塑再现老城的整体历史风貌。松江老城历史悠久,历史建筑、文化遗迹等众多,要以打造国家级文化旅游景区的标准,积极进行大思路、高水平规划,发动专家以及专业运营团队积极挖掘这些历史文化资源背后的文化内涵,并以多种途径和形式促进形态开发,促进松江老城历史风貌区的规模化与高水准构建。二是积极打造新城时尚靓丽的都市景观。依托泰晤士小镇等已形成品牌效应的现代建筑群,在规划初期更加强调新城内整体建筑风格的协调统一。通过整体的科学规划以及物理载体的积极型塑,为松江新城的市容景观注入更多现代时尚元素。进一步营造灯光建设的新亮点,探索户外广告招牌管理的新模式,打造具有松江区特色的现代都市市容景观。

4. 大力提升城市管理的"硬件"与"软件"水平

加强城市管理是进一步提升城市功能、打造良好城市环境的内在要求。"十二五"期间,松江区要以"夯实城市功能基础"为目标,以"建管并举"为原则,全面提升城市管理的"硬件"与"软件"水平。一是大力推进城市管理网格化建设。不断扩大和完善网格化管理数据库系统,完善网格化管理信息中心、监督受理中心、指挥处置中心与城市应急联动中心、各类电话热线、新闻监督、信访接待的工作联动机制,使主动发现问题和及时接受监督的机制很好地结合起来。同时,把水务、房地、市政、绿化、环卫、交通等 GIS 管理信息系统按统一标准逐步纳入网格化平台。二是进一步加强城市管理队伍建设。城管队伍的整体素质如何,直接决定着城市管理水平的高低。特别是在快速城市化进程中,郊区出现的问题更趋复杂,迫切需要提高城管的"依法行政、文明执法"水平。应当要求城管人员针对不同的工作对象与工作领域,根据具体情况因地制宜,坚持"人性服务、分类指导、差别对待、疏堵结合",才能保证城市管理水平不断提高。三是切实加大城市管理投入力度。城市管理是一个综合管理的大系统,其正常运行要求人员、技术、设备等基本构成要素的充分供给。要实现真正的"建管并举",政府应当根据城市运行的实际需要,切实保障人财物的有效配置。

(十)以强化集聚和辐射功能为抓手,打造形成"长三角城区群中的重要功能节点城市"

松江地处沪杭和沪青平发展轴交点,沪杭铁路、嘉金高速公路等多条上海连接江浙的交通主干道贯穿全境,随着沪杭客运专线与轨道交通 9 号线南延伸的无缝接驳,特别是大虹桥交通枢纽的正式运营,松江作为上海"西南门户"的地位更加突出。因此,"十二五"期间,松江区应充分利用自身优势,加快集聚长三角优质资源,打造上海服务长三角的特色枢纽,不仅代表上海参与长三角的合作发展,更是作为一个独立的综合性节点城市,在长三角城市群中发挥更大作用。

1. 加快集聚长三角优质产业资源,提升节点城市能级

松江区作为上海连接长三角的桥头堡,可以更加便利地接受上海发展辐射,分享人才、技术、管理经验的外溢。因此,松江区完全有可能集聚长三角区域内的国际化企业,推动松江发展成为区域性的产业集聚中心,进一步提升松江城市能级。一是推动形成长三角中小企业总部集聚区。加快"大业领地—企业总部花园"、大学城商务广场、财富兴园国际企业公园的建设,打造现代化、人性化、园林式的商务园区,吸引长三角的总部型企业入驻,尤其是运营总部、策略总部、营销总部等,成为新城 CBD 的重要载体。二是推动形成长三角生产性服务业总部集聚区。加快松江新城、九亭两大生产性服务业园区的建设,承接中心城区、江浙甚至全国企业的研发中心、设计中心、培训中心、物流中心、呼叫中心等机构落户。三是推动形成长三角中介组织的集聚区。松江区要在长三角率先出台相应优惠政策,鼓励各类跨地区的行业协会在松江落户,积极争取长三角协调机构办事处在松江设点,将松江打造为长三角中枢的重要组成部分。

2. 依托综合性服务输出,强化节点城市的辐射功能

上海作为长三角地区的首位城市,其辐射功能的内涵核心在于服务半径的延伸。松江区处于上海与长三角连接通道的关键节点,完全有可能成为上海辐射长三角的"放大器"甚至"辐射源"。因此,松江区应不断强化其作为节点城市的辐射功能,将长三角纳入松江区发展的经济腹地,通过服务长三角进一步提升城市能级。具体可以归纳为:借势融资,成为长三角地区企业的重要融资平台;借梯登高,利用松江区的高附加值生产性服务业,向长三角企业提供设计、电子商务、税务、会计、法律、咨询等高端服务;借网流通,建设区域性信息流、物流网络,促进长三角地区的资源流动整合;借台亮相,加快发展会展经济,向世界展示长三角企业。

特别是松江区具有丰富的高等教育资源和良好的高端医疗发展基础,可以成为松江区服务长三角的重要基础。一是充分依托大学城功能拓展,重点打造长三角地区的教育培训中心,为江浙两省提供人才及科技支撑,如为大中型企业提供"订单式"教育培训业务。二是加大对上海优秀医疗资源的集聚,打造面向长三角的"休闲康体中心"。充分借助上海优质高端医疗资源丰富、医疗人才众多的优势,同时发挥松江环境优美、风光秀丽的优势,为长三角居民提供优质、高端的体检、治疗等卫生服务。

3. 发挥松江区宜居优势,加快形成长三角人才新高地

产业集聚将带动人口集聚,同时人口集聚尤其是人才集聚能够进一步推动产业发展,产业集聚和人才集聚是相互支撑,相互推动和相互融合的。因此,松江区要充分发挥宜居优势,利用沪宁杭之间松江房价、生活成本仍较低的优势,利用长三角一体化发展中的同城效应,加快形成长三角人才新高地。

一是主动对接长三角其他城市,加快人才高地建设。在长三角人才开发一体化进程中,松江要积极争取先行先试政策,加大区级财政的支持力度,推动与松江区经济发展水平相当的地区如苏州、杭州等地区的医疗、社保、子女教育等问题的无缝对接,为长三角各类人才来松江发展解决后顾之忧。二是建设覆盖长三角的人才服务市场,利用上海人才资源丰富的优势,建立为长三角企业服务的人才信息平台,帮助长三角企业分享上海的人才外溢。同时,人才服务市场的建立也将进一步加速各类人才在松江的集聚,在服务长三角的过程中也实现松江区推进人才新高地建设的目的。三是成立长三角创业发展基金。要主动到长三角甚至全国范围内发现与松江区产业发展相契合的项目,鼓励人才带项目到松江区发展,松江区提供相应的场地、税收减免等优惠政策,提供创业发展基金,从而实现以创业项目为依托,带动人才新高地建设。

五、松江区"十二五"发展的保障措施

(一) 加强与周边区域协调发展,形成区域联动的整体合力

"十二五"期间松江区加快城市建设与转型,必须注重与周边区域协调发

展。加强与闵行、青浦、奉贤、金山等周边各区的联动和错位发展,在打造自身优势的同时促进产业对接与互补,共同做强做大产业链。积极与相邻各区形成交通同网、环境同治、设施同建、利益同享的良好局面。努力创造有利条件,加强与相邻大虹桥枢纽的连接带区域建设。同时,为了加快"长三角重要节点城市"建设,松江区要积极利用紧邻浙江省的区位优势,借助沪杭高铁等重大交通项目建设契机,加强与浙江乃至江苏等相关省市的沟通与对接,吸引更多总部来松江区发展,将松江区打造成上海面向长三角的重要门户。

(二)加快"专项规划"论证与编制,全面推进城市转型

一是组团式发展战略规划,即打破单个乡镇发展格局,引导相邻镇组团发展。二是交通路网规划,加强次级骨干道路建设,强化与中心城区的道路连接。三是社会事业发展与布局规划,使社会事业发展与实有人口数量相匹配,进一步加大城乡统筹力度,不断缩小松江区社会事业与中心城区的差距。四是文化发展规划,高起点、高水平推进松江文化事业与文化产业发展,为城市战略转型提供深厚文化底蕴与浓厚文化氛围。五是进行商业与人口导入的规划,使商业发展与人口导入相互促进。六是市场体系建设与电子商务发展规划,加快现代市场体系建设。

(三)加快政府改革,积极构建"服务型政府"

政府自身的高服务水平与高效率是松江区提升"城市功能"的重要保障。一是加强政府职能转变。要以现代治理理念积极推进政府自身改革,建设服务、有限、透明、诚信、责任、法治政府。二是优化行政流程和效率,积极改善投资环境。剥离不必要的职能和相应的行政环节,精简行政审批和行政许可,缩减冗余手续,简化和归并办事手续和事项。三是加强领导干部队伍建设。切实提高领导干部的领导、决策等执政能力,努力提升领导干部的服务意识与水平,合理设计、改革对领导干部的考核激励制度。

(四)对内形成"城市转型"的全区发展共识,对外加强对松江的整体宣传推介

"十二五"期间松江区将加快由生产型城市向高等级"生产—生活—生态"

复合型城市转型,要深入宣传松江区战略转型的重要性,使广大干部群众充分认识到,"生产型城市配置"是当前制约松江区发展的关键问题。全区上下要进一步解放思想,深入学习,围绕建设"三生城市"目标进一步形成工作合力。同时,要在深入挖掘松江传统文化与打造现代时尚文化的基础上,对城市进行整体形象包装,制定城市综合营销策略,积极利用市级、国家级新闻媒体,通过多种国家性、国际性平台与活动,打响"上海·松江"的国内外知名度与美誉度。

(执笔:陈群民　吴也白　李显波　王永刚

史晓琛　陈　方　钱　洁　刘学华　娄金洋)

专题七　奉贤区"十二五"发展规划思路研究

"十一五"期间,奉贤区紧紧围绕"三区一基地"建设目标,积极调整经济结构,努力转变经济发展方式,经济社会发展取得全面进步。展望"十二五",面对复杂多变的国际国内环境和上海"郊区为主、聚焦新城"的城市建设方针,奉贤区要抓住机遇,创新发展,在延续"三区一基地"目标构想的基础上,以"新城建设带动经济社会发展水平全面提升"为主线,以"提升产业能级、促进产业转型发展"为核心,以"城乡统筹、区域联动"为重要抓手,调整产业结构,合理空间布局,全面推进经济社会和谐发展。

一、奉贤区"十二五"发展阶段与发展瓶颈

(一)"十一五"规划实施情况简要回顾

"十一五"期间,奉贤区大力推进经济和社会协调发展,虽然受国际金融危机影响,但规划确定的阶段性目标和任务都已顺利完成。

在总体目标上,经济社会发展全面推进,各项指标顺利实现。奉贤区经济在"十一五"期间基本保持快速健康增长,三次产业增加值由 2005 年的 223.4 亿元增至 2010 年的 493.5 亿元,年均增长 17.2%,实现"十一五"规划目标。产业结构在布局和发展中得到不断优化,各项社会事业取得全面进步,重点实事项目、科技、教育、卫生等公共事业取得显著成绩,"十一五"规划的主要经济社会发展指标均按照时间节点顺利实现。

在重点领域上,产业结构不断优化升级,内外源型经济发展齐头并进。奉贤区坚持"二三"并举的产业发展方针,促进产业融合发展,三次产业结构比由 2005 年的 4.4∶66.1∶29.5 变为 2010 年的 3.2∶64.9∶31.9,第三产业比

重稳步提高。农业经济稳步发展,工业集中集聚效应凸显,服务经济健康发展,能级不断提升。积极探索适应奉贤特点的企业发展模式,推进私营经济成为经济增长、税收增加和区域经济发展的生力军,内源型经济不断壮大。继续扩大对外贸易和交流合作,招商引资质量不断提高,形成内外源型经济发展齐头并进的发展态势。

在重大战略上,"三区一基地"逐步深化,城市功能得到提升。全区上下紧紧围绕"三区一基地"建设目标,先进制造业进一步做大做强,南桥中小企业总部商务区建设全面启动,东部物流发展形成良好态势,杭州湾北岸旅游休闲带实现多层次开发。自主创新能力不断增强,大学园区配套设施日益完善,人才引进和培育的政策环境进一步优化,大力推进大学校区、产业园区、公共社区"三区联动"工作,逐步构建产学研紧密结合的区域创新体系,知识创新区建设成效显著。

在城乡统筹上,着力重保障、解民忧,推动社会事业全面进步。不断加大就业工作力度,积极落实市出台的就业政策,社会民生持续得到改善。2010年农村居民家庭人均可支配收入 13 180 元,年均增长 10.6%,城乡居民收入生活水平和质量进一步提升。教育教学质量稳步提升,卫生文化体育等各项事业全面进步。同时,扎实推进基础设施建设,进一步加大对民生保障的投入,加快科教文卫体各项社会事业发展,全力维护社会和谐稳定。

(二)"十二五"奉贤区发展阶段分析

"十二五"期间奉贤区要紧紧抓住上海"四个中心"与国际化大都市建设、杭州湾北岸开发与国家沿海大通道建设的历史机遇,充分发挥后发优势,以新城建设为核心、以经济建设和社会事业发展为重点,科学合理调整产业布局,推进空间结构调整升级,加快奉贤社会经济的全面可持续发展。

1. 战略提升的机遇期

"十二五"时期是奉贤区发展的重要战略机遇期。从国家层面看,"江河战略"逐渐向"沿海战略"推进,海西经济区、江苏沿海经济带、辽宁沿海经济带等区域发展规划进一步增强了沿海城市群的整体地位,使得奉贤作为沿海大通道的桥头堡和重要节点的战略地位更加突出。从上海层面看,一是从"浦江战略"向"江海并举战略"转变,城市发展正逐步从沿江(黄浦江)发展转向沿江、沿海(海岸线)并举发展,将构建以大浦东—延安西路—大虹桥为主轴和以沿黄浦江两岸为主轴的两条现代服务经济产业带,以及沿海先进制造业产业带,奉贤正好处于黄浦江产业带和沿海产业带上,为奉贤实施海洋发展战略、发展海洋经济和现代服务业,打造滨海新城提供了良好的机遇。二是由"中心城建设为主"向"城郊并举、聚焦新城"战略转变。"十二五"期间上海城市建设将由中心城区为主逐渐转向郊区新城建设为主,按照沿城市发展轴(沪宁轴、沪杭轴、沿海轴等)的原则,突出重点,梯度推进,形成多个节点性城市。奉贤区正好位于沿海轴的关键节点位置,是下一阶段重点建设的八大新城之一,这对于奉贤区的发展是一个难得的机遇。三是由"东进战略"向"东、南并进"转变。在上一轮发展过程中,上海在拓展城市发展空间上以"东进"为主,南部地区一直属于战略预备地。"十二五"期间上海城市空间发展战略逐步"南移",南部地区将从全市战略预备地走向实质性发展前沿。从奉贤区层面来看,"三区一基地"建设由"加快推进"向"跨越式提升"转变。"三区一基地"建设是以往奉贤区发展思想的结晶,是奉贤区经济社会发展的根基所在,是奉贤区主动参与"四个中心"建设、主动融入长三角联动发展和上海国际大都市发展的重要体现。"十二五"期间奉贤区要结合上海城市和产业发展的总体思路和方向,争取"三区一基地"战略纳入全市经济社会发展的重要内容,通过资源整合、知识创新、全面开放,实现"三区一基地"战略的跨越式提升。

2. 产业结构的调整期

"十二五"时期全球经济进入"转型发展"时代,"调结构、促转型"将是上海产业发展的主基调。奉贤区要加快向以创新驱动为主的发展方式转变,进一步促进产业结构调整。首先,工业结构升级是奉贤的重要抓手。通过改造和提升传统工业、打造新兴产业、突破发展特色产业,加快奉贤先进制造业的发展。其次,服务业能级提升是奉贤的主导方向。经历危机冲击后,上海作为特大型城市必须加快形成服务经济为主的产业结构。"十二五"期间上海加快"四个中心"建设,对生产性服务业的需求大幅增加;杭州湾大桥建成通车,对杭州湾南岸中小企业的服务和辐射能级急需加速提升;上海举办世博会,休闲旅游业将迎来重大发展时机。凭借正确的政策导向、良好的生态环境、丰富的自然资源和有利的地理位置,奉贤区现代服务业发展将成为上海服务经济转型的重要组成部分。再次,现代农业发展是奉贤的亮点特色。奉贤区要抓住农业产业链和农业生态链两个重点,加快构建绿色食品生产、农业生态旅游示范、农业产品孵化及农业社会化服务四大亮点功能,形成与现代奉贤发展相适应的都市型农业新格局。

3. 城市功能的形成期

"十二五"期间奉贤区要积极利用新城建设的契机,加快全区城市功能的形成。一是进一步加强南部桥头堡功能。奉贤区要充分利用通江达海的地理优势和低成本优势,借助上海在社会文化事业方面较强的竞争力,为长三角特别是浙江地区民营企业,提供金融、保险、中介、商贸、教育、医疗等全面服务,努力建设中小企业总部商务区和环杭州湾核心商务城市之一,成为上海南部经济的桥头堡。二是进一步打造沿海城市节点功能。利用低廉的劳动力成本和商务成本,缓解中心城区商务成本过高、交通压力过大的局面;利用自身产业和区位等优势,与大浦东、大虹桥形成错位竞争、联动发展的格局,为上海"十二五"时期先进制造业和现代服务业的发展和布局优化、为国家沿海战略的实施提供更广阔的空间。三是以"两核一城"建设为核心,提升城市综合功能。进一步完善产业结构、商业形态和功能性服务设施,加快旧区改造,与人口分布相适应构建轨交、公路、水路等形式丰富、新城与市区、新城与新城、新城与新市镇渠道畅通的交通体系,形成能吸纳 100 万以上人口规模、具有综合城市功能的城镇组团。

4. 城乡一体化的加速期

"十二五"时期是上海大力推进城乡经济社会发展一体化、率先实现城乡均衡同步发展的关键时期。奉贤区要按照全市要求,立足长远,加快推进城乡资源共享、优势互补,努力形成以工促农、以城带乡、生态平衡、城乡经济和谐互动发展的新格局。一是加快实现城乡规划布局一体化。坚持"组团式发展"规划理念,通盘考虑城乡经济社会和各类发展规划,大力推进"工业向园区集中、人口向城镇社区集中、土地向适度规模集中",促进城乡错位发展、互相促进。二是加快推进城乡基础设施一体化。以增强辐射带动功能为关键,全面加快、统筹推进城乡各类基础设施建设,加快奉贤新城区对市里重大交通的对接,完善奉贤区内各城、村之间的交通网络体系。三是加快促进城乡产业发展一体化。坚持"二三一"产业融合发展方针,围绕六大重点产业,对接市高新技术产业化,响应国家战略新兴产业发展规划,加快先进制造业发展;围绕改善民生和发展服务经济,大力发展生活服务业和生产性服务业;同时,加快形成农业主导产业和区带经济特色,提高农业组织化和产业化水平。四是加快推进城乡公共服务一体化。大力实施文化教育工程、农民健康工程和为民服务工程,完善三级公共服务平台建设,建立健全城乡一体发展的公共服务网络,特别是实现城乡居民在就业、社会保障方面权利平等、机会均等,有效改善农民的生存环境。

(三) 奉贤区发展面临的主要瓶颈

经过上一轮快速发展,奉贤区在经济社会方面已经初步形成一定的后发优势。如交通区位优势正在逐步形成,区内铁路、轨交、公路进一步完善;民营经济发达,企业机制灵活,创新能力较强;产业具有"轻型化"特征,且在上海九大高新技术产业领域中占有六个;生态系统保护比较完善,建设用地比较充分。因此,奉贤区下一轮发展的基础条件相当优越。但是,"十二五"期间奉贤区经济社会发展也面临着一些瓶颈因素。

1. 相对较弱的区域功能与"四个中心"建设要求的矛盾

奉贤区在经济总量、吸引外资、服务长三角等方面功能较弱,不能满足上海建设"四个中心"和国际大都市的要求。2001—2007 年,奉贤区增加值总量、区级财政收入和利用外资金额分别排在全市 19 个区县的第 12、第 17 和第 10 位。2010 年,奉贤 GDP 总值和人均 GDP(按户籍人口)仅为松江的55%,区级财政收入仅为松江的 52%,区域经济能级还有待提升。

2. 基础设施建设与财政资金短缺的矛盾

从长期来看,奉贤区财力具有可持续发展的坚实基础。但目前,在市区两级财政分割体制的约束下,奉贤区级可用财力仍难以满足快速发展的需求,特别是重大基础设施配套建设,如道路、公交等项目,都需要区政府财力投入。而奉贤区财政收入的增长与"十二五"期间奉贤区面临的发展机遇不相适应,区级财政对于基础设施的建设支撑难以为继,需要市级层面的政策倾斜,特别是在连接奉贤与市区之间的快速交通系统方面。

3. 产业升级需求与人才支撑乏力的矛盾

奉贤区现有外来人口较多,但产业能级相对较低和公共资源的短缺匮乏,决定了奉贤区对于高层次人才的吸引力不够,高层次服务人才与制造业专业技术人员不多,人才结构相对低端,难以形成人才与产业的良性互动发展,一定程度上限制了奉贤区产业结构升级和经济发展。

4. 城市化快速推进与社会资源短缺的矛盾

"十二五"期间奉贤新城建设将带动整个奉贤区进入快速城市化新阶段,100万人口的新城建设规模,相当于现在整个奉贤区的人口规模,即"再造一个奉贤"。新增就业人口、外来务工人员、农转居和失业人员规模将处于高峰增长期,对社会事业发展的需求不断增长。奉贤区人口增长速度将远高于社会资源增长速度,成为制约"十二五"时期奉贤区产业发展和功能提升的一大因素。

5. 发展阶段需求与体制机制约束的矛盾

目前,不同层面上存在的一些制度和体制约束成为制约奉贤区发展的外部障碍。在产业方面,集中体现在土地规划、审批、开发管理等方面,如受限于上海用地出让招投标的规模限制,"上海之鱼"等重大项目无法进行整体开发,影响项目的建设进度与实际效果。在社会事业方面,集中体现为外来人口的管理,如"十二五"时期将是外来人口高速导入期,目前本地人口与外来人口分开管理的模式难以适应,这将成为影响未来奉贤区经济发展、社会稳定的重要外部因素。

二、"十二五"奉贤区发展的机遇与挑战

"十二五"时期,奉贤区经济、社会发展正面临着难得的新空间。

(一)国家宏观战略调整为奉贤区开辟新空间

1. 国家沿海战略带来重大机遇

奉贤区是北起沪崇苏沿海通道、南迄杭州湾北岸地区的沿海大通道的桥

头堡和重要节点,随着东海大桥、杭州湾大桥和铁路沿海大通道的建成,上海杭州湾北岸已从终端型区位转变为枢纽型区位,提高了杭州湾南岸与北岸的交通便捷性,奉贤区与杭州湾南岸地区的物流、人流、信息流、资金流的流量加大、速度加快,奉贤区将迎来南岸制造业基地尤其是浙江块状经济产生的大量服务需求。这将极大地提升奉贤区集聚服务业优势要素的能力,使奉贤成为填补杭州湾北岸和南岸服务落差的一个新兴服务区域。

2. 长三角联动带来重大机遇

随着杭州湾跨海大桥的建成,位于 A4 和 A30 节点位置的奉贤区已成为上海连接长三角城市群的南部重要门户。依靠通江达海的优势,主动参与长三角联动将为奉贤发展提供重大机遇。

(二)上海城市空间布局演化为奉贤区指明新方向

长期以来,上海城市空间形态布局"北重南轻"的局面未发生根本改变。北部郊区如青浦、嘉定、宝山等基础设施建设、城镇规模和经济总量发展都较为迅速,南部郊区如金山、奉贤等相对于北部地区都较为落后。能否实现城市空间布局调整不仅关系到上海经济能否继续保持快速增长势头,而且关系到未来上海在全球经济和城市竞争中的地位,"十二五"期间迫切需要对上海城市空间布局进行调整,打破上海城市"北重南轻"的格局。

一是上海从单中心向多中心转变为奉贤区指明新方向。目前,上海城镇体系建设发展基本按照"1966"城镇规划体系要求,但建设效果不理想,突出表现在中心城区"一城独大",郊区新城尚未成为"反磁力中心",郊区未能发育起承载城市功能的新城。"十二五"时期上海要对现有城镇体系做新的调整和完善,以形成多中心的国际大都市空间结构。奉贤"两核一城"要作为具有独立城市形态并具有相当集聚和辐射能力的区域性中心城市进行综合性节点城市规划,成为承接中心城区的人口导入、公共资源转移与功能分担的重要载体。

二是上海城市建设在奉贤区开辟新战场。自 2003 年以来,为全面配合2010 年上海世博会筹办,上海开展了大规模城市基础设施建设和旧区改造工作,中心城区的枢纽型、功能性设施和旧区改造任务比正常计划提前了 5～10年。世博会后,中心城区的重大基础设施建设将基本告一段落,上海城市建设的重心将在世博会后逐步转移至城郊地区。

三是开发大浦东、大虹桥为奉贤区形成大两翼。大浦东的区划调整,要求细化调整新城建设格局。浦东新区与南汇区行政区划合并调整以及大虹桥交通枢纽规划出台,全市发展格局出现重大变化,大浦东、大虹桥的发展将对周边产生巨大的集聚效应,要求调整新城建设格局,适应大浦东、大虹桥建设发展。大浦东、大虹桥将通过人流、物流、交通、资金迅速带动处于中心位置的奉贤,奉贤将在"左右逢源"的大格局下实现跨越式发展。

城市空间形态的调整也为奉贤"十二五"时期带来比较大的发展压力。浦东新区与南汇区合并,原南汇土地将为浦东现代服务业发展释放巨大空间,在目前各区产业结构同质化严重的情况下,两区合并将对奉贤区服务产业的发展带来严峻的挑战。同时,金山与奉贤同属杭州湾北岸板块,自然条件、社会人文环境相似,靠近国际大都市和滨海的区位造就了两区强大的开发优势,同时也构成了相对狭窄的发展生态氛围。

(三)上海产业结构转型升级为奉贤区创造新价值

"十二五"时期上海将进一步深化和完善"二、二、一"产业发展方针,坚持"以价值链为导向的产业高端化"发展思路,以产业融合为基础,以信息化为动力,以自主创新为中心环节,改造传统产业,提升支柱产业,培育战略产业,努力构建"以服务经济为主"的产业结构,以及与国际化大都市相适应的现代产业体系,这为奉贤产业发展提供了最基本的依据和有利条件。

一是"两个中心"建设为奉贤区提供新动力。在国际金融中心建设方面,金融后台服务将为奉贤区发展提供重要支撑。从纽约、伦敦等城市来看,前台和后台距离一般在四五十公里、一小时车程以内。奉贤区离陆家嘴金融城的距离在五十公里左右,海湾大学园区每年有2万多名学生毕业,为奉贤发展金融后台服务提供了良好的基础。在国际航运中心建设方面,奉贤区要发挥作为大桥北岸节点的区位优势和公、铁、水有机组合的立体交通优势,大力吸引和发展企业物流分拨中心,争取成为跨国公司亚太地区分拨中心;大力发展为大产业基地和现代农业服务的仓储、运输配送和分拨等现代物流业,重点发展装备物流、化工物流和农副产品物流,积极推进临港物流园区奉贤分区的开发建设和奉贤现代农业园区向农业物流园区转型;创新物流方式,大力发展第四方物流,成为上海的"南部陆港"。

二是上海第三产业发展为奉贤区开辟新空间。第一,休闲旅游产业为奉贤区树立新品牌。借助世博会契机,建设整洁优美、和谐发展的奉贤人居环境,完善相关休闲度假设施的配套,将能够大幅提升奉贤旅游能级,树立人居奉贤、旅游海湾的服务品牌。第二,游艇经济为奉贤区提供新载体。上海及周边地区以其良好的投资环境,吸引着众多海外游艇管理公司。世界游艇制造业开始由欧美转向亚洲,主攻中国上海的迹象越来越明显。奉贤区处于整个长三角地区枢纽位置,贯穿沪、杭、太水系旅游网络,地理条件优越,加上这些年在光电仪、机械、输配电、化工等产业方面打下了比较好的产业配套基础,可以在游艇制造、展示销售、零部件供应、维护装修等方面有所作为。

三是上海高新技术产业化为奉贤区产业提升能级提供新机遇。第一,低碳经济为奉贤区带来新契机。在全市新能源产业布局日渐清晰的前提下,奉贤区将迎来智能电网和超导电网、太阳能光伏产业发展的重大机遇,形成加快高新技术产业化,建设以新能源产业为主导的先进制造业体系的难得契机。第二,海洋经济为奉贤区抢占制高点。奉贤区要尽快形成以游艇经济为主导,以临海工业、滨海旅游业、海洋新兴产业等海洋产业为支柱的产业发展方向;加强海洋科技对海洋产业的支撑和渗透,提高产业信息化水平和企业自主创新能力,形成健康稳定协调的海洋产业链和优势互补联动的海洋产业群,实现海洋产业持续协调快速发展。第三,大型客机项目为奉贤区开拓新增长极。目前,我国大型客机项目已经落户上海。奉贤区有能力、有条件利用地理位置、土地资源、生态环境等方面的有利因素,大力发展航空发动机、航电、环控等核心零部件及其相关配套产业,抢先引进一批国际国内有一定影响力的龙头企业。第四,生物医药产业为奉贤区带来新方向。依托星火开发区和现代农业园区两大生物医药产业基地,继续对接张江,大力发展生物医药、医药化工、医疗器械等产业,重点引进大型医药项目,不断扩大和提升生物医药产业规模能级,建立上海医药产业基地。

四是第一产业为奉贤区创造新价值。奉贤区要主要突出生态功能,高起点地发展现代农业、生态旅游等绿色生态产业,同时为上海未来发展预留空间。

但另一方面,奉贤区"十二五"时期经济、社会发展也面临着新挑战。从全国沿海地区的发展趋势看,除江苏、浙江的步伐越走越快外,辽宁沿海、福建海西等地也在奋力追赶。同时,杭州湾跨海大桥建成通车改变了杭州湾区域的时空概念,缩短了杭州湾两岸间距离,嘉兴等城市迅速崛起,奉贤区作为上海临海发展战略主战场之一面临较大的挑战。

三、"十二五"奉贤区功能定位与战略目标

(一) 指导思想

依据发展阶段和宏观环境的综合判断,"十二五"将是奉贤区经济社会实现跨越式发展、城市综合功能显著提升最为关键的五年。奉贤区要以邓小平理论和"三个代表"重要思想为指导,全面贯彻落实科学发展观,按照上海"四个中心"建设和长三角经济一体化的总体要求,紧紧围绕"三区一基地"跨越式发展战略,以新城建设带动经济社会发展水平全面提升为主线,以"提升产业能级、促进产业转型发展"为核心,以城乡统筹、区域联动为重要抓手,转变发展观念,增强发展动力,创新发展模式,全面推进和谐社会建设;打造服务于长三角南翼的重要门户和枢纽、环杭州湾核心商务城市、上海城市副都市中心;力争走出一条符合奉贤区情、体现奉贤区位优势、生态特点、产业基础且生产、生活协调的科学发展之路,开创奉贤经济社会发展的新局面。在实施过程中,具体要求是:

1. 坚持以聚焦新城发展为主线

发展主线是为实现预期的奋斗目标而必须实践、不可或缺的任务归纳。既要对以往发展主线有所继承和延续,又要根据新的历史条件和要求做出调整和完善。奉贤区"十一五"时期的发展主线是以"三区一基地"为核心,建设现代化滨海新城,体现了发挥奉贤独特的区位优势和资源优势、打造上海西南门户的目标导向。但是,在"十二五"时期新的形势下,面对复杂多变的国际国内环境和上海"十二五"时期"郊区为主,聚焦新城"的城市建设方针,奉贤要抓

住机遇，主动接轨，在继承、延续、发展"三区一基地"的基础上，形成聚焦新城建设的发展主线，统领"十二五"期间奉贤经济社会发展全局。

2. 坚持以产业升级和转型发展为核心

奉贤区新一轮产业发展要把握世界新科技革命浪潮，抓住上海加快建设"四个中心"、高新技术产业化中心、新一轮工业新高地和郊区新城功能提升的有利时机，依托良好的区位优势和产业基础，以"提升产业能级、促进产业转型发展"为核心，以价值链高端化、高新技术和战略产业集群规模化、都市产业市场化、一二三产业融合化为导向，构建与现代化国际大都市郊区新城地位相适应、三次产业协同发展的现代产业体系。通过实施高端化、轻型化、品牌化战略，以完善产业链和强化产业集聚为重要抓手，提高整体产业的配套能力，提升优势产业核心竞争力。

3. 坚持城乡一体化为重要保障

城乡一体化是促进奉贤区经济快速发展、构建和谐社会的重要保障。"十二五"期间奉贤区要坚持推动城乡一体化，勇于打破阻隔城乡一体化发展的各种体制机制障碍，从城市整体规划角度出发，加快完善城乡公共基础设施建设，努力健全城乡公共服务体系，切实提高城乡社会治理能力，强化城乡产业对接与融合，加强城乡社会保障体系的统筹；认真对待发展过程中出现的城乡差距、贫富差距现象，妥善处理城市管理、区域开发过程中的各类矛盾，大力推进和谐奉贤、平安奉贤、幸福奉贤建设，全面提高区域整体发展水平，全面提高城乡居民的生活水平和生活质量。

4. 坚持丰富完善"贤"文化为基本前提

"贤"文化是奉贤城市发展体系的重要组成部分。"十二五"期间奉贤区要坚持以"贤"文化的传承和发展为导向，丰富和完善地方特色文化，形成以"贤"为基础，"贤"、"海"、"农"等元素充实的社会文化体系，在促进群众文体活动和精神文明建设不断深入的同时，通过举办"贤"文化节、"海"文化节和"农"文化节提升奉贤区域旅游目的地形象和知名度，拓展旅游产业链，加速发展旅游产业。

5. 坚持创新驱动的转型发展为主要路径

创新与转型是上海国际化大都市建设对奉贤区未来发展的新要求。"十二五"期间奉贤区要坚持以创新带动转型,以转型促进发展,通过科技创新、文化创新、制度创新建立全面的创新体系,推动经济发展动力由投资驱动主导转变为投资与消费双驱动、由工业驱动主导转变为以先进制造业与现代服务业融合发展驱动,推动城市发展由单纯的追求规模扩张转变为以规模扩张为基础的综合服务功能提升,增强城市资源配置能力和服务周边的功能。

6. 坚持区域联动发展为战略基点

杭州湾大桥及轨交 5 号线延伸和浦东铁路等重大基础设施建设,奉贤区将成为"对外连接、对内畅通、出行便利"的上海南部门户和枢纽。"十二五"期间奉贤区要充分发挥区位和交通优势,坚持全面对外开放,建立与国际、长三角等广泛联系和紧密合作,积极融入长三角一体化、杭州湾南北联动发展,形成改革创新与全面开放的新格局。

(二)功能定位

根据上海城市建设多中心的国际化大都市空间结构远景目标要求,奉贤区要积极融入长三角经济一体化,借力长三角、发展奉贤、提升奉贤,形成基础设施完善、要素资源集聚、产业政策优化、综合服务卓越的区域发展环境,围绕生产性服务业集聚区、先进制造业高地、休闲旅游、生态宜居四大核心功能构筑新的功能体系,力争将奉贤区打造成为现代化、多功能、综合性的上海南部重要门户枢纽、上海先进制造业重要战略基地和环杭州湾核心商务城市。具体包含五个方面的内涵:

1. 上海城市体系建设的新核心

"两核一城"是上海未来重点发展的区域,与东部临港新城、西部松江新城、北部嘉定新城共同构成上海国际化大都市的四大综合性节点城市,是上海城市体系未来发展的新核心。一是充分发挥"两核一城"与大虹桥、大浦东的呼应联系,成为上海南部地区发挥重大商务、枢纽功能的城市地区,促进上海区域均衡发展,形成多中心的国际大都市空间格局。二是充分发挥"两核一城"临江靠海和生态环境优势,打造以人为本的生态宜居新城、服务于大浦东和杭州湾岸经济的核心商务城市,成为上海与长三角联动发展的重要区域。

2. 上海产业发展的新高地

实施"二三"并举的产业发展方针,大力发展先进制造业和现代服务业,打造成为上海产业发展的新高地。依托"三区一基地"建设,构筑高附加值、高技术、高品质、高劳动生产率等内在优势,形成广泛影响力和独特竞争力,充当上海先进制造业发展的新引擎和率先走出危机的排头兵;重点培育商务商贸主导功能,大力发展中小企业总部经济和面向全市、长三角的生产性服务业,打造成为开放型、现代化的杭州湾核心商务城市、休闲旅游城市之一。

3. 上海全方位开放的新门户

"十二五"时期上海将继续深化对外开放,并将发展重心向郊区转移。奉贤区要抓住这一重大契机,依托国际中小企业总部集聚区全力打造全面对外开放、高品质的功能载体,成为面向江浙中小高技术企业和国际中小企业开放的重要平台;依托工业园区建设重点推进招商引资和工业突破,打造成为承接产业转移、深化对内开放的重要门户。积极提升自身的集聚与辐射力功能,形成面向上海南部地区、杭州湾北岸、长三角南翼对外开放的新门户。

4. 上海休闲旅游的新名片

生态旅游是上海和奉贤整个功能体系不可缺乏的组成部分。奉贤区要依托黄金海岸线和生态农业优势,全面推进奉贤旅游二次创业,打造成为上海都市旅游的新名片。"十二五"期间奉贤区要积极提升旅游景观知名度和品牌效应,将"海"、"农"旅游文化节打造成为上海国际旅游目的地重要节点。同时,融休闲、度假、疗养、保健、特色餐饮为一体,实现由传统的单一观光游览型向观光度假型、保健休闲、会议商务复合型转变,促进购物餐饮与生态旅游、商务会议、户外体育、水上观光、游艇等相融合,进一步提升上海旅游产业的档次。

5. 上海生态宜居的新城区

依托城市基础设施重大项目和生态环境建设,全面改善奉贤人居环境和城市形象,打造成为现代化生态宜居的新城区。"十二五"期间要积极打造"生态奉贤、宜居奉贤"品牌效应,吸引更多的房地产开发商、企业参与奉贤建设开发。综合生态居住、休闲居住和普通居住等多种类型共同发展,营造城市功能完善、空间布局合理,融宜人气候、优美环境与现代城市于一体且生态功能良好、生产与生活和谐的现代化、生态化宜居新城。

（三）发展目标

以建设生态环境最美、发展环境最优、人居环境最佳的现代化滨海新城为目标,通过五年努力,力争使奉贤区成为增强上海城市竞争力的重要支撑,到 2015 年形成整个奉贤区产业高端化、城区都市化的总体框架,并为 2015—2020 年及更长时间持续发展奠定坚实基础。主要预期目标是:

1. 经济总量大幅提升

以经济建设为中心,继续保持快速发展的势头,保持三次产业增加值年均增长 13％以上,全社会固定资产投资年均增长 15％以上,社会零售总额年均增长 14％以上,2015 年三次产业增加值达到 890 亿元以上,力争取实现翻一番。在市郊区县中经济总量排名要有所赶超。经济发展方式转变持续推进,经济效益稳步提高,基本建立起可持续发展的支撑体系。

2. 产业结构科学调整

"十二五"期间第二产业增加值年均递增 12.6％以上,占 GDP 比重有所下降;其中,规模以上企业工业产值争取达到 2 500 亿元。第三产业总量持续增长,年均递增 14.6％以上,占 GDP 比重达到 33.8％以上。现代服务业产业层次与能级水平显著提高,形成二三产业互动发展、双轮驱动的健康发展格局。

3. 新城、新市镇体系基本形成

到 2015 年,新城在区域城镇体系中的中心地位和综合服务功能明显提升,区域空间布局形成基本框架,"一核联四片、一环串两带"格局的总体框架初步形成。上海市南部门户和枢纽地位日益显现,中小企业总部功能日趋完善,物流、金融后台服务等生产性服务功能和休闲、旅游、健康护理等生活性服务功能日趋健全。以中心村为重点的新农村建设有序推进,村容村貌大大改善。交通基础设施网络与公共服务体系分布更趋合理。

4. 社会民生全面提升

科教文卫体协调发展,居民综合素质显著提升;社会安全保障有力,健全多层次社会保障和社会安全机制;积极创造农业人口的就业岗位;城镇居民和农村居民人均纯收入实际增长 10％以上。结合旧区改造和开发,加快构筑多层次、多渠道住房保障体系。

5. 生态环境继续改善

进一步加强工业"三废"治理,实现经济、社会、环境协调发展,城市绿化覆盖率达到 50%,超过全市平均水平,工业废水、废气、粉尘排放量占全市比重显著降低,节能减排达到预期目标。

四、"十二五"奉贤区发展的主要任务

(一) 全力推进新城建设与城镇协同发展

1. 以新城建设创新区域发展模式

从奉贤区来看,新城建设已经有相当基础,并且是全市"十二五"时期城市建设的重点区域。因此,从聚焦新城建设入手,推动整个奉贤区经济社会发展,将是"十二五"期间奉贤区发展的重要举措。核心是"以点带面",通过新城开发形成"三区一基地"的建设基础和重要支撑,带动奉贤区经济发展和城乡统筹。重点是形成和完善新城的六大功能,即现代商务功能、滨海休闲功能、知识创新功能、生态居住功能、先进制造功能和现代物流功能。

2. 聚焦"两核一城"

一是举全区之力加快推动南桥新城建设。按照"拓展东部、改造西部"的发展策略,适应上海构建国际大都市的整体要求,将南桥新城建设成为一座功能完善、优质而富有活力的低碳、生态、智慧、宜居的城市。全面提升南桥地区的整体功能,建成集商务会展、休闲游憩、教育文化、生活服务和生态居住等功能为一体的综合性新城区,成为奉贤区的政治、经济、文化中心,上海服务长三角南翼以及大浦东开发的重要门户和枢纽,上海杭州湾北岸地区的综合性服务型核心城市。目前主要工作包括:加快基础设施和配套设施建设,加快中小企业总部商务区建设,推进"上海之鱼"项目启动,打造新城亮点。加快推进中央生态绿地建设和金汇港河道综合整治,优化新城环境。加快轨道交通站点周边开发,充分发挥交通引领作用等。

二是推动杭州湾北岸区域保护性开发。一方面要保护好海湾地区生态环境,全面推进塘外化工区整体搬迁;另一方面深入开展杭州湾北岸区域整体发展战略规划研究,进行"海上城市"项目研究,探索杭州湾及北岸地区整体开发。在滨海旅游带的基础上,以绿色环保海洋经济为主线,发展休闲旅游、商务会展、海洋产业,建设"海上城市",成为集休闲度假、观光旅游、商务服务、会务会展和居住等功能为一体的具有国际影响的现代化滨海城市,形成高质量的人流、商流、信息流、资金流的汇集和扩散。

3. 坚持推动城镇"组团式"发展

"组团式"发展是奉贤实现重点突破、全面发展的重要理念。要继续坚持"1750"计划,以新城建设为核心、以7大中心镇为重点区域,形成城镇组团,通过主要城镇的基础设施建设、功能提升带动周边区域的发展。一是把新城建设作为重中之重,按照市级要求全力推进新城发展,争取"十二五"期间形成新城的基本框架。二是以7大中心镇为重点,推动人口、基础设施、产业进一步集聚,努力打造奉贤区发展的次中心。三是以新农村建设为契机,加大对中心村的改造,进一步改善农村面貌,形成与奉贤区域功能定位相适应的新农村。

4. 构建与城市发展相适应的管理模式

随着奉贤区战略地位的提升和城市建设不断推进,政府要持之以恒加强自身建设,不断体现服务意识、改善服务水平、提高服务效率,建立与整个城市新一轮发展相适应的管理模式。一是要推动政府机构精简化,按照"弱化管理、强化服务"的目标要求,逐渐推行"大部制"试点,尽量减少行政环节。二是要进一步提升社会机构参与管理的积极性,促进以政府直接管理为主的模式逐渐向以社会机构为中介的间接管理模式转变,尽量减少行政干预。

(二) 努力推动经济发展方式转变和产业结构调整

"十二五"期间,奉贤区要围绕新城建设,按照"二二并举"的产业发展方针,加快对现有产业的调整和升级。在积极发展先进制造业的过程中,以生活服务和社会公共服务为基础,以生产性服务业为重点,以中小企业总部区、海湾旅游区、综合工业开发区为载体,着力推动商务功能和城市综合服务功能快速提升,高端环节和配套行业并进,构建二三产业融合发展、适应区域经济一体化要求的新型产业体系。

1. 切实提升招商引资质量

随着上海引进外资进入转型阶段,外资进入上海不仅在量上实现了突破,而且在质量效益上也在不断提升。因此,"十二五"期间奉贤区要努力推进招商引资模式转变,切实提升招商引资质量。一是突出招商工作在全区的龙头地位,构建全区联合招商机制,树立"亲商、爱商、富商"与"选商择资"、"招才引资"相结合的理念。二是进一步创新招商模式,通过领导招商、产业招商、专业招商、重点项目招商、委托招商、"一对一"招商、以商招商、园区招商,小团组、多批次,走出去、请进来,探索"集成招商"、"并购招商"、"网络招商"等新型招商方式,逐步建立市场化运作的专业招商服务网络,逐渐由过去单纯"政策招商"、"项目招商"向"产业招商"、"专题招商"以及"区域国别招商"转变。三是探索国际合作机制,引入国际知名招商集团或产业发展商,探索建立适合奉贤区产业发展的国际合作机制,鼓励现有外资企业采取增资方式投资。

2. 着力培养产业集群

产业集群化是提升产业竞争力的重要途径。"十二五"期间奉贤区要紧紧依托现有产业基础和行业龙头,进一步向上下游延伸,形成以龙头企业为核心、涵盖重点技术环节、高端研发环节、高附加值环节的比较完整的产业链。一是有针对性地开展产业链招商,促进产业集群集聚发展。明确以"产业招商"为重点,按照"大项目—产业链—产业集群"模式,依据特殊地缘人脉和文化氛围,围绕重点行业重点企业,加大上下游产业链延伸招商力度。二是加大工业园区对物流、检测、维修等生产性服务业招商力度,拓展工业园区功能,形成对先进制造业的有力保障。三是进一步理顺产业园区开发管理机制,发挥园区集聚功能,加快发展新能源、生物医药、新材料、航空零配件、重装备、智能电网等六大产业,不断做大做强支柱产业。

3. 加快三次产业发展

(1) 现代服务业。

"十二五"期间奉贤区服务业要突破以商贸、餐饮等为主的传统领域,以加快新城经济发展和聚集新城人口为目标,积极向生产性服务业、房地产和楼宇经济、生态旅游、保健休闲等现代服务业拓展,充分利用多年培育所形成的良好商贸业基础和适宜现代服务业发展的区位优势,根据城市经济发展对服务业的需求,紧紧抓住中心城区资金、信息、管理、营销和研发等要素向郊区新城扩散的机遇,进一步拓展和提升服务业发展的领域和水平,大力推进服务业支持体系快速形成,推动奉贤区生产性服务业、生活性服务业、休闲保健服务业和创意服务业全面发展。到"十二五"期末,初步形成以总部经济为核心的商务服务业、以南上海旅游会展中心为目标的旅游会展业、以新型商业业态为导向的商贸服务业、以高品质商住楼为基础的房地产业等四大现代服务业支柱产业。一是要加快发展现代服务业商业设施,重点推进适合中小企业特征的商务楼宇建设,完善国内外中小企业落户的硬件环境,促进生产性服务业快速发展。二是要加快高星级酒店宾馆、娱乐设施、商贸设施的建设,营造良好的休闲旅游环境,把奉贤区打造成为上海和国内外综合性旅游休闲基地。三是要积极响应国家和市级产业发展导向,争取和落实国家以及市级关于物流业振兴战略规划相关政策,抓住国家促进旅游业发展的良好机遇,把物流和旅游产业作为重点服务业来抓。

(2)先进制造业。

"十二五"期间奉贤区要在现有产业发展的基础上,进一步优化产业结构、提升产业能级、做大经济规模,依托支柱产业和主要园区,重点打造新能源、生物医药、新材料、航空发动机及配件、智能电网、重装备六大支柱产业,形成产业发展的强大后劲;突破发展物流装备、游艇设备、光仪电、农副产品加工四大特色产业,形成具有独特优势的产业。大力培植优势产业和核心企业,工业向主导产业、规模以上企业集聚步伐加快,同时创新发展都市型工业,扶持发展均势产业。到"十二五"期末,形成"新城以现代服务业为主、园区以先进制造业为主、新城和园区产业互补、新城经济服务园区产业"的良性互动局面。一是要形成产业聚焦、分类推进政策,针对不同产业的不同特点和基础出台合适的政策,以政策推动为动力,以优化环境为保障,以招商引资为主要途径,促进支柱产业外延式发展和内涵式发展相互结合。二是要积极开展与国家级产业园区的互动,特别是要按照"1+X+Y"的模式,进一步扩大与张江生物科技园区、漕河泾高科技园区的合作,引进优秀的园区管理和产业发展经验,促进区内产业园区进一步提升能级。

（3）农业。

以"一核四园"为引领，以创品牌、打精品为重点，切实加大投入力度，提高设施装备水平，强化科技和人才支撑，提高农业产业化、规模化和标准化程度，有序推进现代农业稳步发展，形成以休闲观光农业、高效种植业、农业精品加工和农产品流通业为特征的现代农业产业体系。一是把农业作为奉贤区的特色产业和重点产业来抓，争取把发展都市农业作为全市促进城乡一体化示范基地的重要推动力。二是积极促进农业发展模式转型，实现传统农业向现代都市农业、种植型农业向科技型农业、单一农产品生产向"三二一"产业融合的方向转变，提高农业生产效率。

4. 加快产业结构调整

"十二五"期间奉贤区要加快产业结构调整，不仅要形成有利于支撑上海"四个中心"建设的三次产业结构，而且也要促进各次产业内部结构的合理化、科学化。一是要坚持"二三"并举的产业发展方针，大力发展先进制造业，优先发展现代服务业，进一步提高服务经济对区域经济的引领力、主导力。二是要坚持产业"轻型化、品牌化、高端化"发展，以高新技术产业化为重要推动机制，避免再走重化工业的老路子，以"价值链环节高端化"为导向，积极发展清洁、轻型的高新技术产业、生产性服务业，努力培育具有较高知名度、较大影响力的品牌企业、名牌产品。三是先进制造业要重视对传统产业的技术改造和提升，在维持既有优势的前提下加快培育发展新型产业优势，切实做到"传统产业更新、优势产业更强、新兴产业更快"；服务业要在确保生活质量不断提高的前提下，进一步强化生产服务性功能，努力做到生产、生活两手都要抓。

（三）大力推进城乡一体化和社会事业发展

"十二五"期间是奉贤区城乡统筹和各项社会事业发展的关键期。伴随经济的跨越式发展，奉贤区社会事业的"短板"对经济发展的制约作用将更加凸显。因此，奉贤区要在加大政府对社会事业投入的同时，利用好新城建设机遇，充分发挥市场作用，高标准、大规模地推进社会事业建设，以此为核心竞争力，吸引优秀企业和高素质人才集聚，实现经济社会的协调发展。

一是提高农民收入。确保农民人均可支配收入年增长率达到10％以上。

二是优先发展教育事业。到 2015 年,奉贤区基础教育办学水平达到或超过上海郊区基础教育的平均水平,初步建成教育强区。三是加大卫生医疗投入。全面提升医疗卫生服务质量和水平,加强医疗卫生设施建设,改善医疗卫生条件,到 2015 年,力争区内拥有 1～2 所三级综合医院。逐步完善医疗保障体系,推进医疗保障城乡一体化进程。四是完善社会保障体系。按照中央、上海市要求,积极探索"新农保"政策;建立覆盖城乡居民的社会保险制度,不断扩大社会保险覆盖面和提高保障水平。五是加快科技文化体育进步。"十二五"期间,"贤文化"建设进一步推进;体育设施建设进一步加快,人均体育场地面积达到 3.8 平方米。竞技体育发展步伐进一步加快。六是实现社会稳定与安全。着力打造平安奉贤,认真落实重大公共卫生、自然灾害、安全事故等突发事件应急预案,逐步建立健全规范化、科学化的应急机制,提高防范和应对公共突发事件的能力。加强社会治安综合治理,着力维护社会稳定,有力保障区重大工程的建设。

五、"十二五"奉贤区发展的工作重点和政策保障

(一) 工作重点

1. 新城建设方面

(1)加快基础设施和配套设施建设。

一是全力配合和支持虹梅南路—金海路越江工程和轻轨 5 号线南延伸段建设,加快南桥新城对外联系通道建设。二是推进水、电、气等配套工程建设,提升南桥新城生产、生活的基础环境。

(2)加快中小企业总部商务区建设。

"十二五"期间,要抓紧制定和落实加快总部商务区发展的支持政策,加快单体型楼宇经济的发展,推动南方国际商业广场三期工程的建设,进一步扩大中小企业节的影响。

(3)加快"上海之鱼"项目建设,打造新城亮点。

"上海之鱼"项目规划已经批准,在"十二五"期间加快实施。

（4）加快推进中央生态绿地建设和金汇港河道综合整治，优化新城环境。

充分利用原有4.9平方公里林地，抓紧研究方案，打造主题公园，凸显生态服务和休闲游憩功能。积极推进金汇港综合整治，进一步优化新城环境。

（5）加快轨道交通站点周边开发，充分发挥交通引领作用。

在加强控制的基础上，加快推进西渡站、金海湖站、望园路站和南桥新城站的站点开发，并研究适合奉贤上盖经济发展的推进模式，发挥交通对城市建设的引领作用，推进南桥新城开发建设。

2.产业发展方面

（1）借鉴昆山、苏州经验，把招商引资作为经济工作的重中之重，招引优质项目落户。

借鉴昆山、苏州经验，实施招商引资战略，大力开展"敲门招商和盯人招商"；以杭州湾跨海大桥通车为契机，进一步找准奉贤在长三角联动发展中的定位和优势，全面推进"三区一基地"建设。依托产业园区，引导产业发展，进一步做强输配电设备、化工医药、电子信息、汽车配件等主导产业和光仪电、游艇制造等特色产业，不断提升产业园区集聚能力和招商引资质量。大力发展民营经济，落实《关于鼓励支持和引导民营经济发展的实施意见》，积极扶持龙头企业上市融资。

（2）继续推进重大项目建设，进一步做强产业支撑。

进一步推进临港物流园区奉贤分区规划建设和项目落地；按照《上海市杭州湾北岸（奉贤）滨海旅游发展总体规划》，整合各类旅游资源，促进海湾国家森林公园、上海都市菜园等旅游景区"海、农"特色的有机结合，加快推进旅游业发展；充分利用国内外游艇展会的有效平台，吸引优质游艇项目落户；建设高品质住宅社区，吸引和留住高层次居住群体，促进海岸经济的发展；加快发展生态宜居社区，积极导入中心城区高素质人口，实现奉贤产业发展所要求的人口规模。

（3）盘活存量资源，不断提升产业能级。

加大"腾笼换鸟"力度，盘活用好土地存量资源。进一步提高土地利用率，坚持新增土地指标与盘活存量资源挂钩、与整治违法用地挂钩。加快产业结构调整，提高规模以上企业产值占比；发展以现代服务业为主的第三产业，不断提高第三产业的比重。继续推进"科教兴区"战略,进一步增强自主创新能力。

(4)做好节能减排工作,实现经济与资源环境的协调发展。

管好存量、控制增量,确保完成万元生产总值综合能耗下降目标。严格执行"批项目、核土地、控能耗"制度,有序淘汰劣势企业。继续推进污水管网系统建设,确保保留工业区和非保留工业区企业污水纳管率达标。鼓励、支持重点用能单位更新设备,开展技术改造和应用节能技术。

3.社会文化发展方面

(1)促进教育事业均衡发展。

全面实施《奉贤区推进区域教育均衡发展行动纲领》,努力提高教育教学质量,促进基础教育均衡发展。深入实施《学前教育三年行动计划》并制订实施五年规划;加强未成年人思想道德建设,促进未成年人健康成长;推进学习型社会建设,为奉贤区发展建设提供人力资源支持。

(2)夯实基层医疗卫生基础。

深入贯彻社区卫生服务综合改革各项政策措施,为城乡居民提供安全、有效、方便、廉价的医疗卫生服务;进一步改善医疗基础设施条件,建设好三级医院,完成社区卫生服务分中心和村卫生室标准化建设;深化医疗管理,加强医技队伍建设,提高医疗卫生服务水平;不断加大疾病预防控制力度,防止突发公共卫生事件发生。

(3)推进文化体育事业发展。

以"贤文化"的传承和发展为导向,积极开展各类群众文体活动,将精神文明建设引向深入,全面巩固文明城区创建成果;进一步完善区图书馆、文化馆、规划展示馆的服务功能;逐步完善文化体育活动场所的功能;进一步推进红十字事业发展。

4.基础设施建设方面

(1)加快实施基础设施建设。

积极做好南桥新城城区东扩的各项工作,推进运河北岸基础设施建设;有重点地推进南桥老城区改造。全力配合大学城建设。做好宅基地置换试点后续工作。加快动迁存量房消化工作。继续做好闵浦二桥等重大基础设施建设,加快推进川南奉公路改线段等主干道建设,确保平庄公路全线贯通。加大城乡环境建设力度,继续做好重点道路两侧的绿化种植和养护工作,有序推进"一镇一园"建设。

（2）进一步强化城市管理。

建立完善南桥中心城区城市网格化管理系统,提高城市现代化管理水平。全面加强市容环境建设,集中整治路边堆场、乱设摊、户外广告等城市管理中的痼疾顽症,创建市容环境规范区和达标区。进一步加强住宅小区综合管理,提升物业管理水平。继续推进公交三年行动计划,调整公交线路,更新公交车辆,不断提升公交管理服务水平。

5. 城乡一体化方面

（1）发展现代都市农业。

以现代农业服务业集聚区为抓手,着力发挥现"一核四园"的引领作用,高起点、高标准地建设农业板块亮点。形成区域化布局、规模化经营、标准化生产的都市农业发展新格局。

（2）改善农村环境面貌。

加快农村危桥改造,建设标准化乡村公路建设进度。加快经济薄弱村道路建设和危桥改造。全面完成村容整洁村创建和自然村落改造任务。积极推进农家会所、农家乐、老街保护改造等新农村重点项目建设。

（3）促进农民持续稳定增收。

继续推进强村富民工程,加大对经济薄弱村的扶助力度,加快经济薄弱村脱贫。采取一系列有效措施,促进农民持续稳定增收,提高农民专业合作社社员和"科技兴农"结对户收入水平,确保农村居民家庭收入增收目标。

（二）政策保障

1. 将奉贤区列入未来上海的重点发展区域

鉴于奉贤区在新形势下的重要战略地位,建议把奉贤区发展的总体定位纳入全市发展服务经济、服务长三角的大局来考虑,将奉贤区纳入上海"十二五"重点发展区域,并明确南桥新城作为"十二五"期间上海重点发展的新城之一。

2．以奉贤区为试点探索"15＋3"的长三角城市群联动机制

建议在现有"15＋1"的体制上，允许"十二五"期间上海新城重点发展的青浦、嘉定、奉贤三个区加入，形成"15＋3"的长三角城市群联动新机制。

3．加大全市大产业项目向奉贤区倾斜的力度

建议加强对奉贤区的产业扶持，争取将大飞机发动机零部件、物流重装备和轨道交通装备产业等项目落户奉贤；在奉贤区目前已有太阳能、燃料电池等产业的基础上，建议将上海新能源装备产业基地布局在奉贤；进一步明确奉贤区作为未来上海游艇产业基地的定位，加快与境内外游艇制造商沟通，推进游艇制造基地的开发建设。

4．加快推进基础设施建设

建议将奉贤区的基础设施建设纳入全市统一规划，加快推进轨道交通5号线向南延伸至南桥；金海公路改建升级为快速路，进一步改善奉贤区的交通环境，带动整个奉贤区经济社会事业的发展。

5．支持推动优质医疗和教育资源向奉贤区集聚

积极引导和支持中心城区优质教育资源到奉贤区发展，通过建立教育联盟，开设名校分校、大学附中和附小，开办寄宿制学校等形式，继续提升奉贤区的总体教育水平；结合城乡医疗体制改革，扩大并强化三级医疗机构对奉贤医疗机构的资源纵向整合力度，提升奉贤区的医疗卫生水平。

（主要执笔人：郭爱军　罗海波　樊　星　陆丽萍　杨　畅）

专题八　金山区"十二五"发展规划思路研究

"十二五"时期,金山区发展面临着较为复杂的外部环境,区域发展的机遇和挑战并存。金山区要抓住后金融危机时代全球经济格局调整以及中国加快经济发展方式转变的历史性机遇,充分把握长三角一体化和上海城市建设重心转移的趋势,利用其土地、人口、产业等后发优势,创新发展理念和模式,加快产业结构升级调整,加快新型城镇化发展步伐,实现区域经济的跨越式发展。

一、金山区"十一五"发展成效与面临的问题

金山区"十一五"期间经济平稳发展,产业结构调整有序推进,城乡建设取得新进展,为区域"十二五"时期深化发展打下了坚实的基础,但同时也在经济发展、城镇建设等方面还存在许多问题。

(一) 金山区"十一五"发展为"十二五"打下了坚实基础

"十一五"以来,金山区在区委、区政府的坚强领导下,贯彻落实科学发展观,解放思想、与时俱进,着力深化改革和扩大开放,全区经济结构调整成效明显,综合经济实力迈上新的台阶,各项社会事业协调发展,人民生活持续改善,进一步促进了社会和谐,卓有成效地推进了金山国民经济和社会各项事业的全面发展。

1. 经济保持了平稳较快发展,综合实力迈上了新的台阶

"十一五"以来,金山区经济保持了平稳较快的发展(参见表 9.1)。2010年实现地区生产总值 363.3 亿元,比"十五"期末增长 80.5%;完成工业总产值 1 113 亿元,同比增长 22%。2010 年全区实现财政总收入 96.8 亿元,比"十五"期末增长 68.88%。尤其是 2008 年以来,面对严峻复杂的外部经济环境,金山区把握全市加大建设投资与经济转型有利时机,积极采取应对措施,努力

解决发展中的矛盾和困难,确保国民经济在总体上保持健康有序发展。

表9.1　金山区近年来财政收入和GDP增长情况

年份	财政收入（亿元）	财政收入增长率(%)	GDP(亿元)	GDP增长率(%)	人均GDP（元）	人均GDP增长率(%)
2005	57.32	42.06	201.3	30.50	38 401	33.65
2006	66.62	16.22	254.5	26.20	48 680	26.77
2007	75.3	13.03	305.6	18.20	58 668	20.52
2008	76.6	1.73	311.8	2.10	60 112	2.46
2009	80.12	4.6	312.2	3.9		
2010	96.8	20.9	363.3	16.4		

2. 产业规模能级不断提高,结构调整取得积极成效

金山区积极贯彻中央宏观调控政策措施,加快实施产业结构调整,三次产业结构由“十五”期末的3.7：66.3：30调整到2010年的3.1：61.1：35.8（参见图9.1）。目前,金山区形成了以化工医药、机械电子、新型轻纺、汽车及零部件为主的先进制造业,以化工物流、现代商贸、休闲旅游业为重点的现代服务业和以现代农业园区为核心的现代农业取得长足发展。金山工业区的集中集聚效应不断增强,目前集聚了1家世界500强企业、4家中国驰名商标企业和13家国内行业龙头企业。从原先的“二三一”产业结构开始向二三产业融合、共同发展的健康格局转变,产业能级不断提升,经济发展质量明显提高。

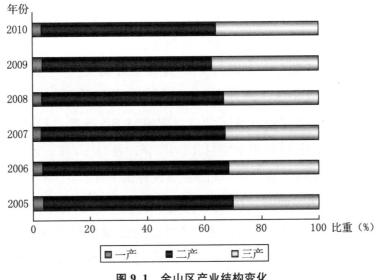

图9.1　金山区产业结构变化

3. 重大项目建设进展顺利，基础设施建设快速提升

长期以来，金山区十分重视基础设施建设和综合配套服务功能完善。自1997年撤县设区开始，金山区发展分别实施了大力发展朱泾镇区、加快推进金山新城以及"聚焦廊下"等重大举措，城镇体系建设逐步完善，形成了相对均衡的发展态势。在交通设施上，A4、A5、A6、A7等区域重要交通干线形成网络体系，铁路金山支线改建工程已基本完成启动前的各项准备工作，沪杭客运金山北站已进入规划论证和实施阶段，而杭州湾跨海大桥的建成更是把金山区"推"到了长三角的核心部位。重大项目推进上，2006年完成新金山国际幼稚园、高危化小企业环境治理、金山工业区35千伏变电站等项目。2007年完成了区政府公共服务中心、体育中心、海鸥大厦、城投大厦等重大项目。2008年以"四个一工程"为重点，加快推进基础性功能性项目建设。2009年加快推进120个重点产业项目启动和落地，年内完成杭州湾大道景观灯光绿化工程、工业区电信管道排管、220千伏合兴变电站出线工程等重点工程的建设。2010年，完成迎世博沪杭公路景观灯光工程、迎世博金山大道、松卫南路、A4杭浦高速入口绿化工程等重大工程。目前，枫泾南镇休闲度假区建设完成了整体规划设计；朱泾历史风貌区二期工程完成了动拆迁调查摸底等前期工作；重要区域景观绿化和主干道路两侧绿化建设有力推进；城市沙滩新建了游客咨询服务中心、戚家墩停车场、三星级公共厕所等一批配套设施；完成了金山第二工业区污水处理厂、廊下污水处理厂等建设工程以及枫泾污水处理厂等配套管网工程，全区污水处理能力进一步提升。

4. 生态环保实现新突破，"绿色金山"建设成效明显

"十一五"以来，金山区生态环境质量得到较好改善，实施第三轮环保三年行动计划和创建国家环保模范城区（简称"创模"）工作。第三轮环保三年行动计划共22项任务，其中重点建设项目12项，管理项目10项。2008年是第三轮环保三年行动计划的收官之年，全面完成任务的有19项，基本完成有1项，已开工并有形象性进展的有2项。"创模"工作所涉及的152项工作任务和97项重点工程正在有序推进，2007年12月已向国家环保总局正式递交创建申请文件。2007年建成了五一广场绿地、体育中心绿地等一批景观绿化。2008年与上海石化股份有限公司和上海化工区共同开展"三区"同创共建活

动。2009年全区环保资金投入12.11亿元,启动实施区第四轮环保三年行动计划。2010年全区环保资金投入13.34亿元,污染减排工作扎实推进,各项工程减排取得成效,不断改进环境质量。目前,金山城区绿化覆盖率已经达到37.03%,人均公共绿地达到18.37平方米,"绿色金山"建设取得了新突破。

5.民生建设开创新局面,社会和谐度不断得到提升

长期以来,金山区十分注重民生和社会和谐建设。近年来,民生支出占到总支出的一半以上,社区卫生服务综合改革进展顺利,城乡居民收入稳步提高,各项民生和社会稳定工作有序推进。一是城乡居民收入稳步提高。截至2010年底,城镇居民家庭人均年可支配收入达到26 520元,农村居民家庭人均年可支配收入达到12 495元,分别比"十五"期末增长59.55%与68.28%(参见图9.2)。二是积极落实促进就业各项扶持政策,着力解决就业问题,社会保险覆盖面进一步扩大。2010年共举办88场各类用工招聘会,发布招聘信息2 623条;积极落实市政府创业带动就业各项政策,扶持和帮助381家各类创业组织成功创业;完成职业技能培训7 185人,1 192名青年参加职业见习。2010年全年新增就业岗位25 343个,全区城镇登记失业人数6 175人。三是全面实行社区卫生服务综合改革,社区服务中心实行收支两条线和医保

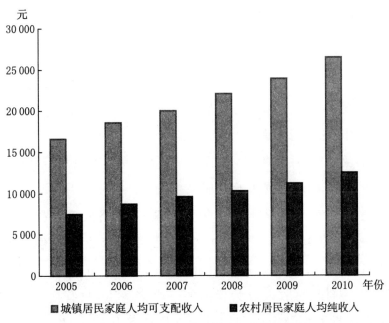

图9.2 金山区城乡居民收入保持较快增长

预付制管理,推进社区"户籍制预防保健服务"模式。四是加强区域教育内涵建设,围绕"提高城乡一体化水平,加速教育现代化步伐,建设充满智慧的金山教育"的发展目标,全面实施素质教育,促进学生全面发展,教育教学质量进一步提高。

6. 拥有区域后发的新优势,在下一轮发展中逐步显现

"十一五"时期,金山区发展所形成的土地、人口等后发优势在上海新一轮发展格局中逐步显现。一是丰富的土地资源将成为金山区最大的后发优势。金山区陆地总面积 586.05 平方公里,拥有 23.3 公里的杭州湾海岸线和金山三岛,土地资源丰富,区域"马路经济"痕迹相对较少,重新规划开发的空间和余地较大,是目前上海土地可利用量最大、土地储备最多的区域,也是上海商务成本最低的区域之一,有可能成为上海未来发展先进制造业的主要承载地以及未来资源和项目配置的重点区域。二是金山区"十二五"时期具有人口的后发效应,使其有可能成为上海国际大都市体系中的郊区次级中心城市之一。与上海远郊区县相比,金山区无论城镇化水平、户籍人口、外来人口、人口密度等指标都处于较低水平,城镇化发展空间较大。

(二)金山区"十二五"发展需要破解的主要问题和瓶颈

金山区在上一轮发展中取得了巨大成就。但应该看到,当前金山区经济许多指标在全市仍然处于落后地位,尤其是长期以来农业大区的发展定位以及重大化工项目、国际化工城的落地建设,使得整个金山区经济发展、工业化进程、城市化推进与上海城市整体发展出现部分脱节,在经济总量、产业结构、城镇建设等方面存在许多问题。

1. 经济总量偏小、质量不高,增长前"快"后"慢",无论规模还是速度都与周边区县的差距有所拉大,发展后劲明显不足

从总量上看(参见表9.2),2010 年金山区 GDP 略低于奉贤,但只有青浦的 62.15%、松江的 40.35%。其中,金山区第二产业增加值只有青浦的 62.87%、松江的 36.19%;第三产业增加值只有青浦的 58.59%、松江的 46.54%。金山区财政总收入仅为青浦的一半多一点,只有松江的 41.44%。金山区固定资产投资额及合同利用外资与周边区县相比,均居于最低水平。

外贸出口商品总额仅为青浦的 28.44%、松江的 4.54%。

表 9.2　2010 年金山区与周边区县主要社会经济指标的比较

指　　　标	金山	青浦	奉贤	松江	平湖	嘉善▼
GDP(亿元)	363.3	584.1	493.5	900.48	342.13	227.33
人均 GDP(户籍)(元)▼	60 351	113 515	82 714	135 316	70 390	59 437
第一产业增加值(亿元)	11.3	9	15.9	7.68	15.99	17.50
第二产业增加值(亿元)	222	353.1	320.6	613.48	219.06	133.53
第三产业增加值(亿元)	130	222	157.1	279.32	107.09	76.30
GDP 构成(%)	100	100	100	100	100	100
第一产业(%)	3.1	1.5	3.2	0.9	4.7	7.7
第二产业(%)	61.1	60.5	65.0	68.1	64.0	58.7
第三产业(%)	35.8	38.0	31.8	31.0	31.3	33.6
全年财政总收入(亿元)	96.85	188.7	127.23	233.7	51.64	33.38
固定资产投资额(亿元)	113.76	282.5	208.0	240.15	236.39	146.82
社会消费品零售总额(亿元)	213.8	250.5	250.8	292.16	88.49	75.08
合同利用外资(亿美元)	2.65	7.5	4.2	7.02	6.35	4.81
外贸出口商品总额(亿美元)	18.2	64	47.0	400.74	30.26	15.46
城镇居民人均可支配收入(元)	26 520	25 018	23 938	26 381	29 101	25 180
农村居民人均可支配收入(元)	12 495	12 900	13 180	14 126	14 293*	12 751*

注：* 表示农村居民人均纯收入；▼表示 2009 年数据。

从质量上看,金山区经济质量不够高,经济效益不够好,大企业、大项目对经济发展的支撑作用不明显。当前,金山工业园区亩均投入 160 万元,亩均产出 138 万元(净地),投入产出比为 1∶0.86;亩均税收 4.18 万元。最高的镇是 7.58 万元,最低的镇是 2.73 万元。同时,大企业、大项目引进成为区域经济发展的"短板"。截止到 2009 年 10 月,金山区规模以上企业年产值超过 10 亿元以上的企业只有 3 个;5 亿元以上的企业 8 个;1 亿元以上的 79 个。全部规模以上企业产值占到全部产值的 62.5%,低于周边其他区县的水平。

从增长率来看,金山区发展呈现出"前期快、后期慢"的态势。与奉贤、松江、青浦等周边区县相比,金山区 2000—2005 年的 GDP 增长仅次于松江区,固定资产投资完成额和社会消费品零售总额年均增长位列第一。但 2005—2010 年期间,金山区 GDP、财政收入、固定资产投资完成额以及社会消费品零售总额等各项经济发展指标全面落后周边其他区县,经济发展后劲明显不足。

2. 产业规模、能级和竞争力不够,集聚度不高,尚未建立与上海国际化大都市郊区实力和水平相匹配的产业体系

近几年,金山区产业经济在取得了较快的发展,但与上海现代化国际大都市郊区要求相比,还存在"小"、"重"、"低"等问题。

一是产业规模偏"小"。目前,金山区产业经济实力还不强,无论是制造业规模还是服务业规模,在相当长的一段时间内都还需要经历总量规模扩张的过程。2010 年,金山区 GDP、财政收入分别为 363.3 亿元和 96.85 亿元,均位列除崇明以外的郊区倒数第一位,GDP、财政收入占全市比重分别不足 1/40 和 1/30。以先进制造业为例,2010 年金山区工业总产值为 1 113 亿元,不足全市工业经济总量的 1/20,尚未发挥成为上海先进制造业主战场的地位,与浦东、金山、闵行、嘉定等先进制造业实力较强的地区存在较大的差距。

二是产业结构偏"重"。目前,金山区形成了以重化工为主导的产业体系,商贸、商务服务业已有相当基础,但不繁荣不繁华,新型业态发展不足,服务业无论在规模还是速度都在全市处于末端位置(除崇明外),与"上海西南门户"的地位与作用有很大的差距。2010 年金山区服务业增加值仅为 130 亿元(参见表 9.3),仅高于崇明。从增速看,2000—2010 年金山服务业由 29.7 亿元提高到 130 亿元,为 2000 年的 4.38 倍,低于奉贤的 5.49,仅高于崇明。

表 9.3　金山区服务业与市郊各区县及周边地区比较

地　区	服务业增加值		
	2010 年①	2000 年②	①/②
金　山	130	29.7	4.38
宝　山	350.22	57.4	6.10
青　浦	222	41.2	5.39
嘉　定	278	52.4	5.31
奉　贤	157.1	28.6	5.49
闵　行	476.57	74.3	6.41
崇　明	67.2	20.4	3.29

三是产业能级偏"低"。金山区除农业凭借丰富的农业资源和土地储备优势在郊区具有显著优势(金山是上海仅次于崇明的农业资源大区)外,处于优

势地位的产业大多属于传统领域,与全市大力发展先进制造业、现代服务业的产业导向存在差距。从统计中类看,2010 年制造业内部只有纺织服装、鞋、帽制造业和纺织业两个传统行业占全市行业比重超过了 10%;高新技术企业产值仅占全区规模以上工业总产值的 14.54%(重新认定后),与全市 23.2% 的平均水平差距甚远。服务业内部也主要批发零售为主,而体现高端特征的现代物流、研发、总部、信息服务等生产性服务业发展明显滞后。

四是产业布局偏"散"。金山工业区虽已经开始形成较为清晰的产业定位和布局,但由于缺乏严格的控制准入标准,有效推进工业园区集约用地的难度较大。同时,缺乏起引领作用的大项目和大企业,工业区内部的产业集聚度、关联度仍然不够高,产业集群和产业链的建设水平还较为落后,土地产出水平相对较低,这反过来又影响到工业园区功能定位的实现以及园区品质的提升,产业布局仍然呈现出"小集中、大分散"的特点,块状经济的痕迹非常明显,产业定位和布局没有得到更好的整合和优化。从开发区主导产业集聚度看,金山工业区产业集聚度仅为 34%,与国家级开发区平均水平 88%(张江、漕河泾分别为 99% 和 95%)和市级开发区平均水平 84%(松江工业区、嘉定工业区分别为 91% 和 80%)相比还有很大差距。

五是产业环境偏"差",主要表现在政策环境、生态环境、体制环境等方面。一是生态环境方面,由于传统"化工金山"的整体定位以及区域环保基础体系有待改进,在一定程度上影响了人口、产业(特别是现代服务业和高端制造业)的集聚,影响了滨海城市的发展。随着石油化工产业的不断集聚,区域环保任务将更为艰巨。二是在政策环境方面,受郊区消费层次相对偏低、购买能力相对较弱等客观因素的制约,大型、高层次服务型企业入驻金山必然存在一定的市场风险,从而限制了优质服务型企业的进驻;反过来,大型优质服务业企业的缺失又影响了高层次人口的引入和整个服务业层次的提升。三是在体制环境方面,与两大化工基地联动发展的体制、机制尚待完善和加快实施。上海石化和上海化学工业区与金山区形成三个相对独立的经济实体,两大化工基地提高了金山在全国乃至世界的知名度,但由于深层次体制关系没有理顺,如税收落地、基础设施建设、环境保护、人才交流等,三者一直没有形成强有力的区域联合发展合力。

3. 金山新城定位不明、功能滞后，受"杭州湾环评"报告制约，城市功能和产业定位有待进一步调整

金山新城范围为金山卫镇、山阳镇的莘奉金高速公路以南行政辖区和石化街道的全部行政辖区，总面积为 80.66 平方米，2010 年人口规模 23 万人，远期 2020 年人口规模达 38 万人。经过八年的建设，金山新城已形成以海岸线为横线的化工产业带、以城市沙滩为主体的滨海旅游休闲区、以行政办公为主的办公商务区、以房地产业为主的居住区，以及以山阳、亭林为腹地的制造业和生产性服务业产业群。应该看到，金山新城与周边松江等新城还存在较大的发展落差。

一是新城功能定位有待进一步明确。虽然金山新城开发起步较早，但起初开发概念主要定位于建设卫星城，主要服务于上海石化。随着发展形势的变化，卫星城概念逐渐被新城概念所取代。现在上海郊区新城建设是一个中心概念，而不是主辅概念，这迫切需要进一步明确金山新城的功能定位。二是新城综合服务功能不强。在上一轮新城建设中，金山新城比较偏重于形态建设，大规模住宅及道路交通等公共配套设施建设力度较大，城市功能性设施和项目建设相对落后。特别是，目前新城区域内高档商业中心、文化设施、休闲娱乐等高品质配套设施还比较缺乏，高等级的商务楼宇、宾馆、会所等设施不足，影响了城市商务、商业、文化、居住等基本功能的形成。三是"化工金山"色彩过浓的城市形象。虽然金山新城十分注重滨海宜居生态环境建设，但由于受东西两大化工区的制约，多年形成的"化工金山"形象成为大多数人的第一印象，这导致金山新城很难吸引注重商务环境的高端服务业和注重生态环境的科技创新研发产业，也很难吸引高端人才集聚，直接影响了新城的人口导入，给城市未来可持续发展带来困难。四是国家环保部"杭州湾环评"的限制，金山新城与两大化工区之间要设置 3 公里的环境风险缓冲区，其中距化工区边界外 1 公里内居民实施搬迁（限制带）；1～2 公里区域为限制开发大型居民区、医院、学校等环境敏感目标（控制区）；2～3 公里区域不宜开发超过 3 000人的大型居民区（防范区）。这给金山新城城市定位和功能建设带来了新的挑战。五是产业与城市功能发展联动不够。金山新城与上海石化和上海化学工业区在空间上融为一体，但产业与城市发展出现脱钩，在体制机制、利益关系、

职能权限等方面缺乏权威的协调机构,在税收落地、基础设施建设、环境保护、人才交流等方面没有形成发展合力。六是城市海岸线开发空间不足。金山海岸线总长约23.3公里,除去两大化工区码头岸线外,属于金山区可利用开发的生活岸线所剩无几,这影响到城市沙滩的整体开发和滨海旅游业发展。

4. 城镇体系布局分散、规模偏小,集聚程度低和发展不平衡,缺乏层次清晰、功能合理的城镇结构

近年来,金山区小城镇迅速发展,城市化水平提升到2009年的62.96%,逐渐从区内近似封闭式发展模式转向融入上海全市发展的大格局之中。但同时,金山区城镇体系建设还面临着许多问题。

一是城镇规模小、分布散,集聚程度低,不利于服务业发展。目前,金山区经过撤并以后还有9个建制镇,总体发展规模小、水平低。从全镇人口来看,户籍人口超过5万的有朱泾、枫泾、亭林3个镇,张堰、廊下、漕泾3个镇约在3万人左右。从镇区面积来看,廊下镇仅1平方公里,张堰镇1.32平方公里,金山卫镇2.03平方公里,亭林、山阳、漕泾3个镇都不足4平方公里;只有朱泾镇达到11.9平方公里,枫泾镇9.73平方公里。从镇区人口来看,金山卫、枫泾、亭林、漕泾4个镇均不足3万人,朱泾镇超过5万人;镇区人口占全镇总人口比例高于50%的只有漕泾、朱泾2个镇;金山卫镇接近45%,枫泾、亭林、吕巷3个镇约为30%左右,廊下、张堰、山阳3个镇均低于30%。从镇区就业人员占比来看,高于50%的只有朱泾、漕泾2个镇;吕巷、张堰、枫泾、亭林、山阳介于30%~40%之间,金山卫镇仅为22.27%。

二是城镇体系发展不平衡、结构欠合理,"南强北弱"态势较为明显。与周边区县相关镇比较,金山区城镇体系发展不平衡,结构欠合理。从城镇化率来看,南部各镇大多高于58%;北部除朱泾镇外,大多低于48%,与青浦、奉贤、松江毗邻诸镇相似,但普遍高于平湖、嘉善的各毗邻镇。从经济指标来看,金山、青浦、奉贤、松江各镇的GDP总量大多高于平湖、嘉善各毗邻镇。但金山区各镇的GDP总量差距大于奉贤、松江各毗邻镇之间的差距,且内部呈现"南高北低"、"南强北弱"的现象。同时,金山区城镇体系结构包含新城、新市镇、农村社区、中心村等层次,其中农村社区(指在乡镇撤并过程中被撤并掉的原有乡镇驻地)定位较为模糊,削弱了周边新市镇或中心村的发展集聚程度。

三是城镇产业结构单一,经济基础较为薄弱。由于金山区工业化起步晚、进展慢,加之石化与地方政府之间的体制性矛盾长期未能得到有效整合,导致工业化和城镇化进程的联动效应未能充分发挥。目前,金山各镇产业结构比较单一(参见表9.4),2009年第二产业所占比重均高于59.2%,枫泾镇达到80.18%,张堰镇高达86.76%,而第三产业和第一产业均较为落后;各镇经济基础薄弱,外商投资偏少,土地财政收入亦少。金山区年土地财政收入仅为2～3亿元,不足松江区的1/10。区内交通网络虽然较为发达,但与市中心区的关联程度较弱,受市中心的辐射较弱,户籍人口尚处于逐年减少的状态之中。

表9.4　2009年金山区各城镇三次产业比重结构(%)

城　镇	第一产业比重	第二产业比重	第三产业比重
吕　巷	8.29	72.30	19.41
廊　下	6.03	73.85	20.12
张　堰	2.22	86.76	11.02
金山卫	3.47	66.90	29.63
枫　泾	2.34	80.18	17.48
亭　林	4.39	73.21	22.40
工业区	1.71	84.00	14.29
漕　泾	7.51	72.24	20.24
山　阳	1.94	60.34	37.72
朱　泾	4.03	59.47	36.50

5. 金山区缺乏多元化城市快速交通联结,内部交通组织有待完善,对外交通的"通道经济"尚未真正形成

随着杭州湾大桥、沪杭高铁、A4、A6、A15、A30等重大基础设施推进,金山区在长三角交通体系中由"边角"向"前沿",内部骨干公路网也基本形成,但在整体上还存在许多问题。一是融入区域交通发展存在"短板",连接松江、奉贤以及浙江平湖、嘉善之间还存在一定数量的断头路。由于路网规划、分段建设时序等原因,金山在规划骨干路网中的区间连接通道和省界连接通道尚未全部打通,难以凸显金山在长三角地区的区位交通优势。二是承接市中心区域辐射,地面干线公路效应不突出。"八纵八横"骨干公路网络形成后,高速公路基本覆盖各镇区。但承担日常主要通道功能的常规地面道路发展不均衡,

区域之间、区市之间的骨干地面道路尚待优化和完善，干线公路承接市中心区辐射带动沿途产业发展的效应未充分凸显。三是缺乏城市快速交通体系，金山铁路支线（22号线）、沪杭客运专线建设正在进行之中，轨道交通9号线延伸尚在论证，铁路站点与周边地区沟通的道路设施建设还有待完善。四是枢纽站点和功能节点的开发建设不够，"通道经济"发展起步晚。杭州湾大桥、沪杭高铁的开通拉近了金山与上海中心城区、浙东等地区的距离，但金山目前还缺乏集聚能力强的枢纽站点和功能节点，从而仅仅成为一个要素资源"穿肠而去"的过境地区。五是区域道路交通功能布局需进一步优化。目前区域公路网络中，部分地区公路布局还不能适应该地区的经济社会发展需求，部分公路流量、拥挤度等评价指标偏高，道路交通安全保障等方面需进一步完善。六是金山与市区的高速收费偏高，"60块钱的高速费影响了600平方公里的金山的发展，结果导致金山难以融入整个上海的6 000平方公里"，直接影响到金山区的投资环境。

二、金山区"十二五"发展阶段与发展目标

金山区"十一五"期间在经济、社会、文化、城市建设等领域取得了显著的成绩，但在发展中还面临着诸多的问题。金山区要科学判断当前自身所处的发展阶段，准确定位，加快经济发展。

（一）发展阶段

作为上海的远郊区和历史上的农业大区，金山区经济发展相对滞后有其客观必然性，与其所处的特定发展阶段密切相关。自1997年撤县建区以来，金山区发展大致经历了三个时期。一是基础夯实期（1997—2002年）。随着东南亚经济危机的爆发，金山区根据"平稳过渡、有所进展"工作方针，较好地完成了建区任务，为经济社会发展打下了基础。二是快速发展期（2003—2005年）。由于宏观经济环境向好，金山依靠投资拉动进入快速增长阶段，到2005年增加值同比增幅达到33.2%，顺利实现了"三年翻一番"。三是回落调整期（2006年以来）。受国家宏观调控和国际金融危机等多重因素的影响，金

山经历了连续三年的调整,各项经济指标增长较慢,经济发展已经步入谷底,经济发展面临着许多问题和挑战。经过十余年来的发展,金山区整体发展取得了巨大的成效,经济发展迈上了新台阶。根据钱纳里人均经济总量与经济发展阶段的关系判断,目前金山区人均 GDP 达到 8 661 美元,已处于工业化中期向中高期过渡阶段。但与周边区域相比,现阶段金山发展还呈现出"三个不适应"的阶段性特征。

1. 工业化进程与城镇化发展的不适应

一是金山区工业化水平滞后于全市发展水平。根据钱纳里人均经济总量与经济发展阶段的关系,工业化中高级阶段人均 GDP(2008 年美元)为 6 600～12 000 美元,2010 年金山区人均 GDP 远远落后于松江和青浦等远郊区县,也低于全市的平均水平。因此,金山区在整体上还处于工业化中期向中高期过渡阶段,基本与长三角周边城镇水平保持一致,落后于上海市"后工业化"初期的整体发展水平。正是由于工业化进程的"慢一拍",导致金山区与上海整体在产业发展、城市化进程、项目引进等方面出现明显的脱位,从而游离于上海城市的整体发展战略,丧失了上一轮外资驱动、土地财政等带来的发展机遇,这也就造成了金山区目前发展的滞后性。但应该看到,正是这个"洼地"效应,使得金山区在新一轮发展中具有明显的后发优势,为实现金山区"十二五"时期实现"经济发展赶超战略"打下了基础。

二是金山区城镇化进程落后于工业化水平,导致二元经济社会结构特征明显。目前,金山区总体上已经步入工业化中期向中高期过渡阶段,在这一时期工业化成为城镇化发展的主要动力,工业化与城镇化进程应呈现明显的互动协调发展关系。根据钱纳里工业化与城镇化的一般变动模式(参见表 9.5),当前金山区 59.69% 的城镇化率低于其工业化水平所对应的城镇化水平。此外,根据世界经济和城镇化的发展经验,当城镇化与工业化、非农化处于联动发展和关系协调状态时,IU 比(即工业化率与城镇化率之比)大致为 0.5,NU 比(即非农化率与城镇化率之比)大致为 1.2 左右。然而,目前金山区的 IU 比约为 1.4,NU 比约为 2.4,两者均明显大于正常状态值。城镇化发展的相对滞后,导致了金山区未能充分把握住上海上一轮依托房地产开发和土地财政的发展机遇,而背上较为沉重的财政负债。

表 9.5 钱纳里工业化与城镇化的一般变动模式

级次	人均 GDP(美元)		GDP 结构变化(%)		城镇化水平(%)
	1964 年	2008 年	制造业	非农产业	
1	70	420	12.5	47.8	12.8
2	200	1 200	21.5	67.3	36.2
3	300	1 800	25.1	73.4	43.9
4	400	2 400	27.6	77.2	49.0
5	800	4 800	33.1	84.4	60.1
6	1 500	9 000	37.9	87.3	65.8
金山	—	8 661	60.0	92.8	59.69

注:1964 年美元与 2008 年美元根据美国 GDP 平减指数,换算因子近似值取 6。

2. 均衡化发展与极化发展要求的不适应

改革开放以来,金山区在特大型企业和卫星城建设驱动下,通过联合建政、区镇调整,全区发展呈现出了全面铺开的局面。各个小城镇迅速发展,与新城建设同步启动,各镇区不同类型的工业园区普遍开始"村村冒烟"、"处处点火",呈现出初等水平的均衡发展态势,发展过于分散、重心不明确,导致区域经济的增长极不明确。例如,朱泾作为曾经的金山县人民政府的所在地,发展基础较好;但随着新成立的金山区人民政府设于金山卫镇,大量基础设施建设和项目投资的南移,朱泾发展受到一定限制,错失了土地开发、房地产、商贸、现代服务业等行业的发展良机。而为推动朱泾持续发展,又将原新农镇合并进来。2006 年随着"聚焦廊下"战略的实施,金山区将发展重心又转移到中部廊下镇。应该看到,金山区自身发展水平和财政支持有限反过来又限制了均衡发展能级的提升。因此,发展重心不突出和区域增长极培育不够在一定程度上是造成当前金山投资动力不足(参见图 9.3)、发展滞缓、效益不佳的重要原因。因此,金山区还处于工业化中期向中高期过渡阶段,尚未达到区域均衡发展的阶段,需要结合自身实际,明确重点区域与重大项目,通过极化发展来拉动固定资产投资,培育和壮大区域增长极,全面提升金山区的经济发展质量。

3. 内源性增长与外源发展需求的不适应

目前,金山区经济增长过多地依赖内在要素的推动,对外生拉动因素利用

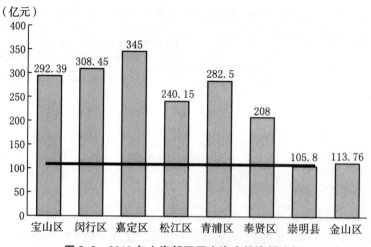

（亿元）

图9.3 2010年上海郊区固定资产投资额比较

不够（参见表9.6）。2010年,金山区外贸依存度仅为33.91,不仅远低于松江的301.26、青浦的74.17以及奉贤的66.47,而且也低于周边的平湖（59.87）和嘉善（46.04）;外贸出口商品总额仅为18.20亿美元,仅为松江的4.54%;合同利用外资仅为2.65亿美元,远低于松江（7.02亿美元）等地区。在整个金山发展历程中,围绕化工产业进行内源式扩张,国际化工城的形态建设和功能塑造取得了一定的效果,但总体功能并没有充分体现出来。首先,石油化工及其延伸产业在金山区并未发挥真正的主导作用,在全区工业经济中的比重还不高,化工医药产业仅占全区工业经济总量的20%左右,远低于机械电子产业的贡献率,导致与之紧密结合的化工装备、新型轻纺、电子信息等延伸产业也难以得到长足发展。其次,围绕石化等特大型企业实现与区域经济联动发展的内在动力机制并没有充分发挥,反而是"化工金山"形象一定程度上限制了注重商务环境的高端服务业和注重生态环境的科技创新研发产业的发展,也影响到高端人才的集聚和新城人口的导入,不利于城市可持续发展。

表9.6 2010年合同利用外资与外贸出口商品总额

	金山	青浦	奉贤	松江	平湖	嘉善
合同利用外资（亿美元）	2.65	7.5	4.2	7.02	6.35	4.81
外贸出口商品总额（亿美元）	18.2	64	47.0	400.74	30.26	15.46
外贸依存度	33.91	74.17	66.47	301.26	59.87	46.04

注:外贸依存度＝外贸出口商品总额×汇率/GDP。

因此,金山区外源式增长机制的缺乏,导致其在上一轮发展中依托外资带动区域经济发展的战略机遇,而内生增长出现与区域发展的脱节,制约了金山区的发展速度。"十二五"时期,金山区在发展理念上要由以一己之力、单兵突进为主的发展向融入全市、长三角乃至世界转变,吸引世界著名化工企业、国内化工集团以及民营企业总部落户金山,打造上海对接和辐射长三角南翼现代商务商贸集聚新高地,实现运用内力、借助外力共同推进区域经济增长方式的转变。

(二)发展动力

目前金山区处于工业化中期向中高期过渡阶段,整体发展水平落后于上海市和周边区县的发展水平,城镇化发展相对滞后。"十二五"时期,金山区发展面临着许多战略性机遇,也面临着来自周边其他区县快速发展的竞争压力,金山区发展不进则退。因此,金山要根据目前所处的阶段特点,实施"跨越式发展"战略,培育新的发展动力,破解发展过程中面临的问题和瓶颈,尽快实现区域经济发展的赶超。

1. "十二五"时期是金山区加快实现跨越式发展的关键期

一是金山区"十二五"时期将面临城镇化快速推进的客观要求。从城市发展演变的规律来看,城镇化率达到60%左右将是一个地区城镇化发展的关键时期,农村地区人口不断向外转移,外来人口迁入不断增加,但金山区并未能提供足够的功能支撑。因此,金山区"十二五"时期要适应上海城市空间布局调整要求,借沪杭高速铁路和虹桥综合枢纽的建设契机,拓展城镇化空间和提升城镇化水平。

二是金山区"十二五"期间存在产业结构优化提升的内在需要。从国际经验来看,一个地区在人均 GDP 突破 5 000 美元后,工业经济结构升级步伐加快,服务业拉动作用将进一步增强。截止到 2009 年,金山的人均 GDP 已接近9 000 美元,但产业发展滞后。这就要求金山区积极对接长三角、吸引国内外要素资源,促进产业结构升级,通过枫泾国际商务集聚区、沪杭客运金山北站周边开发等载体建设,改变目前服务业比重偏低的现状,提升区域产业结构和扩大产业规模。

三是"十二五"时期将是金山区加快推进城乡统筹的重要时期。近年来，金山区在统筹城乡发展上取得较好效果，社会和谐度不断提升。但随着金山新城、新市镇建设的深入推进，如果不加快推进城乡统筹，金山区城乡之间将会出现发展"断层"，部分地域之间、人群之间的矛盾可能爆发甚至加剧。因此，"十二五"时期金山区要将加快推进城乡统筹摆在突出位置，积极推进宅基地置换试点，促进漕泾等地农村人口居住相对集中；积极开展农村集体建设用地流转试点工作，发展农家乐等农业旅游项目，推进农业"接二连三"发展。继续推进农村道路危桥、村庄、农户危旧房改造，改善农村生产生活条件。

四是金山区文化旅游发展将成为"十二五"时期城镇建设的重要内容。对文化旅游元素进行挖掘、培育、整合、开发是一个地区在竞争中突出个性、彰显特色、标志区别的根本途径，是提升城市能级、营造城市氛围、促进产业融合的有力抓手。金山区拥有枫泾镇、朱泾东林街、秦望山旅游度假区、查山旅游区、海岸景观线、金山三岛等文化旅游资源，要抓住"十二五"期间城镇化带来的居民文化需求增长的契机，打造金山传统与现代、自然与人文交相辉映的文化旅游高地。

2. 推进"三个并举"是金山区"十二五"时期发展的重要动力

"十二五"时期，金山区要实现赶超式发展战略，必须充分把握当前的客观发展阶段，充分考虑区域实际，针对当前金山区发展的三个"不适应"，在"十二五"期间要以"工业化和城镇化并举"、"内生增长和外生拉动并举"、"极化和均衡发展并举"为发展动力，存量提升和增量引进相结合，谋划新城发展、城镇体系、产业调整、空间布局、农村地区全面融合的总体发展格局，以推进新城建设、优化城镇体系、建设大型现代商务集聚区、发展大型居住社区等为抓手，主动承接全市重大产业项目、重大基础设施、优质社会事业资源向金山新城及城镇化快速推进地区转移，承接中心城区人口疏解和外来人口导入。同时，提升发展精细化工业引领环杭州湾化工产业带，规模发展生物制药、汽车制造、电子信息等产业，突破发展现代商务商业、旅游休闲、房地产业，提高金山美誉度，打造上海对接和服务长三角的西南门户，营造良好的商务环境氛围、人居氛围、投资氛围，构建特色鲜明、功能完善、布局合理、产业联动的区域型、功能型、生态型的现代化城镇体系。

一是推进"三个并举"符合金山融入长三角一体化发展大格局的要求。随着虹桥交通枢纽以及沪杭高铁的建设推进,长三角大交通格局发生重大变化(参见表9.7),沪杭之间进入"同城"时代。当前,嘉兴等地长三角周边城市功能提升显著,青浦新城、松江新城建设快速推进,对金山区发展构成了一定挑战。对于同处在沪杭沿线的金山而言,以现有城镇的规模和能级,还不足以吸引沪杭之间的人员、资金、信息等要素在金山区大规模驻留、扩散。为避免在长三角新一轮城市竞争中被边缘化的危险,巩固金山区在沪杭之间重要节点的地位,迫切需要通过外源增长和极化发展,在金山区北部区域打造一个高能级的新市镇,提升金山区在上海西南部城镇体系中的地位和功能。

表9.7 金山区周边新城功能定位及发展状况

	嘉善城市新区 (以及大云镇)	松江新城交通枢纽区	昆山花桥国际商务城
距离虹桥枢纽的时间	16分钟	6分钟	10分钟
与中心城距离	嘉善县中心10公里,嘉善城市新区中心1.5公里	贴近松江新城南片城区南侧边缘	昆山市中心13公里
优势资源	1. 嘉善西塘古镇4A级旅游景区; 2. 大云镇生态休闲旅游区; 3. 将建快速通道与县城相连,并开设公交专线。	1. 松江大学城教育资源; 2. 铁路枢纽资源优势,是"四主三辅"中的次枢纽站,轨道交通9号线和沪杭客运专线零距离换乘,还规划有长途客运站和公交枢纽中心和约4万平方米的社会停车场; 3. 松江老城文化旅游资源。	1. 上海轨道交通11号线、沪宁城际铁路花桥站、京沪高速铁路昆山站等交通资源; 2. 依托昆山雄厚的制造业基础; 3. 江苏省级开发区的政策资源优势。
开发规模	用地24.46平方公里	用地1平方公里	人口30~35万
形象定位	"工作在上海、休闲在嘉善"水乡新城、生态绿城、都市卧城	松江新城新区的北大门有品位、有特色的形象工程	江苏省未来三大商务中心之一,长三角地区具有竞争力的现代服务业示范区,上海经济圈内以商务服务为核心功能的国际化、生态型的综合性城市
功能构成	商务办公(中央商务区)、行政管理、文化体育、现代物流、居住	交通中心(含城市轨道交通)、旅馆酒店、商务办公、居住小区、商务公寓	区域总部基地、服务外包基地、海峡两岸商务合作区(现代物流基地)

二是推进"三个并举"符合金山区对接上海未来城市发展中心转移的战略要求。"十二五"时期，随着世博会的结束，上海城市建设的重心将逐步从中心城区转向郊区转移，城市空间布局将进行进一步优化调整，形成沿轴向发展的一核、两带、多中心的上海市域城市群。在此格局中，需要打造若干综合性节点城市，以形成对中心城区的反磁力作用，成为承接中心城区的人口导入与功能分担的重要载体。根据市委、市政府的要求，金山区通过金山新城和新市镇建设和产业功能完善，打造上海西南部郊区新型城镇体系，全面提升区域整体工业化和城镇化水平，为率先实现城乡一体化创造契机。

三是推进"三个并举"符合上海加快服务经济和三次产业融合发展的要求。"十二五"时期将是上海服务经济发展的关键时期。由于金山区在上一轮发展中工业化滞后、基础薄弱，迫切需要通过实行"三个并举"引进外生变量来培育新的发展动力，通过极化发展来打造区域新的增长极，促进三次产业的融合和服务经济的发展。其中，引进国内外高端要素资源、延伸产业链，集聚发展精细化工、汽车及零部件、机械电子、食品加工、新型纺织品等传统产业，聚焦新能源、新材料、生物医药、海洋工程装备等高新技术产业；主动对接杭州湾乃至长三角地区的企业，加快房地产业、现代商贸、商务办公等产业发展，形成化工专业物流和化工特色鲜明的总部经济，不断做大生产性服务业。依托区域人流的导入，整合旅游资源，加快旅游业发展。

四是推进"三个并举"有利于金山区加快解决现阶段面临的发展瓶颈和问题。当前，金山区在发展中面临经济总量不大、产业能级偏低、城镇化分散等问题，而推进"三个并举"正是推动上述问题加快解决的最大动力。首先，促进工业化与城镇化并举有利于推进金山城镇建设与产业布局相结合，解决城镇发展规模偏小、产业功能不强等问题。其次，内生增长与外源发展并举有利于解决金山区产业和城镇发展的能级不高、动力不足问题，尤其是通过引进外生变量来促进产业结构升级和经济发展方式转变。再次，在培育区域增长极的同时，强调均衡发展，有利于促进城乡统筹，带动金山农村地区的人口进入城镇化地区，有助于平衡农村地区与城镇地区的发展差距。

(三) 发展目标

"十二五"时期,金山区应以科学发展观为统领,统筹区域的发展环境、基础条件和阶段特点,结合上海城市发展转型要求,创新发展理念和发展模式,以"工业化和城镇化并举"、"内生增长和外生拉动并举"、"极化和均衡发展并举"为发展动力,以建设产业能级强大、要素资源集聚、基础设施完善、公共服务充分、城市管理有序、文化特色鲜明的郊区"组团"式城镇体系为抓手,加快商务、商业、文化、居住、休闲、娱乐、观光等多元功能塑造;全力塑造金山新形象,促进经济实力显著提升、产业结构更加合理、空间结构日趋优化、生态环境逐步改善、社会文化全面进步;成为上海对接和服务长三角的桥头堡、长三角磁力商务中心、创业研发重要基地、低碳经济发展示范区、文化旅游新胜地以及智力居住板块,成为充分展示上海国际性大都市郊区实力、体现全球城市建设水平的现代化大都市新郊区。

1. 打造对接和服务长三角的桥头堡

依托金山区位于沪杭发展轴、沿海经济带、环杭州湾产业带交汇的区位优势,以打造上海对接和服务长三角的桥头堡为目标,依托虹桥综合交通枢纽建设机遇,抓住金山区产业迅猛发展带来的商务办公、贸易咨询、金融信贷等服务业需求,重点吸引面向长三角的国内外企业总部及贸易机构、虹桥国际商务区内跨国企业及国内大企业的分支机构、金山区内商务办公总部等商务组织,形成上海西南部辐射长三角的商务磁力中心。

2. 打造南北呼应的城镇结构

借鉴国际大都市开发经验,加快组团式城镇开发,形成层次清晰、布局合理、功能互补的城镇体系。金山新城要以"滨海金山"为依托,立足依托两大化工基地,加强产业结构升级调整,注重生态环境保护和发展绿色工业,以国际化工产品交易采购、化工物流交易等生产性服务业为抓手,成为环杭州湾以及上海临海产业带发展上的重要节点,打造现代化的功能型、产业型新城。金山北部要加强科学论证,突破传统城镇发展模式,按照新城规模和等级打造高能级的枫泾特色镇,以产业能级、人口规模、配套设施的提升和完善为重点,打造上海西南地区远郊 CBD,增强城市综合服务功能。

3. 打造上海自主创新的新基地

针对金山区民营科技型企业相对较多、跨国型企业少的特点，以"研发金山"、"创业金山"为目标，充分利用土地、成本、产业等综合优势，把握上海高校经过上一轮发展后科技成果丰硕但孵化基地缺乏的特点，吸引新兴产业、新兴技术发展相关的科研院所、大学等在金山集聚，吸引创新型企业落户金山创业，建立产学研机制，建立高校科研创业服务平台。促进国际化工产业基地战略升级的同时，形成立足石化等重点企业，吸引面向全国、联系海外的化工研发设计总部，通过科技进步促进产业和整个区域的繁荣发展，将建设科技型城区作为金山区"十二五"发展的突破口。

4. 打造低碳经济发展示范区

突出发展重点和加强产业集聚，发展以"绿色工业"、"低碳农业"为标志、以生产性服务业为特色的新型产业体系，争取成为市级"低碳经济"和"循环经济"示范区。推进节能减排工作，试点低能耗、低污染、低排放的经济社会运行模式，建设生态环境良性循环、城乡环境整洁优美、人与自然和谐共处的低碳新区。在推进大规模、高品位、布局合理、设计新颖的绿化建设的同时，初步建立游憩功能完善、通过绿道衔接的各类大型公共绿地网，开辟既能亲近自然又能休闲娱乐的新型公共活动空间。

5. 打造文化旅游发展的新高地

以"人文金山"为目标，重塑金山形象，挖掘区域历史文化积淀，打造上海文化旅游的新地标。大力发展枫泾古镇、现代农业、宗教资源等联动的文化旅游业，重点打造上海历史文化旅游、农业生态旅游、休闲度假旅游、体育赛事旅游、节庆民俗旅游的旅游品牌，打造文化创意产业发展的乐土，塑造人性化、情调化、生活艺术化的区域文化形象。积极利用"世博之旅"目的地品牌效应，优化调整旅游规划布局，积极实施旅游产品多元化开发战略，使金山成为吸引上海中心城区和长三角周边地区居民休闲、度假、观光、览景的新胜地。以公共文化体系建设为抓手，建设与人口规模和人口素质相匹配的影剧院、演艺场、展览馆等文化设施，满足居民文化娱乐需求，形成上海西南公共文化中心。

6. 打造和谐宜居的新城区

以"宜居金山"为目标，加快金山北部城镇化建设，不断提升城市管理水平,形成布局合理、通畅便捷、路场配套的综合交通网,基础设施完备、生活配套齐全、周边环境优美的各类居住社区网,教育卫生文化体育等公共事业长足发展、养老医疗等社会保障制度不断完善的公共服务网,将金山区打造成为经济、社会、文化、环境协调发展,能满足居民物质和精神生活需求,适宜工作、生活和居住的高品质人居示范新城区现代化新型城区。

三、金山区"十二五"的发展思路及重大举措

下一阶段,金山区要紧紧围绕其战略目标,结合其所处的发展阶段,创新产业、城镇、交通等方面的发展思路,促进工业化和城镇化的协调推进,实现金山区经济社会的又快又好发展。

(一) 创新郊区城镇建设思路,推进新型城镇化步伐,加快构建"1158"城镇体系布局

近年来,长三角整体加速发展,区域基础设施明显改善,上海基础设施建设重心正向郊区转移,金山区要抓住这一历史机遇,加快构建"1158"城镇体系(1个新城、1个特色城镇、5个新市镇、80个左右中心村)。其中,要以金山新城、枫泾特色镇和其他新市镇的"城镇联动"为动力,以工业化和城镇化的高度融合为导向,以城镇发展与生态环境和谐共生为目标,依托亭枫和亭卫两条道路形成区域经济发展轴,依托金山廊下基本农田示范区、特色现代农业基地、生态保育区和金奉生态走廊形成区域中部生态绿核,形成"城镇联动、双轴发展、绿心聚核、多点均衡"的总体布局结构,形成各具特色、多点均衡、开放式发展格局。

1. 以深化功能建设为重点,加快金山新城建设步伐

经过多年开发,金山新城的城市形态也已初具轮廓。受杭州湾环评影响,以"收缩两翼,适度向北发展;完善功能,提高环境质量"为原则,以目前规划范围为基础,统筹整合石化街道、金山卫镇、漕泾镇、山阳镇为金山新城,创新郊区新城建设思路,加快铁路支线金山新城枢纽站、国际沙滩排球场改建、海滨浴场圈围等项目建设,从基础设施投资转向功能建设,打造滨海型、产业型的

现代化金山新城。2020 年规划人口为 30 万人,人口向新城适度集中,居住区主要集中在金山大道以北、龙泉港以西地区,而金山大道以南地区主要发展商贸、办公和旅游业,建成具有花园特色的现代化滨海城市。一是优化调整新城功能。要综合考虑杭州湾环评影响,体现滨海特色,调整新城功能,居住功能适当北移,依托滨海岸线优势,重点推进金山新城空间拓展与重大功能载体建设,率先转变成为集商务商业、行政办公、文化教育、旅游休闲等于一体的功能型新城。二是依托东西"两翼"化工园区,加快功能结构转型,推进产城融合,为金山新城发展提供有力支撑。重点发展石油化工及下游产品、精细化工及有机化学新材料等绿色化学产业,配套发展化工装备、化工物流、专业交易市场、仓储运输、化工检维修、化工研发等产业链和企业集群,加大商务、研发、商业用地比例,建设化工和高新技术产业集聚、高素质人才汇集、商务贸易发达、科技研发领跑的国际化产业新城。

2. 深化发展特色,打造高能级的枫泾特色镇

枫泾特色镇定位于长三角区域综合性节点城市和上海西南门户,是重要的商务功能集聚区和国家历史文化名镇,是按照新城规模和等级要求而进行规划建设的特色镇。作为金山区未来的人口导入区,枫泾特色镇 2015 年规划人口规模为 20 万人,2020 年达到 35 万人口。重点要加强与新城功能组合,强化国家级历史文化名镇形象,深入挖掘历史文化内涵,保护性开发枫泾古镇旅游区,高起点规划、高标准建设枫泾新镇区。在空间上,要形成以西侧新枫泾国际商务城核心区和东侧高铁商务核心区为"双核",以及西部以商务功能为主导、中部以先进制造功能为主导、东部以高铁站开发及综合功能为主的三个功能片区。要突出地域文化特色,要吸引长三角民营企业总部、大公司业务后台处理中心、跨国公司业务外包等资源,大力发展商贸服务、保税物流、总部办公、研发孵化、文化创意、旅游休闲、社会服务业,以汽车及零部件制造、新能源、食品加工业为重点,整合提升金山西部工业园区的整体功能,成为长三角南翼及上海西南重要的现代服务业集聚高地和新型制造业集聚区。

3. 加快新市镇建设,打造五大新市镇功能组团

首先,要发挥朱泾镇生态环境良好、文化底蕴深厚、配套设施完善等优势,导入市区以及长三角人口,远期规划人口达到 20 万人,成为"宜居金山"的重

要标志区域。其次,利用市郊铁路22号线建设机遇,在亭林新市镇发展现代商贸、物流等生产性服务业以及机械、新型合金材料加工、新型建筑装潢材料、服装等产业,承接市中心区及周边城镇的制造业转移,远期规划人口为12~15万人左右。再次,聚焦廊下新市镇建设,通过农业企业化、园区化和适度规模化经营,发展低碳农业、品牌农业和观光休闲农业,将廊下镇建设成为沪郊的农业产业化示范镇,吸引周边地区的人口向廊下镇集中。廊下镇规划人口规模为8~10万人左右。最后,以区域中部生态绿核为依托,以打造金山新城后花园为目标,加强居住功能建设,协调推进张堰、吕巷等新市镇建设,形成各具特色、多点均衡、开放式发展格局。

4. 以村落改造为重点,加快推进中心村规划建设

要以自然村落改造为重点,积极引导农村居民点集中,逐步推进80个左右中心村规划建设,每个中心村人口规模控制在2 000~3 000人左右。要将城镇建设与新农村建设相结合,加快兴塔、新农、松隐、干巷、钱圩等重点社区,从城乡空间布局、产业发展、生态环境、社会事业发展和基础设施等方面探索推进城乡一体化发展新模式,力争成为上海城乡统筹发展、破除城乡二元结构的改革示范区。

(二) 坚持"二、三、一"产业发展思路,突出发展重点和加强产业集聚,加快构建金山区新型产业体系

"十二五"时期,金山区要坚持从整体出发,立足于金山实际,坚持"二、三、一"发展思路,集约提升二产,加快发展三产,做优做强一产。尤其是要在现有的"6+4"产业定位基础上,结合金山的发展条件,进一步明确发展重点,形成聚焦,提高产业发展的针对性。

1. 强化产业集聚、技术创新和品牌培育,加快培育和发展以竞争优势为导向的新型制造业体系

以国别(地区)招商、产业链招商为重点,培育和发展以产业集聚和辐射为特征的电子信息产业。要抓住全球高新技术产业中最活跃、发展最快的电子信息产业面临重新洗牌和重新布局的机遇,建立电子信息产业招商专业机构队伍,加大对外招商力度。一是以国别(地区)招商为重点,设立"台商电子信

息产业园"。中国台湾是全球电子信息产业基地,要抓住其加速内迁的趋势,以引进台湾电子信息类客商为先导,形成金山对外招商的品牌效应,带动其他国别(地区)相关产业的集聚。二是以产业链招商为核心,带动产业集群式发展。在产业链各个环节上引进主业突出、核心竞争能力强、带动作用大的龙头企业和骨干企业,并围绕龙头企业做好上下游的产业配套,形成产业链招商中的品牌效应。其中,重点要大力发展包括软件、电子元器件、电子专用材料和电子专用设备等核心基础产业,以及智能化机器人等电子信息应用类产业,促进产业集群的形成;加快培育包括现代物流、咨询、检测、认证、产权交易、金融服务等配套产业支撑体系,带动电子信息零部件配套产业的集聚。

以技术创新、项目带动为抓手,巩固提升以汽车及零部件为重点的先进制造产业。一是重点以华普汽车为核心,抓住中国汽车市场赶超美国、成为全球第一大汽车销售市场的机遇,充分利用中央和上海推进新能源动力汽车的发展政策,建设国产汽车生产研发的新高地。其中,要进一步加强相关资源的集聚,发展面向中层收入的经济型轿车,努力形成以整车制造、发动机研发、新能源汽车为核心的汽车及零部件产业链。二是延伸化工产业链,发展绿色工业,构建精细化工、特种化工、精炼石油等产品,形成以精炼石油产品制造、精细化工产品、特种化工为核心的特色化工产业链。三是加快装备产业项目引进,依托金山工业区,发展石油化工设备、精细化工装置设备、加工成套设备、现代化工物流仓储装备、精密仪器、检测装备、动力设备等化工装备及其部件,太阳能、风能发电设备制造、核电设备、超导电网、智能电网设备等发电设备,海洋钻探设备、油气处理模块研发及制造、冷热交换器等海洋工程装备产业。

以政策引导、环境优化为手段,加快培育以新兴战略性为导向的高新高端产业。首先,发挥金山北部区域土地、成本等综合优势,吸引上海以及国内外高校、科研机构落户,搭建高校科研成果转化和创业平台,成为上海乃至全国高校研究成果转化以及研发、中试、成果产业化的新基地。其次,主动衔接全市九大高新技术产业化重点领域。以化工新材料为重点,发展高性能碳纤维、耐高温超长纤维、非金属电线电缆、新型纤维、新型合金材料、新型绿色建材等产业;以化工及生物医药为核心,发展高端化学原料药、生物诊断剂、疫苗及抗体类药物、精密医疗器械等产业;以环保应用技术为关键,大力发展城市垃圾处理产业,重点发展如大中型水污染治理,城市垃圾回收处理技术,资源综合利用和清洁,生产装备、自动、在线、连续环境检测设备等环保技术。

以扩大规模、品牌培育为重点,创新发展以食品加工业为代表的基础传统产业。要结合区域资源优势,重点要提升食品、纺织服装等产业的规模和能级。一是加快推进食品工业的集聚发展。结合金山区农业发展的综合优势,大力发展绿色食品饮料产业、天然休闲食品饮料产业,支持黄酒及其延伸产业向金山进一步集聚,形成产业集群和规模效应,打造国内最大的黄酒生产基地。二是注重高端纺织服装业的品牌培育。重点发展耐高温纤维、高性能纤维、多高功能纤维、智能化纤维等高端纺织品,发扬海派服装风格,加大服装加工制造的规模和效率,形成服装特点和品牌。

2. 促进产业融合、综合配套、资源整合,大力发展以生产和生活服务为导向的服务业体系

以工业园区为依托,发展以产业融合、服务配套为导向的生产性服务业。首先,依托两大化工园区,加强上海化学工业区物流产业园、上海化工品交易市场、"金石湾"上海化工生产性服务业集聚区、化工专业孵化器等平台建设,培育和发展与大化工等产业相配套的生产性服务业,重点发展化工专业物流,大力发展化工品展示交易、化工研发培训以及与化工产业相关的服务外包、服务贸易等产业,并利用环杭州湾重化工产业带集聚以及民营经济高度发达的优势,积极吸引世界著名的化工企业、国内化工集团总部以及民营企业总部落户金山。其次,在亭林、枫泾、漕泾等交通便利、贴近工业园区的区域,大力发展长三角商贸物流、化工品交易、汽车交易、纺织服装等专业交易市场,带动二三产业融合,促进生产性服务业发展。

以规划建设枫泾国际商务区为抓手,大力推进金山现代服务业发展。"十二五"时期,上海将进一步构建"核心 CBD-微型 CBD-远郊 CBD"体系,打造一批高等级的、强辐射的现代服务业集聚区。金山区要抓住机遇,积极借鉴花桥商务区的发展经验,以打造长三角商务磁力中心为目标,规划建设面向长三角的朱枫国际商务区。具体来说,近期要以承接中心城区辐射、集聚长三角资源要素为手段,以国内外汽车品牌研发、展示体验、交易金融等为带动,通过发展

服务外包、金融后台以及总部经济等模式,集聚跨国企业总部及分支机构、长三角民营企业、金山区企业等设立总部、地区总部以及分支机构,带动商务办公、会议展览、商贸物流、通讯信息、人才服务、贸易咨询、金融保险、休闲娱乐以及文化旅游等服务业的发展,弥补金山区服务业发展"短板"。

以加快城镇体系建设为带动,大力发展多层次、多能级的服务业体系。首先,要进一步完善金山新城的综合服务功能,大力发展总部经济、休闲观光、会务会展、商贸中介、社区商业等综合服务业体系,完善城市功能。其次,亭林镇要依托毗连工业园区的优势,大力发展面向长三角的配套性商贸物流等生产性服务业以及生活性服务业。同时,在其他新市镇建设过程中,要加强旅游、文化、商贸、休闲等资源整合力度,建立多层次、多能级的服务业体系。

3. 打造"低碳农业"、"品牌农业"和"园区农业",建设融生产、生活、生态、服务功能于一体的都市现代农业体系

在总体思路上,要以建设现代农业园区、优质稻米、优质蔬菜、优质瓜果、无公害生态养殖、种质种源繁育、休闲旅游等"一区六基地"为目标,发展依托并服务于大都市的都市现代型农业。

一是以打造"低碳增长"模式为抓手,建立上海"低碳农业发展示范区"。金山区要依托其农业基础良好的优势,切实转变农业发展方式,以低能耗、低污染和低排放为基础,建立有害投入品减量和替代模式、立体种养的节地模式、节水模式、节能模式、"三品"(无公害农产品、绿色食品、有机食品)基地模式、清洁能源模式、种养废弃物再利用模式、农产品加工废弃物循环利用模式、区域产业循环模式、农业观光休闲模式等"低碳农业"发展模式,构建种植业、养殖业、加工业、流通业之间的产业与市场良性大循环。

二是以农业品牌化和服务化为导向,大力发展农产品精深加工和农业旅游休闲延伸产业。首先,大力培育以上海亚太蔬菜有限公司(生鲜蔬菜、保鲜蔬菜)、上海鑫博海农副产品加工有限公司(净菜)、上海金山市场公司(肉类批发、豆制品批发)、舜地食品有限公司(冻干、热风干、速冻产品)等农业产业化企业为抓手,通过引导、扶持,农产品加工企业逐渐实现专业化分工,形成上海郊区品牌化农产品加工基地。其次,整合区域农业资源,加强旅游联动,以中华村农家乐、农村新天地为抓手,通过廊下荷花园、"月亮湾"水上观光、山塘村

民俗风情馆等载体建设,大力发展现代体验式农业旅游。

三是以金山现代农业园区建设为抓手,实现金山农业的"接二连三"。按照现代农业园区和建设新农村的功能定位,做强、做精种源农业、装备农业、特色农业、信息化农业,提升农业经济功能、生活功能、生态功能、服务功能。在产业上,要注重发挥农业"接二连三"的联动作用,着力发展以农产品精深加工为主的食品工业,大力发展融现代农业展示、农产品物流、农耕文化体验、新农村参观学习、学生学农实践和乡村休闲旅游为一体的现代农业服务和乡村休闲旅游业。在布局上,要加快构建"三区二带一基地"的发展格局,"三区"是指漕廊公路以北的种源农业示范区、漕廊公路以南的乡村休闲旅游区以及金勇路以西、漕廊公路以北的农产品加工区;"二带"是指金石路沿线的经济果林产业带,以及金廊公路沿线的优质蔬菜产业带;"一基地"是指万亩全程机械化粮食生产示范基地。

(三) 促进工业化和城镇化的进一步融合,实现金山产业与城镇体系的布局优化和协调发展

在总体上,要加快工业化与城镇化的融合发展,在工业化中推进城镇化,在城镇化中促进工业化,形成杭州湾沿线、亭卫发展轴和亭枫发展轴、滨海产业组团、廊下农业组团、亭卫工业组团、北部现代服务业组团等"一线、两轴、四组团"的发展模式。

1. 以金山新城"一城两翼"为载体,打造滨海沿线产业组团

要以完善金山滨海新城功能为重点,深化上海国际化工城建设内涵,形成"一城两翼"的发展格局。金山新城居住功能适度向张堰扩散,城区重点发展总部经济、休闲观光、会务会展、商贸中介、餐饮酒店、现代居住、社区商业等生产性和生活性服务业体系,构建适合创业、工作、休闲、居住的人文社区;在金山新城西翼,以金山第二工业区为载体,以精细化工为特色,以绿色工业为标志,对区内中小化工企业进行清理、整合和提升,重点发展石油化工及下游产品、精细化工及有机化学新材料等绿色化学产业;在金山新城东翼,以漕泾化工生产性服务园区为载体,配套发展化工物流、专业交易市场、仓储运输、化工检维修、化工研发等产业链和企业集群,形成绿色化学工业与服务大化工的生

产性服务业融合发展新格局,力争成为环杭州湾重化产业带中创新发展的示范引领区。

2. 以打造"枫泾国际商务区"为抓手,构建"亭枫发展轴"

结合金山北部枫泾特色镇的建设契机,以亭枫高速公路为发展轴线,依托工业园区和城镇片区,以自主品牌汽车贸易、旅游集散等产业为先导,重点发展现代商贸、展示会展、现代物流业、旅游、房地产业、信息服务业和社会服务业;加快产业结构升级,积极发展以整车制造业为特征的汽车及零部件产业、以品牌黄酒为代表的食品加工业以及轻工制造基地,为城市发展提供强大的产业支撑。

3. 以项目推动和结构升级为重点,完善"亭卫产业发展轴"

该轴线依托金山工业区和亭林工业区,随着金山铁路支线站点的确定,将亭林镇建设成为金山区接受中心城区和长三角辐射的门户城镇和浦南重镇,形成"园区—镇区"互补发展格局。一是依托金山工业区,建设"台商电子信息产业园",重点发展电子信息、轻工机械、机械电子、化工装备等先进制造业。二是依托金山工业区已有的医药原料、医药中间体、医药产业集群的基础,推动与张江生物医药基地的交流合作,并引导化工装备、新能源装备企业落户园区发展。三是以发展化工物流为带动,加快发展面向长三角地区的商贸物流业以及专业服务业,实现二、三产业的互动协调发展。四是在枫泾等交通便利的地方,建设"台资医疗机构集聚区",集聚台湾高端医疗机构资源,吸引松江等地台商前来就医,逐步形成面向国际的医疗、康体、疗养服务业,为集聚台湾电子信息产业创造条件。

4. 以城镇资源整合为核心,着力提升廊下都市农业组团

以廊下—吕巷—张堰(部分)为组团,打造产、销、工、科、旅一体化的"农业硅谷"。加快建设现代农业园,以优质稻米、优质蔬菜、优质瓜果、无公害生态养殖、种质种源繁育为重点,大力推进品牌农业建设。积极发展"农家乐"、"休闲农庄"等休闲观光农业和体验农业,积极推进传统农业园区向都市农业园区转型。大力发展农副产品精深加工业,促进农业增值、农村增效和农民增收。

（四）创新招商思路，建立新型投资促进体系，形成金山区的招商合力和招商网络

加大招商引资力度，对增大经济总量、调整产业结构和提高经济质量等具有十分重要的作用。"十二五"时期，要围绕产业发展重点，坚持"大小项目并举"、"内外资并举"、"二、三产业并举"、"存量升级和增量引进并举"的方针，创新招商思路和机制。

1. 突出产业发展重点，加强新兴产业的招商引资力度

参照苏州、昆山等地经验，创新思维，针对电子信息、新材料、生物医药等产业进行产业链招商，将技术密集、资本密集、基地型、旗舰型项目作为招商重点，并瞄准金融危机中逆势飞扬或受危机影响较小的500强企业、关联项目以及高成长性中小企业，引进位居产业核心地位的龙头项目，实现先进制造业与重点产业的快速发展。

2. 构建全区联合招商机制，培育一支专业化的招商队伍

整合招商机构，建立一支专业水平高、服务意识强的招商队伍。实行各街镇、各类园区等联合共同招商，提高项目审批效率和服务水平，采取"以外引外、以工带农"和"走出去、请进来"的招商方式，开展"协会招商、委托招商、服务招商、网上招商"等新的招商方法，在工业、农业等领域开展广泛招商，进一步加强招商引资的集聚效应。

3. 加强对金山区的形象包装，统一对外进行宣传推介

深入宣传金山交通区域格局优化调整与城市转型带来的重大机遇，淡化"化工金山"概念，对原化工城为主的整体形象进行重新包装。同时，积极推广沪杭客专金山北站配套设施、金山铁路支线改建、金山新城客运枢纽站等为代表重大投资载体的开发建设与招商引资，同时优化行政流程和效率，全面提升金山的投资环境与知名程度。

（五）加快金山区文化、旅游的资源整合，打造金山区文化旅游休闲发展的新胜地

1. 依托沪杭客运金山北站建设，打造江南旅游集散服务中心

围绕沪杭客运金山北站建设，发展集旅游集散、旅游咨询、旅游中转、旅游

管理、旅游中介、旅游电子商务、旅游设备租赁、餐饮饭店、特色商业、休闲娱乐等服务于一体的旅游休闲服务业。

2. 统筹规划现有的旅游资源，打造金山旅游环线

要以资源整合和线路优化为重点，构建"泛旅游"产业集群。在金山北部，依托枫泾古镇、东林禅寺等旅游资源，打造文化（古镇）旅游体系。加快中国农民画村文化产业园的建设步伐，放大"枫泾寻画"的综合效应，建设若干高档乡村会所和高星级度假宾馆，把百年桂花园建成自驾游生态型露营旅游基地，完成东林佛教文化街区二期工程。在金山中部，依托廊下现代农业园区和秦望山旅游区，发展生态休闲度假旅游系列。重点要依托良好的农业生态旅游基础，建设廊下乡村环形水上旅游线、吕巷万亩蟠桃果园、万亩生态林休闲旅游项目等，开发果园采摘、农业科普等"农家乐"项目。在金山南部，依托城市沙滩以及金山三岛开发，发展科技展示旅游、运动体验旅游系列。其中，重点要加快论证金山三岛旅游开发规划，建议进行国际招标，争取引进一个具有震撼力、引领型的海上旅游休闲项目，力争将其打造成为"滨海金山"旅游休闲的新地标。

3. 积极推进区域旅游合作，打造成长三角旅游目的地

深化与上海各区县和江浙两省的旅游合作，实现共享资源、互送客源。积极到杭州、宁波、台州、温州等地开展宣传和促销活动，开发面向浙江客源市场的二日游产品，将金山区将打造成长三角地区重要的旅游目的地。同时，抓住世博机遇，加强旅游品牌宣传推广，打造"世博农家"，开展金山民俗文化体验之旅，为境内外游客提供体验金山民间休闲文化的特色旅游产品，形成品牌效应。

（六）进一步完善区域内外路网体系，构建功能性、网络化、与市区有效对接的现代大交通体系

1. 加快沪杭客运专线金山北站配套项目建设

加快成毛公路建设，连接金山北站和320国道，为旅客出入金山北站带来便利。建设跨A8通道项目，解决金山北站与枫泾镇区的连同问题。

2. 进一步完善与中心城区的快速客运网络

建议加快轻轨建设，将轨道交通9号线由松江区延伸到金山，近期向南由

朱泾到枫泾;远期经由朱泾向东经亭林接入浦东客站,与轨道交通22号线、5号线、18号线以及21号线实现换乘,形成一条东西向线路。同时,加快金山支线的建设,并加快规划研究磁悬浮接入金山区。

3. 尽快开辟320国道复线项目,促进金山北部发展

针对320国道(枫泾—朱泾段)早晚高峰严重拥挤问题,建议对320国道进行扩容,以有效分离区域交通和省际交通。建议采用开辟320国道复线的方案,有利于发挥沪杭客运专线金山北站的作用,带动金山北部地区的快速发展,更好地服务于长三角经济发展。

4. 打通金山与松江、奉贤以及浙江等地的"断头路"

重点加快叶新公路、松卫南路、朱平公路、金廊公路、茸卫公路、奉朱公路等公路的规划建设,实现与周边区县的有效对接。从改善金山投资环境角度,积极争取取消金山至市区的高速收费。

(七) 加强城乡全面统筹,进一步促进金山城乡协调发展

金山区在加快城镇化建设过程中,城乡二元结构问题可能进一步显现,迫切需要加强城乡统筹发展,使金山区与其他郊区、本地人口与外来人口在经济社会发展差距缩小到合理范围内。

1. 以"两规合一"为契机,加快推进城乡发展规划,拓展区域发展空间

以"两规合一"为契机,从全市统筹和全区统筹的高度,把郊区和市区作为一个有机整体,在统一制定土地利用总体规划的基础上,明确分区功能定位,统一规划基本农田保护区、居民生活区、工业园区、商贸区、休闲区、生态涵养区等,使城乡发展能够互相衔接、互相促进。同时,全区的服务业、民政事业、文化事业、农业、公共交通等各专项规划也应充分考虑城乡统筹因素,逐步建立全面覆盖城乡的规划体系,实现有效集中发展,拓展空间。

2. 加快统筹金山区城乡基础设施建设

加快推进城乡公路和交通设施共建、联网、共享,重点加大"村村通"公交推进力度,稳步提高通达率,加快统筹城乡水环境治理、农村生活垃圾集中收集等环卫设施建设以及信息化基础设施建设。以农村化地区为重点,加大公共事业的投入力度,进一步完善农村医疗制度,加快金山农村公共文化基础设

施建设,建立基本公共服务均等化机制。

3. 改变郊区二元化社会管理体制,建立城乡统一的新型户籍管理制度

取消农业和非农业的户口性质划分,实行一元化户口登记制度。以全面推进居住证制度和房屋租赁管理制度为抓手,实行"外来人口全过程管理模式",在社会管理领域实现率先突破。

四、推动金山区"十二五"发展的若干保障性措施

(一)加快制定扶持金山区"十二五"发展"一揽子"政策

金山区在上海上一轮发展中做出了重大贡献,承担了化工建设、基本农田保护以及市级公共卫生中心等项目。目前,金山区发展已经落后于上海全市的发展进程,要从战略高度重视金山区的下一轮发展,制定"一揽子"扶持政策,助推金山区实现跨越式发展。

1. 城镇建设方面的扶持政策

建议市有关部门支持金山区依托沪杭客运金山北站建设,打造高能级的枫泾特色镇,并纳入上海郊区新一轮城镇规划体系;建议参照上海市大型居住社区政策,依托朱泾镇规划建设远郊大型功能型社区。

2. 产业发展方面的扶持政策

积极争取支持金山区产业集聚发展的相关政策。从市级层面积极协调推进金山区与华谊集团等上海国资企业、华普汽车等民营企业、漕河泾、浦东金桥等知名开发区的"联动",鼓励符合金山区发展的产业和企业转移到金山工业园区,形成开发区间的联姻。建议率先促进金山工业区与浦东张江生物医药产业基地、上海医药集团、上海医工院等的合作,吸引化学生物医药企业入住金山工业区。支持建设漕泾化工保税区/出口加工区,为金山区引进外资、加快制造业发展创造条件和提供载体。在环境治理方面给予金山更大支持,并将上海石化周边环境的整治列入上海第四轮环保三年行动计划。

3. 其他配套建设方面的扶持政策

加快建设金山与中心城区的快速交通体系。争取尽早启动金山铁路支线

改建项目;尽早研究和实施轨道交通 9 号线与金山的延伸和对接问题,并将轨道交通 22 号线纳入市级快速轨道交通运营体系,增强金山区的通达性。积极争取取消或降低上海市区进出金山的 60 元高速公路通行费,降低金山区旅游、交通等商务成本,改善投资环境。

(二) 加强产业、城镇、交通等专项规划间的衔接

"十二五"时期,金山区必须在此轮"两规合一"调整的基础上,整合规划资源,推动产业规划、城市规划、土地规划、环保规划以及人口、社会发展规划等"多规合一",以土地规划约束城市规划,以城市规划引导产业规划,相互衔接,保证产业、人口、交通在空间布局上的趋于科学合理,同时充分结合国家规划与土地政策的调整,加大力度切入上海全市以及长三角一体化发展的现实格局。

1. 明确城镇组团布局规划,加快推进商业、社会事业与人口导入的规划,使金山商业繁荣、人口导入与城市化发展相互促进

集中力量加快金山新城建设,形成金山政治、文化、信息、休闲中心。着重完善提升朱枫新市镇的服务功能,提升城镇管理水平和基础设施建设。通过社会事业优化布局进一步加大城乡统筹力度,不断缩小金山社会事业与中心城区、其他郊区之间的差距。

2. 加快交通基础设施专项规划的论证与编制,积极推进与全市实现对接

加快轨道交通建设与金山支线改造,带动亭林镇的发展,大大提升沿线土地级差地租。加强次级骨干道路建设,做好金山新城与沿海大通道、同三国道、莘奉金高速、嘉金高速等高速公路的对接,通过区级路网规划引导市级路网项目建设,为金山争取更为科学的规划支持环境与更为宽松的土地政策环境,推动全区发展。

3. 制定旅游文化商业发展与布局规划

依托枫泾古镇、城市沙滩、农家画、金山三岛等旅游景点和传统文化底蕴,高起点、高水平推进金山旅游、与文化产业发展,做好金山三岛等长远发展规划,配合商业网点布局的优化提升积极打造商旅文一体的休闲旅游度假功能区,增强产业辐射能级和金山区的生活宜居水平。

(三) 形成金山区与周边区域、石化的联动发展机制

加强体制机制创新,形成区域与区域之间、区域与特大型企业之间联动发展的整体合力,为金山区"十二五"发展提供支撑。

1. 强化市级层面领导机制

统筹上海石化、上海化工区和金山区的联动发展。深化金山与上海两大化工区以及上海石化等央企的合作关系,统筹上海国际化工城区域范围内的规划和建设、产业布局和产业链延伸;协调解决推进过程中的公共配套和资源共享问题;在制度上保障与化工相关的科研、教育、人才等资源向金山集聚。

2. 建立联合环保机制

实现区域内环境保护工作的科学规划、信息共享和工作情况的定期沟通,加强环境安全预警预报、环保合作资金投入、环境基础设施建设等方面的合作。

3. 完善产业发展机制

搭建官产学研平台,引导和扶持石化加大科技研发力度。完善市场机制,并辅以一定的行政推动力,逐步解决精细化工产业发展、公用工程等资源共享的问题。放大上海石化和上海化学工业区的品牌及资源共享效应,实现功能集聚和提升,形成高能级、大规模、品牌统一的功能区域。

4. 明确税收分成机制

集中一定的财力,做好上海国际化工城的环境治理、新城建设、配套服务和社会保障等工作,促进上海国际化工城区域内城市与产业的协调、共同发展。

(执笔:孙福庆　钱　智　向明勋)

342

后 记

　　"十二五"时期,是上海建设国际经济、金融、贸易、航运中心和社会主义现代化国际大都市的战略机遇期,也是上海城市转型发展的关键时期。深入研究"十二五"时期上海经济社会发展面临的重大问题,提出具有前瞻性和战略性的总体发展思路,对于促进上海发展方式实质性转变,全面实现"四个中心"和"四个率先"至关重要。为此,上海市人民政府发展研究中心集中力量开展了上海"十二五"规划思路研究,涉及国内外环境、发展阶段、主要矛盾、发展主线、主要目标、指标体系构建、重大战略、发展方针、主要任务和战略举措等。其中,报告提出的"创新驱动、转型发展"的发展主线,得到了广泛认同,并被确定为上海"十二五"规划的主线。与此同时,上海市人民政府发展研究中心也接受一些区县的委托,开展了相关区县"十二五"规划思路研究。为了更好地发挥研究成果的作用,我们将这些研究报告集结出版,供广大读者参阅,同时也希望能对有关部门的工作和深化研究起到参考作用。

　　本书在编辑过程中,得到了上海市人民政府发展研究中心信息处张义春、潘春来、王香双、梁绍连和秘书处陈伟青、姚治等同志的大力支持,在此表示感谢。

图书在版编目(CIP)数据

迈向"十二五":创新驱动 转型发展:上海"十
二五"发展战略思路研究/周振华主编.—上海:格致
出版社:上海人民出版社,2011.9
ISBN 978 - 7 - 5432 - 1992 - 2

Ⅰ.①迈… Ⅱ.①周… Ⅲ.①区域经济发展-五年计
划-研究-上海市-2011～2015②社会发展-五年计划-
研究-上海市-2011～2015 Ⅳ.①F127.51

中国版本图书馆 CIP 数据核字(2011)第 164082 号

责任编辑　　忻雁翔
美术编辑　　路　静

迈向"十二五":创新驱动　转型发展
——上海"十二五"发展战略思路研究
周振华 主编　周国平 副主编

出　　版　世纪出版集团　　格 致 出 版 社
　　　　　www.ewen.cc　www.hibooks.cn
　　　　　　　　　　　　上海人民出版社
　　　　　(200001　上海福建中路193号24层)

编辑部热线 021-63914988
市场部热线 021-63914081

发　　行　世纪出版集团发行中心
印　　刷　苏州望电印刷有限公司
开　　本　787×1092毫米　1/16
印　　张　22.25
插　　页　3
字　　数　335,000
版　　次　2011 年 10 月第 1 版
印　　次　2011 年 10 月第 1 次印刷
ISBN 978 - 7 - 5432 - 1992 - 2/F · 458
定　　价　56.00 元